U0593109

欧亚历史文化文库

总策划 张余胜

兰州大学出版社

弇兹集

丛书主编 余太山

赵俪生 著

图书在版编目(CIP)数据

弇兹集 / 赵俪生著. —兰州:兰州大学出版社,
2010.12
(欧亚历史文化文库/余太山主编)
ISBN 978-7-311-03639-3

Ⅰ.①弇… Ⅱ.①赵… Ⅲ.①西北地区—地方史—研究 ②中亚—历史—研究 Ⅳ.①K294 ②K36

中国版本图书馆 CIP 数据核字(2010)第 259741 号

总 策 划 张余胜

书　　名 弇兹集
丛书主编 余太山
作　　者 赵俪生 著
出版发行 兰州大学出版社 (地址:兰州市天水南路 222 号 730000)
电　　话 0931-8912613(总编办公室) 0931-8617156(营销中心)
0931-8914298(读者服务部)
网　　址 http://www.onbook.com.cn
电子信箱 press@lzu.edu.cn
印　　刷 天水新华印刷厂
开　　本 700 mm×1000 mm 1/16
印　　张 23.5
字　　数 325 千
版　　次 2011 年 4 月第 1 版
印　　次 2013 年 8 月第 2 次印刷
书　　号 ISBN 978-7-311-03639-3
定　　价 69.00 元

(图书若有破损、缺页、掉页可随时与本社联系)
淘宝网邮购地址:http://lzup.taobao.com

出版说明

随着20世纪以来联系地、整体地看待世界和事物的系统科学理念的深入人心，人文社会学科也出现了整合的趋势，熔东北亚、北亚、中亚和中、东欧历史文化研究于一炉的内陆欧亚学于是应运而生。时至今日，内陆欧亚学研究取得的成果已成为人类不可多得的宝贵财富。

当下，日益高涨的全球化和区域化呼声，既要求世界范围内的广泛合作，也强调区域内的协调发展。我国作为内陆欧亚的大国之一，加之20世纪末欧亚大陆桥再度开通，深入开展内陆欧亚历史文化的研究已是责无旁贷；而为改革开放的深入和中国特色社会主义建设创造有利周边环境的需要，亦使得内陆欧亚历史文化研究的现实意义更为突出和迫切。因此，将针对古代活动于内陆欧亚这一广泛区域的诸民族的历史文化研究成果呈现给广大的读者，不仅是实现当今该地区各国共赢的历史基础，也是这一地区各族人民共同进步与发展的需求。

甘肃作为古代西北丝绸之路的必经之地与重要组

成部分，历史上曾经是草原文明与农耕文明交汇的锋面，是多民族历史文化交融的历史舞台，世界几大文明（希腊—罗马文明、阿拉伯—波斯文明、印度文明和中华文明）在此交汇、碰撞，域内多民族文化在此融合。同时，甘肃也是现代欧亚大陆桥的必经之地与重要组成部分，是现代内陆欧亚商贸流通、文化交流的主要通道。

基于上述考虑，甘肃省新闻出版局将这套《欧亚历史文化文库》确定为2009—2012年重点出版项目，依此展开甘版图书的品牌建设，确实是既有眼光，亦有气魄的。

丛书主编余太山先生出于对自己耕耘了大半辈子的学科的热爱与执著，联络、组织这个领域国内外的知名专家和学者，把他们的研究成果呈现给了各位读者，其兢兢业业、如临如履的工作态度，令人感动。谨在此表示我们的谢意。

出版《欧亚历史文化文库》这样一套书，对于我们这样一个立足学术与教育出版的出版社来说，既是机遇，也是挑战。我们本着重点图书重点做的原则，严格于每一个环节和过程，力争不负作者、对得起读者。

我们更希望通过这套丛书的出版，使我们的学术出版在这个领域里与学界的发展相偕相伴，这是我们的理想，是我们的不懈追求。当然，我们最根本的目的，是向读者提交一份出色的答卷。

我们期待着读者的回声。

总序

本文库所称“欧亚”(Eurasia)是指内陆欧亚,这是一个地理概念。其范围大致东起黑龙江、松花江流域,西抵多瑙河、伏尔加河流域,具体而言除中欧和东欧外,主要包括我国东三省、内蒙古自治区、新疆维吾尔自治区,以及蒙古高原、西伯利亚、哈萨克斯坦、乌兹别克斯坦、吉尔吉斯斯坦、土库曼斯坦、塔吉克斯坦、阿富汗斯坦、巴基斯坦和西北印度。其核心地带即所谓欧亚草原(Eurasian Steppes)。

内陆欧亚历史文化研究的对象主要是历史上活动于欧亚草原及其周邻地区(我国甘肃、宁夏、青海、西藏,以及小亚、伊朗、阿拉伯、印度、日本、朝鲜乃至西欧、北非等地)的诸民族本身,及其与世界其他地区在经济、政治、文化各方面的交流和交涉。由于内陆欧亚自然地理环境的特殊性,其历史文化呈现出鲜明的特色。

内陆欧亚历史文化研究是世界历史文化研究中不可或缺的组成部分,东亚、西亚、南亚以及欧洲、美洲历史文化上的许多疑难问题,都必须通过加强内陆欧亚历史文化的研究,特别是将内陆欧亚历史文化视做一个整体加以研究,才能获得确解。

中国作为内陆欧亚的大国，其历史进程从一开始就和内陆欧亚有千丝万缕的联系。我们只要注意到历代王朝的创建者中有一半以上有内陆欧亚渊源就不难理解这一点了。可以说,今后中国史研究要有大的突破,在很大程度上有待于内陆欧亚史研究的进展。

古代内陆欧亚对于古代中外关系史的发展具有不同寻常的意义。古代中国与位于它东北、西北和北方，乃至西北次大陆的国家和地区的关系,无疑是古代中外关系史最主要的篇章,而只有通过研究内陆欧亚史,才能真正把握之。

内陆欧亚历史文化研究既饶有学术趣味,也是加深睦邻关系,为改革开放和建设有中国特色的社会主义创造有利周边环境的需要，因而亦具有重要的现实政治意义。由此可见,我国深入开展内陆欧亚历史文化的研究责无旁贷。

为了联合全国内陆欧亚学的研究力量，更好地建设和发展内陆欧亚学这一新学科,繁荣社会主义文化,适应打造学术精品的战略要求,在深思熟虑和广泛征求意见后,我们决定编辑出版这套《欧亚历史文化文库》。

本文库所收大别为三类:一,研究专著;二,译著;三,知识性丛书。其中,研究专著旨在收辑有关诸课题的各种研究成果;译著旨在介绍国外学术界高质量的研究专著;知识性丛书收辑有关的通俗读物。不言而喻,这三类著作对于一个学科的发展都是不可或缺的。

构建和发展中国的内陆欧亚学,任重道远。衷心希望全国各族学者共同努力,一起推进内陆欧亚研究的发展。愿本文库有蓬勃的生命力,拥有越来越多的作者和读者。

最后,甘肃省新闻出版局支持这一文库编辑出版,确实需要眼光和魄力,特此致敬、致谢。

余太山

2010 年 6 月 30 日

目录

史地与民族关系

历史考证

西北地方人物

清代西北之学

中亚史

史地与民族关系

1　历史上各族人民共同建设西北边疆简述

在中学讲授中国历史的教师们，每每反映“周边”关系这部分内容不好备课，不容易讲述。兹不揣简陋，粗笔写成这么一篇参考资料，仅供中学教师同志们的采掇。谬误之处，乞赐指正。

中国历来就是一个多民族的国家，祖国西北地区历来也是一个多民族的地区。其影响力最强大的民族计有汉族、匈奴族、突厥族、蒙古族和回纥（一作回鹘，今名维吾尔）族。此外，公元前后的乌孙、月氏和羌种，公元4、5世纪的丁零（敕勒）和柔然（茹茹，又作蠕蠕），6、7世纪的吐谷浑和吐蕃，11、12世纪的契丹，以及15、16世纪作为蒙古后裔之一支的准噶尔等，也都在这一地区进行了活动，各自尽了各自的力量，有力地促进了祖国西北边疆地带的稳定和巩固。

在这中间起了主导作用的，就总的历史过程来看，自然是汉族。在张骞通西域以前几个世纪（一般将具体年代推断到公元前4世纪或其以前），由《穆天子传》一书所反映的一个人数庞大的巡行旅队，往返通过了这一地区。这一地区中诸部落的酋长和人民，曾对巡行者们表示了欢迎，赠送了大量的食品（麦、穄麦、牛羊、食马、食犬等），巡行者们也回赠了中原物品，如青铜器（“黄金之罂”）、贝带、丝织品（“锦组”和“䌷组”）、朱丹、姜桂、车辆（“墨乘”）等。他们给这一地区带来了竹子，带走了粮种（“嘉禾”）和树苗，以及石料（玉）和矿苗（熔制琉璃器皿的原料）等。这不能不说是中原和西北边疆地区人民中间最古老的经济文化交流的记录。

张骞通西域以后，汉族人到西北边疆地区来的，就越来越多了。最主要的是使节和随员、屯田的兵卒和遣戍的罪人。逐渐连一般的汉族人民也在这里定居下来了。举两个例子：在被英国斯坦因于南疆且末、尼雅一带发掘的佉卢文木简中，其中第686号记的是几笔牛账，其中记载牛跑往汉人（秦那）处去的，就有5笔。[1] 足见公元3、4世纪（中原自西晋到北魏的时候）已经有汉族人民定居到古鄯善一带的地方上来了。再如黄文弼先生1921年在吐鲁番发现墓砖124块，其历史年代概括了自公元550年至686年共约136年的历史段落，其所记的死者，按姓名看，纯乎是汉人，或者是汉化了的鲜卑人。到公元7世纪，唐代著名诗人李白在碎叶（今托克玛克附近）出生，这跟著名的玄奘法师所记、远在怛罗斯（即塔剌思）城南的一座小孤城里遇到有三百余户汉人纠集在那里的情节相印证，[2]足见在隋、唐之际，汉族人民的足迹已经遍于西域各地了。

羌种也是在祖国大西南、大西北两个边疆地区活动范围很广的一个古老的民族。清代注释《汉书》的两位学者徐松和王先谦，都不约而同地提示到这一点。徐松征引唐杜佑《通典》的一段佚文说，从婼羌到葱岭数千里的山地中，住着各种的羌。[3] 王先谦更征引一种古地志《十三州志》的内容说，这些居住在从婼羌西到葱岭的羌种，其户数与口数是很多的。[4] 足见羌种在很长的一段时间内，一直是昆仑山系中的主要居民。

月氏（读“肉支”），是一个从内地向西迁徙的古老民族。部分史家，把月氏和羌种看成一个共同体，这一点也颇值得我们重视。《逸周书》中把它写作禺（读“容”）氏，说它在中原的正北。[5] 后来，它不断迁徙，迤逦自贺兰山迁到祁连山下。今甘肃张掖西北的临泽县，古曰月氏城，晋以后改名昭武，从这片地方曾经多次多批地向西方迁徙去不少的族系和人民。[6] 大月氏就是其中的一批，它在公元前2世纪迁到伊犁地区，后来又受到乌孙的排挤，南迁至今阿富汗一带的地面上，在公

---

〔1〕新疆民族研究所:《新疆出土佉卢文残简译文集》，中国科学院新疆民族研究所，1963年，第179～180页。

〔2〕《大唐西域记》卷1。

〔3〕徐松:《汉书西域传补注》“难国兜”条。

〔4〕王先谦:《汉书补注·西域传补注》。

〔5〕《逸周书·王会》。

〔6〕张星烺:《中西交通史料汇编》第5册，中华书局，1978年，第88～89页。

元1—5世纪的时候建立了世界历史上著名的贵霜王朝。这族人，在东西文化的传布方面，起了很大的作用。

乌孙的向西迁徙，似较大月氏稍晚。观《史记》中所载汉文帝四年匈奴单于致汉室的"遗言"（即书信）中将乌孙、楼兰、呼揭等并列，足见乌孙当时仍被列为罗布淖尔诸小邦之群。[1] 不久，它跟在大月氏后面也向西迁徒，在伊犁河地区稳定下来，多次与汉室通婚，接受汉都护的节制，成为中原统一政权统辖下最西北的属国。

至于匈奴、突厥和蒙古，它们在历史上的情况比较类似，其影响力都曾经是非常强大的，并且都曾和中原的统一政权发生过冲突。但冲突究竟是一时的，而且主要是他们统治者意志的表现，与人民利益不符。在冲突过后，他们的人民就定居下来，接受中原统一政权的节制，与汉族人民以及其他诸少数民族的人民进行着长期的文化、经济生活的交流，体现着彼此之间的同化和融合。

现在，将祖国西北边疆地区各族的文化、经济交流，以及共同进行建设的基本情节，分类地写在下边。

1.1 农业的发展

水利灌溉是农业种植中必不可缺的部分，特别在西北边疆地区，天旱水缺，水利灌溉的重要性就特别显得突出。可是，穿渠引水之法，早在公元前2世纪末就从中原地区移植过去了。在公元前110—103年（汉武帝元封年间）之前，今陕西澄城、大荔一带的劳动人民就已经创造了开渠的方法。他们在开龙首渠的过程中，挖很多井，每井最深大约40余丈，使井下水相连通而成渠，可以越山岭十余里的距离，[2]将洛水引经商颜山地，可灌溉"恶地"70万亩之数。这时张骞尚未通西域，故知井渠之事来自波斯的说法，是毫无根据的。这种方法很快就推行到了敦煌以西、罗布淖尔以南的白龙堆地方，在那里汉宣帝的破羌将军辛

〔1〕《史记》卷110《匈奴列传》。

〔2〕《史记》卷29《河渠书》（《汉书》卷29《沟洫志》同）。

武贤为了积谷备战的目的,修筑了一种叫作“卑鞮侯井”的井渠。[1] 根据东汉、三国时人孟康所作的解释,这种“卑鞮侯井”就是“大井六通渠”,足见纯乎是从大荔经验中学来的。这些井渠的遗址,至今犹存。今新疆维吾尔自治区境内有很多坎儿井的遗址;在沙雅地方,曾发现长达二百华里的古渠,当地人名之曰“汉人渠”。[2] 这种先进的农业灌溉技术甚至传播到更远的地方,元朝的耶律楚材记述说,在塔剌斯河畔“唐时凿道南山,夹为石牐(“闸”的异体字)以行水,牐脊跨坚岸。”[3] 另据13世纪元世祖忽必烈派遣往旭烈兀那里去的使臣常德(仁卿)所写的目睹记载来看,当时在木乃奚地方(今伊朗境)“土人隔山岭凿井,相沿数十里,下通流以溉田。”[4]

水利灌溉,在汉、晋的西域屯田中,有着大量的推行。这种大规模的推广,在诸少数民族人民中起着巨大的示范作用。在罗布淖尔一带所发现的一些汉、晋遗简中,有着著名的第30、31、32号简,简幅宽大,正反面所写字数较多,记载着当时当地所植的粮种有大麦、麦、禾、床(王国维释作“糜”);所灌溉的亩积在30亩、50亩之数;一次乘堤之夫多至五百余。王国维考证说,“楼兰有守堤之兵,北河有溉田之卒。……以其有堤防观之,则似人工所为,非自然之水道也。”[5]

这种大面积的人工水利灌溉,向西推行到轮台。西汉昭帝时桑弘羊曾经说,“故轮台以东,捷枝、渠犁皆故国,地广,饶水草,有溉田五千顷以上,处温和,田美,可益通沟渠,种五谷,与中国同时熟。”[6] 这种水利灌溉的遗迹,19世纪的徐松在1800年后仍然可以看到。他记载说,“玉古尔者,汉轮台地。有故小城。……有故大城。又南百余里,田畴阡陌,畎陇依然,直达河岸,疑田官所治矣。”[7] 总之,中原水利灌溉之

[1]《汉书》卷96《西域传·乌孙国传》。

[2]新疆维吾尔自治区民族研究所《新疆简史》编写组:《新疆简史》,新疆人民出版社,1978年,第32页。

[3]耶律楚材:《西游录》。

[4]刘郁:《西使记》,见《秋涧先生大全集》卷94。

[5]罗振玉,王国维:《流沙坠简》卷2,《永慕园丛书》,1914年。

[6]《汉书·西域传》。

[7]徐松:《西域水道记》卷2。

法在西北边疆所引起的影响，是巨大而深远的。西北边疆后来之所以成为农、牧并举的地区，与此关系极大。

作为交流，西北边疆各族人民也将许多珍贵的农作物品种移植到中原地区，其中最重要者如棉花（“白叠毛”）、大麻、苜蓿、葡萄、芫荽、黄瓜、豌豆、核桃、大蒜、胡萝卜等。这些，中原的典籍如《博物志》、《齐民要术》、《本草纲目》、《梦溪笔谈》等书中都有所著录。

1.2 手工业技术的提高

先说丝织。中原养蚕和丝织的历史已经十分悠久，这无论从黄帝之妻螺祖开始育蚕的传说，或者从西安半坡遗址中出土的蚕茧遗物来判断，其结论都是如此。但在欧洲，除了统治者能够辗转买到一些美丽的丝绸之外，在很长的年月中，人们一直掌握不到它。公元2世纪的希腊史家包三尼牙斯（Pausanias）隐约传闻一种八足蜘蛛会吐出丝来，6世纪的东罗马史家普罗珂皮（Procopius）和昔阿梵尼斯（Theophanes）也仅仅记载东罗马皇帝派遣波斯僧人到东方访购蚕种。[1] 但育蚕方法，却及早地就传播到了于阗。唐玄奘的《大唐西域记》中记载，有汉公主嫁到于阗，将蚕种藏在帽絮中带去，在于阗普遍地传布开了。[2] 斯坦因曾在于阗找到一幅壁画，根据斯坦因个人的解释，正是描绘的这件事。[3] 中原丝织技术，一旦传入于阗之后，不久又传到波斯；而又反转来，在较晚的一些时候，于阗和波斯在织造方面创造出来的特点，又影响到了中原。根据中国考古学家夏鼐的研究，隋、唐时期中原丝绸织造技术侧重于平纹组织和经线起花，而波斯织造则偏重于斜纹组织和纬线起花。[4] 在花纹图案方面，双方也都各有特点。后来这些特点都融合起来了，解放后吐鲁番地区许多遗址中所发现的若干锦绮残片，足以

[1]张星烺：《中西交通史料汇编》第1册，“中国与欧洲之交通”部分，第57、76～78页。

[2]《大唐西域记》卷12《瞿萨旦那国》。

[3]向达，译：《斯坦因西域考古记》第四章，第45页及插图第31，中华书局，1936年。

[4]夏鼐：《新疆新发现的古代丝织品——绮、锦和刺绣》，《考古学报》1963年第1期，第66页。

说明这种情况。唐朝杜佑的侄子杜环在天宝年间高仙芝与大食人的怛罗斯战役中被俘,后来辗转自海道归国,他就亲眼见到不少汉族工匠在中亚担任绫绢机杼匠、金银匠和画匠。他甚至记录下了两个织络人的名字,他们是河东(今山西)人乐隰和吕礼。[1] 与此相应的,边疆人民毛织的技术(制"罽",读"纪",即氆氇),也早就传布到了中原。

铁是铸造生产工具的重要物资,也是促进社会阶段性发展的重要标志。导师恩格斯曾经指出,织机和矿石熔炼与金属加工,是财产私有制发展过程里工业活动中的重要成就。[2] 从远古的传说里,据说周穆王从犬戎那里弄到一种锋利的金属刀;从《穆天子传》中又得知中原的人们曾经组织诸部落的人民"铸以成器"。[3] 到汉朝时候,匈奴人曾经从汉人这里学习到精制铁器的技术。[4] 隋、唐时期,突厥人从一开始就在这一方面有着很突出的表现和成就。他们从一开始就是茹茹族的"铁工"、"锻奴"。[5] 史籍中不断记载他们"工于铁作",善于制造"鸣镝、甲鞘、刀剑。"[6]他们铁器制造业的发达,甚至使他们不能不从更北的黠戛斯(即吉尔吉斯人)那里输入铁源。[7] 甚至7世纪末东罗马派赴突厥地面去的使节梅南窦,曾亲眼看到很多突厥人民携带铁器,到处出售。[8] 突厥族的这个制铁传统传给了回纥族。北宋使节王延德在高昌回鹘境内,看到他们"人性工巧,善制金银铜铁为器"。[9] 洪皓从东北的辽国那里也辗转知道回鹘"善造镔铁",[10]铁器一直是回纥人跟契丹、女真人中间重要的贸易物品之一。

纸,也是人类借以传布文化的重要物资。古埃及人用草纸;游牧人

[1]杜佑:《通典》卷193,引杜环《经行记》。

[2]恩格斯:《家庭、私有制和国家的起源》,《马克思恩格斯全集》第21卷,人民出版社,1965年,第154~156页。

[3]《帝王世纪》卷4;《穆天子传》卷4。

[4]《汉书》卷70《陈汤传》云:"胡,颇得汉巧。"

[5]《周书》卷50《突厥传》。

[6]《隋书》卷84《突厥传》。

[7]《新唐书》卷217《黠戛斯传》。

[8]张星烺:《中西交通史料汇编》(旧印本)第1册,"中国与欧洲之交通",第107页。

[9]《宋史》卷490《回鹘传》引王延德《使高昌记》。

[10]洪皓:《松漠纪闻》。

用羊皮;中国古时用龟甲兽骨、竹木简片,以至绢帛。公元 2 世纪(东汉初),中国人普遍懂得造纸了。他们利用桑树皮、麻缕、旧麻布、渔网以及破鞋子之类,轧成烂浆,然后用网模从浆中捞成薄层,晒干成纸。在旧社会,人们把劳动人民的辛勤劳动成果归功到蔡伦这样一位宦官的身上。[1] 英国人斯坦因在新疆、甘肃的活动,客观上给上述情节提供了实物证明。他在敦煌一带找到一种质地很细、颇像布料子的淡黄色纸,经分析含有很多桑科植物纤维,据说这是公元前 1 世纪时的遗物,[2]很可能是"蔡伦纸"的前行者了。他又在上述同一地方一座古长城的掌烽燧的屋子里找到另外一些纸,经分析有着明显的由麻织物初步改造成纸的痕迹,[3]据说这是公元 2 世纪的东西。在蔡伦造纸之后不到半个世纪,它就已经传播到西域,然后向南传到印度,向西传到中亚。唐朝时候,传到撒马儿罕。俄国史学家巴托尔德记载说:"撒马儿罕的纸在文明史上是应该大书特书的,根据穆斯林的记载,那是公元 751 年唐朝的工匠传过来的。在 10 世纪末,撒马尔罕人所造的纸已经完全可以顶替穆斯林世界中的草纸和羊皮纸了。"[4]到 13 世纪,中原的雕版印刷术和木刻活字印刷术,也都先后传到了西域,在吐鲁番的发掘中,找到很多经过这种印刷术印制的成品。

1.3 商业贸易的频繁和交通运输的扩大

商业贸易是经济生活中的重要节目。在我国西北边疆地区的几条大道上,自古以来,商队一直在往来着。佉卢文简书中有一条鄯善王的谕令说:"目前没有由中国来之商贾,因此丝债现在不必调查。当商贾由中国到达时,再行调查丝债。"[5]由此简文可见,通往中原的商路哪怕是短暂的阻滞,都会给像鄯善这样的西域小邦之内的经济生活带来

〔1〕《后汉书》卷 78《蔡伦传》。
〔2〕斯坦因:《西域》(Serindia),1921 年牛津版英文本,第 650 页。
〔3〕斯坦因:《西域》(Serindia),1921 年牛津版英文本,第 673 ~ 674 页。
〔4〕巴托尔德:《蒙古征服及其以前的土耳其斯坦》,1928 年牛津版英文本,第 236 ~ 237 页。
〔5〕新疆民族研究所:《新疆出土佉卢文残简译文集》第 11 页,简文编号:35。

影响，有必要由王颁谕来予以讲明。唐玄奘法师在其旅行记中也曾提到过帕米尔地区中商队的通过，“葱岭东岗，四山之中，商旅往来，若斯艰险。昔有估客，其徒万金，橐驼数千，赍货逐利，遭风遇雪，人畜俱丧。”[1]这里提到的，显然是极其庞大的商队。14世纪末（明朝初年），当蒙古各系后王争战不休的时候，商业贸易依然不断。俄国的巴托尔德记载，当别失八里后王和铁木儿后王争战不休的时刻，“他们兵围阿克苏，城中居民以将城中中国富商及其资产全部缴出作为条件，要求撤兵。这件事表明，不拘时代条件如何艰难，东方贸易始终未曾停止过。”[2]商业贸易的频繁，自必引起交通运输规模的扩大。从公元前后起，中原和西域的人民一道，就开辟了两条大通道，所谓西汉的“南道”和“北道”。《汉书・西域传》对此记载得非常明确。东边的起点是玉门和阳关。“南道”出阳关，顺罗布淖尔的南沿，经由古鄯善，通往莎车；然后越过帕米尔，通往西域偏南的一些邦国，如罽宾（克什米尔）和大月氏。“北道”出玉门，顺罗布淖尔的北沿，经焉耆、龟兹（库车），通往疏勒（喀什）；然后越过葱岭，通往西域偏北的一些邦国，如大宛（费尔干那）和康居等。这两条大通道的打通，不能不说是中原和西域人民，在很早的年代里所完成的重大的成就。

西汉末、东汉初，打通了车师、伊吾庐一路，也就是开启了今哈密和吐鲁番的一段路程。这样，“北路”就向北调整了一段。在公元5世纪到8世纪这段时间里，也就是从魏太武帝拓跋焘到唐太宗李世民的时候，汉族人民和吐谷浑人民、吐蕃人民又开辟了一条经过青海北沿和柴达木盆地，通过一个被后来的清朝人叫作噶斯口[3]的山隘，进入西汉以来的“南道”。中国史家称此道曰“吐谷浑道”。这条道路成了沟通唐朝与波斯之间的重要通道，试观古波斯银币在我国出土的1174枚中，其76枚（原数超过百枚）出土于这条通道东端的西宁，其947枚出土于这条通道西端的乌恰（喀什附近），[4]就很足以说明问题了。

---

[1]《大唐西域记》卷12。

[2]巴托尔德：《七河史》，见《中亚史研究四题》1956年莱伦版英译本，第144页。

[3]纪钧等纂《（钦定）河源纪略》卷28。

[4]黄文弼：《古楼兰国历史及其在中西交通上的地位》，《史学集刊》第5期，1947年12月。

到公元第9、第10世纪的时候,通路又有了新的开拓。这正是中原的五代与北宋的时候,当时在贺兰山地区出现了西夏国,甘州地方又有着一支回鹘的势力,所以当时的商队便只好沿着哈密到居延海,谨慎地擦着西夏和甘州回鹘的边沿上过身,去东汴京(开封)甚至更远的辽国。这是一条"新北路"。等到13世纪蒙古人积极活动的时候,他们又开辟了自蒙古地面接连越过也儿的石河、伊犁河、楚河、塔剌思河、锡尔河到达撒马儿罕和布哈剌;然后再越过阿姆河到达巴里黑和哈烈。蒙古士兵和当地居民,曾在这条路上修筑了为数很不算少的木桥和石桥。成吉思汗走的是这条路,耶律楚材和长春真人邱处机走的也是这条路,明朝初年的使节傅安和陈诚走过的最西一段也是这条路。这样,中原和西域人民,在1500年中间开拓了五条干道,并且随时随地按照自然和人为情况的变化,极其灵活机动地就这些通道的东段、中段、西段做出局部的调整。明成祖朱棣还曾派遣使者通知"八答黑商、葛忒郎、哈实哈儿等处开通道路,凡遣使往来,行旅经商,一从所便"。[1] 所有这些道路,是沟通东方和西方间的大动脉,是祖国西北边疆地区各族人民对整个人类文化历史所提供的极大的贡献。

1.4 文化的交流和社会发展的跃进

作为若干年来多民族共同建设的历史积累的结果,各少数民族与中原之间在文化上也不觉地靠拢了许多。《北史》中提到西域的文化情况时说:"其风俗政令,与华夏略同。……文字亦同华夏,兼用胡书。……置学官弟子,以相教授。"[2]《北史》是北朝的历史,约当公元4、5、6诸世纪,当时的文化情况已经如此了。证以实物史料,亦皆相符。从吐鲁番阿斯塔那遗址的唐墓中发现的残卷,上有唐景龙四年(710)西州高昌县宁昌乡厚风里的12岁的义学生叫卜天寿的,用汉文所写的经书抄本以及诗杂录,清楚地说明8世纪时西域地方的文化情况。[3] 再

[1]《明实录·太宗实录》卷57(永乐六年七月)。

[2]《北史》卷97《西域传》。

[3]郭沫若:《出土文物二三事》,人民出版社,1932年,第1~7页。

从南疆若羌县古米兰城发现的回纥人坎曼尔所写的两件诗签，其书写年代是唐元和十年和十五年（即公元 815 和 820 年），签中不仅抄录了中原诗人白居易的《卖炭翁》诗，而且自己也写了诗，诗题名《忆学字》，诗的全文是："古来汉人为吾师，为人学字不倦疲。吾祖学字十余载，吾父学字十二载，吾今学之十三载，李杜诗坛吾欣赏，讫今皆通习为之。"[1]这首 9 世纪的诗很朴素，写得能够感动人，反映了回纥等少数民族的学员们对汉字文化的学习是丝毫不牵强的，非常自觉自愿的，这表现了当时民族间的感情是十分融洽的。到元朝时候，维吾尔族人安藏甚至能够将汉文古代典籍，一一选译成蒙、维文字。[2] 这都有力地证明，民族间冲突仅仅是暂时的、仅仅是统治阶级利益的反映的话，并不是虚构的。

这种文化融洽的情况不仅仅表现在小学生和基层教育方面，也表现在一般社会经济生活的各种制度上。吐鲁番出土过很多标着唐代年号的地契、借契等文书，其中记载着当时田地分为"口分田"和"永业田"，这跟唐代均田制的各种法令是吻合的，并且比较中原地区更加严格地执行"死退"（即"身死退田"）和"剩退"（即"有剩余退田"）等制度的规定。[3] 其地点是柳中县、交河县等等，都是公元 8、9、10 世纪从哈密到吐鲁番地面上的真人真事。这种情况到 13、14 世纪依然如此。中国维吾尔族历史的研究者冯家昇，曾经考证并翻译过两通元朝畏兀儿文的契约，经过分析后他说，这两件文书所反映的证人、书写人、契约格式（包括签押和盖印），与汉人习俗完全相同。[4] 其实这个传统已经很久了，公元前 1 世纪的龟兹王绛宾不就是一个很好的例证吗？《汉书》中记载说，他"乐汉衣服制度，归其国，治宫室，作徼道（巡逻路线）周卫，出入传呼，撞钟鼓，如汉家仪。"[5]所有这一切源远流长的民族融洽的事迹，都是任何民族关系的挑拨者们所无法抹煞的。

---

〔1〕郭沫若：《出土文物二三事》，人民出版社，1932 年，第 9 页。

〔2〕柯绍忞：《新元史》卷 192《安藏传》。

〔3〕日本《大谷文书》（龙谷大学印）。文书编号：2604、2854、2865、3149。

〔4〕冯家昇：《元代畏兀儿文契约二种》，《历史研究》1954 年第 1 期。

〔5〕《汉书》卷 96《西域传》。

通过各民族间文化的融洽的交流，通过各族人民在这一地区共同从事经济文化的建设，少数民族的社会经济结构也深深地受到中原魏、晋中古封建社会经济结构的影响，而向封建社会跃进。后来又经历唐代的影响，其封建社会和结构就更加稳定。在这方面足以担任有力证据的，是新疆南路出土的佉卢文简书的全部内容。

这些简书，编号将近一千。简的内容所反映的，大体是公元4世纪罗布淖尔西南的古鄯善小邦内的社会经济情况。这批历史资料的价值是十分珍贵的。鄯善虽小，五脏俱全。从这批资料中，我们可以相当完整地看到当时当地社会结构的全貌。在这里，已经有了地租(Vaka)和佃户(Kilmeci)；[1]已经有了为封建剥削阶级利益服务的整套政权上层建筑，计有国王、执政官、税史、司书，有军队，有世袭的贵族，还有作为原始社会阶级社会中残余的“次生形态”[2]——“百户”。在这里，有着大量的土地买卖和人口买卖的现象。他们的财产私有制已经十分深化，至少在十四条简文中，[3]人们写着“(私有权)其权艰有如生命，长达一千年”云云。当时当地，国家有征税，私家有惨重的剥削，包括高利贷粮和高利贷钱，还有为私有财产尽保护作用的种种法律条款，[4]等等。这些条款所反映的精神，是封建地主阶级的法权观念。鄯善虽小，足以喻大。从这部佉卢文简书的内容中，我们完全可以有根据地判断，祖国西北边疆地区，至少从公元4、5世纪开始，已经发展成为与中原的魏、晋中古社会别无二致的封建社会了。

(原刊于《中学历史教学》1979年第2期)

---

[1]新疆民族研究所:《新疆出土佉卢文残简译文集》，简文编号:496，第125页。

[2]马克思:《给查苏里奇的信》，《马克思恩格斯全集》第19卷，人民出版社，1965年，第430~452页。

[3]简文编号:655、654、652、590、589、586、581、580、578、572、571、569、422、418。

[4]简文编号:17、24、31、46、106、128、134、435、471、482、489等。

2　从宏观角度看鲜卑族在中世纪史上的作用

2.1　慕容氏

时下，谈论鲜卑族的文章有所增多。有的同志从“拓跋”、“秃发”、“吐蕃”的音近来谈鲜卑与藏族的关系；有的同志从马克思主义论民族共同体出发，看鲜卑族的阶段性。这些论文，我都拜读过了。我现在要谈的，又是另一码事，准备从民族融合（自然是与冲突相伴随的融合）这件事出发，来看鲜卑族的表现。我常常这样想，在匈奴、鲜卑、突厥、回鹘、契丹、女真、蒙古、满洲八次较大的冲突融合中，鲜卑的融合是最充沛、并且多样的，值得当作民族关系史中的一个典型来观察。我这一篇文章的命意，大体如此。

从公元1世纪到10世纪，在这一千年的时光里，鲜卑是弥漫于汉族居住地（“中原”）以北的一个大民族。所谓“北”，必须指明，不只包括东北，而且也包括西北。自从“东胡”（又辗转音译为“通古斯”）这个词在文献中发生作用以来，人们仿佛把鲜卑族单纯考虑作一个东北方的民族。这一点，似乎需要矫正一下。《三国志》卷30“鲜卑”目下裴注引王沈《魏书》一段，不止一次表述了“西至敦煌”、“西接乌孙”这样的话。这大体是公元1世纪的情况。到公元3世纪及其以后，从史料中我们又看到不止一股鲜卑人从阴山（河套）方向迁徙到陇右来。这些人究竟是1世纪时的“东部鲜卑”？抑或是“中部鲜卑”？迁到陇右过程中与原“西部鲜卑”的关系怎样？这些都是一时还未弄清楚的问题，只好保留。对此，只见过吕思勉先生在他的《札记》里说过一句“非托新疆，乃归故国”的话。

我在综观了东、中、西三部鲜卑的活动之后，极其明显地感觉到，其与汉族又冲突又融合的方式，似乎形成为四个模式。现在，谨将我四个模式的看法，表述于下。

第一个模式，我指的是慕容氏。慕容氏，自中部鲜卑向东移到辽西，在辽河、西喇木伦河、老哈河、大凌河之间，与段氏、宇文氏进行着又冲突又融合的历史过程，形成以"慕容"为总号的一个较成熟的共同体。在政权方面，他们前后建立五个燕（包括在晋东南建立的一个极小的燕国在内）。这五个"燕"，假如把它们放在"十六国"中并比观览的话，则会感到有如下一些表现。(1)它们与汉族和汉化地区比较邻近。(2)与汉族间冲突是有的，但融合的幅度则更大。举两个例子来说明。慕容皝经营苑田招佃收租，其方式、数额与曹操屯田制度非常接近。慕容儁俊临终竟有著述四十余篇，其为汉文、汉式著述，恐无大疑问。(3)到定都在广固（今青州）的"南燕"时，几乎是一个非常之"汉化"的"国家"了；从全局看来，它已经不像一个少数民族政权，而是一个割据政权了。虽然南朝拿它的孑余皇帝到建康去杀头，但那主要是为了表现"正统"的威慑，而不像是民族冲突了。

2.2 拓跋氏

第二个模式是拓跋氏。"拓跋"，是一个鲜卑语的音译，与什么"土为拓，后为跋"根本不相干，正如"慕容"与"步摇（冠）"以及什么"慕德继容"之类根本不相干一样。这是鲜卑中一个几乎最落后的部落，观什翼健被苻坚俘至长安时与苻坚问答的情节，可见一斑。可是，它跟汉族中原的关系，却是有节奏的、段落分明的，无论冲突或者融合，都是鲜明的、有效果的。我常常这样想，民族融合这件事，在历史上往往采用两种方式，其一，我把它叫做"扭股糖"式，即一个少数民族君主和一个汉人重臣长期合作，融合就在这种方式下贯彻下去。此等事例，不胜枚举。如慕容皝之与封奕、阳裕，石勒之与张宾、程遐，苻坚之与王猛、薛瓒，姚兴之与尹纬，拓跋珪、拓跋焘之与崔浩、高允，乞伏乾归之与王松寿，宇文泰之与苏绰等。从政治上看，是君臣关系；在民族方面，双方各有代表性。其二,我把它叫做"绞肉机"式。旧文献中把少数民族通名之曰"胡",我们在这里借用一下。所谓"绞肉机"式,是指时而厉行"胡化",时而厉行"汉化"。汉化时往往大反胡化,胡化时往往大反汉化。例如:石虎胡化,冉闵汉化;孝文汉化,高欢胡化;拓跋珪、焘祖孙二人则胡化一阵,汉化一阵。而民族融合就在这样左一绞右一绞的过程中得到体现。拓跋氏鲜卑与汉族融合的方式,可以说是"扭股糖"式与"绞肉机"式交互并用。它表现为,(1)拓跋氏原始起点较低,比较野蛮,汉化程度较差。(2)不久之后,它的节奏性就强起来,军事上自冀、定至于赵、魏,浸浸乎西抵西域,南临瓜步。经济上长片屯田,西至五原,东抵大宁,实为均田制提供了大片的实验田。用人上,时而用崔浩、用李顺,时而杀李顺、杀崔浩。汉化、胡化,交替进行,效果比较深刻。北魏之所以成为中国北方统一的完成者,绝不是偶然的。自永嘉以后,北方统一的可能出现过3次。石勒有可能,但未成为必然。苻坚的可能性更大,但又未成为必然。请允许我插进来说一句,淝水之战是包含着偶然性的。过去多少年,我们讲必然性似乎讲多了一点,是不是也可以在偶然性上思考思考呢?话归本题,拓跋珪、焘祖孙二人之所以完成北方统一,其必然性的主要点,想来一定在于其民族融合程度比较深刻。

2.3　杂种胡

第三个模式,是指陇上的鲜卑和"杂种胡"。"杂种胡"所包的内涵自然复杂多样,如匈奴的血缘,丁零、茹茹的血缘,甚至氐、羌的血缘,都包含在内。但鲜卑血缘也占主要成分,似无疑义。这些"胡"、"汉"关系,在政权方面的表现,就是所谓"五凉"。五凉,指前凉、后凉、南凉、北凉、西凉。在这里,我想把五凉稍稍改组,即将后凉排出去,把乞伏秦收纳进来。因吕光的后凉,其"凉"字牌号是缘凉州地缘。从人缘上,它无疑是苻氏余孽。乞伏氏虽号曰"秦",实与"秃发"氏为鲜卑之并列的两个小支,故拟做如上的改组。

必须指出:"五凉"不应该被理解为一些随随便便的散落的小国。我们应该看到,在其中是有结构的。这种结构,不是哪个君主或人物主观努力所形成，而是自然而然地形成的，在其中贯穿着5世纪西北地区民族融合的特有方式。这结构的核心是张氏前凉，而其余4个胡汉小国则是围绕在这一核心周围的一些小星。张氏前凉统治76年，历9代，其中除后边3代腐朽败坏之外，余6代统治者应该说是有些作为的。从南朝看过来，张氏的前凉国和凉州这个中世纪城市，几乎是黑暗中的一座灯塔。关中的人对陇上的“凉”，也有特殊印象，谈起凉州大马，几如谈虎色变。清中叶学者张介侯（澍）先生从乡土出发研究五凉，是很有见地的，具有历史的意义。但到今天看，用考据派小脚走路的方法去注意一山、一水、一草、一木、一楼、一阙的做法，已远远不济事了。我们要看张氏前凉的作用。张氏把河西大姓，诸如宋氏、汜氏、阴氏、索氏等统统搜集到这个政权里来，文官、武将、谏臣、使客，构成一大群队，使得像石虎、苻坚那样的骁雄之主都说出了“彼有人焉，未可图也”以及“凉州信多君子”的话。所谓君子，翻译出来，似乎应该是“有文化修养的人”。这文化，自然是汉文化。它是民族融合之最重要的根据和出发点。前凉是个大根据地和出发点，李氏西凉是个较小的根据地和出发点；而在对立方面的，就是乞伏秦、秃发南凉、沮渠北凉以后赫连氏的“夏”。他们彼此冲突，又相互渗透；他们天天打前凉，但又没有一天不从前凉那里吸取营养；最后通过拓跋焘的“囊括”，而完成了这一融合的总历程。我们必须看到，这些小政权间，一方面是互相敌对的，另一方面也是可以互相沟通的。如赫连氏尝求婚于秃发氏；如西凉李氏后裔竟托庇于沮渠无讳；如乞伏氏灭国后，乞伏炽盘之子成龙竟在吐谷浑王慕利延军中。足见就在冲突的同时，双方也并不是绝缘的，而是有着千丝万缕的关系。融合，就从这些小事中也能体会出来。

2.4 吐谷浑

第四个模式是吐谷浑。我不考虑它在“融合”问题上有多么浓厚的汉化倾向。从史料中看来看去，它与汉族基本上处在一种互相隔离的态势之下。

关于吐谷浑，在历史上还是个有若干“未发之覆”的题目。时下，有关吐谷浑的文章不得谓少，但“大路化”的为多，要么就在一个两个地名和方位上争论不休。我个人也并无“发覆”的能力，不过是提出自己在多年读书中积累下的一些看法而已。

吐谷浑是鲜卑，这一点怕不成问题。它跟慕容燕是嫡庶两支的近血缘关系，这一点怕也不成问题。分离的原因，倒还需要深钻下去，不能停留在马打架、争牧场的问题上。远自辽东，至于阴山，居停一、十年，又南到枹罕（洮河流域），这段经历中有不少空白点需要填补。这牵连到一个中世纪游牧族的长距离迁徙问题，怕要结合一些世界历史范例做并比研究，才能获致较好的成果。即便到了洮河流域，也并不长期稳定，它继续经营第二个场地——青海湖东沿和东南沿，以及第三个场地——柴达木。在慕利延时候，他们还到过于阗、东女国和罽宾（克什米尔）。有的同志在有关吐谷浑地名上坚持“此是彼非”的争辩，有时显得不必要。地名跟着氏族部落、民族的迁徙而不断增殖的事，中原历史上已经不少。顾炎武在《日知录》里已经触及到。清后期学者雷学淇对斟寻、斟灌两个夏、殷之际的地名开始在豫北、后来迁到山东潍坊一带的考证，就做得很漂亮。带着顾、雷二家的启发，吐谷浑就不带着地名搬家了吗？在吐谷浑史上，赤水有两个方位，甘松有两个方位，白兰几乎有三个地理方位。这是为什么？我认为，这与吐谷浑有三个活动场地有关。

以上说的是空间诸事。现在说时间的事。吐谷浑这个共同体，这个“国家”，延续时间特别长，这值得留意。以秃发、乞伏、沮渠、赫连诸家为例，其统治国家时间不过二三十年至三四十年。就连处在大酋长时期也计算在内，也不过一百多年，吐谷浑代代迭传至23～24代，时间从少计350年，从多计400年出头，自晋之太康直至唐之永徽。这与它所处的隔离态势有没有关系？值得研究。在它的历史上，也出现不少“名王”，如阿豺、慕璝、慕利延、伏连筹、夸吕等。它似乎以畜牧和经营商队来过活。观其北通茹茹，南通齐、梁，中经巴、蜀，这样长期活动下去，实际上是替张骞以来的“丝绸之路”开拓并铺设辅线。即便入藏通道，如唐人刘元鼎所走过的那条路，吐谷浑也有筚路蓝缕之功。

那么,吐谷浑如此带有开拓性的活动,其动力到哪里去寻找呢？假如拓跋氏的动力可以到胡、汉间“绞肉机”式冲突融合中去寻找的话,在吐谷浑与汉族间这样的冲突融合是阙如的。史料中痕迹很少,只看到其第三代酋长叶延“颇视书传”。这“书传”是汉人书传,当无可疑。可是,我们又看到它的第十四代酋长休留茂(“茂”又作“代”)把南齐所派遣的特使、将军丘冠先推坠绝崖深谷而死的记载。这总能得出在民族融合上并不深刻的结论吧。假如说融合,那么它和羌怕是有一定程度的融合的。至于后来与吐蕃的融合,那又是另一种性质,带有被征服部落的强迫同化的意味了。

2.5 鲜卑与敦煌文化

现在,又要转到敦煌学的问题上来了。

敦煌学,包括壁画和卷子,本身就是多民族文化融合的反映。假如敦煌内容可以分前后期的话,后期中清楚地带有吐蕃影响和党项影响。由此推论,也逃不脱吐谷浑的影响。P2555 卷子中那个做诗的人,一出敦煌,过了马圈,就入退浑国界。8 世纪吐谷浑还赫然存在,遑论以前？敦煌内容前期,除印度影响、健陀罗影响、中亚帕提亚、萨珊影响之外,我们试问:其中有没有鲜卑影响？鲜卑影响大不大？这是个值得大家研究的课题,我提出来请大家留意。

“五凉”,也就是前文所说的第三个模式,这是敦煌文化的前提和基础。笼统说,大家都承认,都不否认。但具体说,有些就说不清楚了。北魏、北周洞窟,自然是鲜卑族统治时期的产品。但从壁画看,哪些是鲜卑的？哪些是鲜卑统治下综合了汉的、印度的、西域的影响的？这条界线,还未见谁划出来过。再说“变文”中的语言,蒋礼鸿先生做了极其精辟的研究,并在序言中方向性地指出,应当从纵的和横的两个方面,去追求各个时代语词间的继承、发展和异同。但变文语词除却大量有着悠久汉语语词的传统外,有没有鲜卑语词？有多少？从公元 5 世纪到 7 世纪,在北方中国里操鲜卑语的机会和场合,定不在少。观颜之推《家训》中齐朝士大夫教其儿学鲜卑语并弹琵琶,以伏侍公卿等语,可见一斑。当然，现在要全面复原中世纪鲜卑语的全貌，已很困难。我们只能从一些历史人物的胡名如贺六浑、黑獭（黑闼）、那罗延、阿瘘等得知一些鲜卑专名，余知甚少。但从鲜卑人的融入是敦煌文化的重要基础这一点推论开去，鲜卑语词在变文中的遗存，恐不在少。这一点恐怕也是可以推论出来的吧。举一些例。“骨咄”这个词又作“骨咄”，意思是蒙古草原上的一种兽，也许是脊背隆起的一种兽吧。但这游牧人的语词后来在汉文献中繁衍开去，“骨朵”是一种杖刑，辽国君主曾用此箠死其后妃。“馉饳（儿）”是北宋汴梁市上卖的饺子，至今吾乡山东安丘、诸城仍保此称。饺子有两种样子，一种躺着的，叫“扁食”，一种站着的，恰好也是脊背隆起。gudu 或 gudru，这很可能是一个鲜卑语词。再如“羖䍽”，至今甘肃、河西一带对黑色公山羊仍保此称，西汉、晋文献并无此语语源痕迹，甚疑其为鲜卑语言的遗存。其他如“砢磨”、“醻醪”、“咋呀”、“嗢呛”、“结磨”、“波逃”、“薄媚”……这些变文语词，是不是应该往鲜卑语词方面追一追呢？我认为值得考虑。

综上所论，无论在社会经济方面（如均田），在军事政治方面（如与均田相联的府兵），在文学艺术方面（如变文和壁画），在在都打有鲜卑人在中世纪所打下的烙印。因此，鲜卑族与骨干民族（汉族）又冲突又融合的历史过程，是我中华历史上的一桩大事，值得此后的“多士”和“新秀”们不断地研究一下。

（原刊于《文史哲》1986 年第 3 期）

3　北魏史述论

3.1　政治篇

北魏道武帝拓跋珪起自朔、代，攻取冀、定、赵、魏等地，跟着他军事上的进展，也产生了政治上的新课题。到底这一蛮族的征服者应该采取怎样的策略去统治那一片新开拓的地域及其上的人民呢？首先，这冀、定、赵、魏一带与朔、代不同之处，是这里汉人的世家大族自后汉、魏、晋以来，便在农民头上建立了他们无冕的统治，而这种情况是不容蛮族统治者忽视的。远在拓跋珪之前一个世纪，同属鲜卑族的慕容氏统治者，就曾在幽州一带拉拢了一批汉人世家大族分子，如裴嶷、游邃、邱奕、高瞻等，这样胡、汉统治者勾结起来，曾建立了一个有一定程度稳定的燕国统治。反过来，假如这些豪门大族在政治上得不到满足，他们也会利用起一部分群众来进行反抗运动，那对于蛮族统治者的统治及其更进一步的征服，将是一种不小的牵制（并且，假若这一牵制力量汇集得大时，也会从根本上推翻蛮族的统治，如冉闵之曾推翻石虎，即一佳例）。终北魏之世，这种牵制的事例，曾不断发生。在拓跋珪时，从北方族望最高的范阳卢氏里，便曾有一个反抗者卢溥：

> 初，玄从祖兄溥，慕容宝之末，总摄乡部，屯於海滨，遂杀其乡姻诸祖十余人，称征北大将军、幽州刺史，攻掠郡县。[1]

> [天兴二年八月]范阳人卢溥聚众海滨。杀幽州刺史封沓干……三年春正月戊午，和突破卢溥于辽西，生获溥及其子焕，传送

〔1〕《魏书》卷47《卢玄传》。

京师，轘之。[1]

轘同车裂，可见拓跋氏对于这个反抗者的憎恨之深了。在北魏所谓最盛之世的孝文帝元宏时候，也曾发生过广平人李波的反抗：

初，广平人李波，宗族强盛，残掠生民。前刺史薛道㯝亲往讨之，波率其宗族拒战，大破㯝军，遂为逋逃之薮，公私成患。百姓为之语曰，“李波小妹字雍容，褰裙逐马如卷蓬，左射右射必叠双，妇女尚如此，男子那可逢?!”[2]

这一反抗的宗族的压服，后来还不得不借助于另一汉人大族赵郡李氏李安世的策划计谋。一直到北魏末的灵太后和孝庄帝元子攸的时代，与上述类似的事件，仍不断发生，不但中原如此，边远地区也是一样。例如：

（冀）州人张孟都、张洪建、马潘、崔独怜、张叔绪、崔丑、张天宜、崔思哲等八家，皆屯保林野，不臣王命。州郡号曰“八王”。[3]

（元）法僧为益州刺史：

素无治干，加以贪虐，杀戮自任，威怒无恒。王、贾诸姓，州内人士，法僧皆召为卒伍，无所假纵。于是合境皆反，招引外寇。[4]

对于像上述的这一系列的情况，以及在这一系列情况里所包括着的意义，拓跋氏统治者从最初就不能说是毫无感受的。他们虽较汉族统治者文化低落，但从一种自发的阶级统治的本能出发，他们也并不一定比“掖[王]导登御床共坐”去进行“王与马，共天下”的晋元帝司马睿更不行些。而实际上，从他们征服了冀、定、赵、魏的时候开始，他们已经懂得怎样去拉拢土著大族，帮助他们一同统治人民；并且实际上，也的确有不少汉人世族地主甘愿接受这种拉拢，曾在维持治安、招降叛乱、出兵助战诸方面，积极地为异族侵入者帮了忙。在文献里，这种两相勾结的事例，远较上引反抗的事例，为数尤多！如赵郡李氏中李孝伯的父亲李曾，即是较早的事例：

---

〔1〕《魏书》卷2《太祖纪》。

〔2〕《魏书》卷53《李安世传》。

〔3〕《魏书》卷18《临淮王传》。

〔4〕《魏书》卷16《阳平王传》。

[李孝伯]父曾，少治《郑氏礼》、《左氏春秋》，以教授为业。郡三辟功曹不就，门人劝之，曾曰："功曹之职，虽曰乡选高第，犹是郡吏耳。北面事人，亦何容易?!"……太祖时，征拜博士，出为赵郡太守，令行禁止，劫盗奔窜。太宗嘉之。并州丁零数为山东之害，知曾能得百姓死力，惮不入境。贼于常山界得一死鹿，谓赵郡地也，贼长责之，还令送鹿故处。邻郡为之谣曰："诈作赵郡鹿，犹胜常山粟。"[1]

像这样的一个统治代理人，是多么的合于理想。我们试翻《魏书》中赵郡李氏的诸传，便会发现他们的官和爵，大都是赵郡太守、平棘令、高邑伯、常山太守等等，因而也就可以很容易地理解到，这一世族地主家族曾怎样拿他们在乡邦的势力去帮助蛮族的入侵者，巩固他们的统治，并且从入侵者那里获取到种种的宠幸。如李䚮，"恬静好学，有声赵、魏。太祖平中原，闻䚮已亡，哀惜之，赠宣威将军、兰陵太守。"[2]死者尚且蒙宠，更无怪乎他们的子孙更要争先恐后地出仕效忠了。再看勃海高氏族中的高绰：

肃宗初，……大乘贼起于冀州，都督元遥率众讨之，诏[高]绰兼散骑常待，持节、以白虎幡军前招慰。绰信著州里，降者相寻。[3]

试看：一面是拓跋亲王手下兵马的"剿杀"，一面是汉族士绅手中白虎幡的"招降"，两相辉映，印像极为鲜明。此外，范阳卢氏族中的卢同和荥阳郑氏族中的郑羲，也都有过类似的事迹：

营州城民就德兴谋反。除[卢]同度支尚书，黄门如故，持节使营州慰劳，听以便宜行事。同频遣使人，皆为贼害。乃遣贼家口三十人并免家奴为良，赍书谕德兴，德兴乃降，安辑其民而还。[4]

延兴初，阳武人田智度，年十五，妖惑动众，扰乱京索。以[郑]羲河南民望，为州郡所信，遣羲乘传慰谕。羲到，宣示祸福，

---

[1]《魏书》卷53《李孝伯传》。

[2]《魏书》卷49《李灵传》。

[3]《魏书》卷48《高允传》。

[4]《魏书》卷76《卢同传》。

重加募赏，旬日之间，众皆归散。智度奔颍川，寻见擒斩。[1]

更进一步，这些世家大族分子还能率领起自己的部曲亲兵，为拓跋皇朝去效命疆场。最典型的例子，是上述赵郡李曾的曾孙李玚：

玚德洽乡闾，招募雄勇，其乐从者数百骑，玚倾家赈恤，率之西讨。……其下每有战功，军中号曰“李公骑”。[2]

这简直跟三国时田畴、任峻、许褚等之助曹操，陆逊、顾雍等之助孙权，马良、霍峻等之助刘备，带有类似的性质；所不同者，三国时代的世族部曲是充当了本族统治者的支柱，而这些北朝的世族部曲，则是做了“皇协军”式的汉奸队伍而已。统观以上诸事例，可以看出，北朝时候北方的汉人世族地主，除去少数例外，因未被拉拢而进行反抗外，其主要的表现是自始至终与蛮族的入侵者勾结起来，一起去统治当时的北方人民。

然而勾结之初，又不能没有摩擦；而且摩擦有时还会发展得很尖锐，造成一串串流血的事件。其最明显的，大都表现在政治的最上层。且让我们从头看起。

拓跋珪天兴元年（398），建都平城（今山西大同），要制定礼仪条律，这个重大任务便降给了北方望族仅次于范阳卢氏的清河东武城崔氏中的崔宏（即崔玄伯）：

十有一月辛亥，诏尚书吏部郎中邓渊典官制，立爵品，定律令，协音乐；仪曹郎中董谧撰郊庙、社稷、朝觐、飨宴之仪；三公郎中王德定律令，申科禁；太史令晁崇造浑仪，考天象；吏部尚书崔玄伯总而裁之。[3]

拓跋珪的儿子明元帝拓跋嗣也曾明宣诏书，征求汉人豪门强族，参赞庶政，永兴五年（413）：

诏分遣使者，巡求俊逸，其豪门强族为州闾所推者，及有文武才干，临难能决，或有先贤世胄，德行清美，学优义博，可为人师者，

[1]《魏书》卷56《郑羲传》。

[2]《魏书》卷53《李孝伯传》。

[3]《魏书》卷2《太祖纪》。

各令诣京师，当随才叙用，以赞庶政。[1]

到拓跋嗣的儿子太武帝拓跋焘的时候，便大批录用了汉人豪族人士，并以崔宏的儿子崔浩为司徒。《魏书》记载，神䴥四年(431)，以崔浩为司徒：

诏曰："……方将偃武修文，遵太平之化，理废职，举逸民，拔起幽穷，延登俊乂，昧旦思求，想遇师辅；虽殷宗之梦板筑，罔以加也。访诸有司，咸称范阳卢玄、博陵崔绰、赵郡李灵、河间邢颖、渤海高允、广平游雅、太原张伟等，皆贤俊之胄，冠冕州邦，有羽仪之用。……庶得其人，任之政事，其臻邕熙之美。"[2]

这祖孙三代皇帝，对于汉人豪门强族可谓拉拢得很紧的了。自然，拉拢之外，也另有一些事例，说明北魏皇朝对某些新征服地域上的汉人大族，在一开始仍是不信任的，甚至是施以管制的。如平齐之后，就把许多大族分子强制安插在平城一带，编为兵户、营户，使他们"困窘无所不至"，[3]使他们"虽千载冠冕，不晓书记者，莫不耕田养马"。[4] 像这类事例，很可能刺激了汉人的豪门大族分子，使他们感到上述的那种拉拢，只是一种暂时利用的手段；使他们感到，对于汉人豪门大族来说，最牢靠的道路还是恢复他们汉人大族的独占的统治。从这样的一种阶级本能出发，就不免发生一些对异族入侵者未尽恭顺、未尽驯服的事例(如崔逞、崔浩等)；甚至再进一步，还会发生一些阴谋逃走、阴谋暴动的事例(如河西段承根和河东柳光世等的事件)。我们先看清河崔氏中的崔逞：

太祖攻中山未克，六军乏粮，民多匿谷。问群臣以取粟方略。逞曰："取椹可以助粮，故飞鸮食椹而改音，《诗》称其事。"太祖虽衔其侮慢，然兵既须食，乃听以椹当租。逞又曰："可使军人及时自取，过时则落尽。"太祖怒曰："内贼未平，兵人安可解甲仗入林

[1]《魏书》卷3《太宗纪》。

[2]《魏书》卷4《世祖纪》。

[3]《魏书》卷67《崔光传》。

[4]颜之推：《颜氏家训·勉学》。

野而收椹乎？是何言欤?!”以中山未拔，故不加罪。[1]

这个调皮的崔逞，终于在中山既拔之后，被找寻了一个“不贬僭晋主号”的罪名，而赐死了。这是北方大族重要人物被杀戮的最初的记录。后来到文成帝拓跋浚时候，崔逞的孙子崔睿又以“交通境外，伏诛。”《魏书》说：“自逞之死至睿之诛，三世积五十年，而在北一门尽矣！”[2]再看崔浩，他也是一个不能完全俯首贴耳的奴才。《高允传》说：

初，崔浩荐冀、定、相、幽、并五州之士数十人，各起家郡守。恭宗谓浩曰：“先召之人，亦州郡选也，在职已久，勤劳未答。今可先补前召，外任郡县，以新召者代为郎吏；又守令宰民，宜使更事者。”浩固争而遣之。

“荐数十人均起家郡守”、“固争而遣”，这简直是“威权震主”了。像这样的“北面事人”，又怎能避免身诛族灭的命运呢?！北魏朝诛崔浩的事，是一件极典型的事例，它充分地显示了存在于异族统治者和汉人大族间相互勾结中的矛盾，以及这个矛盾之不可避免地趋于尖锐化。崔浩的死，绝不单纯像《魏书·崔浩传》中“曲笔”所书，“立石铭，刊《国记》，浩尽述国事，备而不典；而石铭显在衢路，往来行者，咸以为言，事遂闻发。”照这“曲笔”所述，崔浩似死于文字狱，然而书同传又说，“浩既工书，人多托写《急就章》，从少至老，初不惮劳，所书盖以百数，必称‘冯代强’，以示不敢犯国，其谨也如此。”（按，考证云，《急就章》中有“冯汉强”字样，魏起漠北，以汉强为讳，故改云“代强”。郦道元《水经注》中“广汉”改作“广魏”，即其例也。）崔浩在文字方面，恭谨媚外，至于如此地步；何以他的《国记》，就单单“备而不典”起来？其实，问题的核心不在这里。出身渤海高氏、同崔浩共修国史、因受到恭宗拓跋晃的特殊庇护致得免死的高允，曾在事后批评说：

浩以蓬蒿之才，荷栋梁之重，在朝无謇谔之节，退私无委蛇之称，私欲没其公廉，爱憎蔽其直理，此浩之责也。至于书朝廷起居

[1]《魏书》卷32《崔逞传》。

[2]《魏书》卷32《崔逞传》。

之迹，言国家得失之事，此亦为史之大体，未为多违。[1]

这说得很明白，也说得很有道理。崔浩即便确因国史之事触怒拓跋焘而死，然就其远大背景来看，其致死的主要原因，还在于他过分地强调了汉人头等地主豪富的"私欲"（即阶级利益），因而跟拓跋皇朝的利益造成了冲突。的确，崔浩是一个顽固强调头等地主世家利益的人，对于这一点，他的外兄范阳卢玄就曾表示过异议。《卢玄传》说：

浩大欲整齐人伦，分明姓族。玄劝之曰："夫创制立事，各有其时；乐为此者，讵几人也？宜其三思。"浩当时虽无异言，竟不纳。浩败颇亦由此。

卢玄在这里已经暗示崔浩，这种把头等大族利益提到第一位的办法，是值得考虑的。但崔浩不听，终于在太平真君十一年（450）酿成了北朝史上空前残酷的大屠杀事件。据说当时"世祖怒甚，敕[高]允为诏，自[崔]浩以下、僮吏以上，百二十八人皆夷五族"。允持疑不为诏，且力谏，卒仅以"浩竟族灭，余皆身死"。[2] 然仅崔浩一人牵连，即已不少，"清河崔氏无远近，范阳卢氏、太原郭氏、河东柳氏，皆浩之姻亲，尽夷其族"。[3] 这与其说是对崔浩的惩罚，勿宁说是拓跋皇室对汉人大族第一次有计划的打击。

清河崔氏之外，再看赵郡李氏。赵郡李氏在族望上较之范阳卢氏、清河崔氏是有些逊色的。这一家族，没有崔宏、崔浩"父子并乘轩轺，时人荣之"的轩赫，也不像卢家那样有着卢植、卢毓、卢挺、卢志等一大串著名的祖宗，以及"一门三[尚公]主，当世以为荣"那样的殊宠，但自李勰、李顺、李灵、李孝伯、李敷、李宪、李安世这些人接踵出仕以来，也俨然是"雍容大家"了。在北齐天保六年，有乡郡乡县人李清曾为这赵郡的李实、李希宗父子二人造"报德像碑"于平定石门山磨崖，碑文中叙述赵郡李氏的风光，说：

荷竿张钩，子孙繁盛；黄羊白环，允祠丕显。论家语德，我实兼

[1]《魏书》卷48《高允传》。

[2]《魏书》卷48《高允传》。

[3]《魏书》卷35《崔浩传》。

之。有姓名者，承华远叶，分流浚源，附骥尾而绝尘，托龙髯而高翥，乘车食肉，不假长铗之谣，升堂入室，无劳囊锥之请。葭莩之亲，乃枝遥十世；丘山之顾，则润过九里。朝履清阶，乡居要职，增荣改价，二公之造焉。[1]

这段碑文很好地烘托出了赵郡李氏家族中子弟姻戚的种种特权享受。然而即便他们，也跟崔氏一样不免于连遭刑戮。见于《魏书》的，主要有三次：(1)拓跋焘，太平真君三年(442)，“刑李顺于姑臧城西”，这是崔、李二家争宠斗法的前半幕，后八年(450)，而崔浩也被诛灭，可谓“两败俱伤”；(2)献文帝拓跋弘皇兴四年(470)，“以李奕有宠于文明皇太后，显祖怒，遂诛李敷兄弟”，这是一件由宫闱中浪漫故事引起的流血事件；(3)孝明帝元诩孝昌三年(527)，“以李宪女婿安乐王[元]鉴据相州反，灵太后诏，赐宪死”。这几次虽然牵连不多，但赵郡李氏的几个主要人物也都不免于刑戮了。这些事情联系起来看，可以显示出在整个北魏皇朝的统治时期(自开国之初到孝文帝元宏改制以前，自然比较更严重)，拓跋皇室跟汉人大族中间，在基本上是相互勾结以便联合统治的情况之下，也曾经发生过一些尖锐的斗争，造成过不少大大小小的流血事件。无怪颜之推要对他的儿子们追忆说：“自丧乱以来，见因托风云，徼幸富贵，旦执机权，夜填坑谷，朔欢卓、郑，晦泣颜、原者，非十人五人也！”[2]

然而，到孝文帝元宏时候，跟着“迁洛”、“易俗”这两件重大政令的颁布和执行，跟着拓跋统治集团由前封建贵族身份向封建贵族身份转化的大体完成，北魏皇室跟汉人大族间的尖锐矛盾是相对地缓和下来了。表示了这种缓和的，首先是在这两者间开始缔结起来了相当复杂的姻戚关系。在这一点上，即是说，在大族跟统治者集团复杂的联姻的这一点上，南朝和北朝的情况是类似的；不同者只是复杂程度上的差异。实际的历史材料证明了夏曾佑在其《中国古代史》中下列说法的不确。夏曾佑说：

[1]据原拓片，陆耀遹《金石续编》卷2亦著录。

[2]《颜氏家训·止足篇》。

若夫北朝，则其例更严。南朝之望族，曰琅琊王氏、陈国谢氏。北朝之望族，曰范阳卢氏、荥阳郑氏、清河博陵二崔氏。南朝之望族，皆与皇族联姻。其皇族如彭城之刘、兰陵之二萧，吴兴之陈，不必本属清门，惟既为天子，则望族即与联姻，亦不为耻。王、谢二家之在南朝，女为皇后、男尚公主，其事殆数十见也。而北朝大姓，则与皇室联姻者绝少。……此殆由种族之观念而成。[1]

按，夏曾佑之所以这样写，其有意似在发扬我国历史上种（民）族观念之旺盛，以冀对其当时清末民初的读者以民族思想的鼓励，其动机容有可取；但历史事实，却不是如此。不错，北魏皇后于史有传的二十五人中，确无一人出自汉人望族，然而这并不是说汉人望族不屑与异族联姻，而是不得机会，不够资格。试看：

[灵]太后为肃宗选纳，抑屈人流。时博陵崔孝芬、范阳卢道约、陇西李瓒等女，但为世妇。诸人诉讼，咸见忿责。[2]

按，元宏改定内官制，分左右昭仪、三夫人、九嫔、世妇、御女等阶级，世妇仅相当于外朝的中大夫，地位的确不高，无怪乎大族分子们要不惧"忿责"起而"诉讼"了。但这是灵太后干的事。元宏就曾高明得多，他几乎平均地从每一家汉人大族中选一名臣之女或妹，纳为自己的夫人或嫔，以示拉拢。见于《魏书》的有：

高祖初依周礼置夫嫔之列，以[李]冲女为夫人。

高祖纳其（按，卢敏）女为嫔。

文明太后为高祖纳其（按，郑羲）女为嫔。

高祖以[崔]挺女为嫔。

高祖纳[崔]休妹为嫔。[3]

按，内官制，三夫人视三公，九嫔视九卿；虽不能跟皇后同日而语，但这总不算十分"抑屈人流"了，而这类婚姻无疑是政治的。元宏不仅替自己在汉人大族中建立下姻戚关系，而且还替他的弟弟（亲王们）指定媳

---

〔1〕夏曾佑：《中国古代史》，三联书店，1955 年版，第 518～519 页。

〔2〕《魏书》卷 13《孝明皇后胡氏传》。

〔3〕见《魏书》之《李冲传》、《卢敏传》、《郑羲传》、《崔挺传》、《崔休传》。

妇："于时王国舍人，应取八族及清修之门；[元]禧取任城王隶户为之，深为高祖所责。因诏为六弟娉室："

长弟咸阳王[元]禧可娉故颍川太守陇西李辅女，次弟河南王[元]干可娉故中散代郡穆明乐女，次弟广陵王[元]羽可娉骠骑咨议参军荥阳郑平城女，次弟颍川王[元]雍可娉故中书博士范阳卢神宝女，次弟始平王[元]勰可娉廷尉卿陇西李冲女，季弟北海王[元]祥可娉吏部郎中荥阳郑懿女。[1]

在这指定的六国王妃中（自然事后并未完全按照指定施行），两个出在荥阳郑氏，两个出在陇西李氏，一个出在范阳卢氏，只有一个是鲜卑人。此外，再看"尚公主"的记载：

[卢道裕]少以学尚知名，风仪兼美，尚显祖女乐浪长公主，拜驸马都尉、太子舍人。

卢道虔尚高祖女济南长公主，公主骄淫，声秽遐迩。

卢昶子元聿，字仲训，无他才能，尚高祖女义阳长公主，拜驸马都尉。[2]

这虽的确不及南朝琅琊王氏、陈国谢氏子弟尚公主者之"殆数十见"，但这范阳卢氏也已"一门三主，当世以为荣"了。以上所引，仅仅限于皇室家庭及其最近亲属与汉人大族间的姻戚关系，至于其他拓跋王公跟汉人大族间的姻戚关系，那就更复杂了，此处不再一一考核罗列。这说明了什么问题呢？这说明：在当时无论从拓跋皇室看来，或者从汉人大族看来，作为人民的共同统治者和剥削者，他们的利益是可以联系起来的（虽然联系之后仍不免发生磨擦）；站在统治阶级的阶级利益上来看事情，那么他们之间的共同点是远远可以使种族差别让一些步的。自然，他们并不一定能够每一个人都明确地、自觉地认识到这一点，但从他们的统治本能出发，不自觉或半自觉地感觉到这一点，并且实行这一点，则是完全可能的。此后，他们便越来越协调了。

我们试问：什么是这一协调的目的呢？很显然，其目的是为了联合

[1]《魏书》卷21《咸阳王传》。

[2]《魏书》卷47《卢玄传》。

起来以便向人民（主要是农民）展开其更暴虐的统治与更残酷的剥削。即就一部几经更改、曲笔重重的《魏书》来看，也可以充分地证明在拓跋贵族与汉人大族基本上协调下来以后，他们更如何猖狂地干下了若干贪污搜刮、强占田宅、放高利贷（包括贷粮），以及畜养并虐待大量僮妾奴婢的种种暴行。我们来看一些这类暴行和恶行的感性材料，是有益的。先看贪婪搜刮的事例。当时人们传说这类事，往往是拿拓跋亲王跟汉人大族双双对照着，这绝不是偶然的，而是胡、汉联合统治在人们心目中的反映。如亲王元晖和范阳卢昶即是一例：

> ［元晖］再迁侍中，虽无补益，深被亲宠……领右卫将军侍中卢昶亦蒙顾眄，故诗人号曰“饿虎将军”、“饥鹰侍中”。晖迁吏部尚书，纳货用官，皆有定价：大郡二千匹，次郡一千匹，下郡五百匹，其余受职各有差。天下号曰“市曹”。出为冀州刺史，下州之日，连车载物，发信都至汤阴间，首尾相继，道路不断。其车少脂角，即于道上所逢之牛，生截取角，以充其用。〔1〕

搜刮到生截牛角，可谓无微不至了。“饿虎将军”如此，“饥鹰侍中”可想。再看亲王元融和顿丘李崇，也是被并提的一例：

> ［胡太后］幸左藏，王公嫔主以下从者百余人，皆令任力负布绢，即以赐之。多者过二百匹，少者百余匹。唯长乐公主手持绢二十匹出，示不异众而无劳也。世称其廉。仪同陈留公李崇、章武王［元］融并以所负过多，颠仆于地。崇乃伤腰，融至损脚。时人为之语曰：“陈留、章武，伤腰折股。贪人败类，秽我明主。”〔2〕

当时的情况是，几乎族望越高，搜刮的就越是酷苛。试看荥阳郑氏中的两个事例：

> ［郑］羲多所受纳，政以贿成。性又啬吝，民有礼饷者，皆不与杯酒脔肉；西门受羊酒，东门酤卖之。以李冲之亲，法官不之纠也。……太和十六年卒，赠帛五百匹。尚书奏谥曰“宣”，诏曰：“……羲虽宿有文业，而治阙廉清。稽古之效，未光于朝策；昧货之谈，已

〔1〕《魏书》卷15《昭成子孙传》。

〔2〕《魏书》卷13《宣武灵皇后胡氏传》。

形于民听。……依谥法:博闻多见曰‘文’,不勤成名曰‘灵’。可赠以本官,加谥文灵。”[1]

(郑)伯猷,……除骠骑将军、南青州刺史。在州贪惏。妻安丰王元延明女,专为聚敛,货贿公行,润及亲戚。户口逃散,邑落空虚。乃诬良民,云欲反叛,籍其资财,尽以入已,诛其丈夫,妇女配没。百姓怨苦,声闻四方。[2]

搜刮财货之外,是凭借行政权力和贵族身份,强占人民的田宅,使一般人民丧失其起码的生产条件和生活条件。在李安世的《均田疏》中曾说:“窃见州郡之民,或因年俭流移,弃卖田宅,漂居异乡,事涉数世;三长既立,始返旧墟,庐井荒毁,桑榆改植,事已历远,易生假冒,强宗豪族,肆其侵凌,远认魏、晋之家,近引亲旧之验。”[3]像李安世所说“强宗豪族,肆其侵凌”的情况,即在《魏书》诸列传之中,已有不少极鲜明的例证。如清河崔氏中的崔暹:

本云清河东武城人,世家于荥阳、颍川之间。性猛酷,少仁恕,奸猾好利,能事势家。初以秀才累迁南兖州刺史,盗用官瓦,脏污浪藉,为御史中尉李平所纠,免官。后行豫州事,寻即真,坐遣子析户,分隶三县,广占田宅,藏匿官奴,障吝陂苇,侵盗公私,为御史中尉王显所弹,免官。[4]

在这类事例中,穷凶极恶的是孝文帝的六弟北海王元详跟他那出身渤海高氏的母亲:

于东掖门外,大路之南,驱逼细人,规占第宅。至有丧柩在堂,请延至葬而不见许,乃令舆榇巷次,行路哀嗟。详母高太妃,颇亦助为威虐,亲命殴击,怨响嗷嗷。[5]

当时侵占田宅的事,除汉人大族和拓跋贵族外,为统治者服务的高级僧侣沙门,其强夺民居之事,亦足惊人!仅据当时任城王元澄奏疏所称,

---

[1]《魏书》卷56《郑羲传》。

[2]《魏书》卷56《郑羲传》。

[3]《魏书》卷53《李安世传》。

[4]《魏书》卷89《酷吏传》。

[5]《魏书》卷21《献文六王传》。

洛阳城内“寺夺民居,三分且一”,可见高级僧侣在强占田宅方面,也曾充当了统治者有力的参与者和帮凶。

在这种胡、汉联合统治之下,劳动人民的财物被搜刮一空了,其田宅被夺占去了,什么是他们的下场呢?在最后不得不走向起义反抗的道路以前,他们走什么道路呢?在这个问题上,他们较之秦、汉和宋、明的劳动人民,处境尤艰。秦、汉和宋、明时候,商业和手工业都有相当程度的发展,城市在不同性质上也都相当发达,乡中无路可走,可以流入城市,成为手工业工人或一般的贫民。但北魏时候,城市和商业是不发达的,手工业牢固地结合在农业生产的极小单位上,没有发展的可能。于是农民破产之余,只有再向贵族和世族们高利借贷、投身请求庇荫、卖身为奴婢——这样的几条道路了。这样,高利借贷(包括贷粮)和蓄奴婢,就成了拓跋贵族和汉人大族们增辟的剥削途径。而这种剥削方式,对于农业经济,更是一味烈性的破坏剂,也是最容易激起反抗的契机。这对于专制皇朝的统治是不利的,因而北魏皇室曾屡屡下诏“禁断债负”。兹择其中最主要的三次诏令(计拓跋濬时一次,元恪时一次,元子攸时一次)引录于下,以见当时高利贷盘剥的严重情况:

和平二年(461)诏曰:

> 刺史牧民,为万里之表。自顷每因发调,逼民假贷,大商富贾,要射时利,旬日之间,增赢十倍。上下通同,分以润屋。故编户人家,困于冻馁;豪富之门,日有兼积。为政之弊,莫过于此。[1]

永平四年(511)诏曰:

> 僧祇之粟,本期济施,俭年出贷,丰则收入,山林僧尼,随以给施,民有窘敝,亦即赈之。但主司冒利,规取赢息,及其征责,不计水旱,或偿利过本,或翻改券契,侵蠹贫下,莫知纪极![2]

永安二年(529)诏:

> 诸有公私债负,一钱以上,巨万以还,悉皆禁断,不得徵责![3]

[1]《魏书》卷5《高宗纪》。

[2]《魏书》卷114《释老志》。

[3]《魏书》卷10《敬宗孝庄帝纪》。

不过，像这些诏书，只能暴露出当时高利率借贷情况的普遍和严重而已；至于这些诏书颁布后的实际效果如何，那是可以想像的。假如一次禁断有效，就不烦屡屡下诏了。这些颁诏事件，也如某些地主分子自动"燔契"的举措一样，只是虚伪的"具文"而已。

农民破产之后，继之以高利借贷；借贷无力偿付之后，继之以甘愿投靠或卖身为奴婢。投靠的意义，是说甘愿受更重的剥削；卖身的意义，是甘愿牺牲自己半自由的身份。《魏书·食货志》说："荫附者皆无官役；豪强徵敛，倍于公赋。"从这里，可以看出统治阶级内部矛盾的一个重要焦点来：官府要叫农民们缴公赋，支官役；而豪族则把这些农民"庇荫"下来，以免除他们的公赋和官役为条件，而从他们身上榨取多出一倍、或一倍以上的血汗，以满足其私欲。比"荫户"再次焉者，就干脆沦落为可以杀、可以扑挞的奴婢了。只看荥阳郑氏家中发生过的一场奴隶报复事件，其情况的严重也可见一斑了：

> ［郑］连山，性严暴，挝挞童仆，酷过人理。父子一时为奴所害，断首投马槽下，乘马北逝。其第二子思明，骁勇善骑射，披发率村义，驰骑追之，及於河。奴乘马投水，思明止将从不听放矢，乃自射之，一发而中，落马随流。众人擒执至家，脔而杀之。[1]

奴隶对奴主的阶级仇恨，发展到如此尖锐的程度，足见奴主平时虐待奴隶的残酷了；而这些奴隶，又都是由破产农民自卖身份而来的。统观以上种种可以看出，自从北魏之初拓跋皇室跟汉人大族相互勾结、磨擦以来，在孝文帝元宏时候这种勾结加强了，联合统治较前巩固了，他们联合起来，对人民（主要是农民）进行了一系列封建统治的政治压迫和封建的剥削。以上，就是在公元4、5世纪间北魏政治历史的基本情况，是完全有史料作为根据的。至于这种封建压迫和封建剥削的结果，自必引起人民的大起义；关于这一部分材料，因为已经写成过《北魏末各族人民的大起义》一文（见拙著《中国农民战争史论文集》第44～67页），故在此不再赘述了。

［1］《魏书》卷56《郑羲传》。

3.2 经济篇

北魏的社会是“倒退”了吗？北魏的社会经济是经历了“向自然经济复归”的倒退历程吗？假如真是倒退了，那么“均田制”的产生及其在北周、北齐、隋、唐诸代中的大体衍用，又如何去理解呢？——这些问题，是值得弄弄清楚的。在我看来，北魏社会根本没有过任何的“倒退”，初受蛮族入侵时，社会经济的某些个别部分可能有一些挫折；至于自然经济是有的，而且在中国社会史上北魏时候的自然经济还是最典型的，不过那绝不是什么“复归”。“复归”云云，是把周、秦、两汉一齐看做封建社会，因而对于西汉中后期手工业商业大繁荣现象无法解释的技穷之说。假如我们肯把我国历史提到整个世界历史中去认识，假如我们把西汉中后期手工业商业的大繁荣理解作带有东方特点的奴隶大帝国鼎盛期的现象的话，那么，北魏的自然经济就自然不是什么“复归”，而是中国封建社会在东汉、魏、晋的长期孕育和缓慢发展之后，伴随着蛮族入侵，将其所带的前封建军事组织力结合了原有的封建基础，而使这一封建基础更加强化与巩固了：典型的自然经济之出现，是封建社会初步强化与巩固的表现之一。底下，我准备用三个段落的论证来证明我上述的看法。

在第一个段落的论证中，我想证明：即便我们抛开汉人的经济生活不谈，单从入侵的鲜卑族的经济生活来看，也不是没有变化的，不是死拖住汉人使他们的经济非“倒退”不可的；相反，正如鲜卑族统治者在政治上跟汉人大族逐渐勾结、终至形成联合统治一样，也正如鲜卑族自上而下的种种文化生活的改革，说明着他们的逐步汉化一样，鲜卑族的经济生活也是自入侵之初就发生变化的。兹先从一件非主要的事来看。从鲜卑族统治者的继承方式上，我们可以看出三个阶段性的变化。其第一阶段的世系如下：

(1)毛—(2)贷—(3)观—(4)楼—(5)越—(6)推寅—(7)利—

(8)俟—(9)肆—(10)机—(11)盖—(12)侩—(13)邻。[1]

这十三代世系大体上是不可信的，很可能是汉人史官仅据一些古老传说帮他们主子捏造出来的。第二个阶段的世系就可信得多了，其传递情况如下：

(1)诘汾—(2)力微—
- (沙漠汗)—
  - (7)猗㐌—
    - (10)贺傉
    - (11)纥那
  - (8)猗卢
  - (5)弗—(9)郁律—
    - (12)翳槐
    - (13)什翼犍—(实)
- —(3)悉鹿—(4)绰
- —(6)禄官

这十三代的世系表，很显明地说明鲜卑族在当时还流行着兄终弟及的继承制。再看第三阶段的世系：

(1)珪—(2)嗣—(3)焘—(晃)—(4)濬—(5)弘—(6)宏—(7)恪—(8)诩……

这已经是比较严格的嫡长子继承制了。为什么恰巧自道武帝拓跋珪为界，鲜卑族统治者的继承制前后判然有别呢？在我看来，从这种继承制的变化中，已经透露出鲜卑族经济生活在拓跋珪时发生变化、发生自前一社会阶段向后一社会阶段跃进的消息。何况，除此之外还有具体的有关社会经济方面的材料：

> ［贺］讷从太祖平中原，……其后离散诸部，分土定居，不听迁徙。其君长大人，皆同编户。［贺］讷以元舅，甚见尊重，然无统领。[2]

> 太祖时分散诸部，唯高车以类粗犷，不任使役，故得别为部落。[3]

从以上两段短短的引用中，其所记述的事迹已甚明确，即拓跋珪曾经把

---

〔1〕《魏书》卷1《序纪》。

〔2〕《魏书》卷83《外戚传》。

〔3〕《魏书》卷103《高车传》。

自己本族的许多部落和被征服的他族的部落统统解散了，打破了他们之间酋长与族员、军事性奴主与奴隶间的种种旧的隶属关系，而使他们都成为北魏皇室隶属下的齐一的“编户”，替皇朝担任农耕；只有实在落后到一时无法从事农耕的高车族，才另外割一地区，保留原有制度。这些被安置下来经营农业生产的“编户”，其性质不是其他，而很显明的是军事性的隶农了。

《魏书》又曾记载说：

> [太祖]使东平公仪垦辟河北，自五原至于棝阳塞外，为屯田。[1]

> [秦明王元翰]子[元]仪，……[太祖]命督屯田于河北，自五原至棝阳塞外，分农稼，大得人心。[2]

这里所谓的“屯田”，即是为了适应军事的需要，用强制或半强制的方式，聚集农业劳动者到某一指定地区去从事农耕，必要时由官家供给农具和畜力，而将农作物按照一定的比例官、私分有的制度。像这样的制度，西汉武帝在西域，诸葛亮在渭北，曹操在许下，都曾较早地施行过。而拓跋珪所试验施行的，也正是这种军事性的隶农剥削制度。“分农稼”三字，所指已甚明确；所可惜的，只是在《魏书》的记载里，始终查不出当时分租的比率（后来的分租，有记载，详后）。然而，似乎对于这一缺憾可以充当一项某种意义的填补的，是《十六国春秋》和《晋书·载记》中有关另一鲜卑族慕容氏统治者慕容皝在辽西一带先于拓跋珪几乎一个世纪时候所施行的佃租制。崔鸿《十六国春秋》卷25《前燕录》卷3记载说：

> 晋穆帝永和元年（345）春正月，[慕容]皝以牧牛给贫家，使佃苑中，公收其八，二分入私；自有牛而无地，亦佃苑中，公收其七，三分入私。皝记室参军封裕谏曰，“……永嘉丧乱，百姓流亡，中原萧条，千里无烟，饥寒流殒，相继沟壑。武宣王（按，慕容廆）以神武圣略，保全一方，威以殄奸，德以怀远，故九州之人，塞表殊类，襁

[1]《魏书》卷110《食货志》。

[2]《魏书》卷15《秦明王翰传》。

负万里,若赤子之归慈父。流人之多于旧土,十倍有余,人殷地狭,故无田者十有四焉。殿下以英圣之资,克广先叶,南摧强赵,东灭句骊,北取宇文,拓境三千里,增民十万户,继武阐广之功,有高西伯。宜悉罢诸苑,以业流人,人至而无资产者,赐以牧牛,不当更收重税也。……且魏、晋虽道消之世,犹削百姓不至于七、八;持官牛田者,官得六分,百姓得四分;私牛而官田者,与官中分:百姓安之,人皆悦乐。臣犹曰,非明主之道,而况增乎?!”皝乃下令曰“览封记室之言,孤实惧焉。……苑囿悉可罢之,以给百姓无田业者;贫者全无资产,不能自存,各赐牧牛一头;若私有余力,乐取官牛垦官田者,并依魏、晋旧法。……”[1]

固然我们没有理由去武断拓跋族的屯田租率就一定相同于慕容氏苑囿上所实行过的租率,然而据理推求,其间相去亦不会很远;而无论是慕容氏或者是拓跋氏,在其侵入到中原的初期起,即已按照一定比率征取租赋,实行一种军事性的隶农剥削制度,则已毫无问题了。

第二段落的论证,将证明北魏不仅在其入侵的初期,而且还在入侵以后的相当长的时间之内,在相当大的规模上举办过军事性的隶农剥削制度。兹先将其事迹之见于《魏书》的择要列下,然后再作分析。

天兴元年(398)正月,徙山东六州民吏,及徙河、高丽杂夷三十六万,百工伎巧十百余口,以充京师。……二月,……诏给内徙新民耕牛,计口受田。……十有二月,……徙六州二十二郡守宰、豪杰、吏民二千家于代郡。[2]

[永兴五年(413)]七月,……奚斤等破越勤倍泥部落于跋那山西,获马五万匹,牛二十万头。徙二万余家于大宁,计口受田。[3] ……八月,……置新民于大宁川,给农器,计口受田。②

[神䴥二年(429)征高车],振旅凯旋于京师。告于宗庙列置新民于漠南,东至濡源,西暨五原、阴山,竟三千里。[4]

---

〔1〕《晋书》卷109《慕容皝载记》所述与此略同,不另征引。

〔2〕《魏书》卷2《太祖纪》。

〔3〕《魏书》卷3《太宗纪》。

〔4〕《魏书》卷4《世祖纪》。

延和元年(432)九月,车驾西还。徙营丘、成周、辽东、乐浪、带方、玄菟六郡(按,以上六郡为慕容燕在辽西、辽东为当时中原流民及勾骊杂夷等所设)民三万家于幽州。[1]

太延元年(435),长安及平凉民,徙在京师。

太延四年(439),冬十月,车驾东还,徙凉州民三万余家于京师。

太平真君五年(444),北部民杀立义将军衡阳公莫孤,率五千余落北走。追击于漠南,杀其渠帅,余徙居冀、相、定三州为营户。[2]

显祖(拓跋弘)平青、齐,徙其族望于代。[3](按,郦道元《水经注》卷13"漯水"部:"阴馆县,魏皇兴三年[469],齐平,徙其民于县,立平齐郡")。

统览以上摘录的仅仅十条材料,已可大体看出,北魏至少曾在公元398至469的70年中,通过军事的征服,自今山东、辽西、辽东、内蒙、陕西、甘肃等地区迁徙来相当大批的带有军事俘虏性质的人民,连带也有不少从游牧部落俘虏来可供耕田使用的牧畜,一齐分配并安置到东起濡源,经大宁,过代郡、阴馆,西至五原、棝阳的一列长长的移民线上,叫他们从事于垦殖。那么,问题自然发生了:拓跋氏统治者为什么把这些大批的移民不安置到任何别的地方,而偏偏安置在东起濡源西至五原的一线之上呢?(其中鲜卑北部叛民之徙居冀、定、相三州者,显然含有隔离、管制之意,另当别论。)在我看来,这种安置是完全符合着当时军事形势的需要的。原来北魏初期的军事形势,一方面向南用兵,另一方面要固守北陲和西陲。向南用兵,其军需自可随时强取之于当地的汉人;向北和向西的防御军队,自需要农业产品的供应。当时,为了固守北陲和西陲,北魏曾建有"六镇"。经过不少人的研究,所谓"六镇",实有九镇,曰沃野镇,曰怀朔镇,曰武川镇,曰抚冥镇,曰柔玄镇,曰怀荒

[1]《魏书》卷4《世祖纪》。

[2]《魏书》卷4《世祖纪》。

[3]《魏书》卷48《高允传》。

镇，曰御夷镇，曰高平镇，曰薄骨律镇。在这九镇之中，除沃野、高平、薄骨律三镇地近西陲另作别论外，其余六镇，西起怀朔，东至御夷，显然构成一条北魏在北陲上的国防线。这条国防线重要性之大，自不必说。拓跋帝王都曾屡屡巡幸此线，孝文帝元宏迁洛以后，也要北来巡视，《魏书》记载说太和十八年：

> 秋七月……壬辰，车驾北巡。……辛丑，幸朔州。……八月……甲辰，行幸阴山。……癸丑，幸怀朔镇。己未，幸武川镇。辛酉，幸抚冥镇。甲子，幸柔玄镇。乙丑，南还。[1]

而北魏初期70年中所经营的那条新民线，则恰巧跟这条国防线大体平行（见图3－1）。

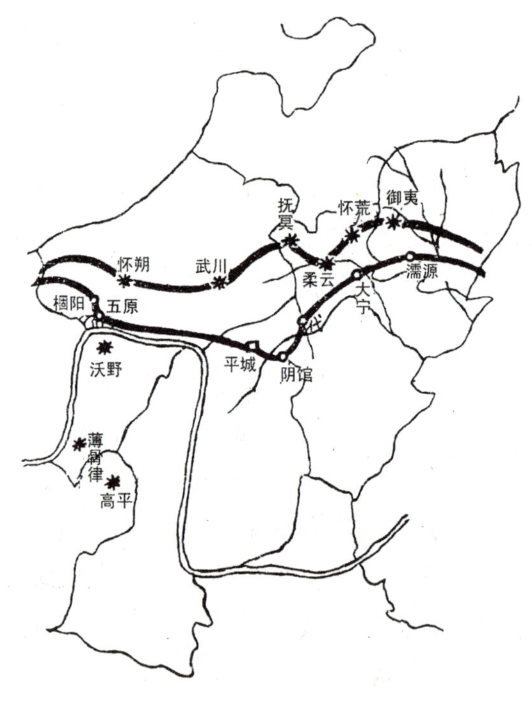

图3－1　北魏新民线与“九镇”示意图

由图3－1中已可看得很明白，北魏设置这条新民线的目的何在呢？显然，是为了供给由六个镇联系构成的北陲国防线上的粮食需要。

〔1〕《魏书》卷7《高祖纪》。

但我们更发生兴趣的，倒是北魏皇朝设置新民线的主观目的以外的客观效果。这效果是：通过这数十年间大体连续实施的“给耕牛”、“给农器”、“计口受田”、“分农稼”等屯田措施，汉族人跟鲜卑人以及其他胡族人民的接触加多了，其杂糅融合的程度增进了，游牧族对于农稼生活更习惯了。最后更加重要的，是通过这种蛮族军事性屯田的强制性质，中国史上中古期佃农和隶农的剥削方式，又更进一步地巩固化了。

我们除却由以上的新民线中，看出总的情况之外，还需要以北魏的北部平城及京畿一带所施行的农业经营为典型，观察一些更细致的情况。远在世祖拓跋焘时，大族分子高允就曾有过在京畿一带充分发展农业生产的建议。《魏书·高允传》说：

> 世祖引允与论刑政，言甚称旨。因问允曰：“万机之务，何者为先？”是时多禁封良田，又京师游食者众。允因言曰：“臣少也贱，所知唯田，请言农事。古人云，方一里则为田三顷七十亩，百里则田三万七千顷，若勤之，则亩益三升，不勤则亩损三升，方百里损益之率，为粟二百二十二万斛。况以天下之广乎?! 若公私有储，虽遇饥年，复何忧哉?!”世祖善之，遂除田禁，悉以授民。

高允的谏议，是很适合于当时的情况的。当时自许多新征服地区迁徙来的半俘虏、半自由身份的人，尚未普遍编入生产，而游食京师，成为一种公众的负担；另一方面，不少可耕之田，又被许多保守田猎游牧习惯的拓跋皇族圈定为养鹰鹞、行田猎的荒地：这样劳动力和劳动对象不结合的现象，对于增进生产是很有妨害的。通过高允的建议，荒废的田授民了，民也受田了。拓跋焘晚年，恭宗拓跋晃监国，又在京畿一带开辟了具有示范性质的垦田试验。《魏书》记载说：

> 恭宗监国，曾令曰“……其制有司课畿内（按，《魏书·食货志》云：“某至代郡，西及善无，南极阴馆，北尽参合，为畿内之田。”）之民，使无牛家以人牛力相贸，垦殖锄耨。其有牛家与无牛家一人种田二十二亩，偿以私锄功七亩，如是为差。至与小老无牛家种田七亩，小老者偿以锄功二亩，皆以五口下贫家为率。[其]各列家别口数，所劝种顷亩，明立簿目，所种者于地首标题姓名，以

辨种殖之功。”又禁饮酒、杂戏、弃本沽贩者。垦田大为增辟。[1]

现在,应该讨论到孝文帝元宏的时候了。我的第三段落的论证,将证明,作为长期军佃制试验的结果,再结合了在政治上拓跋贵族与汉人大族逐渐形成为联合的统治,于是典型反映中古租佃制的“均田制”便出现了,而且在北周、北齐、隋、唐(中叶以前)诸代之中,被大体地衍用了下去。

孝文帝元宏进行了很多改革的措施。他不顾鲜卑旧贵族穆泰等所代表的保守顽固势力的反对,坚持舍离平城,迁都洛阳;他又接受了李冲的建议,大力扫除了当时“杂营户帅,遍于天下,不隶守宰,赋役不周”的酋长式的落后统治残余,及其在全国统一规模下的混乱情况,坚持设立了统一的“三长制”。总之,他是要在加紧汉化的形式里,完成加紧封建化(胡、汉间大体上平衡的封建化)的这个实质内容。对于这一项历史任务,基本上他是完成了。但地主阶级是有其自己的阶级轨道的,一旦他们从战争中宁静下来,一旦他们从平城,从新民线上,从“营户”、“兵户”、“平齐户”等身份中解脱出来,他们便立刻恢复了他们那贪婪财货、强占田宅、高利盘剥等等的故技,而且还很快地教会了鲜卑贵族们,两相勾结起来,一道去干。这些行为一方面使得那些经过战争流离的贫苦人民,回到家乡时无地可种;另一方面也使得原来勉强有地可种的人民,也越来越多地被排挤到生产之外去。这是一种顶严重的社会现象,发展到尖锐时会引发人民的大起义,加深皇朝被推翻的危机;即便在平时,也会削减皇朝租赋的收入。于是皇朝的主持人便不得不采用两种互相联系的办法,即一方面继续沿用并推广当年在五原、平城、大宁一带进行军屯的方法,不断扩大北方的农业生产,以维持北方军需的供应;另一方面,又在不妨碍、或力求不妨碍大地主利益的前提之下,在中原一带号召开拓可以耕种的任何隙地,以期充分使用农民的劳动力,以增加皇朝租赋,并安定皇朝的统治。于是,适应了这一需要,那为许多历史学家所喜欢大书特书的“均田制”便产生了。我们先来看一看引发“均田制”的动机:

---

〔1〕《魏书》卷4《世祖纪》。

时民困饥流散，豪右多有占夺。[李]安世乃上疏曰，“臣闻量地画野，经国大式；邑地相参，致治之本。井税之兴，其来日久；田莱之数，制之以限。盖欲使土不旷功、民罔游力，雄擅之家，不独膏腴之美；单陋之夫，亦有顷亩之分；所以恤彼贫微，抑兹贪欲，同富约之不均，一齐民于编户。窥见州郡之民，或因年俭流移，弃卖田宅，漂居异乡，事涉数世；‘三长’既立，始返旧墟，庐井荒毁，桑榆改植，事已历远，易生假冒，强宗豪族，肆其侵凌，远认魏、晋之家，近引亲旧之验。……愚谓，今虽桑井难复，宜更均量，审其经术，令分艺有准，力业相称，细民获资生之利，豪右靡余地之盈，则无私之泽，乃播均于兆庶；如阜如山，可有积于比户矣……”

高祖深纳之。后均田之制，起于此矣。[1]

这个出身于赵郡李氏的李安世，替皇朝看出了危机，建议创制一套对于皇朝统治来说比较完满的方案。他主张一方面要在皇朝利益和一般地主利益之间谋求妥协，即达成“邑地相参”的相对平衡和互不侵犯的境界；另一方面，更进一步地去充分使用农民劳动力，使“土不旷功、民罔游力”，以企图达成他所空想的比户之积“如阜如山”的相对繁荣。于是，“均田诏”颁下来了：

[太和]九年(485)，下诏，均给天下民田。诸男夫十五以上，受露田四十亩，妇人二十亩，奴婢依良；丁牛一头，受田三十亩，限四牛。所授之田，率倍之；三易之田，再倍之：以供耕作，及还受之盈缩。诸民年及课，则受田；老免及身没，则还田。奴婢、牛，随有无以还受。诸桑田不在还受之限。……诸初受田者，男夫一人给田二十亩，……奴各依良。……诸桑田皆为世业，身终不还，恒从见口。有盈者，无受无还；不足者，受种如法；盈者得卖其盈，不足者得买所不足；不得卖其分，亦不得买过所足。

诸土广民稀之处，随力所及，官借民种莳；役[后]有土居者，依法封授。诸地狭之处，有进丁受田而不乐迁者，则以其家桑田为正田(按，即露田)分；又不足，不给倍田；又不足，家内人别减分。

〔1〕《魏书》卷53《李孝伯传》。

> 无桑之乡准此为法。乐迁者,听逐空荒,不限异州他郡,唯不听避劳就逸。其地足之处,不得无故而移。……诸一人之分,正从正,倍从倍,不得隔越他畔。进丁受田者,恒从所近。若同时俱受,先贫后富。再倍之田,放此为法。诸远流配谪、无子孙、及户绝者,墟宅桑榆,尽为公田,以供授受。……诸宰民之官,各随地给公田,刺史十五顷,太守十顷,治中、别驾各八顷,县令、郡丞六顷,更代相付,卖者坐如律。[1]

我以为,我们应该给这一均田制以一个恰如其分的估价。在我看来,"均田制"至少有着两个重要的特点:第一,它是鲜卑族在一百年中(大体是398—485)为了军事需要,使用军事和政治的力量,不断举办漠南屯田和畿内垦田等经验的总结,因而表现为半强迫、半鼓励的方式,去组织并集中一切游散生产力从事农业生产的一种牢固的和比较完备的方案。从创制者的主观动机来看,它自然是为了替皇朝榨取更多租赋的有效的措施;但从客观的社会效果来看,它在一定程度上也限制了无限制的占夺,鼓励了一些社会生产力的积极性。第二,它是在拓跋皇室跟汉人大族的联合统治形成之后制定的,因而它也表现了对地主既得利益的承认与妥协。如诏书鼓励向宽乡迁徙,至狭乡则缩小受田之额,就是对于像荥阳郑氏那样中原大族力求妥协的显明表现之一。《文献通考》的"田赋考"中评论"均田制"说,"固非尽夺富者之田以予贫人",这个话是的确的,马端临早已经看到了这种妥协性。

> 延兴二年(472)四月,诏工商杂伎,尽听赴农。
>
> 太和四年(480),诏曰:"今农时要月,百姓肆力之秋,而愚民陷罪者甚众。宜随轻重决遣,以赴耕耘之业。"
>
> 太和九年(485)八月,诏曰:"数州灾水,饥馑荐臻,致有卖鬻男女者。……今自太和六年以来买定、冀、幽、相四州饥民良口者,尽还所亲。"[2]

连贱民、罪囚和奴隶都被鼓励参加农业生产,足见当时农业劳动力之相

---

〔1〕《魏书》卷110《食货志》。

〔2〕《魏书》卷7《高祖纪》。

对缺少了。此外，元宏也曾举办过“屯田”（国家庄园）：

> 太和十二年(488)，诏群臣，求安民之术。有司上言：“……别立农官，取州郡户十分之一以为屯民，相水陆之宜，断顷亩之数，以赃赎杂物，市牛科给，令其肆力。一夫之田，岁责六十斛；甄其正课，并征戍杂役……。”帝览而善之寻施行焉。自此公私丰赡，虽时有水旱，不为灾也。[1]

统观以上种种，可以看出，从拓跋珪到拓跋晃再到元宏，北魏曾有过一系列的屯垦措施，从五原、棝阳到代郡、大宁、濡源再到中原屯垦，曾有过一连串的屯垦设置，这说明北魏的历史是鲜卑游牧部族逐渐封建化的历史；是游牧部族军事强制力影响到中国原有的封建社会，使之更加巩固的历史；是鲜卑贵族和汉人大族又冲突、又联合的统治历史；是北魏皇朝凌驾在一般地主之上，对一般地主又限制又妥协的历史；是在三、四世纪中原大紊乱、生产大受破坏之后，北方和中原的农业生产又开始向有组织（“均田”）的道路恢复和发展的历史。那么，能够说北魏社会是什么历史的“倒退”，或者是什么“复归”的历程吗？

1949 年 2 月 16 日初稿写完于河北正定

1955 年 11 月 18 日重写完于山东青岛

3.3　后记

这是一篇改写过的旧稿。1948 年，我在河南开封和河北正定两地，曾断续地读完了一部《魏书》，并参读了一些《北史》的个别纪传，做了一些摘录材料的工作。在战争环境下，无法进行更广泛、更细密的研究，就先把这些摘录的材料用文字系一系，以免遗失。当时计划写三篇，“政治篇”、“经济篇”、“儒学篇”，而写完前两篇后就因调动工作而搁笔了。这份稿子就一直带在行箧之内，无力重写，更不敢拿去发表。

1950 年冬，回到青岛来，曾将此稿给同系的王仲荦教授看过，蒙他指教，做了许多订正；复蒙他将内中一二浅见采入他的论文和讲稿之

〔1〕《魏书》卷 110《食货志》。

中。1955 年“学报”集稿，又在他的鼓励之下，将旧稿取出，力加删汰，将三万五千余字的原文删为两万余字的目前形状，勉强付印。实在说，我是应该把它的旧形（考据体）彻底打翻了重写的；但第一，由于个人研究对象近数年来已经转移，对于“北朝史”生疏了很多，无法写得更好一些；第二，这种原材料的系写体裁，虽然其缺点在于相对地削弱了理性的分析，但其好处则在于对读者可以加重许多感性材料的印象。由于以上两点原故，旧体裁便基本未去动它。但大力改写的地方还是有的，即如在“经济篇”中，联系到我国社会历史划阶段的问题，把自己对这一问题的越来越巩固的看法大胆地提出来了，并且结合北魏史对此看法做了一些印证。正确与否，希望得到批判和指正。

最后，此文初稿写作时期，与叶丁易同志比邻而居，时相过从，本稿随写随请他看过，也提了许多宝贵意见。今叶丁易同志已为古人，追忆往昔，不禁泪下。

1955 年 11 月 25 日赵俪生又志

（原刊于《山东大学学报》第 2 卷第 2 期）

4 北魏末的各族人民大起义

4.1 引言

在旧中国各代的历史中间，北魏史所得到的重视，在过去一贯是不足的。有人从《魏书》的作者魏收的私行多不谨出发，指斥《魏书》是一部"秽史"；又有人单从鲜卑种族入侵这一点来认识，把北魏也列为"黑暗时期"；更有人，像王礼锡之流，迎合了日本帝国主义御用史家"外因论"的说法，一方面歪曲地夸张了所谓"边疆种族之能动的因素"，一方面却又信口开河地说中国当时社会为之"倒退了数百年"。这些错误与反动的说法，为中国中古史的研究制造了极度的混乱。

其实，《魏书》和《北史》，特别是前者，在旧统治阶级编制的史书中比较，不能算坏的。譬如它按照族姓立传的方法，就是符合了中古期门阀统治的特色。至于北魏的社会和政治，我们更不能对它作片面的和表面的理解。实际上，北魏是鲜卑贵族与中国北方汉人大族的联合统治，从公元398年到495年整整一个世纪中，鲜卑族完成了汉化、亦即封建化的历程，一方面按照上古中国专制主义的国家样式组成了一个封建的强国，另一方面又接续汉武、曹魏等军事佃耕制，复结合拓跋族自入侵以来所办的"漠南屯田"、"畿内垦田"的经验，编制并颁定了中古期的封建土地制度，即"均田制"。这些成就，都应该得到应有的重视与细密的研究。陈寅恪以他自发地与科学历史法则有某些吻合的观点，指出隋、唐二代制度之所以"臻于美备，征诸史籍，其迹象明显，多可推寻，决非偶然或突然所致者也"。[1] 这是对于上述种种对北朝史

[1]陈寅恪：《隋唐制度渊源略论稿》第八篇《附论》，三联书店版，1954年，第158页。

的错误与混乱说法的一种初步指斥。但在旧时代的限制下，陈先生还不可能掌握阶级分析法，致使他许多精湛的研究，多半停留在"种姓"与"地域"诸关系的处理之中，而缺乏带根本性质的阶级的分析。

能够最明显地显示阶级关系，特别是阶级关系与种族关系之相互纠缠的，是北魏末的人民大起义。北魏末的人民大起义，与隋、唐之际的人民大起义，是中国中古期历史上两次规模最庞大、内容最复杂的起义。过去的治史者，对于北魏末的人民大起义，是非常不重视的。有人甚至用个别人物的活动来代替人民起义的作用与意义，如夏曾佑曾说，"魏之乱亡，皆起于胡灵后一人"。[1] 陈寅恪在解放后的新作中，曾对起义给予了初步的重视，他说："六镇问题于吾国中古史至为重要，自沈垚以来，考证六镇问题之著述于镇名地望颇多精义，然似不免囿于时间空间之限制，犹未能总汇贯通，了解其先后因果之关系也。"[2] 这个指斥也是确当的，对于推进人民史学的研究工作，具有有利的作用。

我今不揣谫陋，对北魏末的人民大起义，把它拿来当作中国中古史上的重点和关键问题之一，同时也把它当作中国农民战争史上久被忽略的一个部分，来予以初步的探索。

4.2 起义的根源

首先，自然要找寻起义的根源。这根源问题自必涉及两个在当时互相纠缠着的矛盾，即阶级的矛盾与种族的矛盾。

上节说过，北魏政治史是鲜卑贵族与中国北方汉人大族之间的联合统治的历史。而这个联合，又不是一蹴而成的。汉人大族，如荥阳郑氏、清河和博陵二崔氏、赵郡和陇西二李氏、范阳卢氏、渤海高氏、弘农杨氏、以及河东的封氏、薛氏等等，在起初也想顽强地保持自己独占的阶级轨道，排斥侵入的鲜卑贵族的染指；但经过军事征服和一些大杀戮（如崔逞、崔浩、李顺和与崔浩相连的柳元景等事件），他们屈服了，开

〔1〕夏曾佑：《中国古代史》，商务印书馆，1933 年，第 485 页。

〔2〕陈寅恪：《论隋末唐初所谓"山东豪杰"》，《岭南学报》第 12 卷，第 1 期。

始从排斥变为勾结。在鲜卑贵族方面，对于把游牧部落逐渐离散，分土定居，改畜牧为农业经营，改酋长为领主，改贡纳为租赋，在最初也曾表现了相当顽固的抗拒。在时间上经过近一个世纪，在地域上政治中心由平城(大同)迁到洛阳，在统治的人物方面由拓跋珪到元宏，这个联合统治才奠定下来了。这个联合立刻就加重了阶级的压迫和剥削。即使自认是“曲笔重重”的《魏书》，也到处都充满了记述拓跋贵族和汉人大族怎样联合起来假借政治特权贪污搜刮，强占田宅，放高利贷(包括高利贷粮)，畜养大量僮妾奴婢，荫蔽逃租逃役诸种隐户的种种事迹。这从北魏中叶皇室诏令经常禁断债负、搜刮隐户、瘗埋骸骨的种种无效的措施中，也可以从侧面反衬出这种阶级剥削和压迫的日益严重。

以上所述，是最主要的矛盾。与这一主要矛盾密切连结着的，是种族矛盾。种族矛盾使阶级矛盾的内容，更为复杂化。这种复杂化的内容，我们可以从下列诸方面去理解。第一，广大汉族人民所受拓跋贵族与汉人大族的统治和压迫，既是一种阶级压迫，又是一种种族压迫；第二，逐渐贫困化与卑微化了的鲜卑人民，特别是“六镇”人民所受的统治和压迫，同样也既是一种阶级压迫，又是一种种族压迫；第三，其他境内外杂居的种族，如所谓“敕勒”、“丁零”、“山胡”、“契胡”等所谓“杂种胡”，以及“柔然”(当时被统治者呼作“蠕蠕”或“茹茹”)、“氐”、“羌”……等等，他们更是遭受着阶级的与种族的双重压迫。这些情况，在在都加重并加深了当时社会的矛盾。

举两例来说明这种情况。在孝明帝元诩的初年，鲜卑贵族元遥在当冀州刺史时，就曾不仅对汉人也对当地杂居的胡人施行加重的政治和经济压迫，史书说：“遥以诸胡先无籍贯，奸良莫辨，悉令造籍；又以诸胡设籍，当欲税之，以充军用。胡人不愿……”[1]与此同时前后，汉人大族分子崔游在西北当新秦州刺史时，就曾对当地的氐、羌人民施行背信的诱杀，史书说：“先是，州人杨松柏、杨洛德兄弟数为反叛。游至州，深加招慰，松柏归款，引为主簿；稍以辞色诱之，兄弟俱至。松柏既州之豪帅，感游恩遇，奖谕群氐，咸来归款。且以过在前政，不复自疑。

〔1〕《魏书》卷19上《京兆王传》附《元遥传》。

游乃因宴会,一时俱斩。于是外人以其不信,合境皆反。”[1]鲜卑贵族和汉人大族的联合统治对其他种族的压迫剥削,自不仅限于上举二例的性质和范围,它们是更多样的。而这种复杂多样的剥削和压迫,也正是激起北魏末各被压迫阶级和被压迫种族人民广泛大起义的原因。

4.3 起义的序幕——沙门起义

北魏人民的较大规模起义,就“正史”中有记载的看,大概开始于孝文帝元宏统治之时,直迄北魏的分裂,持续了六十余年。其中顶顶高涨的年代,是自孝明帝元诩正光五年(524)到孝庄帝元子攸永安二年(529)的这六年中间。其中最主要的起义有三次:(1)由莫折念生领导的秦州和新秦州氐、羌人民在关陇地区的起义;(2)由破六韩拔陵领导的“六镇”人民的起义;(3)由鲜于修礼、杜洛周和葛荣领导的瀛、定、幽、冀诸州人民大起义。此外,复有在意义与规模方面仅次于上举三次的另外两次起义,即(1)由沙门法庆领导的大乘教起义,因为这次起义较之上述诸大起义早发生九年,故我这里视它为大起义的序幕;(2)由大族分子邢杲领导的河北流民在今山东地区的起义,因为它殿于上述诸大起义之后,故我在本章内视它为大起义的尾声。此外,还有由敕勒族人胡琛和其后继者万俟丑奴领导的高平镇(今甘肃固原)一带的起义,它穿插于关陇起义与“六镇”起义的中间。以上这些起义,又都是彼此连续而且综错着的。今一一扼要叙述并试予分析于后。

先看所谓“沙门造反”。在北魏史上,所谓“沙门造反”的事迹是不少的。如:(1)孝文帝元宏统治期中有太和五年的沙门法秀和御史连通又结合奴隶谋划起义的记载;(2)太和十四年,有沙门司马惠卿的起义;(3)宣武帝元恪统治期中有永平二年的沙门刘惠汪的起义;(4)永平三年,有沙门刘光秀的起义;(5)延昌三年,有沙门刘绍僧的起义。到延昌四年(515),便发生了由沙门法庆领导起于冀州、自该年六月至九月持续了三个月的大乘教起义;而且在这次较大规模起义被镇压下

[1]《魏书》卷57《崔挺传》附《崔游传》。

去的两年以后（熙平二年），记载还说“大乘余贼，复相聚结，攻瀛州”。[1] 这样许多由僧侣领导、借宗教教义起义的事件，是不应该不引起注意的。

宗教观念起于人类对自然的无知。但自从有了宗教观念和宗教组织以来，各种不同的统治剥削阶级都尽量设法利用宗教来麻痹人民的反抗意志。很多教会和上层僧侣，多半都甘愿接受这种利用。但下层僧侣和一般劳动人民，却往往赋予同一个宗教教义和宗教组织以不同的作用与意义。在北魏拓跋珪的时候，道教和佛教的上层人物都曾经向统治者献媚，甚至争宠。他们勾结皇室、官僚和富户，贮藏财物，榨取并高利借贷“僧祇粟”，役使“僧祇户”。他们（特别是沙门）由于起了这些帮凶作用，就得到统治阶级的特殊宠爱而大大发展。于是许多农民，以及带有俘虏性质的新被征服地区的人民，为了逃避或减轻刑役与租赋，都纷纷“入道”了。《魏书》有一篇《崔巨伦传》，记述他怎样坚决不肯为那些争取他的起义军服务，杀人宵遁，“夜阴失道，惟看佛塔户而行，到洛”。[2] 可见当时佛户之多了。佛教徒空前加多的结果，自必引起宗教内部的分化。自社会下层来的信徒，自必给予宗教以不同的对待。早在元宏即位的次年，就在诏书中说：“比丘不在寺舍，游涉村落，交通奸猾，经历年岁。令民间五五相保，不得容止。”[3] 同时稍后，范阳卢氏中的一分子卢渊也曾上表说：“关右之民，自比年以来，竸设斋会，假称豪贵，以相煽惑。显然于众坐之中，以谤朝廷。无上之心，莫此之甚。愚谓宜速惩绝，戮其魁帅；不尔，惧成黄巾、赤眉之祸。”[4] 元宏时代这些诏表中的字句，已经反映了宗教的分化。

而表现宗教分化更明显的，就是上述的许多沙门起义。虽然保存下来记述他们事迹的现有记载，实在是太简略了，不足以充分地说明他们；但即使是零星的字句，也反映一些一定的情况。例如这些起义者多自称为“明法王”或“明法皇帝”，这就说明在起义者看来，被统治阶级

[1]《魏书》卷9《肃宗纪》。

[2]《魏书》卷56《崔辩传》附《崔巨伦传》。

[3]《魏书》卷114《释老志》。

[4]《魏书》卷47《卢玄传》附《卢渊传》。

利用了的佛法已经陈旧腐朽了，应该革新。特别是法庆领导的冀州起义，他们公开宣称“新佛出世，除去旧魔”，号召“杀一人者，为一住菩萨；杀十人者，为十住菩萨”，他们“所在屠灭寺舍，斩戮僧尼，焚烧经像”。[1] 他们的队伍是壮大的，北魏皇朝派刺史萧宝夤的长史崔伯麟前往镇压，被起义军击溃于煮枣城（今河北枣强县西北），崔本人被俘。后来还是一面派遣皇室亲族元遥武装镇压，一面派遣汉人大族分子渤海高绰“以白虎幡军前招慰”[2]进行分化，这才好不容易把起义军基本上镇压下去了。起义虽然只支持了三个月，但它所显示的宗教分化的意义，以及作为九年后大起义之先声与序幕的作用，是应该得到足够的重视的。

4.4　莫折念生领导的起义

莫折念生领导的起义较之破六韩拔陵领导的“六镇”起义，迟发动三个月（按北朝记载，同在正光五年，即公元 524 年，一在三月，一在六月；按南朝与《通鉴》记载，则相差一年有余，《通鉴》卷 149 考异曾考订过一下）。但以莫折氏的起义远在西陲，与后来河北、山东地区大起义的直接连续性较小，为以后的叙述方便计，所以先把莫折氏的起义提前来叙述一下。

莫折氏领导的起义，是氐、羌人民的起义。起事地点是秦州（今甘肃天水）和南秦州（约今甘肃武都、成县一带）。起事人在秦州城者有薛珍、刘庆、杜迁等，推莫折太提为秦王；太提卒，其第四子天生继位，称天子，年号天建。按氐、羌两族，自苻坚以后，即杂居在此处一带，记载说，自坚子苻定时，即“分诸氐、羌，为二十部护军，各为镇戍，不置郡县。”[3]莫折，《元和姓纂》卷 10 录有此姓，云是羌姓。《姓纂》见录，很可能还是大姓，那么这一次起义当是羌人大姓所领导的氐、羌人民的联合起义了。在新秦州者有韩祖香、张长命、孙掩（又作孙掩）等，他们是

[1]《魏书》卷 19 上《京兆王传》附《元遥传》。

[2]《魏书》卷 48《高允传》附《高绰传》。

[3]《魏书》卷 101《氐传》。

氐人，为了报复该州刺史崔游诱杀他们的渠帅故而起义，起义后响应并参加了莫折氏领导的起义军。

这次起义支持的年月是较长的，以秦州起义推莫折太提为王计起，至莫折念生遭遇起义中叛逆分子杀害为止，即自正光五年六月至孝昌三年九月，共三年零三个月。起义军的战斗成绩也是煊赫的；其中特别是念生的弟兄（按，《魏书·肃宗纪》作“兄”，《萧宝夤传》作“弟”）莫折天生所率领的越陇部队，曾打到过汧城、岐州，数次进攻雍州（今长安）擒杀过都督元志，战斗历时半年之久。此外，向西他们攻下过凉州，向南他们曾多次进攻仇池的镇和戍。

起义半年之后，起义的势力忽然削弱了，这是由于起义军中出现了叛逆分子。记载说："时有天水人吕伯度兄弟，始共念生同逆，后与兄众保于显亲，聚众讨念生；战败，降于胡琛，琛以伯度为大都督、秦王，资其士马，还征秦州，大败念生将杜粲于成纪，又破其金城王莫折普贤于水洛城，遂至显亲。念生率众，身自拒战，又大奔败。伯度乃背胡琛，袭琛将刘拔，破走之，遣其兄子忻和率骑东引国军。念生事迫，乃诈降于宝夤。朝廷喜伯度立义之功，授抚军将军、泾州刺史、平秦郡开国公，食邑三千户。……念生复反，伯度终为丑奴所杀，贼势更甚。"[1]这段记载是重要的。胡琛是高平镇的起义领袖，本人是敕勒族，起义后曾响应过破六韩拔陵，但他对待莫折氏领导的氐、羌人民起义的态度是遗憾的，他竟企图利用叛逆分子，扩大起义军间的火并，这也许是种族的差别在起作用吧。但他死后，他的继承人羌人万俟丑奴，却能和莫折念生重新合作，使起义军的声威大震，二次攻占陇东的汧、岐、豳诸城，连北华州（今黄陵、洛川一带）也卷入了，并曾东占过潼关，使北魏统治者大感狼狈。

不论这次起义军曾如何地两下陇东，给统治者派来镇压的军队以多少次挫败，但它终究由于内部有被敌人收买的叛逆分子而失败了。莫折念生手下的常山王杜粲突然杀了念生和他的满门，据秦州投降了北魏皇朝；杜不久又被一个叫骆超的杀死，骆超当了秦州刺史；新秦州

[1]《魏书》卷59《萧宝夤传》。

叛逆分子辛琛显也表示了投降的态度，当了新秦州刺史。但人民的态度不是如此，他们企图谋杀这两个叛徒，致使这两个叛徒不敢在州，都跑到军阀尔朱天光的军营中求保护去了。起义基本上算是镇压下去了，旧统治者的统治总算又恢复了，但统治下的秩序则是一片混乱。

4.5　破六韩拔陵领导的“六镇”起义

北魏初期的统治者在逐步向南“攻伐”之际，为了巩固自己的后方，不受柔然等族的侵扰起见，乃建立“六镇”，以为北疆边防。后来又向西“攻伐”，边镇之设，已不限于六。于是“六镇”的名目及位置，乃逐渐混淆不清。清道光间，有乌程沈垚者，据说“南人足不越关塞，而好指书绝域山川”，曾撰《六镇释》一文，对此问题给予初步处理。[1] 1943年，朱师辙教授在《辅仁学志》第12卷，第1、2合期中发表了《北魏六镇考辨》，找出了所谓“六镇”者，实有九镇，其名目方位见图4-1。

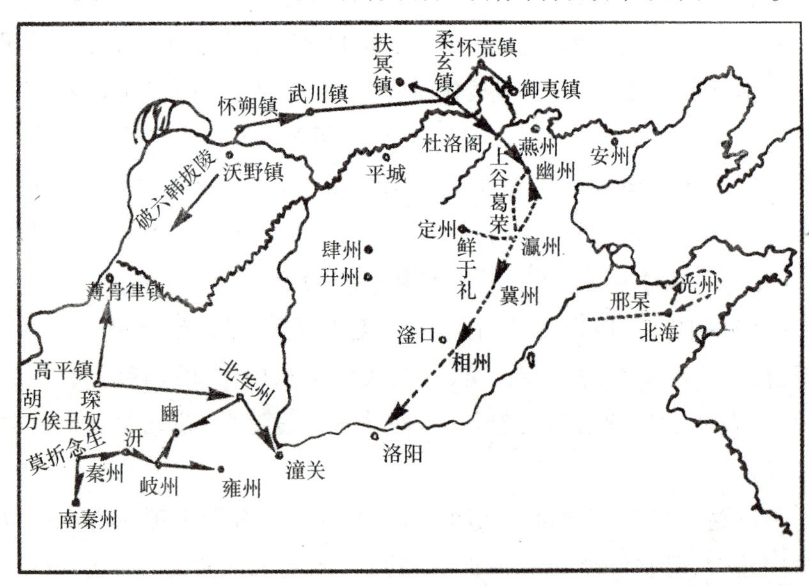

图4-1　北魏末人民大起义形势图

〔1〕沈垚:《落帆楼文集》卷2。

武川镇——在今内蒙古自治区武川县(距离北魏旧京平城最近);

怀朔镇——在今内蒙古自治区包头市西北(在“套”外);

沃野镇——在今内蒙古自治区包头市西南(在“套”内);

柔玄镇——在今河北省张北县;

怀荒镇——在今河北省沽源县;

抚冥镇——在今河北省商都县西南;

御夷镇——在今河北省赤城北;

高平镇——在今甘肃省固原县;

薄骨律镇——在今甘肃省灵武县。

到孝文帝元宏的时候,北魏统治者对于这一道西北的国防线,还是很重视的;元宏迁都洛阳以后,还常来巡察。但元宏以后,在洛阳的鲜卑贵族已经同汉人大族一同腐朽,对于他们那些镇守边防的亲眷已经几乎要忘记了,这就造成了**鲜卑人中的新阶层分化**,使边疆贵族落为更卑微的阶层,并从而又使他们增强了对其他种族人民的凌暴。而这便是“六镇”人起义的主要原因之一。起义发生后,拓跋亲王元深(按,此人原名元渊,唐朝人避他们“高祖”李渊的讳,擅改古人名为“深”)和尚书令李崇的参谋人员魏兰根都曾看出了这个情况,当时他们上书说:

> 边竖构逆,以成纷梗,其所由来,非一朝也。昔皇始以移防为重,盛简亲贤,拥麾作镇,配以高门子弟,以死防遏。不但不废仕宦,至乃偏得复除。当时人物,忻慕为之。及太和在历,仆射李冲,当官任事,凉州土人,悉免厮役;丰、沛旧门,仍防边戍。自非得罪当世,莫肯与之为伍。征镇驱使,但为虞候白直,一生推迁,不过军主。然其往世房分,留居京者,得上品通官,在镇者,便为清途所隔。……自定鼎伊、洛,边任益轻,唯底滞凡才,出为镇将,转相模习,专事聚敛;或有诸方奸吏,犯罪配边,为之指踪,过弄官府,政以贿立,莫能自改。……尚书令臣[李]崇时即申闻,求改镇为州,将允其愿,抑亦先觉,朝廷未许,而高阙戍主,率下失和,拔陵杀之,敢为逆命。……王师屡北,贼党日盛。……将士之情,莫不解体!今

日所虑,非止西北,将恐诸镇,寻亦如此。天下之事,何易可量?[1]

元深作为统治者内部分子之一,还能道出这种情况,因而能保留下这一记载,是难得的。当时北魏皇朝并不采纳他们的意见,后来看到柔然族也大有参加起义的可能,这才敷衍地下令"复镇为州",同意减轻"六镇"军事管制区域人民的苛重负担,派《水经注》的作者郦道元前往宣诏,但当时"六镇尽叛,不得施行"了。"六镇"起义开始于正光五年三月,到同年八月,皇朝又下了一道诏书,企图拉拢"六镇"一带堕落的鲜卑贵族,诏书说:"……[高祖]选良家酋胕,增戍朔垂,戎捍所寄,实惟斯等。先帝以其诚效既亮,方加酬锡;会宛、郢驰烽,朐、泗告警,军旗频动,兵连积岁;兹恩仍寝,用迄于今。怨叛之兴,颇由于此。"[2]但无论怎样"慰谕",怎样推托,都已经无效了。

这次起义,首先发动于沃野镇,领导人是破六韩拔陵。破六韩,一作潘六奚,是胡人的一个贵族姓氏。据说,他们的祖先是单于,向南通好曹魏;其右谷蠡王潘六奚北御鲜卑,没入拓跋魏,因以为姓。[3] 拔陵起义之后,不久就攻占了怀朔镇;高平镇酋长胡琛也响应了,接连北疆诸镇也都卷入。这次起义,到破六韩拔陵失败,自正光五年(524)三月至孝昌元年(525)四月,共一年零一个月,以后就转化为鲜于修礼、杜洛周和葛荣所领导的起义了。

什么是起义失败的原因呢?答案是统治者的挑拨与内部分子的叛变。古今中外的反动统治者都是惯于挑拨种族或民族间矛盾的。例如北魏当时,就有一个著名的策划种族挑拨的人,叫于谨。他曾帮助拓跋亲王元纂隔离柔然部族和破六韩拔陵起义军间的关系,一方面重点使用兵力击溃柔然军,另一方面再使用柔然之众进击破六韩拔陵;他又曾帮助另一亲王元深拉拢西部敕勒酋长,劝其归附,并造成西部敕勒与破六韩拔陵起义军间的冲突,以使两败俱伤,北魏军可以坐收渔利。[4] 此外,这支起义军内部也有叛逆分子,如有破六韩孔雀者,史书记载说:

---

[1]《魏书》卷18《广阳王传》附《元深传》。《北齐书》卷23《魏兰根传》,亦可参考。

[2]《魏书》卷9《肃宗纪》。

[3]《北史》卷53《破六韩常传》。

[4]《周书》卷15《于谨传》。

"背其宗人拔陵，率部降尔朱荣，诏封永安县侯、第一领人酋长。"[1]这对于破六韩拔陵的力量，无疑也是一个严重的削弱（按，《魏书》说，孔雀是被柔然主阿那瓌所斩，[2]这不一定可靠，又无法考证，故并书此二说存疑）。在这样敌人挑拨、内部叛逆的情况下，起义的饥民据"正史"记载说有二十万人"降附"了。拔陵下落缺乏确实记载，有的说他被柔然主阿那瓌杀了，但在他被杀后却又有他战斗的记载。皇朝派遣一个黄门侍郎杨置把这些饥民分散在冀、定、瀛三州之地，叫他们去"就食"。但日益深刻的阶级矛盾和种族矛盾并未因此解决，于是很快（几乎是连续着）就又爆发了今河北地区规模更大的起义。

4.6 鲜于修礼、杜洛周、葛荣领导的起义

在北魏末的人民大起义中，这支河北地区内的起义占有最重要的地位。这不仅由于它的规模是较大的，战斗力是较强的，给予统治者的震动是较重的，特别重要的是这次起义意味着边疆地带的种族起义与河北、山东地区农民起义的充分结合。这一点可以分两方面来理解。第一，河北、山东地区是当时北方封建佃租制农业经营最密集的地带，土地集中在豪门大族手中的情况较严重，封建剥削最残酷，因而暴动事件也就特别多，如上述"大乘教"的起义就是发生在冀州的地区里；另一例证是齐州（州治在今济南）地区的起义，在公元 524 年至 529 年的五年之内有记载的规模较大的起义事件就有八次之多！但这一带人民对于从事战争（特别是较大规模战争）的经验是不足的，因而需要像边疆地带骠悍善战的种族之联合。第二，"六镇"起义人民被北魏皇朝欺骗到冀、定、瀛三州来"就食"，而这一带汉族农户早已"民穷财尽"，因而"就食"就很成问题，"就"不上时，起义的情绪立刻复炽，这就很容易把他们丰富的战争经验和当地受重重封建剥削的农民的反抗情绪结合起来。从记载中，我们到处可以看到在杜洛周、葛荣的起义中，"六镇"

〔1〕《北史》卷 53《破六韩常传》。

〔2〕《魏书》卷 9《肃宗纪》。

成分作用的重大，如杜洛周部队中就有安州（在幽州北境即今辽西一带）石离、冗城、斛盐三戍的“反兵”，共众二万余落（以“落”计，很值得注意），起义首领中就有御夷镇的军主孙念恒，此外，杜洛周本人就是柔玄镇的镇兵（南朝记载叫他做吐斤洛周），鲜于修礼是丁零族人，他是怀朔镇的镇兵，葛荣则是怀朔镇的镇将；[1]当时次要的头目如后来叛变成为反动统治者的高欢就是怀朔镇人，宇文泰的父亲宇文肱就是武川镇人等等。因此，我们可以说这次起义方面是“六镇”起义的持续，另一方面又是汉族农民反对封建领主运动的集中和壮大。

现在，再把起义的基本情况叙述一下。这次起义是分两部分发动的。杜洛周领导的起义发动于上谷（今居庸关一带），鲜于修礼领导的起义发动于定州（地名左人城，在今唐县），前者较之后者早发动五个月。两部分起义，后来统一于葛荣，直到滏口、邺城一战葛荣被凶悍军阀尔朱荣击溃为止。这次起义自孝昌元年（525）八月到建义（后改永安）元年（528）八月，共持续了整整三年。在地域方面，起义军所攻占和影响到的地域也是很广的，除瀛、定、幽、冀四州之地是基本地区以外，向西涉及恒州（即北魏旧京畿，今大同一带）；东北到过辽西，曾把一个安州刺史撵到高丽去了；[2]南到相州（邺），直指洛阳。即使到葛荣被俘被杀之后，余众向东流入齐州、北海一带，成为邢杲起义的群众；向西流入并、肆（今山西）者，也“大小二十六反”。[3]可见，这次起义不仅意义重大，它的影响面也是很广的。

底下，来谈一个问题。在这次起义中，两个主要领袖鲜于修礼和杜洛周都是被另一主要领袖葛荣杀了的，许多不同来源的旧记载都这样说。因而有人就把这提高到起义军领导内部的不团结和相互火并的问题上来理解，认为这是起义失败的主要原因。从史料中细密地观察一番，情况似乎不是如此。自然有两点必须承认：第一是旧时代农民起义中不团结和互相火并是经常发生的现象；第二是有关葛荣两次合并部

[1]《梁书》卷56《侯景传》。

[2]《北史》卷45《江悦之传》附《江文遥传》。

[3]《北史》卷6《齐本纪》上。

队，逐步使自己成为唯一领袖的经过，史料中保存下来的根据实在是太少，不能充分地说明问题。但就很少的现有史料看，葛荣之杀鲜于修礼倒是可以被理解作是对起义军内部动摇变节分子的一种清洗，和对于敌人挑拨离间政策的一个打击。至于他杀杜洛周，材料太少，不足构成任何判断，但至少他杀杜洛周后，部队并未削弱反而壮大了。兹试予以说明于下：

统治者自知兵力薄弱，不足以压服当时的起义者，于是挑拨离间政策就被选为上策了。上节提到的于谨，就是干这种事的能手。现在，对河北地区起义军执行离间的，一是大都督元深（即元渊），一是定州刺史杨津，他是弘农杨氏大族的一分子。史书说："[元]深以兵士频经退散，人无斗情，连营转栅，日行十里，行达交津（在今河间、交河一带），隔水而阵。'贼'修礼常与葛荣谋；后稍信朔州人毛普贤，荣常衔之。普贤昔为深统军；及在交津，深使人谕之，普贤乃有降意。又使录事参军元晏说'贼'程杀鬼，果相猜贰。葛荣遂杀普贤、修礼而自立。"[1]又说，"[杨]津与'贼'帅元洪业及与'贼'中督将尉灵根、程杀鬼、潘法显等书，晓谕之，并授铁券，许以爵位，令图'贼'帅毛普贤。洪业等感悟。……朝廷初以铁券二十枚委津分给，津随'贼'中首领间行送之。修礼、普贤颇亦由此而死。"[2]由此可以看出，葛荣当时之所以集中掌握领导权，是为了打击敌人的分化政策。史实证明，他杀了毛普贤、鲜于修礼之后，部队不但没有削弱，反而更加强了。在博野白牛逻一役，于阵上就杀了章武王元融，不久又在定州郊野俘杀了广阳王元深。史书说："葛荣自破章武、广阳二王之后，锋不可当。"[3]这是部队和战斗力加强的有力证据。

至于葛荣之杀杜洛周，史料中可以找寻的根据就更少了。大家认为葛荣杀杜洛周并"吞没"其部队后，起义军的力量被削弱了，主要是受了《魏书·尔朱荣传》中所载尔朱荣上灵太后书中几句话的影响，这

[1]《魏书》卷18《广阳王传》附《元深传》。

[2]《魏书》卷58《杨播传》附《杨津传》。

[3]《魏书》卷56《崔辩传》附《崔楷传》。

儿句话是“葛荣虽并洛周，威恩未著，人类差异，形势可分”这样十八个字。但尔朱荣仅是一个凶悍残暴的晋北游牧族土皇帝，他上书中的话不一定可靠，而且这十八个字所说，主要是指出起义军方面还存有施行离间的余地而已。我认为这段材料的价值是不大的。并且，在同一个材料，即《魏书·尔朱荣传》中，还存有与上述材料直接矛盾的叙述，它说，“及葛荣吞洛周，凶势转盛”。可见葛荣之并杜洛周，其效果是与并鲜于修礼相同的，并未削弱部队及其战斗力，而是又一次地加强了。

葛荣杀了鲜于修礼和杜洛周之后，既然是加强了起义部队及其战斗力，那末什么是不久以后葛荣大军突然被击溃的原因呢？据我从史料中探求的结果，认为有两方面的原因，即：(1)起义部队中过多地吸收了大族分子和动摇变节分子，对他们除居最核心地位的领导人物将要变节时尚能及时予以清洗外，对其余多数的动摇变节分子，警惕心是很不强的；(2)葛荣当时有明显的自满情绪，轻视尔朱荣这个凶残的敌人，不讲求起码的战略战术，战士中间胡汉人不能十分调和，鲜卑人有“欺汉儿”的情况，曾有大批汉人被饿死冻死，这样大大削弱了主观条件，遂致一战而溃。兹结合史料，把这两项原因一一予以说明。

起义军看到了豪门大族中个别的所谓有声望的分子在农民中还有一定的号召作用，因而经常注意到争取他们。这个政策不能算错。但假如滥予争取，不予警惕，就不对了。史书中提到过杜洛周喜欢封王的事，说：“洛周僭窃，特无纲纪，至于市令驿帅，咸以为王，呼曰市王、驿王。”[1]葛荣也喜欢封王。如范阳卢氏分子卢勇，年十八，葛荣封他为燕王；[2]勃海高氏分子高乾、高昂兄弟，本是打家劫舍、奸掠妇女的恶霸，葛荣也赏他官爵；[3]广宗大族潘氏分子潘乐，年十九，葛荣封他为京兆王；[4]博陵崔氏中的崔巨伦是一个非常顽固的豪族分子，但葛荣闻其才名，欲用为黄门侍郎；[5]弘农大族分子杨愔是刽子手杨津的儿

〔1〕《魏书》卷36《李顺传》附《李裔传》。

〔2〕《北史》卷30《卢同传》附《卢勇传》。

〔3〕《北史》卷31《高允传》附《高乾、高昂传》。

〔4〕《北史》卷53《潘乐传》。

〔5〕《魏书》卷56《崔辩传》附《崔巨伦传》。

子，而葛荣竟想以自己的女儿嫁给他；[1]像这样的材料是不少的。对于就捕了的敌酋，他们有时会宽假，例如上述的刽子手杨津，葛荣就曾企图用他为司徒。后来杨津被杜洛周捕住了，本拟用油烹他，但由于有人谏止，得免死，使他能够辗转返回洛阳，继续为他的主子服务；再如拓跋亲王之一元孚被葛荣捕住了，也因有人谏止，葛荣就认为他是诚臣义士，与同禁五百人皆得免。这些事情，都说明起义中中古性的色彩非常浓厚，种族的界限和极其初步的阶级界限，在领导人的头脑中还是相当蒙眬的。自然，葛荣本人是一镇将出身，这一点也许会加重他识别上的蒙眬。

至于葛荣的自满情绪、轻敌、不讲求起码的战术战略等情况，我们可以从以下的一段很重要的记载中充分地看出来：

> [建义元年八月（按，即永安元年）]，时葛荣将向京师，众号百万。相州刺史李神轨（按，《魏书》中此"轨"字，《北史》作"儁"）闭门自守。"贼"锋已过汲郡。……九月，[尔朱荣]乃率精骑七千，马皆有副，倍道兼行，东出滏口。葛荣为"贼"既久，横行河北，时众寡非敌，议者谓无制"贼"之理。葛荣闻之，喜见于色。乃令其众曰："此易与耳！诸人俱办长绳，至便缚取。"葛荣自邺以北，列阵数十里，箕张而进。[尔朱]荣潜军山谷，为奇兵，分督将以上三人为一处，处有数百骑，令所在扬尘鼓噪，使"贼"不测多少，又以人马逼战，刀不如棒，密勒军士，马上各赍神棒（按，《魏书》中此"神"字，《北史》作"袖"，当以《北史》为是）一枚，置于马侧，至于战时，不听斩级，以棒棒之而已，虑废腾逐也。乃分命壮勇，所当冲突，号令严明，战士同奋。[尔朱]荣身自陷阵，出于"贼"后，表里合击，大破之，于阵擒葛荣。余众悉降。[尔朱]荣以"贼"徒既众，若即分割，恐其疑惧，或更结聚，乃普告勒，各从所乐，亲属相随，任所居止。于是群情喜悦，登即四散。数十万众，一朝散尽。待出百里之外，乃始分道押领，随便安置，咸得其宜，擢其渠帅，量才授用，

[1]《北齐书》卷34《杨愔传》。

新附者咸安。时人服其处分机速。[1]

以上引自《魏书》的这段材料,其写作立场自然是反动统治者的立场,因而对尔朱荣的"武功"自不免夸扬一番,但其中的基本情节,看来还是可信的。轰轰烈烈的葛荣起义,正如恩格斯描写德国农民起义的失败时所说:"为不及暴动群众总数十分之一的军队所剿灭。"[2]他们正是这样被敌人击溃了。

4.7 邢杲领导的起义

邢杲起义是杜洛周、葛荣起义在山东境内的继续。他在葛荣失败前两个月爆发,在葛荣失败后的次年也失败了,自永安元年(528)六月持续到永安二年(529)四月,计经时十个月。发动地点是青州的北海郡(约今山东昌乐县一带)。起义军曾向东攻占过光州(今掖县)和半岛一带等处。曾与北魏皇朝派来的镇压军队战于淮水、齐州(今济南)。在齐州之战中,起义军被击溃了。

这次起义也有它自己的一些特点。它的领导者邢杲是一个大族分子。河间邢氏是北方的一个二流大族,和崔氏、高氏等都有些很复杂的姻戚关系。邢杲本人曾反对过"六镇"人民的起义运动。记载说:"初,杜洛周、鲜于修礼为寇,瀛、冀诸州人多避乱南向。幽州前北平府主簿河间邢杲,拥率部曲,屯据鄚城(今河北任邱),以拒洛周、葛荣,垂将三载。及广阳王深等败后,杲南渡,居青州北海界。"[3]又记载他领导起义的动因说:"灵太后诏:流人所在皆置,命属郡县选豪右为守令,以抚镇之,时青州刺史元世儁表置新安郡,以杲为太守,未报。……以杲从子子瑶资荫居前,乃授河间太守。杲深耻恨,于是遂反。所在流人,先为土人凌忽,闻杲起逆,率来从之,旬朔之间,众逾十万。"[4]假如这些史料可信的话,则邢杲在起义前的立场是不好的,后来领导起义的动机

[1]《魏书》卷74《尔朱荣传》。

[2]恩格斯:《德国农民战争》,生活书店版,1946年,第160页。

[3]《魏书》卷14《高凉王传》附《元天穆传》。

[4]《魏书》卷14《高凉王传》附《元天穆传》。

也不像另外一些起义领袖的动机那么纯正。

但起义之后,邢杲是坚决的,北魏皇室首先是派遣邢氏的诸姻戚前来劝降,被他拒绝了。这才又派遣了亲王元天穆和“六镇”起义的变节分子、新起军阀高欢前来镇压。邢杲军溃被俘,他本人被送到京都洛阳,像葛荣一样地壮烈牺牲了。他失败这样急促的原因,可能是由于他所率领的河北流人跟山东本地人之间关系没有搞好,因而没有得到充分的支持。

4.8 北魏末人民大起义的意义——总结语

假如“大乘教”起义可以被看做是北魏末人民大起义的序幕,那末邢杲起义便可以说是尾声了。自然,这并不是说,此后已没有了起义,这只是说,历史的重点内容至此已经暂时转化到另外的方面去了。我们回顾并总览这六年中连续高涨的大起义并且把它放置在北朝史和全部中国历史中予以观察,我以为我们可以获致如下的几点结论和推论:

第一,这次大起义就其最根本性质说,是一场阶级斗争。《燕京学报》第39期中有一篇论文指出这次大起义,是“被压迫的少数民(种?)族如匈奴、敕勒、羌人等和被摒于清流以外的鲜卑和汉人府户联合起来,对于统治者压迫者的反抗。”这个指出是对的。同时,起义本身也表现了其自己的连续性与发展,即从局部地区或个别种族的斗争,发展为壮大、集中的全民大起义。如葛荣在邺之陈师百万,直指洛阳,即是意味着起义本身的成熟。它虽然没有能够直接打垮北魏政权,但无疑像尔朱荣之所以可能举行“河阴之变”,和不久后北魏的分裂,以及再以后北齐、北周的分裂,都不能不说是这次人民大起义的后果。

第二,假如从拓跋珪平城建都到元宏的迁洛易俗,这个历程是意味着北朝史上不同种族的统治阶级间的融合和勾结。那末,从氐羌起义到“六镇”起义,再到葛荣起义,这个历程无疑是意味着北朝史上不同种族的被统治阶级间之战斗的合作(合作中自然也有着分歧),而这种合作,此后便更进一步地导向中古期中国各种族人民语言、生活、文化诸方面的融合与发展。

第三，与上一点接连着，我们很容易看出，北魏末人民大起义和隋末人民大起义在意义上是直接连续着的。陈寅恪不久前已经指出，隋末人民大起义的群众，即所谓“山东豪杰”就其性强勇、工骑射、组织坚固、从事农业、姓氏多有胡族关系、以及出生地域之分配诸特点上来观察，与北魏镇戍屯兵营户不无关系。[1] 现在，假如我们再提高到北朝史上被统治各族人民在战斗中的相互融合来理解，则将越发感到这个线索的明显和清晰。

第四，北魏末的人民大起义和隋末的人民大起义，给予了北朝史上两个最强大的王朝（北魏和隋）以沉重的打击，大大削弱了北方大族在人民头上的控制力，致使李唐政权的开创者，即那些比较聪明了一点的皇帝和宰相，对劳动人民不得不作出某种程度的妥协和让步，而这就多少改变了一点当时的生产关系，并多少发展了一点当时的生产力，于是这便直接导使中国历史上出现了像唐朝那样一个强盛的国家和那样灿烂的文化。

第五，自然，在北魏末的人民大起义中，缺点也还是存在的。而且这缺点很明显。例如起义人民无论在种族界限或阶级界限方面，都带有一种中古的蒙眬性，这是与中古自然经济的分散性和落后性分不开的。拿这一点与近古期的人民起义比较，便会清楚地看出近古期历史的的确确是在同一的封建社会阶级中又向前发展了一大步。

（原刊于《文史哲》1953 年第 5 期）

---

〔1〕陈寅恪：《论隋末唐初所谓“山东豪杰”》，《岭南学报》第 12 卷，第 1 期。

5 说凉州

现在的武威市，原为武威地区，2001 年撤地设市。可是在中古时期（具体说，是公元 2 世纪—6 世纪，甚至 7 世纪），凉州却是一个具有全国意义上的三大据点之一。

现在，就让我们来说说这三大据点。

第一个据点是邺，今河北临漳。这是广袤的华北平原上的一个大据点，既是军事据点，又是政治据点，还是文化（各民族文化）的据点。老实说，北方据点应该是洛阳，但当时的洛阳经历了八王之乱和刘聪、石勒等人的折腾，你杀进来，我杀出去，已经不像个样子了。北魏孝文帝那一段短暂的“升平”，已经只是残迹了。所以后起的英雄（或者叫野心家），就要另觅去处。

曹操选定了邺，石勒也选定了邺，高欢也选定了邺，这其中必有道理。这里是北方大族赵郡李氏世代蕃衍的地方。再往北一点，就是清河、博陵二氏的地面。在中世纪，不管你是什么民族，不管你手下有多少兵马，你总离不开世家大族。他们有庄园，有自给自足的庄园经济，有数不清的依附农民，这些依附农民既可征来打仗，又会做买卖。旧史书把这段历史叫“五胡乱华”。这提法不妥。因为胡乱华，华也乱胡；乱之外还有治，胡治华，华也治胡。后来，人们用一个新词叫“胡汉杂糅”，这比较妥帖。这个“糅”，不仅指血缘上糅，更重要的指文化上的糅，儒道跟佛糅，胡语同汉语糅（现代汉语中留有不少胡辞，久而久之，也就同于汉辞了），这样糅来糅去，就糅出了灿烂的盛唐文化。

第二个据点，就是凉州。凉州这个据点是自然而然形成的，不是谁选定的（在起初，也有张轨选定的偶然因素）。偌大一片大西北，总该有个中心吧，人们就选中了凉州。自“四郡”到“五凉”，“五凉”之中最要害的是前凉。试想张氏前凉，传了九代，76 年，虽然最后几代也有不太像样的统治者，但总的看，还是稳定的，起了很大作用的。第一，它以儒学为宗，保持着汉文化的正统，并以之为基础，以与诸少数民族文化相杂糅。第二，它一直奉南朝为宗主，也就是说在政治上有稳定的标志。以此二者为基础，它与它周边的氐族搞“胡汉杂糅”。须知，大西北的“胡汉杂糅”与中原的情景不太相同，中原的“胡”是大股的，充满着征服的性能；西北的“胡”，种姓比较复杂，但征服的性能相对较弱，这样就使得西北的杂糅中汉文化的凝聚力就较大些。

由于稳定，经济也有一定基础，于是铸造并流通了五铢钱。这件事影响很大，很广。东边的和南边的人，都认为五铢钱是九州大地上茫茫黑夜中的一座灯塔。它会使人想起汉武帝时候的兴盛，也会想到货币交换对比起自然经济的以物易物来具有的生活上很大的方便。

有时，有相当顺畅的一条通道，从武威到金城，再觅道由嘉陵江到长江，顺流而下，达于建邺。政治使节走这条路，跟着商人也走这条路，西域僧人也走这条路。从史料中我们看到，一些西域僧人在祁连山稍作停留，转到金陵的名刹中当了主持。我们还看到，凉州文人的著作被献到南朝来，《宋书》中就保存着这些书的目录。

现在说第三个据点。它是建邺，后改建康，即现在的南京。它除了南北交战以外，基本上不存在“胡”的问题，从而也就不存在“胡汉杂糅”的问题。它是北方世家大族纷纷南迁，在待开发的江南占有土地和劳动力的现场。在开发过程中，自必有冲突，也有融合，从其中逐渐形成了所谓江南的文化。这里儒家的基础比较薄弱，玄学和佛学的影响比较敏锐；在文学方面词藻的积累和使用也较富丽。苏轼说韩愈“文起八代之衰，而道济天下之溺”。其实，南方有南方的衰和溺，北方也有北方的衰和溺。以思想说，北方溺于儒而南方溺于佛、道，在文学方面，南方词藻为盛，而思想骨架比较软，多靡靡之音。等隋、唐南北统一，两方互作补充，这种地域上的差别也就慢慢地消融了。

至于这三个方面的政权，大都是不成气候的统治者。北齐高欢的 6 个儿子交替坐庄，充满了放肆的杀戮和奸淫。南朝也是中央权威不振,凭几个军阀在那里相互火并、篡夺。对比之下,凉州方面还算比较稳定,前凉的张氏,西凉的李家,北凉的沮渠家,表面看它们之间也有些冲突,但宏观来看,它们是互补的,形成了以河西儒学和河西佛学为主要内容的河西文化。这支文化,不能不承认在组成盛唐文化中,占有着它自己一家的一个构成部分。

盛唐之后,经安史之乱,西北的兵防削弱了,西北的少数民族的势力又强盛起来。其中首先是吐蕃,其次是回纥,再次是党项。它们比公元4、5世纪的鲜卑和"杂种胡"来说,其征服的性能却强悍得多了。于是在9、10世纪,河西走廊的东头和西头是吐蕃占据着,中间是回纥占据着,北面又兴起了党项族的西夏。这样,当年三大据点之一的凉州,其影响力就自然而然地逐渐衰落下来。

2002年7月24日写完于兰州大学22号楼209室,时年86

6 明朝和西域的关系

6.1 明朝与西域

仿佛一直有着这样一种印象:明朝的西北疆域是很狭促的,仅仅以嘉峪关为内外之界。实际上不是这样。明初洪武、永乐的西域政策与汉武帝、武则天的相似,是积极的。洪武五年(1372),冯胜下河西,就汉朝遮虏障之地、嘉峪山之麓,初筑土城二百二十丈,其地在肃州(今酒泉)西七十里,还是一种比较草率的经营。后来,就逐渐布置得很具规模:关内肃州设"镇",为"九边"之一,是西北大军区之所在,关外设"关西七卫",其中四个设在沙州(今敦煌)迤西南,即今青海省海西地区,亦即柴达木盆地一带。这些少数民族(主要是"撒里·畏兀儿")与中原的汉族人民进行着严格的茶马交易。茶,对于游牧人来说,是一种肉食生活的必需品;而马,对于明帝国及中原的人民说,则是一种重要的战略物资和生产动力。养马差役,被明朝的人民看做是残酷的压榨之一,所以以茶易马,也是减轻人民负担的方式之一。另一卫所,设在哈密。哈密在"七卫"之中,具有着特殊的地位,因为它除去贡马之外,还担任中原和西域之间的中点站和接待站的角色,还为中西交通人民提供翻译人员,[1]故历洪、永之世,明朝对哈密王公赐赉特厚。明朝以此中点站为出发点,对其迤西诸国,广事招徕。这样,时间渡过了五六十年之久。第一次转折点出现在洪熙朝(1425)。明仁宗在其《即位诏》中,将按照统治者意志而制定的政策来了一个一百八十度的大转变,下南洋的措施罢废了,通西域的措施也同样罢废。积极的西域政策

---

[1]无名氏:《秦边纪略》卷6;顾炎武:《天下郡国利病书》卷117。

代之以消极的西域政策。此后虽然也曾出现过反复，但基本上未出现永乐年间的盛况。正德、嘉靖朝鼠目寸光的君臣们，痛惜一点绢帛、锦缎、文绮、纱罗、饲养狮子等猛兽所费的羊只、以及来往接待迎送之费，换来的却是西北边境上的无休止的纷扰。弘治七年至八年（1494—1495），明朝和吐鲁番地方割据者打了一场拉锯战，以此感到嘉峪关的意义重大，兵备道李端澄这才构筑大堡，以为壮观。[1] 后来，又陆续修墙壕、筑墩台，边防要塞的样子才逐渐出现了，这已是嘉靖年间、公元16世纪的三四十年代。所以说，以嘉峪关作为边防要塞的事已经很晚，不能说成是明朝的典型情况。

历史是劳动人民创造的，而某一历史时期的政策，则是按照当时统治者的意志而制定的。明朝前期的周边政策，是朱元璋、朱棣父子前后连续制定的。这种制定，看起来也不纯乎是一任大皇帝本人的主观，他们也在他们的历史局限下，考虑他们面对的客观形势。当时的内外形势是这样：中原正值元末大乱之后，生产情况很糟糕，社会秩序极坏。针对这种情况，于是制定了“里甲”（社会基层机构）、“户帖”（户口卡片）、“黄册”和“鱼鳞册”（户口和地亩本子）、“军屯”和“民屯”，以及打击贪官污吏、不法地主的一系列政策。根据多民族的情况，他们又在大西南试验推行“改土归流”的政策，即有步骤地将少数民族的原始头人换掉，而代之以中央集权所委派的“流官”。对待蒙古势力，仍不能不以防备元朝亡后蒙古贵族割据力量的侵扰作为重点。这时候，新疆内外一带，正是在旧察合台系后王（再掺杂上旧窝阔台系后王）的无穷无尽的互相争杀中，度过了整整一个世纪。农业的、定居的人们跟游牧的、逐水草的人们之间的差别和矛盾，信奉伊斯兰教的人们跟信奉其他宗教、以及什么宗教都不信奉的人们之间的差别和矛盾，以及由于连年内战而造成的生产力总是提不上去——所有这些，使得这一地区始终不可能出现秦始皇式的大一统局面。永乐时，通西域的使臣往来频繁，其中一人叫陈诚的，所历十有七国，其所记当地生产情况和社会面貌，甚至较之元初耶律楚材、乌古孙、长春真人邱处机等所目睹的情况和面

[1]常钧：《敦煌杂钞》卷下“嘉峪关”条。

貌,又倒退了许多。这大概就是蒙古后王们积极打内战的直接后果吧。陈诚所记的较重要邦国,大略有如下几个。

别什八里。其主帐所在地,当在今天山以北济木萨一带。这是蒙古察合台后王们的主干力量之所在。永乐间,使节陈诚在其《西域蕃国志》中记载别什八里的疆域情况说,“究其故疆,东连哈密,西至撒马儿罕,后为帖木儿附马所寺,今止界于养夷,西北至脱忽麻,北与瓦剌相接,南至于阗、阿端云。”又说,“度其地方,东西尚有五千余里,南北不下千里,人民可以万计。”[1]但他们内部非常混乱,大小王公不断地进行火并,故其国势不能保持正常,时强时弱。明朝初年,他们受到帖木儿汗国的威逼,故有意地要跟明帝国把关系搞好。计历黑的儿火者、沙迷查干、马哈麻、纳黑失只罕四王,一直对明朝殷勤进贡。到歪思汗篡弑以后,将主帐向西移到了亦力把里(今新疆霍城一带)。后来,在正统年间,亦力把里跟中原仍有往来,那是在较著名的汗王也先不花在位的时候。吉尔吉斯部、哈萨克部,甚至准噶儿部的逐步发展的历史,和别什八里、亦力把里的历史怕是纠缠在一起的,这一点很足以引起我们的重视。出生在喀什的16世纪史家穆哈马德·黑达儿认为,吉尔吉斯人到头来不过是从蒙古整体上游离出来的一个分支,其差别仅在于蒙古人已经皈依了伊斯兰教,而吉尔吉斯人则否。[2] 假如这一说法在科学上得以确立的话,那么,我们研究18、19世纪吉尔吉斯族(又叫布鲁特族)的历史,就一定得追溯到15、16世纪的别什八里和亦力把里的历史。

撒马儿罕。《明史》上的“撒马儿罕”,就是世界史上著名的帖木儿汗国。自命为成吉思汗继承人的帖木儿(1336—1405),出生于莫卧里斯坦的杜格拉特家族,他父亲不过是渴石地方的一个普通王公;他本人开始也不过给别什八里汗王秃黑鲁·帖木儿的儿子伊里亚斯·火者充当辅佐官而已。但另外的说法,则说他不过是一个盗马贼,因受刑而跛了足。据说,由于他娶了某汗王的孙女为妻,故《明史》、《明实录》中称

---

〔1〕陈诚:《西域番国志》,《善本丛书》本,第16页。

〔2〕黑达儿:《拉式德史》转引自巴托尔德《七河史》,英译本第152页。

他为“驸马”。他小于明太祖朱元璋八岁，在朱元璋登位的次年他也登了君位。在他当位的近40年的时间里，几乎都在进行对各方的征服，对花剌子模，对察合台后王喀马·阿兰丁，对另一察合台后王黑的儿火者，对报达的苏丹，对金帐汗的后王，对印度，对小亚细亚，他都曾用兵，并且取得了胜利。他和明帝国的关系，开始于洪武二十年(1387)。洪武二十七年(1394)，他对朱元璋进表，称颂他为“照世之杯”，[1]颇博得了朱元璋的欣赏。在这篇表文里，帖木儿对明帝国的措施，“凡商贾之人来中国者，使观览都邑城池，富贵雄壮”这样的开放态度，表示庆幸。可是许多史家，其中包括日本人羽田明和中国的柯绍忞，都认为这是帖木儿的机诈，借通好之名而行刺探之实。他们这样说的理由有二：其一，帖木儿拘留朱元璋的特派使节傅安达13年之久；其二，他从洪武末年就准备东征中国，至永乐元年(1404)正式发动对中国的征伐，只是因为帖木儿本人在次年死去，才致战争中止。柯绍忞在《新元史》中写道：“(帖木儿)募精兵二十万，以粮运不给，载谷数百车，军行至沃野，即播种之，充异日之军实。又驱牝骆驼数千头，如饷乏，则餐其乳以济饥。中途遇大雪，士马僵毙，帖木儿亦患疟疾，至窝德拉尔城而卒。”[2]对于这件事，明朝政府也还能够及时地获得情报，《明实录》中说，“回回例兀言，撒马儿罕回回与别什八里沙迷查干王假道，率兵东向。”[3]就是说的这件事。不管帖木儿汗国与明帝国之间一度曾有发生战争的危机，两者间的商业贸易并未因这受阻，从撒马儿罕属邦之一八答黑商到喀什噶尔是一条大通道，明朝曾遣使通知对方，叫“八答黑商、葛忒郎、哈实哈儿(即喀什噶尔)等处开通道路，凡遣使往来，行旅经商，一从所便”。[4]

哈烈。此邦是帖木儿汗国的一个分部。汉译又作黑鲁，当今阿富汗国赫拉特之地。帖木儿死后，他的儿孙加汗吉儿、米兰沙、沙赫鲁以及哈里儿沙、兀鲁伯(Ulugh Beg)等分立，统治着撒马儿罕和哈烈。陈

[1]《明实录·洪武实录》卷234，此外《明史》卷332《西域传(四)》亦全文引录。

[2]柯绍忞：《新元史》卷228《帖木儿传》。

[3]《明实录·永乐实录》卷33(永乐三年正月)。

[4]《明实录·永乐实录》卷57(永乐六年七月)。

诚《西域蕃国志》中记载这里的商业贸易情况说，“故市肆夜不闭门，终夕烧灯燃烛”、“交易通用银钱，……此三等钱，从人自造”、“税钱什分取二，交易则买者偿税，国用全资此钱”，又记述其东北商业城市八剌黑（按，即阿姆河以南之巴里黑）的情况说，“西南番商旅聚此城中，故番货俱多”。[1] 足见这一带是当时中西交通贸易的大中心。明帝国跟这些邦国搞好关系，无论在经济上或者政治上，甚至在军事上，都会相互有利。

底下，我们将具体地来看一看这些互利的关系。

6.2 交往的兴盛

上文说过，具体政策是按照具体统治者的意志制定的。在明初，最积极的西域关系政策（以及南洋关系政策）的制定者，就是明成祖朱棣。朱棣是个封建大皇帝，他自然完全不可能具有人民的思想，但在封建统治者们中间，也应该承认他有他自己的特点。例如种族歧视的思想，他就很淡薄。他们父子，是从抗元的战场上打出来的，但朱棣却不歧视蒙古人，他左右的文武职官（包括侍卫人员）不少是蒙古人。这就引发了一位洮州卫所的镇抚官叫所恭的上言说，“侍卫防禁宜严，外夷异类之人，不宜置左右”。朱棣将这一奏书向群臣们展阅，并说“所言禁卫宜严，甚是。但天之生才，何地无之?! 为君用人，但当明其贤否，何必分别彼此?! ……《春秋》之法，夷而入于中国，则中国之。……近世胡元，分别彼此，柄用蒙古、鞑靼，而外汉人南人，以至灭亡，岂非明鉴?!”[2]这显然是在从历史中吸取教训。像这样的一种观点，在封建统治者们中间，确实已经算得上开明的了。在某次征讨蒙古的过程中，涉及所俘虏的男女如何处理时，他命令释放，并叫发给口粮羊马。他说:“彼亦吾赤子”，又说“今天下之人，皆朕赤子，抚之一视而无间。”[3]这虽俨然是一股封建大皇帝的口气，但这种一再申明不搞种族

---

〔1〕陈诚:《西域番国志》,《善本丛书》本,第3、13页。

〔2〕《明实录·永乐实录》卷86(永乐十年十一月)。

〔3〕《明实录·永乐实录》卷76。

歧视、对所有不同种族的人都“一视无间”的态度，仍不失为好的。

永乐年间的西域关系，就是在这样一种政策下展开的，对边境内外的各族各部，都要求处好关系。在原始资料中，这样的例证很多。如：

洪武三十年正月，遣使告别什八里的谕文中说，“西方诸国商人，入我中国互市，边吏未尝阻绝。朕复敕吾吏民，不得恃强欺谩蕃商。由是尔诸国商获厚利，疆场无扰。”〔1〕

永乐元年十月，谓礼部诸臣曰，“自今诸蕃国人愿入中国者，听。”〔2〕

永乐三年正月，上曰，“边关立互市，所以资国用、来远人也，其听之。”〔3〕

永乐三年十二月，上谓后部臣曰，“……西番易马，朝廷本推诚抚纳远人，皆与好茶。闻近时守边头目人等，多用恶谬茶欺之。……今后马至，必与好茶！”〔4〕

永乐四年十二月，回回撒都儿丁者，亦别什八里人，行商于甘肃，偕至京进马。礼部言其来非诚意，赐予宜杀等。上曰，“朝廷柔远人，宁厚无薄。”〔5〕

永乐十一年七月，敕甘肃总兵官曰，“别什八里王马哈麻敬事朝廷，遣使来贡；如至，可善待之。其市易者听自便。盖远人慕义而来，当厚加纳抚，庶见朝廷怀柔之意。”〔6〕

自然，什么事都有它的反面。像这样的“大开门”政策，不可避免地会带来某些消极作用，如有的边防军士私自陪送回回商人出境，有的在境外私自买马匹，有的甚至“泄露边务”；有的私卖军器给外夷，有的将严禁出口的高级织品——罗绮盗卖出口；有的回回商人甚至买中原贫民的妻女，携带归国，等等。〔7〕 但像这样的事一经察觉，都即刻予以

〔1〕《明实录·永乐实录》卷249。
〔2〕《明实录·永乐实录》卷23。
〔3〕《明实录·永乐实录》卷33。
〔4〕《明实录·永乐实录》卷39。
〔5〕《明实录·永乐实录》卷47。
〔6〕《明实录·永乐实录》卷89。
〔7〕《明实录·永乐实录》卷49、52、62（永乐五年四月、五月、十月，七年三月等条）。

禁止了,不致成为主流现象。

从通商贸易关系上发展起来的,是相互间政治上和军事上的联系。哈密在这中间最为突出,它已经俨然是明帝国的属国了。明帝国除了对它的王位继承一直有权参与、并有权最后予以批准外,永乐四年三月还加派了汉籍官吏周安、刘行等去任哈密国的"长史"、"纪善"等职,以为其王的辅佐。[1] 宣德元年,明帝国新皇帝登基的《大赦令》对哈密也有效地施行,明特遣使诏谕哈密大小官员军民"自诏书至日,以前所犯,罪无大小,悉赦不问"。[2] 这条材料很能说明问题,因为根据这种情况来看,哈密跟中原的关系,与诸省、府、州、县已经相差无几了。与别什八里,关系也逐渐密切。如永乐三年,哈密忠顺王为鞑靼可汗鬼力赤毒死,别什八里王就曾率兵讨鬼力赤之罪,朱棣对此举非常欣赏。[3] 永乐五年,沙迷查干的使节告诉明帝国说,"撒马儿罕本其先世故地,请以兵服之。"这就是说,他准备对帖木儿的后王们用兵,以夺取锡尔、阿姆两河之间的河中地,前来向明朝征求意见。朱棣的复信很谨慎,他说"宜审度而举事,慎勿轻动,以取危辱"。[4] 像这样一种关系已经不是寻常的,而是近乎一种结盟的关系了。别什八里改为亦力把里之后,在明朝宣德三年的时候,曾将亦力把里所遣使臣由明朝政府加封为"都指挥佥事"、"指挥佥事"等有差,并"悉赐冠带"。[5] 这件事也是破格的,亦力把里的使臣受明朝政府的加封和冠带,也足以说明它对明帝国具有附属国的味道了。在另外的情况下,明帝国又在西域邦之间担任一种纠纷调解人的角色,如:(1)永乐八年,帖木儿的儿子沙赫鲁要跟他的侄子(帖木儿之孙)打仗,朱棣就遣使诏谕,劝他们不要打仗,要他们叔侄"抚辑尔民,安于西陲"。[6] (2)永乐九年闰十二月,瓦剌使者前来报告,说别什八里王马黑麻要侵犯他们,朱棣又诏谕马黑麻说,

---

〔1〕《明实录·永乐实录》卷41。

〔2〕《明实录·宣德实录》卷13。

〔3〕《明实录·永乐实录》卷34(永乐三年三月)。

〔4〕《明实录·永乐实录》卷49(永乐五年四月)。

〔5〕《明实录·宣德实录》卷35(宣德三年正月)。

〔6〕《明实录·永乐实录》卷68(永乐八年二月)。

"盖敦睦四邻,尤是保境之道,自昔好兵首祸,其弊必至自危,王其审之"。[1] (3)永乐十四年三月,别什八里王纳黑失只罕跟哈烈王兀鲁伯之间有争端,朱棣又诏谕他们"各释怨睦邻,保其人民,以享太平之福"。[2] 从如上的事实判断,明帝国对这些西域邦国俨然已经具备着宗主国的身份了。

在不同血族的人们的较密切接触下,必然会有融合的现象出现。中国旧时,把这叫做"向化"。例如宣德年间史料中就提到一个叫亦剌思的撒马儿罕人,洪武年间前来归附。永乐年间,他前往亦里吉思,导其王暖答石前来朝贡,因功擢升锦衣卫指挥使,死后其子袭职。这里的"亦里吉思",就是今日我新疆多民族之一——吉尔吉斯的踪迹在明朝历史上的最早著录,[3]这是值得珍贵的。而这个撒马儿罕的"向化"人在这中间起了一种介绍的作用。在洪熙年间,史料中也曾提到过有撒马儿罕的头人和哈密的指挥佥事都曾申请在甘州(今张掖)居住,明帝国表示接受,并吩咐给这些"向化"的人们以住房、器皿、牛羊,以及羊场、田土等物。[4] 这些,都说明着汉人和西域人民之间的日渐接近和融合。

6.3 交往的衰落

形势有变化,历史也有转折。在上述的与西域往还的高潮中,自然也有不少"言官"提出反对意见,认为通西域、下南洋是国家的一宗得不偿失的大浪费。永乐十九年四月,借着三大殿发生大火的"灾异",朱棣的儿子(后来的仁宗洪熙)正在监国,就颁发了一道诏书,说"往诸蕃国宝船及迤西、迤北等处买马事项,暂行停止"。[5] 这已经是全部罢废的先声了。三年过后,永乐二十二年七月,朱棣在北征鞑靼的返程中

[1]《明实录·永乐实录》卷80(永乐九年闰十二月)。
[2]《明实录·永乐实录》卷100(永乐十四年三月)。
[3]《明实录·宣德实录》卷16(宣德元年四月)。
[4]《明实录·宣德实录》卷9(洪熙元年九月)。
[5]《明实录·永乐实录》卷120(永乐十九年四月)。

在榆木川死去；八月，他的儿子朱高炽即皇帝位，颁《即位诏》三十五条，其第六、七两条云：

下西洋诸蕃国宝船，悉皆停止；如已在福建、太仓等处安泊者，俱回南京；将带去货物，仍于内府诸库交收；诸蕃国有进贡使臣当回去者，只量拨人船护送前去；原差内、外官员，俱限十日内起程赴京，不许托故稽留。

往迤西撒马儿罕、失剌思等处买马等项、及哈密取马者，悉皆停止；将去给赐缎匹、磁器等件，就于所在官司入库；马、驼、骡匹系官给者，仍交还官；系军民买办者，给还原买之人；原差去内、外官员，俱限十日内起程赴京，不许托故稽留。〔1〕

路线就这样地改变了。从此，明帝国积极的周边活动和国外活动，基本上停顿下来。自然，什么事也有例外，如宣德间郑和还进行了一次第七遭的下洋，但也已经是尾声了。撒马儿罕、哈烈、亦力把里等朝贡的踪迹，在《实录》中虽然也还偶有著录，但频率毕竟已经少得多，也远远没有以前"赐宴"、"遣使陪送"那样的热烈程度了。只哈密一处，与中原的关系保持得更长久些。后来，适应他们有三个种族，即回回、畏兀儿、哈喇灰（这三种人可能是指：信奉伊斯兰教的蒙古后裔；宋、元时州回鹘人的后裔；宋、元时带有某些突厥人血统的"葱岭西回鹘"，也就是被称作"哈喇汗国"的后裔）的实际情况，于国王之下复设代表三族的"都督"各一员，共襄国事。到成化年间（15世纪70年代），由于地方割据者吐鲁番的侵扰，哈密部分部众只好退居苦峪（即古瓜州，今安西之地）。最后，其残余部众也只好再退居到嘉峪关内的肃州来了。到正德末、嘉靖初（16世纪上半叶）的时候，哈密迤西南的安定、曲先、赤斤、罕东诸卫也都凋零殆尽，其残余部众也纷纷迁到关内来，在肃州和甘州这片自古以来就是多民族温床的地面上，进一步实现着各族间的大融合。到这时，才是明朝西北边境以嘉峪关为界的时代正式到来的时候。根据马罕默德·黑达尔《拉式德史》一书《导言》中引用印度莫卧儿史家艾尔金斯的表述，这时候正是"把河中府给了乌兹别克人；把

〔1〕《明实录·洪熙实录》卷1（永乐二十二年八月）。

莫卧里斯坦给了吉尔吉斯人;把印度给了莫卧儿人"的时代。[1] 又根据俄国史家巴托尔德转引当时俄国沙皇伊凡暴君所派遣人员詹金逊的《报告》说,当时"哈萨克人有势力,正严重地影响着塔什干;吉尔吉斯人的势力,正严重地影响着喀什。他们已经断绝了通往中国和通往中亚去的一切商路。"[2]这也正是中原明帝国万历开初十几年的时候,无论从明帝国的国外形势或者从它的国内形势来考虑,它的西域关系已经到了显然是无可作为的地步。这种情况,后来直到清初,才发生了新的变化。

(原刊于《东岳论丛》1980年第1期)

---

[1]马罕默德·黑达儿:《拉式德史》,英译本《导言》(胶片)。

[2]巴托尔德:《七河史》,牛津版英译本,第158页。

历史考证

7 《穆天子传》中一些部落的方位考实

7.1 引言

1973 年,我写过一篇有关《穆天子传》(以下称《穆传》)的文章,辩论了一下《穆传》究竟是“小说”、抑或是可供采择依据的史料的问题,旨在申述张骞的通西域并不是什么“凿空”,远在他之前,中原与中亚间的个人与团体的串连,早已在发生着了。我个人对那篇文章很不满意,认为一般化,故决定将它废置,重写一篇。3 年的间隔,产生一些对《穆传》的总的看法,准备拿来写在这篇新的文章的篇首。

《穆传》不是“小说”,是可供依据的有用的史料,这已不需辩论。但《穆传》中有不少地处很难落实,这是问题症结之所在。近世企图予以落实的史家不算太少,其中以顾实与岑仲勉用力最勤。顾氏之书,主观上从民族扩张的观点出发,把古人足迹所及尽力予以夸大,是不易为后人所理解、所接受的。岑氏则太注重于古今中外人名地名的对音和对转,弄不好反而成了作者本人主观看法的工具。但不论如何,我仍然承认,他们二人是在《穆传》问题上功力最深、成就最大的。

要落实《穆传》,有好多条渠道。从历法和干支方面推算,是一条渠道,过去的学者们曾在“周正”和“夏正”方面进行过争论。穆天子旅程所经,大体两年,但这中间有一个漏洞,即汲冢的简原已散乱,而《穆传》后世传本中的干支也确实有凑不拢的地方,这说明有错简,从而这条渠道就有了故障。另一条渠道,是从名物情节上去落实,刘师培在这方面做了一些工作,如关于“七萃之士”、“六师之人”、“墨乘”、“工布”等,与古代礼书所记,大体相符。但这只限于中原名物,至于西域名物,有好多还是弄不清楚。第三条渠道是从书中所使用的词汇和语法去落实。在这一方面，过去的疑古派如顾颉刚、童书业两先生都曾从反面提出问题，如“太公亶父”、黄金若干“镒”、“阏氏”、“膜拜”、“皇后”等词汇，都与西周通用词汇不符，显得较为晚出。至于语法和语式，特别是见西王母的一大段，历来就是《穆传》被指谪为神话的重要凭据。对于这些，在落实《穆传》的过程中，都有待于排除。

看来看去，落实《穆传》的最主要渠道，怕要从山川部落着手。因为《穆传》内容不是其他，而是一场官方的旅行，目的不外察阅山川、联系诸部落的头人和人民、采集一些异域中的动植矿物而已。其实这样的事，既不始于张骞，即便传说中的穆天子和这部《穆传》所记，也未见得是首创之举，远古史中早有更古老的踪迹了。《列子·汤问篇》中说，“大禹行而见之，伯益知而名之，夷坚闻而志之”；《淮南子·地形训》中说，“禹乃使太章步自东极，至于西极。……使竖亥步自北极，至于南极”；王充的《论衡·别通篇》说得就更清楚了，“禹、益并治洪水，禹主治水，益主记异物”。所有这些，自然我们承认，神奇夸张的色彩甚至是很浓厚的，但这些话的“内核”则绝非子虚，绝非无中生有。

综合起来看，在张骞和张骞以前，较大规模地勘察大西北至少有三次：传说中的禹和益是第一次，其记录是《山海经》；传说中的穆天子是第二次，其记录是《穆传》；张骞是第三次，其记录纳在《汉书·西域传》之中。三次勘探，三次记录，各有不同。打个譬喻说，第一次像是深夜中所见的景物，黑影幢幢，很难辨析；第二次《穆传》中所记，已像黎明前所见的景物，有的分晓，有的模糊；第三次天光已经大亮。到隋、唐及其以后的记载，那就更像正午时所见，不太需要考辨了。现在，我们假如取《穆传》为骨干，上挂《山海经》，下连《西域传》，将一些尽可能辨析清楚（哪怕半清楚也好）的山川部落，来落实一下，想来还是一件值得做的工作。写作本文的动机和想法，大体如此。

7.2 河宗氏与阳纡之山

穆天子旅途中的第一个大站头，就是河宗氏。在到达河宗氏之前，

《穆传》中未决的问题还是有的，如“宗周”究系镐京、抑或是洛邑的问题，置喙之人甚多，兹避而不谈。半途中还遇上犬戎，犬戎在古史中痕迹亦复不少，故亦不多赘言。今只言阳纡之山与河宗氏这个部落。

阳纡的方位，一直很难确定。古文献中“纡”有时作“汙”或“盱”；有时它是山名，有时又是泽薮之名。有人把它的方位定在今陕西的三原、泾阳一带（《淮南子》高诱《注》），又有人把它定在今河南孟津（《水经注》引李尤《盟津铭》），这两个方位显与《穆传》不合。《山海经·海内北经》说，“阳汙之山，河出其中，凌门之山，河出其中”。《水经注》说，“河水又出于阳纡、陵门之山，而注于冯逸之山”。冯逸之山，当为今之中条山；“凌门”、“陵门”当即龙门；从引文的次序排列来看，阳纡必在龙门的上游，那就很可能是河套了。徐炳昶的《中国古史的传说时代》一书中曾引古生物学家杨锺健的话说，河套古代为一大湖（见该书第361页）。那么，阳纡除是山名之外，假如又是薮名的话，高诱的“秦薮”之说就可以说通了。可能后来水涸，薮名经地名层化，又移到池阳（三原）去，也是可以设想的。阳纡与龙门，是传说中禹治水的两个重点，所以古籍中往往予以并举，并且《淮南子》中还有什么“以身解于阳纡之河”的神话，在叫做“阳纡”的河和湖的北面有山，这就是现在内蒙的大青山，文献中又名之曰阳山，这也可能与“水北曰阳”的原则有关。《水经注》说，“河水自临河县东径阳山南”，这也就是《史记·秦始皇本记》中所说“使蒙恬渡河，取高阙，据阳山北假中”的那个阳山。郦道元身当北魏末扰攘之际，其著《水经注》驳杂钞辑之处非少，所以他把阳山当一处，把阳纡当成下游地方的另一处，混乱的症结怕就出在这里。

假如阳纡之山和阳山是一回事，河宗氏部落的方位就很容易确定了。岑仲勉先生曾就“河宗”与“居延”在英语与法语拼写中可以构成对音为理由，定河宗方位于居延（见所著《中外史地考证》上册第14～15页），实感牵强。我们仍然相信唐朝人张守节的话，他在替《史记·赵世家》做“正义”时，对“奄有河宗”一句解释说，“盖在龙门河之上流，岚、胜二州之地也”。这说得很清楚，不能揪住他用了一个“盖”字，就说这是“疑辞”和“臆测”。岚、胜二州当今内蒙之清水河、托克托、东胜一带，这个方位几乎是可以定案的。

但“连锁反应”还是会有。例如不止一位《穆传》的研究者就提出过质疑，问为什么这次旅行往返两程全经河套，而偏偏不走陇坂、乌鼠山的一路？对于这一提问，我们必须努力做出回答。就像明朝通西域的人必定抓住哈密一样，传说中的穆天子旅行要在河宗之邦举行祭河仪式，要在这里观览图籍，最重要的还是在这里能够物色到理想的“舌人”（翻译）。河宗伯夭看起来是穆天子一路上紧紧伴随的译员，对很多部落的献礼物品都是派遣伯夭代表天子接受，他对“西膜”的风俗习惯和语言似乎是相当熟悉的。陇坂、乌鼠山一带，可能找不到这样的人才。

提到“西膜”，不免再多说几句。《穆传》中多次提到“西膜之人”，随带着一连串的词，如“膜拜”、“膜昼”、“膜稷”，《山海经》中还有“膜犬”。童书业先生就曾以“膜拜”一词是出现于佛教传入中原以后的词为理由，指斥《穆传》为伪书。这一词组中的根本词是“西膜”。郭璞的《注》说是“沙漠之乡”。写出这样一条注释，不能说不带有“望文生义”的嫌疑；但仔细想，也不能说他全错。刘师培说“西膜”是“塞迷”（Semites）的转音（见《国粹学报》第 51 期《史篇》），他又从“塞”字引申，进一步说“西膜”就是《汉书》中所说的“塞种”。岑仲勉指出，“塞迷”和“塞种”是两回事，“塞迷”是闪族，属白种人；而“塞种”原语为 Saka，不是白种人。据此，“西膜”是塞种，容有可能；是塞迷的可能性，则完全杜绝了。观隋、唐类书中，提到西域概念时，有时作“西胡”，有时作“西极”；那么“西膜”会不会是与“西极”、“西胡”、“西域”是同义的一个词呢？待考。

童书业提到的“膜拜”，也在这里辩一辩。原是郭璞的《注》把问题带出了枝节，他说“膜拜”就是“南膜拜”。“南膜”又作“南谟”，又作“南无”，这确是佛教的呼号，呼一声，拜一拜，谓之“南膜拜”。但这个“南”字是郭璞凭空加上去的。假如“西膜”之人的拜法就叫“膜拜”，那就不一定是佛教以后的事情了。顾实谓“膜”可假借作“拍”，即“两手相击而拜”(见《穆天子传西征讲疏》第80页),为古时荒服人民的一种通行礼俗,与中原之稽首再拜截然相区别,原不待佛教之传入。此说相当可以成立。假如一切与印度或西域相关之名物,必待佛教之传入而后随至,那么《山海经》中“无达”、“氾天”、“丑涂”诸水名显系印度语中名色,远在佛教传入之前很久即已赫然载在中原远古典籍,这又怎样去解释呢?

7.3 赤乌氏与舂山

自从穆天子离开河宗之邦以后,有相当一段途程是缠不清的。如乐都是不是今青海的乐都?积石是不是今甘肃的临夏?黄帝之宫究竟在哪里?都说不清楚。假如说当时能够爬越喀喇昆仑山到达帕米尔和喀什、叶尔羌地区的话,以清光绪年间英、俄间谍杨哈斯班和葛罗姆切夫斯基凭借近代科技手段经多方勘探始获知极少数隘口的事例来印证,是不容易令人置信的。所以又有人设想穆天子是沿着北宋年间王延德走过的那条路——经居延、哈密转到南疆去的。这些事一时都说不清楚,故暂避而不谈。

赤乌氏是穆天子旅途中遭遇到的一个重点部落。我们今天把它拿来作为重点,还另有道理,因为这涉及民族来源的大问题。中华民族自古以来就是多民族组成的大家庭,然就其骨干来讲,不外东有夷而西有戎,稍后的称呼是东有殷而西有周,融合之后统称华夏,刘邦之后曰汉。从考古上说,就是黑陶与彩陶。像把中国的彩陶说成是来自高加索那样的一套“中国民族西来说”,自然是在政治上别具用心,在科学上也是牵强难以说通的。但假如我们说周人原是西戎之一支,来自于阗、叶尔羌、帕米尔一带(岑仲勉氏即持此说,丁山氏更根据《易》辞中“七日来复”和“死如、焚如、弃如”的话头,来论证这一点),那就不一定被斥为荒谬。我们试问:为什么《山海经·西山》中偏偏提到“南望昆仑,其光熊熊,其气魂魂;西望大泽,后稷所潜也”的话头呢?后稷是尽人皆知的周人的始祖,因此假如我们说周人的原始居地在今新疆最西南隅一带的话,这依然在祖国边疆以内,总构不成“民族西来说”的翻版吧?! 何况赤乌氏部落又会在这个问题上构成有力的助证呢。现在,我们先引录《山海经》和《穆传》的有关原文在下面。《山海经·大荒西经》:

有西周之国。姬姓。食谷。有人方耕,名曰叔均。帝俊生后稷,稷降以百谷。稷之弟曰台玺,生叔均,叔均是代其父,及稷播百谷,始作耕。有赤国妻氏。

《穆天子传》卷2:

王申天子西征,甲戌至于赤乌。[赤乌]之人其献酒千斛于天子,食马九百,羊牛三千,穄麦百载。天子使祭父受之。曰:"赤乌氏先出自周宗,大王亶父之始作西土,封其元子吴太伯于东吴,诏以金刃之刑,贿用周室之璧。封其璧臣长季绰于春山之虱,妻以元女,诏以玉石之刑,以为周室主。

这两段引文之所以重要,在于结合其他资料,完全可以刻画出一部周族发源、迁徙、分批文明化的历史。在《山海经》中,它列在《大荒西经》,无山川标志,很可能是错简(因为《山海经》中错简较《穆传》中痕迹尤多),实际上怕仍是《西山》中的一段。这段内容,最为朴实可贵。"有人方耕"一句,简直是特写镜头,说后稷和他的侄子(伯侄二人,或者由二人代表的两个家庭),在那里共同经营农业生产。这个部落,明确不疑地叫"西周之国",并且标明姬姓。这个"西周",跟若干年后迁徙到中原而且相当文明化了的"西周",根本不是一回事。这段纪事,假如跟《诗·大雅·生民》篇并比观览的话,就可以看出文明化以前和文明化以后间的差别。《生民》篇描写的对象也是后稷,不过是用文明化以后的笔墨去写,所以什么"牛羊腓字之"、"鸟覆翼之",什么"荏菽旆旆"、"禾役穟穟"、"麻麦幪幪"、"瓜瓞唪唪"等辞句都用进来了。其实没有这么进步,倒是《山海经》写出了一点真相。

《山海经》中的"赤国妻氏"是否就是《穆传》中的"赤乌氏"?我们不敢说定,但很可能是。《山海经》中赤国妻氏与西周之国并列,可见是邻居,也就可能是亲戚。《穆传》中就直截了当地说是太王的女婿封在春山。春山、锺山、葱岭,怕是一回事,这大概不成问题。周族东迁并且文明化了以后，仍有一个亲戚部落留在原始居地上。依然经营农业，这完全是可以理解的。并且，像这样的东迁和文明化，并不止一次。汉朝时后安定郡（今平凉地区）有个乌氏县，为岐、梁、泾、漆地区“四戎”之一，蒙文通认为这就是赤乌氏后裔东迁后所居地的置县。这说法在很大程度上是可信的（蒙说见所著《周秦少数民族研究》第105页）。试观《史记·货殖传》中所记乌氏酋长名倮者，依然向他们老家的戎王售卖丝缯，而他们老家的戎王则将以“谷”为单位的牛马来偿其值，可见西戎第二次东迁的文明者跟原始居地中人们中间，一直还是保持着密切的关系的。

7.4 洋水与黑水

传说中的穆天子在离开赤乌氏之后、到达西王母之邦以前，曾访问过五个部落：曹奴氏、长肱氏、容成氏、剞闾氏和鹦韩氏。这个地区，大体上应该是帕米尔。穆天子在这里渡过了两条水：洋水和黑水。

关于黑水和洋水，中原古籍中很早就有著录，不过几种著录间虽然基本情节大体相同，但在非基本情节方面又各有出入。现在，为了说明问题，将现代帕米尔和喀喇昆仑山一带的水流情况，作一简要叙述。在帕米尔八个“帕”的最东一“帕”——塔克顿巴什帕米尔之东，有叶尔羌河自南向北流，此河又名葱岭南河；流至喀什附近，又跟喀什噶尔河（又名葱岭北河）相汇，合成塔里木河，自大戈壁中先自南向北、后又自西向东，流入罗布淖尔。按照中原上古的说法，这就是黄河的上源，不过说它从罗布淖尔起潜行地下，又在积石重新冒出地面来罢了。在帕米尔最西南一“帕”——瓦罕帕米尔，有一条喷赤河，有着几支不同的上源支流，此河向西流，名阿姆河，流到咸海中去了。从帕米尔以南的喀喇昆仑山中，又流出许多支流，向西南汇为印度河，流过“五河地区”，注入阿拉伯海。从喀喇昆仑山和昆仑山的东南余脉——冈底斯山和阿耨达池一带，又有一些支流汇为恒河，流入孟加拉湾。再稍东，就是长江的上源——怒江的源头唐古拉湖了（见图7-1）。

现代情节既经表明，现将《山海经》中《西山》与《海内西经》以及

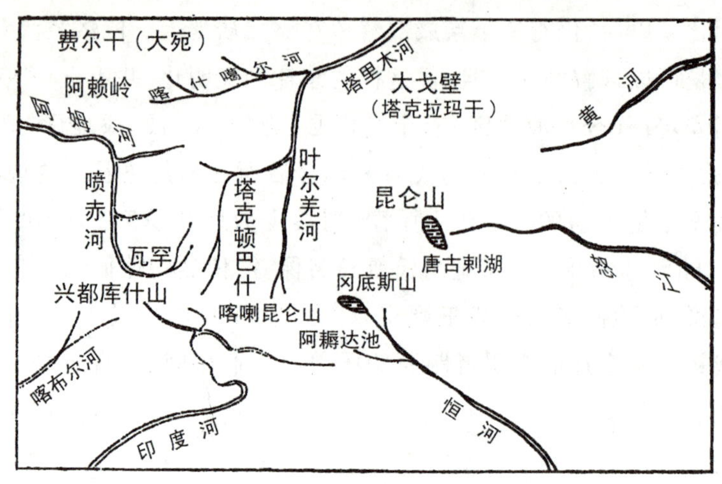

图 7－1 帕米尔和喀喇昆仑山一带水系图

《淮南子·地形训》中有关这同一地区的三段内容，录在下面：

《山海经·西山》：

"昆仑之丘。……河水出焉，而南流，东注于无达。赤水出焉，而东南流，注于汜天之水。洋水出焉，而西南流，注于丑涂之水。黑水出焉，而西流于大杅。"

《山海经·海内西经》：

"昆仑之墟。……赤水出东南隅，以行其东北。……河水出东北隅，以行其北。……洋水、黑水出西北隅。……弱水、青水出西南隅。"

《淮南子·地形训》：

"河水出昆仑东北陬。……赤水出其东南陬，西南注南海。……弱水出自穷石，至于合黎，余波入于流沙。……洋水出其西北陬，入于南海羽氏之南。凡四水者，帝之神泉。"

上古人对山川的了解竟如此基本精确，实足令人惊讶！即以最晚的《淮南子》一书的成书年代说，也比佛教传入早二百年，但当时人们对中、印边界的山川，已经能够说清楚了。"河水"是指塔里木河是无疑的，说它出自昆仑的东北也是正确的，只是说注入无达（阿耨达）一点，有误差。"黑水"是指阿姆河也是无疑的，说它出自昆仑的西北而西流,也是正确的。只偶尔,人们把偏北的锡尔河的上游纳林河,或者偏东的叶尔羌河,也误叫做黑水。“洋水”是印度河也是无疑的,说它出自昆仑西南也是正确的,说西北是误差。“赤水”可以有两种解释,说是恒河上游也可,说是怒江上游也可,说它在昆仑的东南,也是正确的。发生一点在次要意义上的误差,这对上古人说,是丝毫不足怪的。

穆天子在这一地区中的活动是:渡过洋水,到了曹奴之人的部落,然后“北征东还”到了黑水,封长肱之人于黑水之西河,以为周人主。他继又到了群玉之山,据说是容成氏部落的住地,穆天子在这里“采玉万只”。然后,他又经过剞闾氏和鹦韩氏,就到西王母之邦去了。要将曹奴氏、长肱氏、容成氏、剞闾氏、鹦韩氏的住地方位一一精确地落实下来,那自然是不可能的。但这里的洋水、黑水、黑水之西河,总逃不出叶尔羌河、喀什噶尔河与喷赤河三条水的范围之外,恐怕是敢断言的。这样,上引五个部落的方位,也就可以大体上判断是在帕米尔地区了。

7.5 浊繇与重䍃氏

穆天子自从离开帕米尔地区,不久就到了西王母之邦,然后又到了大旷原(有不少人推断它是吉尔吉斯草原),进行了大规模的狩猎,于是开始返程。在返程开始的一段路程里,他走经三个值得考察的部落:浊繇氏、骨飦氏和重䍃氏。

关于浊繇氏部落,有两点值得注意。第一,中原史籍如《山海经》、司马迁《史记》、鱼豢《魏略》都曾提到它,把它跟大夏、大月氏、坚沙(有的史籍作“竖沙”)并列,以为“流沙外”的四国之一。第二,不管这个部落的名字用汉字写出来是“浊繇”,还是“诸繇”、“居繇”、“属繇”,假如我们将此二字急读起来,很与楚河名字的读音 chu 接近。故当顾实将浊繇氏所居之滔水定为楚河时,我们并不感到难以接受。并且说老实话,我个人连《史记·匈奴传》中所提到的西戎八国之一的繇诸(《汉书·地理志》天水郡有繇诸道)都有所大胆怀疑,怀疑它是不是如像赤乌氏内徙成为安定郡的乌氏县那样,楚河上的诸繇后来内徙天水郡,由于吏人隶书的错谬和倒置,而弄成了繇诸了呢?自然,这仅仅是一种个人的揣测而已。

穆天子从浊繇氏动身,经历七日,达到骨飦氏,第八日到达重䍃氏。从总体上看起来,这一地区很像前苏联的费尔干省,重䍃氏所居有一条水,名曰“重䍃氏黑水”,很像是锡尔河上游的纳林河。这地区就是唐朝所谓的钹汗那,汉朝所谓的大宛。顾实以骨飦氏为浩罕,恰当与否不敢说定。骨飦氏之邦中有苏谷,据郭璞的《注》文说“谷中有草木皮,可以为衣被”。这很像木棉。三国、魏、晋时为中原所知的“吉贝”或者“劫贝”以及用这种东西所织成的“白叠”布,恰好就是这一地区中的出产。此外,还有一种植物叫“木禾”,《山海经》中也提到,仿佛是很高大、可以充食用的一种树木。重䍃氏之邦内还有一种采(彩)石,传说中的穆天子还曾教当地人民“铸以成器”,清末学者郝懿行曾经推断这是一种琉璃器皿。

但更重要的,是这一地区中居民的血缘族属问题。《穆传》中说,“柏(伯)夭曰,重䍃氏之先,三苗氏之□”。这个脱字很可能是“裔”,或其同义字。伯夭是穆天子的向导和舌人,他对“西膜”之人的渊源很熟悉,他的话是不该被忽略的。“三苗”是中原迁出来的种姓。可是从另外一些记载里,这一地区又是“塞种”的居地。《汉书·西域传》说,“塞种分散,往往为数国,自疏勒以西北,休循、捐毒之属,皆塞种也”。又说,乌孙,本塞种也,“大月氏西破走塞王。……故乌孙民有塞种。”《汉书》中所说塞种的居地,与《穆传》中浊繇、重䌛诸部落的居地,在时间上容有相错的可能,但在空间上则恰好相当。那么,所谓塞种,究竟是自西方迁来的呢?抑或是与“三苗”一同自中原迁来的呢?这就需要解决一下了。

有关这个问题,历来有两种说法。

一种说法是古希腊史家们留下的。他们说这个原叫 Saka 的种族,初居于中亚细亚,在公元前 9 至 7 世纪时向西扩张,以南俄罗斯草原和高加索为根据地,其势力一度曾到达罗马尼亚和匈牙利之地。他们曾和波斯名王大流士、马其顿名王亚历山大发生过冲突,希腊史书中对这些事皆有所著录。至于这种 Saka 人向东有没有扩展呢?假如有,情况又怎么样呢？欧洲人就不清楚了。与此可以配合并且可以互相补充的，是中国的《汉书》，不过所记的事情已经迟至公元前2世纪前后，说有一种塞种人，原居乌孙故地（今纳林河流域），后来受大月氏人的排挤，向南迁徙，到克什米尔、阿富汗一带（古名罽宾）去了。这也就是西方史家所说的“印度·塞西安”人。

另一种说法是公元6世纪中国史籍中的一种说法，南北朝时曾在南朝的萧梁和北朝的高齐都呆过的荀济曾写过一篇《请废佛法表》（收在唐释道宣所辑《广弘明集》卷7中），其中说：

> 按释氏源流，本中国所斥，投之荒裔以御魑魅者也。乃至舜时，窜梼杌于三危，《左传》：“允姓之奸居于瓜州”是也。杜预以允姓、阴戎之别祖，于三苗俱放与三危。《汉书·西域传》：“塞种，本允姓之戎，世居敦煌，为月氏迫逐，遂往葱岭南奔。”又谓：“悬度、贤豆，身毒、天毒，仍讹转。”以塞种为释种，其实一也。允姓与三苗比居，教迹和洽。其释种不行忠孝仁义，贪诈甚者，号之为佛。

我们之所以不惮其烦地征引如此一大段，其目的是想对它进行一些过细的分析。荀济此人是当时的一个怪人，原是梁武帝萧衍的朋友，但萧衍不用他，说他“好乱”；此人终于被北齐文襄帝高澄所燔杀。他诋斥佛教最为激烈，故引文中斥佛诟释之处，我们可以认为是一种政治偏见而置之不论，但他平生学问深厚，终年80以上，他说的一些古话，不可能是胡诌。他所征引的《汉书》，不见于班书，故蒙文通氏认为是晋朝华峤、薛莹等人纂辑的另外一种《汉书》（蒙说见《周秦少数民族研究》第9页）。华、薛之书较之班书，自然权威性远远不如，但后来者未始无居上之处，倘无增补订正，《汉书》又何须重写?！这段引文中最要害的一个关节，就是说塞种和允姓之戎是一回事。我们对这个论断，要么推翻，要么承认，不可能有第三种态度，但推翻怕是困难的。“允姓之戎”是一个庞大的部族，王国维曾考证过，犬戎和严允（猃狁）都是它的一个分支（见《观堂集林》卷13《鬼方、昆夷、猃狁考》）。所居三危，汉唐人都驾轻就熟地指为敦煌了，其实，假如我们按照《山海经·西次三经》中山川的排列和距离来看，远古的三危远在敦煌以西，很可能是费尔干。这样，允姓之戎和塞种，从种姓上合拢了；三危和费尔干，从地域上又合拢了，那么，我们将较轻松地提出一种假说：原居中亚的 Saka 人，除向西扩张到罗马尼亚和匈牙利的一支之外，另一支东侵中原的周邦，被叫做玁狁，曾经严重地影响着朔方、太原一带华夏人民的和平生活。在经历了一段又冲突、又融合的历程之后，他们（整体或者一部分）又向西回归，跟三苗一同居住在费尔干地区。又迟过几个世纪，到西汉之初，他们又受到匈奴、月氏和乌孙的迫逐，南到罽宾（克什米尔），成为印度·塞西安人了。假如如上的假说有任何可以成立的可能的话，那么，《穆传》中的浊繇、骨飦、重䣙诸部落则恰好反映了 Saka 人与中原华夏人又冲突又融合历程中的一个截面，反应了允姓之戎与三苗共居费尔干地区的一点情节。

7.6 巨蒐（或渠搜）氏

穆天子离开费尔干地区之后大约 11 天，到达了距离河套的阳纡之山只有一天路程的巨蒐氏部落。这个巨蒐氏，又是西域路上的一个重点部落，它就是渠搜，这恐怕是不成问题的。因为“巨”和“渠”、“蒐”和“搜”，音义皆可通假，岑仲勉氏曾就“渠搜”或“巨蒐”搜辑了九条古籍中的资料（见《两周文史论丛》第 46 ~ 47 页）。这一部落在古籍中留下较多的痕迹，也反映出它的重要性。但它的方位也有两个，一个在费尔干，一个在河套。《尚书·禹贡》和西汉贾谊的《新书》，都把它跟昆仑、大夏并举。到《隋书·西域传》，就更明确不疑地说，钹汗国就是古渠搜。清徐松《汉书西域传补注》引《太平御览》所引宋膺《异物志》提到大头痛山、小头痛山时也说“在渠搜之东，疏勒之西”。所有这些方位记载都是一致的并且明确不疑的：在费尔干。可是为什么独独《穆传》把巨蒐的方位弄到河套一带去了呢？

对此，可以有两种解释。一种解释是：《穆传》错简了，巨蒐氏居地应该比《穆传》中所记载的更西。试观《列子·穆王》篇中就将巨蒐的访问安排在访问昆仑、赤水、西王母之邦以前，不像《穆传》中这样安排在返程路上“东南翔行，驰驱千里”之后。细观穆天子在巨蒐的经过，癸酉尚在翔行千里之中，乙亥已经南征至于阳纡之东尾，中间仅仅甲戌一天功夫，就进行了那么多赏赐和接受献礼的活动，颇不令人置信。说不定，《列子》的安排是正确的，而《穆传》错简了。

第二种解释是，河套地方确实曾有过一个巨蒐或渠搜部落，那是遥远地方巨蒐或渠搜内迁后的居地。《汉书·地理志》中，朔方郡就有渠搜县。这个县的设置，跟上郡之有龟兹县，陇西郡之有狄道、氐道、羌道三县，安定郡之有月氏道、又有乌氏县，天水郡之有緜诸道等一系列事例，是同类的举措。我国自古以来就是一个多族组成的国家，某一部落（或部族）的原始居地可能距离中原较远，但在互相冲击与融合的过程中，该部落或部族之一部分可能内徙，并与华夏之人相同化，于是中原国家便将这一部分列入郡县编制，并且将原部之名移植过来作为县道之名。这样说，恐怕是可以说得通的。那么，一个部落（或部族）两个地理方位的事，到头来倒成了我们伟大祖国、伟大民族的各个组成部分在不断融合过程中的一种标志和痕迹了。

1976 年 5 月 4 日写成

（原刊于《中华文史论丛》1979 年第 2 期）

8　新疆出土佉卢文简书内容的考释和分析

8.1　引言

“西域”史事的研究，半个多世纪来也自有它的衍进。在20世纪的二三十年代，以张星烺、冯承钧、向达诸先生为代表，曾做过不少整理和翻译的工作。但所介绍，不外伯希和、沙畹、斯坦因、马伯乐诸人的作品，其中严重地存在着一个方法论的问题。这些东方学者，爱使用“人种学”和“文化系统”这两种“法宝”来处理问题，这中间局限性很大，召致谬误的可能性不小，并且最容易夹进来帝国主义侵华的“别有用心”。现在，我们重新拾起这个题目，首先必须遵循“不破不立”的精神，以求破旧立新。更具体些说，所谓讲“人种学”，就是爱讲“西域”某国属于“印欧种”、“伊朗种”、“羌种”等等。中国古代史书也不免如此，什么“塞种”，什么“高鼻深目，近胡”等等。这些情节不是不能讲的，导师恩格斯也说过：“人类学还是从人种形态和人类生理过渡到历史（社会学）的桥梁。”[1]但这些东方学者则恰好是停留在人种形态的范畴，而不过渡到社会学方面，或者带着别具的用心，把问题带到他们所需要的“社会学”中去。所谓讲“文化系统”，举例来说，发掘出一块古于阗的丝织品，就说这上面是希腊文化系统和汉文化系统的交错。这现象有没有呢？是有的，但抛开更重要的因素、单说什么希腊化影响，很容易和“中国人种西来说”、“中国文化西来说”等谬论相合流。“文化系统”在讲原始社会时，用处很大，那时阶级、民族、国家这些东西都未形成，或者界限还很模糊，所以使用什么“细石器文化”、“仰韶

[1]恩格斯：《自然辩证法》，中译本，第150页。

文化”、“龙山文化”……是必要的,也不得不如此的。但在阶级、民族、国家已经明确不疑地出现以后,再用“文化系统”来说明问题,其局限性就很大了。

为了使“西域”史事研究更接近科学,更能排斥谬误,我们一定要使用马克思主义的阶级分析法,分析“西域”某国、某地区中社会经济发展这一人类社会中最根本的现象,分析其阶级形势与阶级斗争形势,以及与此有密切关系的政治影响力以及政权影响力这些上层建筑给经济基础带来的反作用。只有这样,才能够有效地避免谬误,有效地祛除肤浅,使问题逐渐臻于深化和鞭辟入里。

可是,这样也就带动了另一个问题,即史料问题。伯希和、沙畹、斯坦因、马伯乐不是也很重视史料吗?诚然。但由于看问题的出发点不同,所掌握、所使用、所突出的材料就必然也不同。史料,除去刚发掘或尚未发掘的之外,反正就是那么一大堆。但这中间有差别。有的人材料全面,有的人片面;有的人方法对头,有的人方法不对头。就以“西域”史事来说,唐以后史料暂置不论,单以《汉书》、《后汉书》、《魏书》三《西域传》所保存的史料价值来看,可以说是全世界搞“西域”史事(西方叫“土耳其斯坦史”)的人众口称许的瑰宝。这三篇东西,在史料上可以说是各有所据,各有所长。所谓“各有所据”是指《前汉书·西域传》根据张骞的调查报告(据说有《张骞出关记》,已佚),《后汉书·西域传》根据班勇的调查报告,《魏书·西域传》根据宋云诸人的《行纪》。正由于各有所据,也才能够各有所长。其“长”主要表现在记载道里、户口、兵数,等等。《汉书·西域传》在三者中较多地著录了一点社会经济情况,如贫富的对立、商人的群队、市列和货币、农业和畜牧,这样一些大概情况。这自然是可喜的和可贵的,但局限性也不是没有,即更多、更详细的情况就阙如了。多年以来,人们就总在寻觅一些对此的补充资料。

1963年中国科学院新疆民族研究所打字印行了一本《新疆出土佉卢文残卷译文集》,使我们上述的心情得到了某些满足。这本译文集所包括的,主要是英国人斯坦因从我国新疆省的古于阗、古精绝之尼雅

（古书叫“尼壤”）、古伊循、古楼兰诸遗址上所取走的木简内容。木简数字，据说近千枚，编号已到七百余。所用文字，是一种与梵文（Prakrit）相邻近的佉卢文字（Kharosthi）简内所纪之事，大体是古鄯善国（包括且末）内之政令、报告、书信、契卷、账目等等。经英国人拉普逊（E·J·Rapson）和法国人塞纳（M·E·Snart）以及波耶（Abbe Boyer）等人根据他们对梵文的已有知识，触类旁通，勉强将这批简文弄通了。但仍有不少处看来依然是没有弄通的，就暂以拼音保存原来的音读。在这几个诠释人中间，似乎也有着意见分歧。后复经英国人巴洛（T·Burrow）译成英文，再经新疆民族研究所的王广智同志转译为中文。

这本东西，其价值自然是极其珍贵的，但也存在着缺陷，例如简书的年代，无论原来的诠释人，或英文、中文的翻译人，均未明确指出。他们仅仅在引言中指出，佉卢文字曾于公元前后数世纪内，特别是公元后3世纪后半叶，成为了新疆地区，特别是于阗、鄯善一带的通用文字。那么，这批简书的内容，到底是公元前抑或公元后？到底是否公元后3世纪后半叶？抑或较早或较晚？便成为前提性的问题了。这在对简书内容进行具体的分析之前，成为了迫切待决的事情。

8.2　对 Supi 人的考证

根据我个人通读这七百余号简书内容的结果，我初步判断这批简书中某些要害事件所反映的年代，当是公元5世纪中叶前后，更具体地说，当在公元440年前后，以祖国史纪年来说，当是北魏太武帝拓跋焘向祖国西北扩展势力之时。《魏书》卷102《西域传》说：

> ……世祖遂议讨［沮渠］牧犍。凉州既平，鄯善国以为唇亡齿寒，自然之道也。今武威为魏所灭，次及我也，若通其使人，知我国事，取亡必近，不如绝之，可以支久，乃断塞行路，西域贡献，历年不入。后平鄯善，行人复通。

我之所以初步判断这批简书的年代恰当上述这段文字所表达的时候，其主要根据有二。其一，从简体内容来看，当时鄯善和中原的来往一时并不密切，很像是“断塞行路”的时候。这和汉朝情况，很不相同。西汉时，鄯善国有“辅国侯、郤胡侯、鄯善都尉、击车师都尉、左右且渠、击车师君——各一人，译长二人。”[1]徐松的《补注》说，“诸国官皆用其国人为之，而佩汉印绶”。这些情况，佉卢文简书中毫无反映。东汉时，西域与中原关系，虽云“三绝三通”，但基本上是通的，《后汉书·西域传》声明，主要情况“前书”业已详备，故“后书”仅记“其事异于先者”，故可大体推断，后汉时鄯善国亦必有汉帝加佩印绶之都尉、译长等官职人物。而佉卢文简书，对此毫无反映。故大体可推断，此批简书既非西汉，亦非东汉时物。再者，佉卢文简书中有极重要之一简，其译文如下：

目前没有由中国来之商贾，因此丝债现在不必调查。……当商贾由中国到达时，再行调查丝债。……

（第35号简，中译本第11页）

此简可以有力证明，简文所反映之时代情况，与两汉时“丝绸之路”往返频繁的情况迥异，此时“丝绸之路”恰好是暂时阻塞不通的。此外，另有简文一条，亦可辅佐证明，此批佉卢文简书年代较两汉为晚，其简文译文如下：

第一个 naksatra，称为子（鼠）。该日，诸事皆宜。

丑（牛）naksatra，应洗头，酒饭之后，应独自奏乐取乐。

寅（虎）naksatra，应交战。

卯（兔）naksatra，有人逃跑，甚难找见。

辰（龙）naksatra，忍耐，诸事必须忍耐。

巳（蛇）naksatra，诸事不宜。

午（马）naksatra，出门宜赴东西。

未（羊）naksatra，应洗头。

酉（鸡）naksatra，应裁缝衣着被褥。

申（猴）naksatra，诸事顺利（按：原简颠倒）。

戌（狗）naksatra，来去宜速。

亥（猪）naksatra，宜耕种、播种及翻葡萄园，定能结果增产。

（第565号，中译本第144页）

---

[1]《汉书·西域传》。

这显然是中原十二属相在边远地区中的传播。按,清乾隆时人赵翼(瓯北)在其《陔余丛考》[1]中有“十二属相起于后汉”一条,大体谓先秦计时分10段,一昼夜分15段,尚无子丑寅卯之说;汉武帝改定正朔,始以十二支为记。东汉以来,始有“十二物”之相敷会,见《论衡·物势篇》。赵氏又云,此俗极可能出自北方少数民族,然后传入中原者。这后一点,且不具论;其中原起自东汉一点,基本上是可以信赖的。那么,据此推论,佉卢文简书时代,十二相属业已传至鄯善,则定然晚于东汉了。

我推断简书年代的根据之二,是简文中所反映的Supi人对鄯善之经常侵扰。七百余简中,记侵扰之事即有十九简。那么,Supi人是谁?成为研究这批简书的要害之所在。中译者将此译为“鲜卑人”,但又声明说“恐极不妥”。不妥恐怕是不妥的。但妥的,又是什么?看起来不能不大费周张。

现在,先让我们把涉及Supi人侵扰的19个简文摘引出来,然后再进行分析吧:

> 有种种理由担心来自鲜卑人(之攻击)。在此城内,余等将对人民作一检查……。于阗人现已来此(第86号,中译本第22页)。
>
> 有来自鲜卑人之危险。汝不得疏忽。……其他边防哨兵,应迅速派遣来此(第88号,中译本第23页)。
>
> 从前之信差皆已看到鲜卑人正在来此(第109号,中译本第26页)。
>
> 现此处听说,鲜卑人在四月间突然向且末袭击(第119号,中译本第27页)。
>
> 汝前派边防哨兵来此探听关于鲜卑人之事,且前关于鲜卑人之消息一切都甚好(第126号,中译本第29页)。
>
> ……据彼称,鲜卑人已到达柯祇达沙沙(Kogitasasa)地方,关于此事余已派鸠那犀那前去该地,故应迅速另派骑兵一名来此。现无从山里该处来acovimna(第133号,中译本第31页)。

[1]赵翼:《陔余丛考》卷34。

……现有人带来关于鲜卑人进攻之重要消息。汝务必亲自巡视各 acovinas,并派遣一合适之 acovina 乘其牲口来此(第 139 号,中译本第 32 页)。

当时,鲜卑人曾到达凯度多(183 号,中译本第 44 页)

……鲜卑人从该处将马携走……(第 212 号,中译本第 51 页)。

似乎去年汝处因处于来自鲜卑人之很大危险中,便将国家之人民安置于城内。现鲜卑人已全部走掉;从前彼等居于何处,现仍应住于该处(第 272 号,中译本第 63 页)。

迈利陛下在位之 4 年 3 月 13 日,鲜卑人到达且末,劫掠王国,抢走居民,鲜卑人曾抢走 vast 瑜纽(yonu)之名僧罗必那(Samropina)之男奴一名,并将彼作为礼物送给支那色迦尸(Cina - sgasi)(第 324 号,中译本第 78 页)。

现有鲜卑人已到达那沃特(Navote)地方。……余等已派信差一名火速前来汝处,当汝接此命令信,立即……,俾使国境不受侵害(第 351 号,中译本第 88 页)。

顷据僧伽罗塔诉称:鲜卑人曾抢走彼之名菩达色罗(Bndhasra)之奴隶一名……(第 491 号,中译本第 124 页)。

据彼等称,有理由担心和警惕鲜卑人。其他之边防哨兵应迅速派遣来此(第 515 号,中译本第 131 页)。

余已由此派出探子一名,前去警戒鲜卑人……(第 541 号,中译本第 139 页)。

有种种理由担心鲜卑人。汝不得疏忽。舍凯应继续保持警戒。不论有何来自于阗之消息,汝务必使余知晓。不论有何来自皇廷或来自鲜卑人之消息,汝将会被通知(第 578 号,中译本第 152 页)。

山中之男人一名,名逻都迦(Ratuka),彼系来自鲜卑之难民(第 675 号,中译本第 177 页)。

……兹向汝报告如下:彼等现已在此完成了一次前所未见之

空前之战斗。这次空前战斗之结果,终于使一切事情均已解决。诸战士现已俘获一切东西。一则因有些人已被彼等于战斗中杀死,另一些人已被彼等生俘,故一切事情均已解决(第713号,中译本第183页)。

……现来自且末之消息说,有来自鲜卑之危险。命令现已到达,兵士必须开赴(第722号,中译本第186页)。

从以上简文中可以看出,当时鄯善国时时有遭受Supi人侵扰的可能性,并且事实上Supi人一度侵扰到且末和凯度多,双方曾经发生过战斗,Supi人曾自鄯善抢掠了人口和马匹,鄯善国曾为此戒严,并将国民迁居城内。我们至少可以看到这一些。一个主要点,即Supi人从哪个方向前来侵扰(北?东?南?),简文中则寻不到任何反映。只能看出,鄯善人在防御Supi侵扰中,有时是和于阗人联合的,但也有和于阗人冲突的反映,如"于阗人曾以骑兵攻击里米那(Remina)"(第376号),"于阗人抢劫凯度多境内"(第415号),"国境被于阗人抢劫……"(第494号)等。这三条简文所反映的侵扰,显然是从西方来的。这些侵扰者,究系于阗本国人?抑或侵占了于阗的其他族人?简文中亦看不出迹象。

现在,我们试从中国传统史籍中来寻绎一下,看研究哪一段庶几乎可以和这种Supi人侵扰之事相适应。寻绎的结果,只有公元5世纪北魏太武帝拓跋焘向河西扩展势力,跟在今青海一带的吐谷浑族,跟在今武威的沮渠氏的"凉"国,跟在今新疆哈密及其以北的蠕蠕(一作茹茹)和继之相向发展的丁零(高车)族——接连发生冲突的时候,感到比较最相适应。兹先将有关史文摘抄排列如下:

《魏书》卷102《西域传》:

世祖遂议讨[沮渠]牧犍。凉州既平(按,事在太延五年,公元439年之六月与九月),鄯善国以为唇亡齿寒,自然之道也,今武威为魏所灭,次及我也,若通其使人,知我国事,取亡必近,不如绝之,可以支久。乃断塞行路,西域贡献,历年不入。后平鄯善(按,事在太平真君九年,公元448年,五月),行人复通。

《魏书》卷99“沮渠蒙逊传”：

（太平真君）二年（按，公元441年）春，世祖遣兼鸿胪持节策拜（沮渠）无讳为征西大将军、凉州牧、酒泉王。寻以无讳复规叛逆，复遣镇南将军南阳公奚眷讨酒泉，克之。无讳遂谋渡流沙，遣[沮渠]安周西击鄯善。鄯善王恐惧欲降，会魏使者劝令拒守，安周遂与连战，不能克，退保东城。三年（442）春，鄯善王比龙西奔且末。其世子乃从安周。鄯善大乱。无讳遂渡流沙，士卒渴死者大半，乃据鄯善。

同上：

先是高昌太守阚爽为李宝舅唐契所攻。闻无讳至鄯善，遣使诈降，欲令无讳与唐契相击。无讳留安周住鄯善，从焉耆东北趣高昌。会蠕蠕杀唐契，爽拒无讳。无讳将卫兴奴诈诱爽，遂屠其城。爽奔蠕蠕。无讳因留高昌。[真君]五年（按，公元444年）夏，无讳病死，安周代立。后为蠕蠕国所并。”（按，罗振玉《西域石刻录》中著录新疆吐鲁番东40里明代火州故城出土《凉王大沮渠安周造象集》，书年号为“×平三年”，颇疑为和平三年，当为公元462年，可知公元462年时，沮渠安周仍在统治高昌。）

《魏书》卷4（下）《世祖纪（下）》：

[太平真君]六年（按，公元445年）四月，征西大将军、高凉王（拓跋）那等讨吐谷浑慕利延于阴平、白兰。……遣散骑常侍、成周公万度归乘传发凉州以西兵袭鄯善。……度归以轻骑至鄯善，执其王真达以诣京师。帝大悦，厚待之。

同上：

八月，高凉王那军到曼头城，慕利延驱其部落，西渡流沙。……中山公杜丰精骑追之，度三危，至雪山……慕利延遂西入于阗。

《魏书》卷101《吐谷浑传》：

慕利延遂入于阗国，杀其王，死者数万人。南征罽宾。遣使通刘义隆。……七年，遂还旧土。（按，此文“七年”二字，甚费解。

前文为"太延"年号,而太延又无七年。若臆断为真君七年,则慕利延之略西域,仅首尾不及二年。若将"七年"解作"七个年头",则慕利延在西域活动时间较长。三者何是,待考。)

《魏书》卷4(下)《世祖纪(下)》:

[太平真君]九年(按,公元448年)五月,以交趾公韩拔为假节、征西将军、领获西域校尉、鄯善王,镇鄯善,赋役其民,比之郡县。……九月,成周公万度归千里驿上大破焉耆。……十二月,诏成周公万度归自焉耆西讨龟兹。

《南齐书》卷59《茹茹传》:

先是益州刺史刘悛遣使江景玄使丁零宣国威德道经鄯善、于阗。鄯善为丁零所破,人民散尽。(按,冯承钧有《高车之西徙与车师、鄯善国人之分散》一文,对此事年代曾进行考证。推断为公元491—493年以前发生之事。此推断可以信赖。文见《西域南海地史考证论著汇辑》一书之第45~46页。)

《宋云行纪》:

[神龟二年(公元519年)]从吐谷浑西行三千五百里,至鄯善城。其城自立王为吐谷浑所吞,今城内主是吐谷浑第二息宁西将军。

根据以上史料,我们可以给鄯善国当时的经历,排出一个大事简表如下:

公元439年	北魏灭北凉。鄯善国断塞中原行路。
公元441年	北凉沮渠安周、沮渠无讳前后西击鄯善。鄯善国王比龙西奔且末。
公元445年	北魏万度归西击鄯善。与其王真达诣代京。同年八月,吐谷浑王慕利延西入于阗,杀国王。死数万人。
公元446年	在此年或此年以后之数年中,慕利延复还青海故土。
公元448年	北魏以韩拔为鄯善王,比之郡县。

公元 490 年　丁零族破鄯善，人民散去，北迁伊州（唐之纳职县）。

公元 519 年　宋云、惠生道经鄯善，见鄯善为吐谷浑将军驻扎。

从以上年代不难看出，在 439—519 年的 80 年中，鄯善国共经大体上四度的波折，一是北凉国沮渠氏的侵扰；二是吐谷浑王慕利延侵扰于阗国时所带来的波动；三是代表中原（北方）集权政府——北魏的将军万度归和韩拔的统一运动；四是丁零（高车）族对它的侵扰，以致使它臻于散亡和人民的北迁。现在，让我们来看一看，在这四场波折中，哪一种更接近于 Supi 的这种称谓？（1）新疆研究所的同志译作“鲜卑”，不是一点理由也没有的，北魏拓跋氏是鲜卑，吐谷浑从族源记载方面看也是鲜卑（虽然伯希和曾经怀疑这一点，说吐谷浑怕仍是匈奴的别支[1]）；但我们考虑，拓跋氏对外总爱自称“大代”、“大魏”，而不自称鲜卑；吐谷浑被称作“阿柴”、“阿訾”，也不自称鲜卑，所以总的看来，把 Supi 译作“鲜卑”，怕仍是不妥的。（2）沮渠氏号称“凉”国，直到高昌还使用这张牌号，很少自己抬出“沮渠”这个姓氏，况《唐书》中记载“沮渠”的另一种音读为“矿句迦”，[2]距离 Supi 之音甚远，故 Supi 之指沮渠，其可能性更小。（3）丁零（高车）族分十二姓，其第十二姓曰“右叔沛氏”，其“叔沛”二字庶与 Supi 稍近，但前一“右”字音节，无法处理。此外，《隋书》、《通典》、新旧二《唐书》铁勒传中也提到过“苏婆”和“苏跋”两辞，但岑仲勉氏以“苏婆那曷”同读为一辞，故与 Supi 有距离，且汉译“婆”、“跋”多为 va 音，与 pi 音甚远。（4）无法之余，我们只好想到《隋书》和新旧两《唐书》中所提到的“女国”或“东女国”，这个国家因国王姓苏毗，又往往被叫做“苏毗国”。“苏毗”二字与 Supi 声音十分接近。根据王忠同志《新唐书·吐蕃传笺证》所引钵教古传说，吐谷

［1］伯希和：《吐谷浑为蒙古语系人种说》，见冯承钧译《西域南海史地考证译丛》第七编，第 30 ~ 33 页。

［2］《新唐书》卷 221（下），《唐国传》。

浑、党项、苏毗、羊同是“内四族”，孟族、突厥、吐蕃、汉族是“外四族”。[1] 苏毗国西邻印度、南界吐蕃，东与吐谷浑、党项相连，北界恰是于阗国。隋时即在中原史册上有了记录，可见它的国家形成较隋为早。它经常和吐谷浑、吐蕃联军出击，所以鄯善人简书中所记录之 Supi 的侵扰，有极大可能是中原史册中所记吐谷浑王慕利延主于阗、杀其国王的这件事。吐谷浑军很可能和苏毗联军，自苏毗境攻入于阗，骚扰鄯善。简书中与于阗联合之时，为苏毗、吐谷浑未灭于阗之前，简书中与于阗敌对之时，为苏毗、吐谷浑已灭于阗之后。自然，更多、更有力的证据，一时尚付阙如。但目前，在本书作者看来，这是对 Supi 人较为妥帖的一种考证了。

自然，人们也许会反驳说，这个年代未免定的太晚了。这些原佉卢文简的发现者英国人斯坦因不是记载说，在堆积这些佉卢文简的遗址附近，也曾从垃圾中掘出过汉文晋简标明着西晋武帝（司马炎）的泰始年号（265—270）吗？[2]但我们考虑，佉卢文简与汉文简并非从同一个洞或堆中发现，而仅只是在邻近的处所发现，而且这仅指古楼兰遗址一处而言，斯坦因所获简书来源极其复杂，且所发现汉文简亦有下至公元300 年者。按目前所见佉卢文简书内容所涉国王名字，至少已有五个，[3]以每一国王平均统治 30 年计，那么，这批佉卢文简七百余号所延及之年代，甚至可达一个半世纪，那么它的上限和下限如何？也就很难确定了；也就是说，它的上限也完全可以到达西晋的。

关于佉卢文简书的年代和 Supi 人的考证，暂时只好到此为止。

---

〔1〕王忠：《新唐书 · 吐蕃传笺证》，科学出版社，1958 年，第 21 ~ 22 页。

〔2〕向达，译：《斯坦因西域考古记》，中华书局，1936 年，第 98 ~ 99 页。

〔3〕简文中所见国王名字，至少有五个或六个，伐色摩那（Vasmana）是一个；夷都伽 · 摩夷利（Jituga Mayiri）和支都祇 · 摩希利耶（Citughi Mahiriya）两名为相讹之同，又是一个；夷都没伽 · 阿没瞿迦（Jitugha Amgoka）和夷都加 · 阿没笈伐迦（Jitugha Amguvaka）和阿没克伐吉（Amkvage）三名为相讹之同，又是一个；比毕耶（（Pepiya）又是一个；眈阇迦（Tajaka）和托没伽罗伽（Tomgraka）为两名、抑为相讹之同，不敢断。故云，至少有五六个国王。有的同志，仅仅从 Vasmana 与“元孟”可能是对音的一点挂钩，就判断简文是 3 世纪物，我殊不敢苟同。

8.3 简书中所见
鄯善国的政治经济情况及其分析

佉卢文简书的年代既已大体判断，现在我们可以对简书中所反映的鄯善国的政治法律、社会经济等情况，来进行一些剖析了。

先看社会生产。这跟《汉书·西域传》所反映的情况，已经有所不同了。该传对鄯善国说的是："地沙卤少田，民随畜牧，逐水草。有驴马，多橐它。"从简文中看，"多橐它"的现象还是依然的，畜牧场也有，但农田水利已经开展起来了。从第47、72、125、368、502、604、703、722诸号简书中，均有清楚不误的水利灌溉反映。由于简文中买卖田土的事很多，故可断言若干荒田已经开发。简文中已有"熟田"（misi -）和"荒田"（akri -）字样。土地已经有所计量，如有个单位叫"kuthala"。但计量的精确程度远远不及中原，仅记能种若干籽种之土地一块等等，而不见"四至"。简文中已经有了"佃户"（Kilmeci）和"地租"（vaka），可见中原的封建制度，已经在这里茁根，不像《汉书·西域传》所反映，仅仅是"寄田，仰谷旁国"了。

至于物产，简文中通称"谷物"若干，不提具体的粮食种类，仅在水利灌溉时曾一度提到"小麦已经灌水二三次"（第27号）而已。谷物之外，简文中所见本国生产及国外进口物类，大体有如下这些：酥油、酒、丝绢、地毯、胡椒、豆蔻、紫苜蓿、昫酱、茜（qian）草、石榴、宝石、玉等。牲畜中以骆驼为最多，"骆驼"字样之前，每冠以骆驼所属之种类字样，如我们说"来杭鸡"之类，此外有牛、山羊、绵羊。猪未见反映。在交换行为中，最普通者为以物换物，只在极少数情况下，使用金币几枚，可见金币甚少，可能来自罽宾等受大希腊化影响较重之诸国。罚款多用丝绢，而丝绢显然来自中原。

鄯善国之度量衡制度，相对的粗略。容量单位有"米里马"和"希"，一"米里马"等于20个"希"。大体相当于中原之"升"、"斗"。价值单位叫"穆立"，其价值大体即指一"米里马"谷物之价值，另外，似乎有种货币单位叫māsa，如以8000个māsa买骆驼一峰。长度单位叫

distis,如买身高 5 distis 之男人一名。此外,丈量地毯与丝绢时,又往往使用“马身长”、“手长”这样一种粗略的长度计量单位。

国家组织,除有国王外,还有“执政官”(某次提到“边界执政官”)、“税吏”(Sothamga,或者 Svothamga,佉卢文中这种讹音情况很多)、“司书”(divira),等。从简文中可以看出,这种税吏和司书,往往是对上欺隐税收,对下残酷剥削敲诈的主要角色。还有“Gozbo”一职,译文一直未将它译出来,看起来也是个挺拿权的职位,某些职务和衔名,似乎是世袭的(见第 10、430、562 简),可见也有贵族制度。有军队,简文中提到过第四军、第五军等(见第 562 简),有边防哨所和哨兵。此外,还有一种类似中原上古时候的“社”或明朝时候的“里”、“甲”这样的组织,译文叫它作“百户”(Sata),又译作“区”。看起来,从根源上说,它是远古农村公社的后裔形式;从现实职能说,它是代替国王和税吏在基层上派差征粮的一种机构。简文第 46 号中曾提到,男子对“百户”负有义务,女子不负。这种类似的制度,在德国“马尔克”制度中亦曾出现过。

鄯善国当时虽显然进入封建社会,但买卖奴隶、买良为奴的事,在简文中还有不少反映。这大体上也和中原的晋、北魏情况相同。我们试来看一看:

第 3 号简中,曾记买妇女一名,名苏祇沙(Sugisae),价 41 匹绢(中译本第 1 页)。

第 209 号简中,曾记将名阿罗祇瑜多祇萨阿(Argiyotgisaae)之妇女一名出卖,得七岁之骆驼一峰(中译本第 50 页)。

第 324 号简中,曾记卖人一名,价一张弓(中译本第 78 页)。

第 437 号简中,曾记身高 5distis 之女孩一名,卖给僧人,作价 45 穆立(中译本第 117 页)。

第 575 号简中,曾记转卖一名叫 Cmaga 之男人,价三岁骆驼一峰,谷物 5 米里马,外 Kosava l,namata l,avalika l(中译本第 150 页)。

第 589 号简中,曾记卖女孩一名,名色迷蹉,给价 40 穆立之一岁骆驼一峰,另给绵羊 4 只(中译本第 161 页)。

第590号简中，曾记卖妇人一名，得价40穆立之骆驼一峰、值30穆立之骆驼一峰、12手长之毯及11手长之地毯各一条，另得8个Sutra muli。共计98个穆立（中译本第162页）。

第591号简中，曾记买名叫钵楼色达那之男人一名，价五岁之骆驼一峰，五岁马一匹，及atga muli（中译本第163页）。

第592号简中，曾记卖女孩一名，得值30穆立之骆驼一峰，及于阗地毯一条，作为atga muli（中译本第164页）。

以上这些被买卖之人，有的身份写明是奴隶，但不是奴隶身份的人也被卖，试看第106号简中有如下一段，“该人在执政官面前控告，‘余系属于国王所有之人，现莱比耶无正当理由将余出卖’。”可见卖良为奴隶的事是发生过的，这是封建的超经济强制在起作用的反映。再者，有些人被买卖是统治者帮凶趁着天灾而酿人祸，如第589号简中写明有名莱毕没蹉及钵祇多之母子二人，将女孩色迷蹉“于饥荒之时”，卖给司书罗没索蹉。就是这个司书罗没索蹉，从简文中反映出来，还曾多次在强制买良为奴和兼并土地，足见鄯善国的阶级压迫和阶级剥削都是惨重的。以下，我们再看土地买卖的情况：

第186号简中曾记，将能种30希籽种之土地一块出卖，得价怀胎之牛一头（中译本第45页）。

第222号简中曾记，将总共能种5希籽种之地一块赠送给Cozbo，Cozbo将价值10穆立之粗地毯一块为回礼（中译本第54页）。

第327号简中曾记，将misi地中之13个Kuthala地出卖，得价10（价格单位）之牝牛一头，以后又给值5单位之粗地毯一条（中译本第80页）。

第419号简中曾记，将4 apoira葡萄园一所及另一块地，总共五块地出卖，得价金币一枚，另付2穆立，以后又付12穆立（中译本第110页）。

第422号简中记载，能种2米里马籽种之地，卖价骆驼一峰（中译本第111页）。

第495号简中曾记，将能种1米里马10希籽种之地出卖，得值30

穆立之三岁马一匹(中译本第125页)。

第549号简中曾记,将能种1米里马10希籽种之地出卖得于阗粗地毯一条及谷物5米里马(中译本第141页)。

第571号简中曾记,将misiya地连同地上之树出卖,得值50穆立之二岁骆驼一峰,另收附加费——酒10希(中译本第147页)。

第579号简中曾记,将能种1米里马10希籽种之地一块出卖,得值12穆立之13手长地毯一块(中译本第153页)。

第580号简文曾记,将能种1米里马1希籽种之地一块,尚连有几块能种1米里马籽种之地,几块地一起出卖,得价40穆立之四岁马一匹,另收谷物1米里马10希(中译本第154页)。

第581号简文中曾记,将内有7avacira之葡萄园一所,卖价6手长之地毯一条,Kavajil,绵羊2只,谷物1米里马(中译本第155页)。

第582号简文中曾记,将25Kuthala之misi地一块出卖,得值15穆立之马3匹(中译本第156页)。

第586号简文中曾记,将15Sujada之葡萄园一所及地上之树,卖价马一匹(中译本第159页)。

第648号简文中曾记,卖地一块,得马一匹(中译本第173页)。

第652号简文中曾记,将能种1米里马籽种之地出卖,得酒10希及agisdha 3(中译本第173页)。

第654号简文中曾记,将能种3米里马之地出卖,得马1匹(中译本第174页)。

第655号简文中曾记,将能种1米里马5希籽之地及葡萄园一所出卖,得价4岁骆驼1峰,及raji2amila,共计值90穆立(中译本第174页)。

第715号简文中曾记,将能种3米里马籽种之misi地出卖,得价9岁之骆驼一峰(中译本第184页)。

这种买卖,表面看来,似乎是“公平交易”,一方愿买,一方愿卖。其实大不然。在中原历史上,借权势地主的超经济强制力进行土地兼并的残酷事实,史料中几乎是连篇累牍。在鄯善,情况亦正是如此。试看第581号简文中明确地写着“双方在此干旱与饥馑之时，达成一项买卖……”(中译本第155页)。血泪斑斑，隐在文字背后，兼并者唯恐劳动人民有所反复，就在约文中多次写明，一旦成交，这种所有权将“长达一百年”、“长达一千年”，“其权限有如生命”等字样(凡见第418、422、469、571、572、580、581、586、589、590、652、654、655等简)。可见土地私有制的法权观念在鄯善国的封建剥削者、压迫者的脑袋里，已经是多么的根深蒂固了。

在这里，我们禁不住要跟伯希和等东方学者们吵几句嘴。你们那么爱讲人们的血统和种系，就以鄯善为例吧，看他们在四五世纪还在使用着与梵文(prakrit)相邻近的佉卢文字来从事诸如政令、报告、券契、账目等的写作，或者可以推测，就其族姓来源说，不能杜绝来自印度的可能，冯承钧就认为他们是公元前二三世纪的印度移民。[1] 退一万步，即便这就是科学的论断吧，那么，它是不是鄯善国最根本的东西呢？即以近代民族而论，它具有的是四个因素，即共同的语言、共同的居地、共同的经济生活和建立在这种经济生活上的共同心理状态(也就是意识形态)。摆在我们眼前的佉卢文简书所反映的鄯善国人民，其语言虽一时仍然衍用印度的，但居地变了，受汉人的影响越来越显著，特别是封建制度，在这种制度下的人口买卖和土地买卖，它所反映的人们对私有制的根深蒂固的意识形态，这和导师马克思所分析的印度“古代东方”的情况，如“土地私有制的不存在，就是了解东方世界的真正关键之所在”，[2]“像在亚细亚那样，就是没有与地租形式不同的课税”[3]是何等不同?！我们想请教一下伯希和先生之在这些同与不同之间，到底哪些同、哪些不同是更根本些呢？是血缘关系吗？还是经济关系？这种答案，只有给你们这些东方学者们自己去解答了。

鄯善的剥削、压迫阶级，还把他们根深蒂固的私有制意识形态，以政治法律形式，表现在国王的谕令之内。下面，我们选择一些简文：

---

[1]冯承钧:《西域南海史地考证论著汇辑》，中华书局，1957年，第1、44页。

[2]《马克思恩格斯通信集》第1卷，三联书店，1957年，第1831页。

[3]《资本论》第3卷，人民出版社，1968年。

汝务必按照天下(lokadharma)之法律办事(第128号,中译本第30页)。

无论是国法,或是家法(指继承法),其余凯度多人皆应遵守(第31号,中译本第10页)。

以主人之财产,偿付奴隶之债务,殊不合法(第24号,中译本第8页)。

未经法律判决而拿取(于阗来)难民之财产,系不合法的(第471号,中译本第119~120页)。

(彼等将土地上之树都砍去出卖),一个人去砍倒别人之财产,系属非法(第482号,中译本第123页)。

不论何人或牲口为国家服役而死亡,应由政府计算(债还)(第435号,中译本第115页)。

凡在战时所取之物,皆作为无罪处理(第17号,中译本第6页)。

vasu剑凯伽并未理解什么是权利。彼将荒地皆给他人(第713号,中译本第183页)。

在这里,鄯善国王和他所代表的国家机器,已经把土地私有权和私有财产的不可侵犯性等原则,以政治法律形式固定下来了。它宣布对私有财产的保护,和对私有财产侵犯者的惩处。这是一个方面。另一方面,它又扮演出一副伪善的面目,以凌驾在敌对阶级之上的"仲裁者"身份,来对不同的阶级利益进行"调解"。如第272号简中说,"据闻汝处国内人民,由于旧债正在互相为难。应阻止这些富裕者纠缠欠债人。当汝处安宁、没有于阗之侵犯、而国境巩固之时,彼等再行偿还债务"(中译本第64页)。再如第357号简中也说,"诸民因旧债正在互相为难。必须制止彼等。当国境重行安定时,审讯才能进行"(中译本第89页)。这两种姿态其实是可以统一在一起的,即这个鄯善国王所代表的封建国家是封建剥削阶级的权力机关,以税吏、司书等职事人员来掌兵、刑、钱、谷诸事,以地主和高利贷者作为他们依靠的社会基础。从所有这些情况来看,鄯善虽小,"五脏俱全",它和中原的晋、

(北)魏封建社会情况,其实是别无二致的。

自然,我们很难武断地说,当时西域其他诸国,如莎车、龟兹、于阗、焉耆等社会经济及阶级形势也与鄯善相雷同;但我们想来也同样没有理由,说它们中间的情况是多么地迥异。大体设想,恐怕是差不很多的。由此可以推论,佉卢文七百余号简书内容所反映的,其意义就不是很小了:它显示了我们祖国新疆维吾尔自治区在公元四五世纪时候社会的风貌,给《汉书》、《后汉书》、《魏书》三《西域传》做了有力的补充。

8.4 附论:都护制度的作用

在我们上文所涉及的年月里,都护制度是不存在的。但在这段时间之前和之后各一个多世纪,著名的汉和唐的都护府制度就曾屹然存在着。就在上文所涉及的这段时间之内,也曾短暂地存在过北魏将鄯善"比之郡县"的事,就是说,这比都护制更前进了一步。因此,在本章结尾的部分,我们结合鄯善的国内阶级斗争形势,来看一看都护制的作用,是有其必要的。

一提到都护制,不能不上溯到西汉。但我们不准备考证年代,或者解释细节,如周寿昌、王先谦之解释"戊己校尉"那样。我们只想分析作用。西汉的经营"西域",是带着明确不移的战略目的的,而且这种战略目的事实上获致了成功。这个目的,就是防御匈奴。由匈奴牵连到"西域",因为早在张骞到达"西域"之前,匈奴人已经统治了"西域","西域"诸国皆役属于匈奴,匈奴在"西域"设置了叫做"僮仆都尉"这类名字的官,征收赋税。《汉书·西域传》说,"赋税诸国,取富给焉";《后汉书·西域传》说,"敛税重刻,诸国不堪命"。在这种情况下,汉帝国在"西域"陆续设置了使者、校尉、长史以至都护,起初不过是管理屯田粮秣,供应过往使者的伙食而已;后来作用逐渐加重,成为"考察诸外国动静,有变以闻。可安辑,安辑之;可击,击之。"[1]在这里,我们必须指出两点。第一,当时的汉帝国并不是人民的,而是剥削阶级的

[1]《汉书·西域传》。

国家,它的政策和官吏的作风,自必打上剥削阶级的烙印。这一点,我们丝毫不企图隐讳,更不替譬如说傅介子以及班超的某些行为辩护。但我们仍然指出,西汉时候的“西域”策略,是积极的,并且收到了积极的效果。这个“积极”,不论对中原人民或者对“西域”人民来说,都肯定不疑。第二,对比起匈奴来,汉帝国的都护制曾受到过“西域”的欢迎。在西、东汉之际,“西域”诸国多次派遣代表,请遣都护,想来不可能是汉人自己给自己脸上擦粉。对于利害得失,“西域”诸国,不会没有算计的。自然,也须说明,款塞求遣都护的,是各国国王,而不是人民,这一点也不要引起误解。但,求派都护的事,即便由国王来表达,在某种程度上,也反映其人民的愿望。“西域”诸国为什么一定要与中原通好?史料中也有反映。如中原社会经济发达,生产品多,他们想搞物资交流。如说“见汉人众富厚”,“欲通货市买”、“欲贾市为好”,等等。这是事实,也是根本的原因之一。但另外还有没有别的原因呢?应该寻一寻。

我们应密切注意,从西汉过渡到东汉,从公元前1世纪过渡到公元后1世纪,在“西域”、匈奴、汉帝国三方面看,都有很大的变化。在“西域”方面,用中原历史名词来表述的话,是从“春秋”时代向“战国”时代衍变。张骞初通之后,国的数目在加多,“本三十六国”,《汉书》说“稍分”,《后汉书》说,“自相分割”,成为五十五国。到东汉中期,数目减少,大国雄峙,以莎车为最强,汉河西大将军窦融两度向中央推荐莎车王为“大都尉”,甚至“都护”。看起来,莎车王东征西讨,很有点像战国的秦了。为什么分裂?为什么兼并?这恐怕都与社会生产力发展和内部阶级形势紧张有关。在匈奴方面,是“漠南无王庭”,显然经过西汉帝国的斗争,其“断右臂”政策的成功,匈奴分裂了,衰弱了,但即便衰弱,也仍然在和东汉帝国反复争夺车师。在汉帝国方面,帝国的性质没有变,但政策和策略变了,由积极的“西域”政策,改变为消极的政策。从汉光武开始,接着一大片白虎观派的儒生吵吵嚷嚷,宣传什么汉武帝的“轮台之悔”,对“西域”说什么“有求则卑辞,无欲则矫嫚”,再后依然说什么“有求则卑辞而来,无欲则矫嫚王命”。对汉帝国本身,他们说什么从大禹以来就仅仅是“就而序之”、“非上威服，致其贡物”。又说什么“得之不为益，弃之不为损”。这都是些“闭关主义”者的论调。自然，这和东汉帝国国内阶级形势变化、阶级斗争形势紧张，有较密切的关系。但即便调子如此低沉，在窦宪、班超时候，“西域”还是开辟了一些局面的。

我们说，东汉的这种消极政策，从历史上评价，是错误的。它对中原人民和“西域”人民，都没有利益。“得之不为益，弃之不为损”，这种斤斤计较的说法，是政治上鼠目寸光的表现。即便当时还不是以人民作主的，但这“益”和“损”也都是相互的。以“西域”来说，由36国分裂为55国，又兼并而为《魏书》上说的16国，这是社会发展的自然趋势。但即以莎车一度之强盛，也无能创立该地区中的统一局面。匈奴呢？第一，它是游牧族，在社会经济发展上与汉帝国迥异，其本身无力对“西域”带进来促进性的影响力；第二，在政治上，它对“西域”是单纯榨取的，而且本身逐水草迁徙，更无助于稳定性的加强。在这种情况下，中原的帝国有能力对“西域”的生产带来各方面的促进作用；又能够在群雄角逐的局面上，设法起一种稳定的作用，如汉、唐都护制下的局面，就是一种统一。促进生产，这是一种经济影响力；促进统一，这又是一种政治影响力。假如这两种影响力都不是坏的，那么，我们为什么不能说都护制是一种起积极作用的设置呢？！

回过头来，我们再来看一看鄯善吧。从简文中明显看出，它的国境日益狭促，国势日益觥陒不安，不断遭受苏毗人的侵扰，一度和它的最近邻邦于阗也处于冲突状态。国内关系呢？一批高利贷者、富人，其当权者居在执政官、税吏、司书之类的官位上，对上欺蒙国家税收，使国家防御侵扰的能力日益削弱；对下横征暴敛，逼得贫苦人民卖地、卖儿女，人民逃往于阗、龟兹的痕迹在简文中屡有反映。内外形势如此紧张，前后复有沮渠氏和高车（丁零）族的侵扰，终至形势无可挽救，到了人民散亡、国家北迁，故园沦为吐谷浑驻军地的地步。**它缺乏什么？它缺乏中原的统一力量**。斯大林在《莫斯科建成八百年纪念日的祝词》中说，“世界上任何一个国家，假使不能从封建割据中和诸侯的纷争中解放出来，那么它便不能指望保全自己的独立，不能指望真正地发展经济和文化。只有联合成为统一的中央集权国家时，才可能期待文化经济的重大发展，才能确保自己的独立。"[1]当时的中原，两汉帝国已经崩溃，"五胡十六国"的纷争局面刚刚要收场，作为隋、唐的大一统局势，一时尚不能实现，作为隋、唐大一统雏形的北方统一者——北魏，也刚刚开始奠定。马克思说，"在这种普通的混乱状态中，王权是进步的因素，……王权在混乱中代表着秩序，代表着正在形成的民族而与分裂成叛乱的附庸国的状态对抗。"[2]北魏太武帝拓跋焘派遣将军万度归经营西域，这已经是一种足以珍视的苗头了，但也仅仅是苗头而已。《魏书》中连万度归其人都未写立专传，令我们今日无法进行更进一步的考察，殊令人惋叹。总之，我们抓住鄯善不放，是有其目的性的，这就是企图从反面论证问题，看一看西域地区在特定一段时间之内，在缺乏中央集权的大一统局面的情况下，个别小国遭到国破民散的可悲境遇，什么经济文化的发展都更谈不上了。从反面的论据获致正面的结论，即中原大一统中央集权国家，它所设制的都护制度，对于"西域"这些始终未能从其本身出现统一的小国来说，十分明显是带来了积极的作用，足以促使其经济文化出现重大发展的作用。

（原刊于《兰州大学学报》1979 年第 1 期）

---

〔1〕〔前苏联〕《真理报》，1947 年 9 月 7 日。

〔2〕《马克思恩格斯全集》第 21 卷，人民出版社，1965 年，第 453 页。

9 《十六国春秋》、《晋书·载记》对读记

9.1 引 言

大凡钻研"五胡十六国"一段史事，或者说，大凡要料理中国四五世纪历史的同志们，都不可避开地要以《晋书·载记》和《十六国春秋》作为主要的史料书来对待。当然，在这两种基本史料书之外，也还有一些溢出的资料，例如《资治通鉴》就又补入了不少。但无论如何，这两种是最主要的。可是，有关这两种史料书历来的议论就是很多的，也很分歧。大体来说，不外两个方面的问题，其一是《载记》与《十六国春秋》的文笔和史源孰优孰劣、孰早孰晚的问题，其二是明朝屠侨孙辑今本《十六国春秋》与北魏崔鸿原本《十六国春秋》间的关系问题。现在，按议论者的先后罗列出来，并予以分析。傅山（青主）在顺治年间写的一段日札中说：

> 七月初九日夜大风，偶得睡。梦老古来，甚称张斌。吾笑应之曰，王景略亦自不足道，何复斌之可喜？古亦点头。因为极论《载记》本之崔鸿《十六国春秋》，其事顾不足尽信；即其文笔，亦一糟套，可厌也。古默然。[1]

按这里所提的张斌，是不见于《二十五史人名索引》的（《索引》所列张斌是元朝人）。十六国之时，张斌有二，一是石勒部下谋士，一为敦煌人，曾写过一篇《葡萄酒赋》。青主由张斌扯到王猛，由王猛扯到《载记》和《十六国春秋》，主要的话是说这两种书在史料价值上不足信，在文笔方面也不过是可厌的糟套而已。他另有赠李天生（因笃）的

［1］傅山：《霜红龛集》卷40《杂记》五。

五律十首,[1]其第十首中有一联云"《春秋》难续狗,《十六》秽崔鸿"。意思是说,《春秋左传》是貂裘,而《十六国春秋》不过是狗尾而已。在这里,青主加了一个"秽"字。我们应该指出,这个"秽"字跟很多人给《魏书》作者魏收所加的"秽"字应该有所区别,魏的"秽"字由史德问题而来,崔的"秽"字是由文笔问题而来,说他文章芜乱,远远比不上马、班史笔的谨严、峭削、辖练而已。

雍正年间的全祖望(谢山)在对门人答问的时候说了一大堆关于《十六国春秋》的话。[2] 他直截了当地把明万历刊本《十六国春秋》说成"赝本",说"以愚观之,则直近人撮拾成书,驾托崔氏",还说"东涂西抹,痕迹宛然"等语。傅青主仅从文章芜秽方面立论,并未涉及崔本与屠本的关系问题;全氏进了一步,正式定屠本为驾托的赝书。从雍正到乾隆,考据之学大兴,从版本角度来谈论的越来越多了。纪昀(晓岚)的评论是有代表性的,见《四库全书总目提要·史部》(该书卷66),人人可以查读,兹不具引。他与全氏持相类态度,说明朝屠侨孙整理刻印的书是"伪本",他作出这个结论的前提是崔鸿原本"亡于北宋"。近人已故夏定域先生在其遗作《四库全书提要补正》中说,

> ……据《汲古阁秘本书目》有新抄本,称从宋本出,则宋时固有刻本盖未亡佚。该书目录后列乔孙及同校姓氏十人,非仿旧翻刻之本,非出伪造明甚。《汲古阁秘本书目》可信,《四库提要》所云不确。[3]

另一近人已故余嘉锡先生亦有类似辨析,他说:"尤袤《遂初堂书目》'伪史类'有此书,则不得谓之诸家书目不载。尤即南宋初人,亦不得谓之亡于北宋也。"[4]由此可见,全、纪二氏之论,不免偏激,欠于持平。不过纪昀在《提要》该文段的尾部又加写了几句,"其文皆联缀古书,非由杜撰,考十六国之事者,固宜以是编为总汇焉",总算是持平了一下。

乾嘉之际,赵翼(瓯北)又有了新的议论,主要是关于《十六国春

---

[1]傅山:《霜红龛集》卷9《为李天生作十首》。

[2]全祖望:《鲒埼亭集》外编卷43《答史雪汀问》。

[3]夏定域:《四库全书提要补正》,见《中国历史文献研究集刊》第5集,第161页。

[4]余嘉锡:《四库提要辨证》上册,第381页。

秋》与《载记》的优劣比较问题。兹引其有关文段如下：

> 论《晋书》者谓当时修史诸人皆文咏之士，好采诡谬碎事，以广异闻。又史论竟为艳体，此其所短也。当时史官（按，指唐初）如令狐德棻等皆老于文学，其纪传叙事皆爽洁老劲，迥非《魏》、《宋》二书可比；而诸僭伪《载记》，尤简而不漏，详而不芜；视《十六国春秋》，不可同日语也。[1]

窃以为，对瓯北上述议论，本文作者意见最多。赵氏纯乎从阳湖派"文咏之士"的角度出发，说什么"爽洁老劲"，其实《十六国春秋》、《晋书》、《魏书》、《宋书》四书究竟如何评骘，尚大费商量，容将来为文详辩，此处不赘。仅以上段引文而论，瓯北所云，即有足商榷之处不少。窃以为《晋书》并非"简而不漏，详而不芜"，而是所漏甚多；其"芜"的程度与《十六国春秋》仅在伯仲之间；更不得加一"详"字。至于《晋书》段尾的史官"论曰"，更不仅仅是什么艳体不艳体的问题，而是存在着严重的观点立场问题。试想，唐朝统治者虽自称狄道李氏、西凉李暠之后；但究其实则是六镇镇将出身的胡汉杂糅的一个家族。唐太宗在民族关系问题上，尚能持有比较恢宏的观点。但于世宁、令狐德棻辈却不能体察这种最高旨意，在编写《载记》过程中一方面表述石勒、苻坚，甚至沮渠蒙逊，也并不例外地像一些带开创性的国主那样留意生产、关心社会生活、减轻人民一些负担等等；但另一方面，则在文尾处抬出"戎狄是膺，荆舒是惩"、"非我族类，其心必异"等民族沙文主义老教条来狠狠地咒骂一通，把这些少数民族首领说成是禽兽狗彘之不若，并且在传文与评语之间形成一种作者与作者自己斗打不休的怪状。试问，面对这样的《载记》，我们能相信上引赵瓯北先生的评论是公正的吗？

9.2 八个例证之一

基于以上的缘故，我决心像胡适所说"拼得用极笨的死功夫"，把《载记》和《十六国春秋》并摆面前，一卷一卷地对读。自然，我已不可

---

〔1〕赵翼：《廿二史札记》卷7《晋书》二。

能读到崔鸿原本的《十六国春秋》，而只能读屠氏今本的《十六国春秋》了，这是无法超越的局限。读完之后，我坚持认为《载记》主要采自《十六国春秋》的断语，是可信的。此其一。理由是，两书在若干大关节目的重要文段地方几乎都是雷同的，给人的印象，就像发表出来的新闻文献比较编辑室里原送来的文段只有一半个字句的增芟那样，非常清楚，那是编辑先生所加的点染。《载记》作者唐朝史官，亦正是如此，点染的痕迹，历历可数。其次，我又坚持认为今本《十六国春秋》在屠氏等十人整理付刻过程中虽然也留有这里动一动、那里动一动的痕迹（有些动是并不高明的也是事实），但若干基本内容还是北魏末年搜集到的东西，明朝人造是造不出来的（例证见下文）。此其二。为了证明我个人如上的两个论断，我从庞杂的读书笔记中选出八个例证，来说明自己的观点。

【例证一】慕容德南燕国中一场农民起义的首领的故事。

这首领叫王始，是一个迷信"做皇帝"到了发疯程度的农民。史书中著录了这桩事，曾被诟病为"芜"和"秽"的根据。我借这一故事来看取《载记》和《十六国春秋》间的史源问题。《载记》的文段比较"爽洁老劲"吧，我们就引它：

> 妖贼王始聚众于太山，自称太平皇帝，号其父为太上皇，兄为征东将军，弟征西将军。慕容镇讨擒之，斩于都市。临刑，或问其父及兄弟所在，始答曰："太上皇帝蒙尘于外，征东征西乱兵所害；唯朕一身，独无聊赖。"其妻怒之曰："止坐此口，以至于此，奈何复尔？"始曰："皇后，自古岂有不破之家，不亡之国耶？"行刑者以刀镮筑之，仰视曰："崩即崩矣，终不改帝号。"[1]

兹以今本《十六国春秋》对照，其卷65《南燕录》（三）中，立《王始传》一小条，基本情节与《载记》相同，但《十六国春秋》中却溢出了后来被唐朝史官芟去的几个原始情节，一是王始是莱芜人，二是其父名王固，三是兄名王林，四是弟名王泰，五是妻姓赵氏，真名真姓。这些琐节虽是无足重要的，唐朝史官拿它芟去也是完全应该的；但从史源上说，它是

---

〔1〕《晋书》卷127《慕容德载记》，参考今本《十六国春秋》卷65《南燕录》三。

更原始的，是北魏末年从原来案卷中搜集来的，不可能是明朝屠侨孙等十人异想天开添油加醋造出来的。由此证明，今本《十六国春秋》就其主要内容看，大体仍崔鸿之旧；从史源看，它比《载记》更原始。

【例证二】北凉国沮渠蒙逊之子沮渠牧犍（一作“茂虔”）向南朝刘宋献书目录的事。

这件事有两重意义，第一，说明当时河西“五凉”地方文化高、成品多，沮渠氏的北凉也跟张氏的前凉、李氏的西凉一样，对文化人是重视的，对文化成品是珍重的。第二，说明沮渠氏虽然不能不跟在山西大同的拓跋魏保持关系，但同时又跟在南京的刘宋有来往，把河西成品献过去，把江南的成品讨要过来。所以这件事，不像上引“夸大狂”故事那样的无关重要，它是重要的。书目如下：

（1）《周生子》13卷； （2）《时务论》12卷；
（3）《三国总略》20卷； （4）《俗问》11卷；
（5）《十三州志》10卷； （6）《文检》6卷；
（7）《四科传》4卷； （8）《敦煌实录》10卷；
（9）《凉书》10卷； （10）《汉皇德传》25卷；
（11）《亡典》7卷； （12）《魏驳》9卷；
（13）《谢艾集》8卷； （14）《古今字》2卷；
（15）《乘丘先生》3卷； （16）《周髀》1卷；
（17）《皇帝王历三合纪》1卷； （18）《赵瞰传》1卷；
（19）《甲寅元历》1卷； （20）《孔子赞》1卷。

以上，共20种154卷。

这个目录，不见于《晋书》，亦不见于《魏书》，只见于《十六国春秋》和《宋书》。于是产生出两个问题来。其一，是不是明朝屠侨孙等十人现成地从“十七史”的《宋书》（卷98）中抄去的呢？其二，是不是崔鸿从《宋书》中抄去的呢？看起来都不是。《宋书》目录中《亡典》作《王典》，《魏驳》作《魏骏》，假如照抄，不可能出这么大的差错。再者，我们姑且定崔鸿成书年为公元522年，沈约成书年为公元488年，相距34年，在南北分裂的局面下，资料传递不可能这么快。我的想法是，《宋书》所据，是原来献书的目录；《十六国春秋》所据，是拓跋焘兼并北凉，将北凉资料俘来平城后存档的孑余。两处资料来源不同，故有两个字的互相歧异。是否如此？请专家判断吧。无论如何，《十六国春秋》的史源，自有其独特之处，不容被诬为"撮合成书"、"东涂西抹"的东西。

【例证三】慕容评"卖水鬻薪"的事。

公元370年，慕容燕的亲王、大将慕容评率领大军与苻秦以王猛为统帅的军队，在今太行山东侧山西潞城黎城、河北武安一带的浊漳水沿边，要打一场决战。王猛根据慕容评性贪鄙、军无斗志来判断燕军必败。慕容评的贪鄙，表现在他"卖水鬻薪"。关于这件事，目前我们能看到的有四处，这四处是《水经注》、《太平御览》引崔本《十六国春秋》、《晋书·载记》和明屠氏今本《十六国春秋》。[1] 大体说来，这四处材料是大同小异。"小异"在哪里？在卖水的价码上，"入绢一匹，得水二石"，这是很重要的资料要点。全汉升先生40余年前曾引此来说明自然经济不以货币为媒介而是实行以物易物的办法去进行交换。在上述四种材料来源之中，两种无此要点，两种具此要点。《水经注》与今本《十六国春秋》具之，而《御览》引崔本《十六国春秋》与《载记》均不具。由此，似乎可以推出两点推论，其一，关于这同一件事，有两种史源，一是《水经注》，一是崔本《十六国春秋》，二者同是北魏末的成品；其二，从这一例证中可以看到一件意外的事，即同一《十六国春秋》，在崔氏原本与屠氏今本间，仍然存在着某些差异：崔本未纳入"绢一匹，水二石"的资料，而屠本纳入了。这是为什么？是不是屠氏等十人重编时自《水经注》中摘入的呢？姑存疑于此，以俟高明。

9.3 八个例证之二

【例证四】苻坚军自代北是否俘来代国国主，此国主究是什翼犍、抑或是窟咄的事。

此事，今人周一良先生于论列崔浩因修魏初国史之事被杀事，曾论及

[1]《水经注》卷10；《太平御览》卷334；《晋书》卷111；《十六国春秋》卷29。

之；今周氏《魏晋南北朝史札记》已出版，读者可以参阅。吾今所论，则欲借此同一史实、三种不同记录之事，来考验考验《十六国春秋》的史料价值。三种不同记录，是指：(1)魏收《魏书》根本不提国主被俘的事，给人的印象仿佛压根儿没有那么一回事，只说什翼犍怕敌不过苻秦兵力躲到漠北去了，回到漠南被人（极可能是自己儿子实君）行刺，“暴崩”了。(2)《载记》说什翼犍被苻洛打败，其子缚父请降，苻坚以其荒俗，令入太学习礼，并召见有所问答。(3)今本《十六国春秋》说苻坚把昭成帝（什翼犍）的长庶子窟咄迁之长安，使入太学读书。在这段文后，今本《十六国春秋》的编纂者又将《载记》的文段以小体字附在后边。这就是一条绝好的证据。说明窟咄之说，是崔鸿原本《十六国春秋》的内容，明朝人把《载记》中歧异的说法引来并列，以供读者采择。而到北宋司马光写《通鉴》时，他却既不采用《魏书》之说，亦不采用《晋书》、《宋书》、《南齐书》之说，他单单采用了“窟咄”之说，这说明司马温公在选择时，还是信任了崔鸿的《十六国春秋》的。[1]

【例证五】有关“五凉”时候凉州文士的记载。

有关“五胡十六国”时期河西“五凉”地区的文化人积累和文化成果积累问题，陈寅恪先生早已先见及此，见于其所著《隋唐制度渊源述论稿》之中，[2]兹不赘述。我今只从史料渊源上来看问题。我可以说，对于文化史上这一重大公案，《晋书》卷 91 暨 92 儒林、文苑诸传中，竟然一无涉及。这说明他们心目中只看到那些见马咆哮说什么“敢是虎”的酸子，他们头脑中充满着那些但凡沦于夷狄之区的尽是些“野蛮人”的不正确观点。《魏书》卷 84 暨 85《儒林》、《文苑》诸传中，亦同样未予涉及。但《魏书》在其卷 52 中，相应的，《北史》在其卷 34 中则为这一桩公案中的重点人物如刘昞、阚骃以及宗钦、索敞等立了传。这说明，这些编史之人，远在陈寅恪之前，已经看到这桩公案的影子了。但他们所表述的却多是较晚的情节，我的意思是指在拓跋焘统治后期，通过崔浩的汲引和保护，自凉州搬到平城来以后的那些情节。在此以前的情节呢？换言之，原在河西地区张凉、李凉以至沮渠凉统治下的较早的情节呢？那我们只有依靠今本《十六国

〔1〕《资治通鉴》卷 104（晋纪 26），中华书局标点本第 7 册，第 3280 页。

〔2〕陈寅恪：《隋唐制度渊源略论稿》，三联书店，1954 年，第 20～30 页。

春秋》所传递下来之崔本《十六国春秋》所著录的《前凉录》(六)、《西凉录》(三)、《北凉录》(四)了。从这些断节中,我们可以看到很多东西,如(1)这些人大都是受西晋玄学思想和谶纬书典影响很重的人,并不偏重儒学,他们大都是敦煌人,不少是在酒泉南山(祁连山)隐居不仕,但又授徒以百计、以千计的人。他们是形成中国儒学与玄学相融合的学术温床之一。这些人的私谥上都冠一个"玄"字,值得留意。(2)进入《魏书》专传,无形成为全国性的,所以只留下头面人物和头面事迹;至于够不上头面的人物和事迹的,《魏书》自然而然予以排除,但在作为地方史志性质的前、西、北三个《凉录》中则予以保留,如善阴阳术数的、善占梦的、善鼓筝的、著过《葡萄酒赋》如前引张斌的,统统写进来了。试问:从这些侧面,我们不是可以窥见当年河西文化界的一些面貌、从而也可以窥见《十六国春秋》的某种独有的价值吗?!

【例证六】关于沙门昙无谶的事。

昙无谶("无"读"摩"),是自罽宾来的一名沙门,留居凉州。在昙无谶的问题上,不是需要拿《晋书》跟《十六国春秋》来对读,因为唐人修晋史,认为凡进入北魏范围的事已经毋庸料理了。需要的,是拿《魏书》来对读。对读的结果,是关于同一人物两种记载截然不同。《魏书》只写他如何"以男女交接之术教授妇人"并跟沮渠氏家族兄弟姐妹"朋行淫佚"等事挂起钩来。《十六国春秋》则不然,它用相当长的篇幅,缕述昙无谶多次翻译佛教经典若干部若干卷,还带了几个徒弟,其一是沮渠蒙逊的从弟,后来流落金陵、钟山成为一名高僧;其一是张掖人道进,在饥馑中割肱肉以啖饥民。为什么这么悬殊?这是和政治牵连着的。最初拓跋焘想拉拢沮渠氏,以蒙逊女为昭仪,以公主妻蒙逊之子牧犍,派特使李顺往返其间;后来拉拢不成,刀兵相见,遂诛李顺,赐昭仪与牧犍死。沙门史事,受此政治斗争的折光,遂有如许差异。而《十六国春秋》则比较公正地、详细地著录了这一沙门的正常事迹。

【例证七】关于沙门佛图澄的事。

佛图澄与鸠摩罗什前后同时,但风格很不相同。鸠还带有某些研治经典的学者气息,澄大不然,他以术士的姿态,从一开始到结束,一直与石勒、石虎父子的政治军事活动缠在一起,做出种种的预言和参谋。对于这样一个妖妄气息很浓厚的人,《十六国春秋》和《晋书》的史笔很不相同。《晋书》的写法,是将澄的主要事迹统统集中到《艺术传》里,使石勒、石虎载记显得净化,这也许就是赵瓯北所谓的“不芜”吧。《十六国春秋》的写法另是一路,它把石勒、石虎的每一个举措跟澄的预言、参谋缠在一起写,这样的写法缺点就是傅青主所说,不免有些“秽”。但也有其优越之处,即把一个虽然“凶残”,却也“猛气横飞”、“奇谟间发”的倜傥人杰如何在一个迷信工作者协助下有声有色地进行活动的过程勾勒出来了。从阅读的效果看,《十六国春秋》实优于《晋书·载记》。

【例证八】关于周虓的事。

周虓(xiao)是汝南周访的玄孙,在涪陵时,其母为秦军所俘,虓遂降了北。苻坚待他极好,他在宴会上骂苻坚为“氐贼”,苻坚原谅他;他参与苻苞的谋反活动,苻坚也不处死他,只加杖刑。在描述周虓之死的过程中,《十六国春秋》的弱点暴露出来了:

> 虓加考楚,不食而卒。敛已经旬,坚复剖棺临视,虓尸倏忽回眸,鬓髭张裂,睛瞳明亮,顾回盼坚。坚睹而喜,乃厚加赠。[1]

这就是地地道道的芜秽了。不过,周虓的事迹还是有必要记录的,因为将苻坚对待一系列敌对阵营人物如慕容暐、慕容垂、朱序以至周虓的态度上去检查,苻坚有容人之量固然值得肯定,但姑息养奸的缺点,不能不是苻坚招致失败的原因之一吧。观朱序于八公山下自秦军中唱曰“秦军败矣”这一情节,不是可以思过半矣了吗?

9.4 结论

根据如上的一些例证,本书作者认为是不是可以提出如下的一些论断?

(1)不能把“伪本”、“赝本”这样的帽子,扣在今本《十六国春秋》的头上。崔鸿原本《十六国春秋》究竟如何,已不可知。但此一书稿流传,历北宋、南宋、迄未流散。明屠侨孙等十人所辑,根据内容判断,绝大部分是北魏末季之人才可以留下来的记录。其非“东涂西抹”、“撮拾成书”、“驾托

[1]今本《十六国春秋》卷37《前秦录》五。

崔氏”可知。全谢山氏之论,失于偏激而无据。

(2)不应将《晋书·载记》的评价,弄得过高;也不应把今本《十六国春秋》的评价,弄得过低。赵瓯北氏纯从文笔简繁立论,不顾史源之深浅、史料价值之高低,殊非评史之论。评史标准,必须是史料史源价值第一,文字第二,此不容颠倒者。

(3)《晋书》为唐人所辑,距离晋朝已近四百年。且唐初史臣受南朝骈俪影响甚深,形式主义倾向很重,故在编写史书时,于文笔方面留意较多,于史料说明性之强弱、史源之浅深,介意不多。故初看起来,《载记》似有“简而不芜”的优点;但仔细深入地读下去,则感到史料丰富性很差,仅在舞文弄墨而已。尾部“史臣曰”云云,尤为荒谬,即唐太宗李世民亦不抱如此恶劣的民族沙文主义态度。

(4)今本《十六国春秋》缺点,亦仍不少。傅青主以“秽”称之,谓其文笔可厌云云,不无中的之处。但它所著录的某些历史资料,多为《晋书》、《魏书》所不备,此即其不可摇撼的价值之所在。即以苻坚史料而论,其丰富性驾出《载记》一至二倍不止。读者不信,可以亲验。到头来还是纪晓岚氏圆滑的措词更为允妥:“考十六国之事者,固宜以是编为总汇焉。”

(原刊于《史学史研究》1986年第3期)

10　一通与唐史、中亚史有关的新出土墓志

1981年，在洛阳龙门煤矿以东、伊阙香山的北麓，发现唐初西域归化人安菩萨与其妻何氏的合葬墓。墓中随葬文物多件（估计百件以上），惜已全部破碎。幸墓志一方，尚完好无缺。志石方形，高42公分、阔43公分，碑文（题文除外）451字，除一字漫漶外，余均清楚可辨。碑文如下：

唐故陆胡州大首领安君墓志

君讳菩，字萨。其先，安国大首领。破凶奴衙帐，百姓归中国。首领同京官五品，封定远将军，首领如故。曾祖讳钵达干，祖讳系利。

君时逢北狄南下，奉敕遄征。一以当千，独扫蜂飞之众。领衙帐部落，献馘西京。

不谓石火电辉，风烛难住。粤以麟德元年（按，公元664年）十一月七日卒于长安金城坊之私第，春秋六十有四。以其年十二月十一日旋兆窆于龙首原南平郊：礼也。

夫人何氏，□先何大将军之长女，封金山郡太夫人。以长安四年（按，公元704年）正月廿日寝疾、卒于惠和坊之私第，春秋八十有三。以其年二月一日殡于洛城南敬善寺东、去伊水二里山麓：礼也。

孤子金藏，痛贯深慈，膝下难舍，毁不自灭，独守母坟。爱尽生前，敬移殁后。天玄地厚，感动明祇。敕赐“孝门”，以标今古。嘉祥福甸，瑞草灵原。乡曲荫其威，川涂茂其景。粤以景龙三年（按，公元709年）九月十四日于长安龙首原南启发先灵，以其年十月廿六日于洛州大葬：礼也。

嗣子游骑将军胡子、金刚等，坰煦难追，屺峪兴恋。日弥远而可知，月弥深而不见。与一生而长隔，悲复悲而肠断。呜呼哀哉！

其词曰：素成大礼，载召幽魂。关山月亮，德洽乾坤。鸿门定远，留滞将军。择日迁卜，阴阳始分。兰芳桂馥，千岁长薰（其一）。名由谥显，德以位班。质含月态，镜转神颜。淑慎非亏，丽藻清闲。珠川水媚，玉润灵原。君贤国宝，妻美金山。孝旌闾闬，万代称传（其二）。

按，安氏、何氏，均西域"昭武九姓"。昭武，汉张掖郡所属十县之一，今临泽。"九姓"之事，隋、唐史书均有记载，唯稍有歧异，《隋书》言"被匈奴所破"，而两《唐书》言"为突厥所破"，前后时间距离较大，故"九姓"自昭武西逾葱岭之具体年代，究为公元前抑为公元后六七世纪，已不可确知。"九姓"以"昭武"为其共姓，据云"示不忘本"。其具体九个分姓，史书记载亦多歧异，大体康、安、米、史、曹、何、石、穆，皆"九姓"之属。关此，向达先生于其《唐代长安与西域文明》一书、姚薇元先生于其《北朝胡姓考》中，均有所论列，可以参阅。

来自西域安国之安姓，络续归化已久。汉代有安世高，北魏有安同，北齐有安未弱、安马驹，北周有安诺槃陀，隋有安遂迦、安伽陀，唐有安叱奴、安延、安神俨、安附国、安令节、安万善等人名多见，大抵著籍为武威（凉州）人，或长安人。个别有著籍辽东者。何氏，北周有何萨、何海、何洪珍，隋有何妥、何稠叔侄二人，唐亦有何盛等，均归化之何国人。此通墓志，于上述一串名单中又提供了安菩萨与何氏二人。

"讳菩名萨"云云，自系写志人按中原习俗之谬书，如敦煌王道士之称伯大人讳希和者。"凶奴衙帐"自系"匈奴牙帐"，唯以上引《隋书》与新、旧两《唐书》述"昭武九姓"时在匈奴、突厥间之差异看，此处所指，落实下来，究确指匈奴抑为突厥，尚不敢遽断。至于"北狄南下，奉敕遄征"以及"献馘西京"云云，则毫无疑问系指唐高宗显庆二年（657）征讨西突厥可汗阿史那·贺鲁之事。按，安菩萨生于公元601年，公元657年时年方五十七岁，恰在参与征战之极盛年华。显庆二年之事，《旧唐书》卷4于十二月决战无载，仅记正月命苏定方等准备出征事；《新唐书》卷3除记正月事外，复于十二月记苏定方败贺鲁于金牙山之事；《册府元龟》卷964所记较前两书增详，"显庆二年十二月，伊丽道行军总管、右屯卫将军苏定方大破阿史那·贺鲁于金牙山，尽收其所据之地，西域悉平。诏分其地，置伊濛池、昆陵二都护府"。《资治通鉴》卷200所记最详，除与《元龟》相重者外，复有“追奔三十里，斩获数万人。……于是胡禄屋等五‘弩失毕’悉众来降”。志文中所云何氏封金山郡太夫人，铭词中复有“妻美金山”之句，此金山为金牙山之省称，据日本学者松田寿男考证，金牙山即弓月山，其地当在伊犁河谷中之库尔札一带。安、何夫妇，夫较妻年长20岁或21岁，妻之卒年较其夫晚至40年之久。

其子安金藏已完全归化，史称其“京兆长安人”。其事见新、旧两《唐书》之“忠义传”（《旧书》见卷187上、《新书》见卷191）。两传文字，大体相同，唯《新书》点染粉饰，稍失其真。两传均未提其父为安菩萨、其母何氏之事；故此通墓志之发现，可补证安金藏为西域归化之人。金藏，武则天时为太常工人。当时，武氏欲自称制，唐睿宗被贬为“皇嗣”，且将施以罗织。臣僚私谒“皇嗣”者，至腰斩。奸佞来俊臣对睿宗肆加迫害。安金藏对来俊臣大呼曰“请剖心以明皇嗣不反”！自剖后，五脏并出。武氏为之震惊，曰“吾子不能自明，不如尔之忠也”，遂停止迫害。神龙年间，旌表其门。志文中所云“敕赐孝门，以标今古”，当指此。玄宗时，金藏拜右骁卫将军，又封代国公。卒后，谥曰“忠”，配睿宗庙廷，赐兵部尚书。志铭中云“名由谥显”、“孝旌闾闬”、“万代称传”云云，均与史传相符。唯何氏卒年，史称“神龙初”，志文则云长安末，此中有着整整一年的误差，当以志文更为可信。至于标题中“陆（六）胡州”云云，显系后加者。

志文中所言长安金城坊与东都之惠和坊，史书中亦均有确载。按清徐松《唐两京城坊考》，其西京图金城坊位于长安城之西北隅，东隔颁政坊与皇城邻近，南隔醴泉坊与西市邻近；其东都图惠和坊正当洛阳之中心，东南与南市相邻近，北隔安众坊与洛水上之新中桥邻近。两处均为生活安适之区，足见西域归化人之臻于上层者，已与上层华人待遇相埒。

（原刊于《西北史地》1986年第3期）

11 释《万历墩军石》

往观甘肃师大历史系文物陈列室中有在校园内水塔区附近发现之明万历墩军石一片，度之，长19市寸，宽12.5市寸，厚2.5市寸，上刻大小字119个，兹按原格式抄写于下：

深沟儿墩

墩军　五名□

　　丁□妻王氏　　　　丁海妻刘氏　李良妻陶氏

　　刘通妻董氏　　　　马名妻石氏

火器

　　钩头炮一个　　　　线枪一杆　火药火线全

器械

　　军每名弓一张刀一把箭三枝

　　黄旗一面　　　　梆铃各一付　软梯一架

　　柴堆各五座　　　　烟皂五座　擂石二十堆

家具

　　锅五口　　　　缸五只　碗十个

　　箸十双　　　　鸡犬狼粪全

万历十年二月　日立

墩台为明代边防设施之一。《明史·兵志》曰："终明之世，边防甚重，东起鸭绿，西抵嘉峪，绵亘万里，分地守御。初设辽东、宣府、大同、延绥四镇，继设宁夏、甘肃、蓟州三镇，而太原总兵治偏头，'三边'制府驻固原：亦称二镇:是为九边。"[1]《皇明九边考》曰:"方今沿边之守,有营、有堡、有土墩、有空,有巡探、有按伏,有备御以分其任,有将领以总其权,有游击以备调发,有总领以司机权:防守之道备矣。"[2]《明史·兵志》又曰:"(文)帝于边备甚谨,……其敕书云,各处烟墩,务增筑高厚,上贮五月粮,及柴薪药弩,墩旁开井,井外围墙与墩平,外望如一重门:御暴之意,常凛凛也。"[3]后每以此类墩台规模较大,不易普及,嘉靖间杨博乃有议筑简便墩台之奏疏,略曰:"盖守御之方,大则为城,其次则为堡。城非万金不能成,惟此墩城,通计不过百金,为费甚少,随处可筑。大城必须数千人,堡须千人,方能拒守。惟此墩城,十数人可以守。"[4]更早些时,成化间余子俊亦有类似的建议与设施:"每墩摘发操熟神枪五把,炮二个,长枪四根,并弓箭等器,共用十人守备。"[5]大略一墩配备人员武器逐渐简化,嘉靖时史道奏疏中云:"每二里余筑打墩台一座,每墩起盖房屋二间,合为一间,其各墩应有锅瓮器皿旗帜号带弓箭盔甲枪刀火器,具各置办完全,各选拔兵六员名,令其常川轮留哨守。"[6]六员名之中,设有一员军官,则五名当即军士。晚明韩霖著《慎守要录》一书,其中有云:"其墩,或隔三里,或隔四、五里,每墩以五人居之,红旗五竿,火器、木石、钩刀、枪弩备具。上多积狼粪火种。凡贼来,放烟,昼黑夜红,连结不散。如见贼结队将犯者,放一铳,起红旗一竿;贼远十里,连放二铳,起红旗二竿;贼远墩五里,连放三铳,起红旗三竿;贼近墩,放四铳,起红旗四竿。或定为口诀,贼来某路,放炮几,或举旗何色。夜则易灯笼、流星,亦照数各为信验。其刍米等物,皆限为一月。"[7]统括以上观之,文物所载与文献所载盖基本相符。万历时墩台已经简易化,故仅设军士五名,火器两件(枪炮各一)而已。粮秣之事,石上未见记录。

然则军士之妻,何以刻之在石?缸锅碗箸各备五对夫妻之用,不多不少,此盖所谓"勾军""佥妻"之事,有待诠释。《明史·兵志》云:"明初垛

---

〔1〕《明史》卷91《兵志》(三)《边防》。

〔2〕魏焕:《皇明九边考》卷1《镇戎通考》。

〔3〕《明史》卷91《兵志》(三)《边防》。

〔4〕〔5〕〔6〕《明经世文编》中华书局第4本,卷273,1962年,第2880页,第1本,卷61,第489页,第3本,卷166,第1689页。

〔7〕韩霖:《慎守要略》卷6《申令篇》。

集令行，民出一丁为军，卫所无缺伍。未几，大都督府言，起吴元年十月至洪武三年十一月，军士逃亡者四万七千九百余，于是下追捕之令。……成祖即位，遣给事等官，分阅天下军，重定《垛集军更代法》。初，三丁以上，垛正军一，别有贴户，正军死，贴户丁补；至是，令正军贴户更代……。"[1]又曰："军士应起解者，皆佥妻。"《皇明九边考》亦云"国初，徙腹里军民，以充边卫，厥后成没流移，营伍日耗，于是勾取解发以继之。夫以数百千万里之外，驱丁男以徙塞下，离去乡井，居止不习，重之以科罚之扰，笞辱之苦，又多置之墩空瞭哨，恒见其十死八九矣。虽有存，焉能挽强执锐、周旋锋镝乎?！同里之人，追妻佥解，丧身破产，十且三四，盖自是民始疲矣！"[2]石上所刻男子五名，乃垛集之军士；女子五名，乃佥解之妻——防其逃逸，故勒姓名于石上。所记军器什物，亦为防其缺失者。《慎守要录》载有守墩军士例须背熟之五条，其一云："墩军于贼情紧急时，及闻警报，务要尽数在墩。敢有下墩回家，或虽住近墩下而不在墩者，无贼至，捆打一百割耳；有警，军法示众。"[3]其另一条云："应备什物军器，欠缺一件者，墩军捆打一百，割耳；仍罚月粮置办。"其另一条又云："应备什物军器，虽不欠缺而不如法者，墩军捆打四十，扣月粮改置。"阅此，则墩军刻石之意甚明，一为防人之逃逸，二为防器物之缺失。检阅之人，凭石点验，以作考核。

此类边防军士，在明初皆有屯田所收粮米，《皇明九边考》云："我国家酌古准今，立为屯政。洪武、永乐间，每军给屯田一分，岁收粮二十四石，内正粮十二石，本军按月关支；余粮十二石，内充本管官旗月俸。洪熙元年，正粮如旧，钦免余粮一半。宣德七年诏书内开，正粮与军自赡，止纳余粮六石，遂以为例。此则国初军皆有田，养军之费尽出于田，诚得古人寓兵于农之意，而非后之竭天下之财以养军也。其田科则之重，亦良有深意，而后人失之也。故其田日消矣。今之言军伍者，不过曰清勾、曰解补、曰存恤而已。此固不可无，而大意则未有处也。"[4]此言军屯开始瓦解之

〔1〕《明史》卷92《兵志》(四)《清理军伍》。

〔2〕魏焕:《皇明九边考》卷1《镇戎通考》。

〔3〕韩霖:《慎守要略》卷6《申令篇》。

〔4〕魏焕:《皇明九边考》卷1《镇戎通考》。

后，边防军生活失去保障，政府虽采取“清勾”、“解补”、“存恤”等措施，仍无助于军士之逃逸，与未逃逸军士生活之贫困化。观《醒世恒言·刘小官雌雄兄弟》故事所写龙虎卫军士返回山东济宁原籍讨要军装盘缠情节，可以想见。[1] 故当时边防军士缺额，为一极严重问题。观《皇明九边考》中所记诸边情况，正规在边负担“常垛”、“轮垛”、“冬操夏种”之军士，仅占三分之二弱；而事故、逃逸、轮班迟到之军士，经常占三分之一强。故刻石备考之意，在此种情况下，越发可以看得清楚。

（原刊于《东岳论丛》1982 年第 5 期）

〔1〕《醒世恒言》卷 10《刘小官雌雄兄弟》。

西北地方人物

12　东汉政论家思想家王符

王符，字节信，安定郡临泾（今甘肃镇原县）人。出生年估计在东汉章帝、和帝接替之际，卒年估计在桓帝、灵帝接替之际，虚拟当在公元82？—167？年。东汉著名的政论家、思想家。

范晔《后汉书》卷49有传。但因范书著成上距王符辞世已近300年，且南北阻隔，故王传异常简略，除节录《潜夫论》36篇中五篇的部分内容外，有关王符生平事迹，只说了三桩事。

第一桩是说王符的四位朋友。他们是：马融、窦章、张衡、崔瑗。这一条非常重要。试想，王符出生自与匈奴、羌人邻近的边徼地区，假如不是游学到了东都洛阳，结交上了这些全国第一流的经学家、天文历算学家、文章家，并受其影响的话，他就不大可能具有写出《潜夫论》这样一部批判当世的名著的勇气。只可惜史文缺漏，他们是怎样进行学术交流的，他们的友谊怎样开始并贯彻的，我们后世已无由考稽了。

第二桩是说王符"无外家"。这在我们当代是小事一桩，但在古代，母系来路不清，却是遭人贱视的一个话题。宋朝黄庭坚（鲁直）曾为此抱不平，他有诗云："能著潜夫论，何妨无外家？"

第三桩是说度辽将军皇甫规对他很尊重。皇甫规，安定朝那人，是王符的近同乡，与段颎、张奂是当时平定"羌乱"的三大将。皇甫规告老回乡，二千石长吏来见他，他都很怠慢，可是王符到门，皇甫规却衣不及带，屣履出迎，同坐极欢。这个情景，看来是皇甫规的晚年，也是王符的晚年了，而乡人传话说王符是个"缝掖"。"缝掖"，是一种剪裁得很不称身的衣服，据说孔子曾穿过这种装束（见《礼记·儒行》）。足见王符晚年回到老家，也还是这么一副穷书生的模样。

王符一生精粹，都贯注在他的《潜夫论》里。这部书不显于当世，直到《隋书·经籍志》才列入了目录。

从《潜夫论》中反映出来，王符的思想是一个复杂的综合构成。当然，主流是孔、孟的儒家思想，外羼杂一点道家和法家思想。这是说先秦思想对他的影响。他也摆脱不了西汉传统的影响，譬如说，《盐铁论》中的“重本抑末”和董仲舒的“天人合一”或“天人感应”。但是，王符究竟是东汉人，他面对的现实与西汉又有了一些变化，因而当王符再讲“重本抑末”、“天人合一”的时候，跟西汉的贤良文学以及董仲舒的讲法比较起来，就又有了不少的变通和发展。

他在《本训》篇里讲，宇宙之初，“元气窈冥”，后来化为清浊，化为阴阳，后来又化生万物，最后和气生人。他很强调这个“和”字，所以又说“人本中和”。在这一点上，他和王充的峻急观点有所区别。他又说，“天道曰施，地道曰化，人道曰为”。这个“为”字极重要，是孔、孟发扬人的主观能动性观点的继承和发展。在《本训》通篇中，他反复讲“气运感动”，这种讲法，比董仲舒多一些唯物的素质，少一些神学神秘的色彩。由此我们可以看到时代的向前推进。

他在《务本》篇中，讲了“重本抑末”。他的讲法跟《盐铁论》中的讲法又不一样了。《盐铁论》的讲法是，本就是本，末就是末，一对一。这是西汉社会古典经济初起的反映。东汉不同了，古典经济复杂化，并且已经露出趋向衰败的势头。王符面对这个现实，他把“本”一分为二，以农为本，以游为末；把“工”也一分为二，致用为本，巧饰为末；把“商”也一分为二，通货为本，鬻奇为末。这样，他把西汉的一对一变为三对三，支持的面扩大了，打击的面缩小了。这样一种观点，假如形成政策，那么不仅是可行的，而且还是带有策略性的。一个书生，一个“潜夫”，假如不是对他自己当代的社会有着精密的观察和深沉的思考的话，是不会想出这些“点子”来的。

王符还在他的《潜夫论》中，使用不少于五六篇的章幅，展开对社会迷信的批判，并且把迷信行为跟当时权贵们侈靡的生活结合起来，加以声讨。从他这些议论中我们可以看出来，东汉社会存在的问题实在是太严重了。劳动的人少，游手浮食的人多，其比例几乎是一比一百。

社会上诱骗行为非常普遍。人们害了病不找医生,而是找巫觋。妇女本是管蚕桑和织绢工作的,现在受社会风气影响,把蚕桑丢下不管,去当巫婆。人们深信,生病是神鬼作祟的结果。这样,反迷信、批鬼神,就成了思想家的任务。王充说,鬼这种东西根本不存在,它是患病之人精神状态失常后的一种虚构。王符的观点没有这么明朗,他以带有“二元论”色彩的说法,在《巫列》篇里说,一个人的吉凶,一半靠天命或天意,一半靠人自己的行为。他说的天命和天意,我们可以解释说是自然机遇;但其中无可讳言地还包括着董仲舒的神学遗存。他说的人自己的行为,主要指修养和德行。他主张“邪不伐正”,认为你自己正了,妖邪就侵袭不到你身上来。这种办法,在纠正社会不良风气方面,其作用自然是迂缓的。但王符在这方面的功劳,主要在于揭发。

在王符著文论政并抨击社会黑暗风气的举动下,接踵出现了不少的政论家,最卓著的有王符好友涿郡崔瑗的儿子崔实,著作题名《政论》;还有兖州仲长统,著作题名《昌言》。但这两部书都没有留传下来,只在隋唐类书中保存着片段的佚文。世代到崔实、仲长统时候,已经快到三国了,他们已不甘心当“潜夫”,曾到袁绍或曹操手下希望得到重用,但因为他们的性情都属于“狂生”类型,得不到权贵的欣赏,也只好郁郁不得志而死。

但这个传统传下去,传到了魏晋。魏晋在统治者方面虽然依旧很糟,但文化界的风气打开了,思想比从前解放些,人们可以纵谈古今了。这个风气的打开,不能不归功于王符的启迪作用。总之,王符不愧为我国历史上进步的哲学家和思想家。

13　杨愔与北朝政治

13.1　杨愔与北齐政治

北齐（包括东魏，534—578），是我国历史上统治者残暴荒淫的最高样板，但这只是问题的一个方面；另一方面，正如魏征所说，“西包汾、晋，南极江、淮，东尽海隅，北渐沙漠。六国之地，我获其五”，[1]它是北方由统一暂时进入分裂，但在分裂中又孕育着新的统一，并进而通向南北大统一的一块重要基地。在这样一块基地上，在统治者残暴荒淫达到顶点的同时，还有两个总揽政务的人物，从他们身上我们似乎可以窥见北朝政局的某些情况。这样的人，在北周要数苏绰；在北齐，要推杨愔。

杨愔，字遵彦，弘农郡华阴人。弘农杨氏几百年中一直是北方的世家大族，所谓“门生故吏遍天下”。但正因为这样，当牧主军阀尔朱氏乱魏以后，尔朱天光和尔朱世隆在洛阳、华阴两处，把杨氏家族几乎屠灭净尽了。杨愔是很少的几个孑余之一。他在河北信都投靠了尔朱氏的对头——大军阀高欢。从东魏末季到高欢的次子高洋篡魏以后的天保年间，他一直担任着吏部尚书那样的角色达十余年、近二十年的光景。史家评论说，“处乱虐之世，当机衡之重，朝有善政，是也”。[2]在高洋晚年，他甚至受封为开封王，为高洋临死所托四顾命之一。但也正因为这样，他不免遭到在一场政变中被残酷杀害的下场。

这场政变，发生在公元560年的二月。高洋死了，杨愔与高归彦、

[1]《北史》卷8《齐本纪》下。

[2]《北史》卷41《杨氏列传》。

燕子献、郑子默受遗诏辅政。他们面对的问题，是如何应付“二王”对皇位的觊觎。所谓“二王”，指高演和高湛，他二人与高澄、高洋一样，同是高欢的儿子。辅政者暗中计议，要将“二王”调至州郡，以减轻对京都和幼主的威胁。但计议被两个人泄露了。一个是辅政者之一的高归彦，一个是宫廷女侍李昌仪。这样把问题就引向更敏感的胡汉问题上来。高欢的妻子娄太皇太后是鲜卑人，高洋的妻子太后是汉人赵郡李氏。当初李氏当皇后时，就有过“汉夫人不可为天下母”[1]的议论。假如“二王”调外，李太后当权，那么鲜卑人的权力就可能受到削弱，所以娄太皇太后在紧急的御前会议上说，“岂可使我母子受汉老妪斟酌?!”[2]她叫幼帝下命令处理三个汉人顾命时，幼帝说，“天子岂敢惜此汉辈?!”[3]但娄太皇太后对杨愔的处理还是显出了犹豫的，一而曰“杨郎何所能，留使不好耶?!”再而哭曰“杨郎忠而获罪”。[4]

可见在这场夺权政变中，一直纠缠着一个胡汉问题。不管高氏如何自称是勃海蓨人；高氏家族从高欢开始就一直是北镇胡化的传统，从语言到生活习惯，到意识形态，全是胡化的。他们统治在广漠的“汉儿”的基地上，愈有危机感，他们就愈把胡汉对立的这根弦弹得更加急骤。其实，在“胡、汉杂糅”的全部历程中，这种政变和危机感并不止一次，北魏拓跋焘之杀李顺、崔浩；孝文帝元宏之杀太子元恂和穆泰等，也都是从同一个问题的这一面和那一面表现出来的政治事件。现在，让我们把它们串起来看一看吧。

13.2 关于“汉化”与“胡化”

在北朝史上，公元450年拓跋焘杀崔浩；公元496年元宏平穆泰之叛；公元560年，北齐杀杨愔。这三件事是可以联起来考虑的。

在拓跋珪和拓跋焘的统治时期，他们要紧紧抓住的一个问题是，既

[1]《北齐书》卷9《文宣皇后传》。

[2]《北史》卷41《杨愔传》。

[3]《北史》卷41《杨愔传》。

[4]《北史》卷41《杨愔传》。

不能不用汉人，又不能让汉人专了鲜卑人的政。一旦出现了汉人要专政的蛛丝马迹时，立刻就会出现政变和屠戮。崔浩，清河东武城人。拓跋珪很重用他，当时御前会议“左辅”三人、“右弼”三人，连皇帝七个人，他是七票中唯一的汉人投票者。拓跋焘登位后，他权力一时稍挫，但仍然是影响很大的人，他比杨愔，作为一个历史人物来看，大多了。他属于北方头等大族；他学术修养很高，通天文历法；他牵涉宗教（佛教和道教）问题；他广泛搜罗天下有用的知识分子，“征海内贤士，起自仄陋，及所得外国远方名士，拔而用之”，[1]其中凉州人士，即是很重要的一个组成部分。平城（大同）时期，北魏朝局有如许规模，崔浩在其中的作用不小。那么，拓跋焘为什么杀他呢？大体说，罪名有三项：（1）受赃，这不是要害之所在；（2）修鲜卑族前代发展衍变史，使鲜卑人感到“忿毒”，并且把这些内容立石铭刻，张扬过分；（3）最要害的是，推荐汉人世家大族分子数十人，以郡守级长吏任命；皇太子说，郡守级的官位，让那些早已候补的人（其中鲜卑人可能占重要比例）去做吧，新选拔的人让他们暂时做做较低级的郎吏吧。崔浩不听，坚持己见，“固争而遣之”，[2]这就把自己推到“威权震主”的局面上去了。

这样，崔浩遭到了诛戮。清河崔氏、范阳卢氏、河东薛氏等，几乎是整个家族遭到夷灭。在这之前，拓跋焘还杀了赵郡李氏的李顺，罪名是与沮渠氏的凉国有勾搭，有里通外国的嫌疑。不管罪名如何安排，要把汉人大族狠狠地镇压一下是既定方针。

到孝文帝元宏时，情况迥乎不同了。他要推行汉化运动。在施行了“三长”、“均田”之后，他又在公元495年下诏不准用鲜卑语语于朝廷。公元496年改拓跋为元氏，来自代郡的功臣旧族姓字重复者悉改汉字。这样一来，就引起鲜卑旧人的反对。元老元丕、其子元隆、元超、刺史穆泰以及陆睿等阴谋在大同一带叛变；反对汉化，反对迁都洛阳，主张仍返平城，仍返鲜卑旧俗。太子元恂参与其中，杀宫中官吏高道悦，拟轻骑北奔，未遂。元宏在这件事上，尖锐地提出“大义灭亲”的原

[1]《北史》卷21《崔氏列传》。

[2]《北史》卷31《高允传》。

则。终于以椒酒将元恂赐死。一个父亲,亲自下命令处死自己的儿子,这不是一件简单的事。在广漠的“汉儿”基地上,同一个鲜卑族统治者可以有两种政策,要么倒向胡化,要么倒向汉化,当中央集权专制主义的政策倒向一方时,其另一方也就必然是危机的所在地,这时候政治的弦就一定弹得特别急骤:流血的事就要发生了。

但更重要的是,必须指出,胡化和汉化,二者是对立的,但又是相成的。民族融合这件事,在旧历史时期,是不可能纯以和平手段去促成的。通过冲突,才渐近于融合。孝文帝坚持汉化,引起鲜卑旧人的反叛;拓跋焘和高欢的妻子是坚持鲜卑为主、反对汉化的,自必杀戮汉人重臣。历史的篇页揭过去了,流血的镇压成了陈迹,人们回过头来看一看,才恍然大悟,民族融合原来是通过这些冲突而形成的。所以,我们今天不能说孝文汉化就是绝对的好,胡化是绝对的坏。不能这样。假如这样,就不知不觉地站到了大汉族主义方面去了。两者都是维护最高统治利益,这是自觉的,甚至是高度自觉的;但在这样一种维护最高统治利益的手段与那样一种维护最高统治利益手段的交错当中,胡、汉双方不知不觉地融合起来了,这是当时人们不自觉的,也不可能自觉的,但历史的流就在这种不自觉中流过去,从冲突流到融合。

附记:这篇小文,是小女赵结的选题和习作。写完之后,交我修改润色。谁知一经改写,原来面目全非;再署她的名,已不太适宜。但原选题是她的,原初稿也是她的,即父女之间,亦不容泯此初衷。故书此附记,以志真情。赵俪生记。

(原刊于《史学月刊》1985 年第 1 期)

14　谈杜甫的秦州诗

杜甫留给我们的遗产，实在是太丰富了。如分题钻研，有好多分支值得探索。就拿组诗来说，在他三四十年的创作生涯中随着生活地域和环境的改变，心情的不同，自然形成许多的组诗，有时作者本人有意识地给它们一个总题，把它们串连成为明显的一组；有时也任其散落地独立存在着。更有时，一组诗也会跨越了几个不同的生活阶段和生活地域。这些组诗，一个个鲜明地表征了杜甫风格和技巧上的变化重重，给后代诗人留下这样的或者是那样的影响。他的秦州诗就是很重要的一部分。

杜甫在他 48 岁的这年，因生活所迫，逾越陇坂住到秦州（天水）和同谷（成县，唐为成州治）来，来时正是“高秋”，去川时已是腊月，居停了不到半年时间给我们留下了 120 首的诗篇。这些诗，我权且把它们叫做“秦州诗”吧（成州在军管系统上也从属于秦州的）。我认为，这 120 首诗足以代表杜甫创作生涯中的一个特定阶段，因为在这一大组诗中著录了诗人前所未有过的某些心情，展现了诗人以前不太使用的某些技法，也就是说，在这一大组诗中我们的诗人在他过去一贯的典型风格之外，又复尝试了新风格的塑造。这些塑造新风格的尝试，自从去蜀以来虽然仍有所延续，但跟在蜀的诗毕竟又有所不同。在这些诗中，似乎又可以划出四个小组的组诗来：(1)秦州杂诗 20 首；(2)秦州去同谷的旅途即景诗 12 首；(3)同谷七歌；(4)在秦、同居停期间用短小篇什即景咏物之诗，约有十四五首。这些诗对汉魏六朝诗的遗产有了新的继承，诗人本人风格有了新的创造和尝试，对以后的晚唐诗和宋诗带来了许多的影响。现在，结合具体篇什来具体分析一下。

我们从许多征象上可以看出，诗人这一阶段的生活几乎是最艰苦的，心情几乎是最沉重的，社会关系和环境条件几乎是最落寞的。这里既没有长安生活中一些诗酒、唱酬、观画、观舞、听歌的机会，也缺乏像东都、弘农人口密集地区那样多那样典型的社会事件，连蜀中的一些杜鹃、花鸭、桤木、芙蓉等等的景色也是不多的。他所看到的是"士苦形骸黑，林疏鸟兽稀"、"烟火军中幕，牛羊岭上村"，以及一些少数民族的生活，如"羌妇语还笑，胡儿行且歌"、"羌女轻烽燧，胡儿掣骆驼"等。虽然有时也出外登山临水，但经常的生活是仅仅希望做到"晒药能无妇，应门亦有儿"就好了。在杂诗二十首里有这样一首：

鼓角缘边郡，川原欲夜时；秋听殷地发，风散入云悲。抱叶寒蝉静，归山独鸟迟。万方声一概，吾道竟何之?!

这是一片极其肃穆的境界，和寂寞而又顽强坚持诗人一贯态度("吾道")并不动摇的心情。寒蝉、归鸟两句，没有这么一种心情的贯注，是写不到这么精严的。这是说，让那些跟在肃宗手下新近收复了京师的文武官僚们胡干去吧，他们腐朽到连个邺城都拿不下来，或早或迟他们会受到人民惩罚的，从表面上看似乎他们是主流("声一概")，而诗人爱国忧民的一番忠贞似乎是无容身之地似的("竟何之")；其实则不然，诗人坚信坚守这一点，才有了"定蝉归鸟"等的宣誓。这里不仅有技法上的精练，更重要的是诗人之所以能够达成这种精练的根源，他的思想和信念，他的信守和忠贞，这些，在经历了更艰苦的生活考验下，不是动摇而是更顽强了。我这样说的根据是，在杂诗二十首中诗人处处关心着国家和人民的命运，如"西征问烽火，心折此淹留"、"那堪往来戍，恨解邺城围"、"东征健儿尽，羌笛暮吹哀"、"西戎外甥国，何得忤天威"、"故老思飞将，何时议筑坛"等等，最终诗人将自己比作一匹衰老的战马"闻说真龙种，仍残老骕骦，哀鸣思战斗，迥立向苍苍"。寒蝉的静、归鸟的迟，骕骦的哀鸣，它在苍苍中的迥立，既是客观景物的描写，又是作者主观世界的揭露。试看这些意志和情感，是多么地积极悲壮，谁能说这是颓废和衰洒的呢?

杜甫在天水住了约摸三个月，虽然也曾自慰地说："废地翻宜粟，阳陂可种瓜"，但生活上究竟是维持不下去了，在《发秦州》诗中他记录下了南赴同谷的动机说,“无食问乐土,无衣思南州”,在偏南些的徽、成地区中,十月天气还如凉秋一样,草木未黄落,山水清幽,有良田畴,并且“充肠多薯蓣,崖蜜亦易求”。所以诗人决心“中宵驱车去,饮马寒塘流”。在这首诗的结句中,诗人又一次绝非偶然地提到“吾道长悠悠”。足见每到生活考验的重大关头,我们的诗人总是要拿出自己的信守和忠贞来重新坚定一次的。在到同谷后不久,他就写出了代表他自己写作顶峰之一的“同谷七歌”。为篇幅所限,这里只引四首于下:

有客有客字子美,白头乱发垂过耳。岁拾橡栗随狙公,天寒日暮山谷里。中原无书归不得,手脚冻皴皮肉死。呜呼一歌兮歌已哀,悲风为我从天来。

长镵长镵白木柄,我生托子以为命。黄精无苗山雪盛,短衣数挽不掩胫。此时与子空归来,男呻女吟四壁静。呜呼二歌兮歌始放,闾里为我色惆怅。

四山多风溪水急,寒风飒飒枯树湿。黄蒿古城云不开,白狐跳梁黄狐立。我生胡为在穷谷,中夜起坐万感集。呜呼五歌兮歌正长,魂招不来归故乡。

男儿生不成名身已老,三年饥走荒山道。长安卿相多少年,富贵应须致身早。山中儒生旧相识,但话宿昔伤怀抱。呜呼七歌兮悄终曲,仰视皇天白日速。

反复嚼味这一组诗的内容,实在感到是太丰富了。这中间有诗人过去一贯的本色,又有非本色的别格;有一贯的忠贞,也有艰苦环境下特具的苍凉激越。正由于这种关系,历来谈论这组诗的人也就更集中地发表了各自的见解。宋朝的朱熹说他集中了九歌、四愁、十八拍的优点而又独创一体。清初诗派首领申函光(凫盟)也说它顿挫淋漓,应是全集中的得意之作。明后期的东林领袖和杂剧作家赵南星更在自己的文章中一再提及拾橡栗的一段情节,作为对他自己绝不向阉党屈服的一种激励。自内容说,我们从这里十分形象地看见白头诗人乱发过耳,手持长镵,短衣挽起,手脚皴冻,当日暮天寒雪盛之时,饥走荒山道中,或拾橡栗,或掘黄精,野外所见不过狐狸跳梁,归来所闻不过邻家的男呻女吟而已。但诗人于“万感交集”和“伤怀抱”之余却是“仰视黄天白日速”,这是何等的顽强劲儿。从技法看,杜甫一般的特色是“稳”,少见李太白“蜀道难”式跌宕的气势;但在这组诗中他再也按捺不住寒蝉般的静谧了,充沛地迸发出了歌行体长短句的萧萧滚滚之姿。此外,从“溪水急”、“枯树湿”、“黄蒿古城”以及“白狐跳梁黄狐立”,甚至像押“死”“速”诸字韵脚的这些用字遣句之中,既可见出杜甫的创格,又是他对楚辞九歌、招魂以及古诗“枯鱼过可泣”、“千岁髑髅生齿牙”等既厉且艳的诗句的紧密继承,又对晚唐诗人譬如说李贺的“金钢仙人辞汉”、“归自会稽”诸歌的创作,显然是给予了极大的启发。一想到这里,真感到杜甫在诗史上确实是发挥了承先启后、继往开来的作用。

“同谷七歌”里的这些特色,也散见于他同时所作自秦州去同谷沿途即景的十二首诗中。在这一组旅途诗里,诗人显得情感多面,技法多样,这里有个人的经历和心境,有生民疾苦,有写景如画,也有七歌中的激励。譬如在“同谷”一首里他写了“山深苦多风,落日童稚饥。悄然村墟迥,烟火何由追”从而产生了“重来未有期”、“常恐死道路”以及“追此短景色”的一连串想法,这也是一个老人历遭艰苦后所不可免的现象。这跟他以后到蜀所见杜鹃就拜,不能拜就哭的情态是一类。在《法镜寺》一首里他又画出了一幅恬静的风景画,“回回山根水,冉冉松上雨,泄云蒙清晨,初日翳复吐。朱甍半光炯,户牖粲可数”,真要叫读者叹如身历了！在又一首题作《盐井》的诗里,他用了单一的叙事体刻画了煮盐的情况,并指出“自公斗三百,转致斛六千”的私营盐利重于官盐一倍的剥削实额。在《泥功山》一首里他写出了“白马为铁骊,小儿成老翁”那种青泥陷人的危境,并殷殷“寄语北来人,后来莫匆匆”。其中我认为最具有代表性的是《石龛》一首:

> 熊罴咆我东,虎豹号我西。我后鬼长啸,我前狨又啼。天寒昏无日,山远道路迷。驱车石龛下,仲冬见虹霓。伐竹者谁子,悲歌上云梯。为官采美箭,五岁供梁齐。苦云直簳尽,无以充提携。奈何渔阳骑,飒飒惊蒸黎?!

杜甫在技法上是肯于大胆创造的,譬如像这首诗的开始四句,就别致地使用了汉乐府歌辞中古拙层叠的起法，七年后他在四川咏杜鹃时也有过“西川有杜鹃，东川无杜鹃，涪万无杜鹃，云安有杜鹃”这样的类似笔法，这实在是把古诗“鱼戏莲叶”东西南北的技法做了很好的继承与发展。在情调感染方面，它又是曹孟德《苦寒行》式的。但曹氏《苦寒行》的气氛主要是写实，而杜甫笔下的熊、罴、虎、豹、鬼狨等等，则是使用浪漫主义手法，讨伐当时的贪官酷吏骄兵悍将的，具有更现实的社会意义。接着，诗人又引导我们接触了“路迷”和“虹霓”等具体景象，然后再转入到“三吏”、“三别”式的境界，叙述为了平息安史之乱，五年来这徽、成一带的劳动人民不惜爬上高空为国家采伐制造箭竿的直竹，直竹快要采光了，可是邺城一战官军仍不免于溃败，可见官家腐朽，不足以担负拯民于水火的责任，诗人对他们是失望的。在这一首不长的诗篇里，作者既表现了对他自己一贯的现实主义创作态度，和社会体裁剪取手法的持续与发展，并且也精彩地结合进来自《楚辞》、《九歌》、《招魂》以来传统浪漫主义的生动因素，使现实主义和浪漫主义在同一首诗里得到了熨帖的结合。

假如“七歌”是秦州诗中的顶峰，杂诗和旅途即景诗是顶峰四围散落的诸峰的话，那么，另外的一些“小即景”诗就是由本组山峰向另一组山峰绵延连续的别派了。另组山峰，我的意思是指咏物诗。咏物诗和咏物词在宋诗宋词中占有相当大的比重，可以说这件事具有两方面的意味，一方面它意味着宋人诗词思想内容之相对地贫乏，但另一方面也意味着宋人对技法基本训练之更加重视，有如绘画之强调素描一般。像在唐诗中，初唐诗人是不做咏物诗的，杜甫本人前期虽也咏鹰咏马，但那都是借咏物以抒情的大歌行，不是静观式的素描。杜甫的咏物诗是自秦州时期的“小即景”诗如《初月》等篇转化而来，到居蜀时期才更经常地做，这才使咏物诗在他的全部遗产中占了一定的比重。在他创作生涯的最后十年之中，他似乎总喜欢用律体或者是八句的古体来写一件事物，包括昆虫、鸟兽、花草等，并且似乎是总喜欢标两字为题与唱酬诗题字累牍的情况相对照，以示别成一格。杜甫的这种创格，是自居秦州时开始的。

杜甫这些最早的咏物诗,大体上具有这样的一些特点:笔触比较细,联语很著力于工整,结句处点染诗人的情感,主要是沉郁而不奔放,跟"同谷七歌"可说是同归而殊途;到四川后的咏物诗又往往再加些诙谐而轻松的情调,这是秦州时所没有的。现在,选《萤火》、《除架》两首在下面,并加以分析:

幸因腐草出,敢近太阳飞。未足临书卷,时能点客衣。随风隔幔小,带雨傍林微。十月清霜重,飘零何处归!?(《萤火》)

束薪已零落,瓠叶转萧疏。幸结白花了,宁辞青蔓除!?秋虫声不去,暮雀意何如。寒事今牢落,人生亦有初。(《除架》)

历来人对这两首诗也有过谈论,如不少人说《萤火》诗是"刺阉官也",甚至指明就是骂李辅国的,这未免有跟政治强拉硬掣之嫌,且启后代对诗猜谜的不良之端;王渔洋(士祯)说《除架》是诗人穷途末路之作,又未免把诗人的品格贬得太低了。最好不要这么解释。实际上,这是由小即景诗向咏物诗转化的开始,此时诗人屏居僻处,活动较少而心情多静穆,于若干年来长篇巨什大笔挥洒之余,颇思别具一格,将自己爱国爱民的一片忠贞更加凝练,通过更小的篇幅和更精细的技法表达出来。诗人表示,尽管人们把我的蔓叶剪除了那也没有什么,反正我的花已开过,瓠已结过了,人生"靡不有初,鲜克有终",结局如何,又何必斤斤计较;何况尚有秋虫暮雀的陪伴,也并不寂寞呢。这是自慰,也是坚持。他又表示,一个人即便他再怎样卑微,不敢近太阳,也不足以作囊萤之光,但仍是可以发挥他一定的作用的,点衣,隔幔、带雨、随风,又有何不可?!至于最后下场如何,不必计较,随他去就是。这是一种达观而硬朗的人生态度,哪里来的穷途末路之说呢?!由此看来,杜甫在秦州的咏物诗跟他的七歌、"杂诗"、旅途即景诗等,从思想情调上看,是并无差别,而且是共成一贯的。在技法和风格上的各有差别,则正是老杜诗法多样化的具体表现。

综上来看,我个人认为,秦州时期在杜甫创作划阶段中,应该说是处在一个转折的地位上,即由京洛时期向草堂时期的过渡。并且还要说,这个转折的意义非常重大,因为虽然在这个转折时期诗人作品中社会资料的分量相对是减少了些,但诗人的政治热情仍是同样的充沛,在艰苦考验下品格更加骨硬,他的技法更精炼更凝练了,技法更多样化了,在诗的格式和风格方面也有了新的开辟和增殖。单纯从技法上说,假如京洛期是“正”,那么秦州期是“反”(不是截然的对立,而是“变格”之意),草堂和夔州期便是“合”了。这正是杜甫创作道路辩证发展的一条大线索。

附:《二妙轩文集》序

20年前,一个偶然的机会,到甘谷县旅游、访问,并做了几场学术讲演。在那里,看到了大象山,看了蔡家寺,还看到当年王辅臣和张勇激烈对战的地方。当然,也结识了一些地方人士,其中就包括陈冠英同志及其夫人,记得还应邀到他们家去吃了一顿便餐,看到他们书房里的琴棋书画,文化气氛相当浓郁。

一转眼20年过去了。冠英同志已经当上了天水市文艺方面和文化方面的负责干部。他干了一件非常了不起的事业,即把"二妙轩"刻石挖掘出来,加以整补,纳入"杜甫纪念馆"以为重点内容。什么"二妙"?"二妙"者,一指杜甫秦州诗,二指清初诗人宋琬(荔裳)在当秦州道台时,聘请学人从明肃王府存《淳化阁帖》中将"二王"(王羲之、王献之父子)的字按杜甫秦州诗的文,一个个集到一起,这个工作没点文化水平还是不容易做的,但宋琬办得很妥当。于是晋人的字和唐人的诗就融合到一起,这不叫"二妙",又叫什么。当然,历来人们也用过更沉重的字眼,如称杜甫为诗圣,称王右军为书圣,但这一"圣",人们的头皮就紧张起来,倒不如"妙"字来得更令人轻松愉快。

这几年,冠英同志又征集很多友好、文人、名人从不同的方面来阐发"二妙",有的钻研宋荔裳的生平和诗作,有的考证《淳化阁帖》二王字的由来,等等。这又是一件大工程。工程快完成之际,冠英同志又向我提出要求,叫我在书前头写一篇《序》。对此,我有三种反映。

第一,我感到是一种荣耀。陇右自古文武人才济济,我何人斯,一侨寓之人而找到我。第二,我深感力不从心。以今年论,一年倒住了半年医院,还动了手术。走路要两个孙子两边架住。从前拿起笔来,文思喷涌;而今拿起笔来,一片枯竭。到底人是老了,不是一般的老,我看吴昌硕题画只到84岁,那就是说,八十四五之人,婉言谢绝社会任务,已是人情之常,一点都不出格了。但是第三,我对杜甫的秦州诗和清初宋荔裳的诗,却都有过一番翰墨因缘,虽老不能忘情于怀。根据这一点,我还是应该把这写文章的任务接受下来,拼着老命去试试,即便写出大纰漏,读者也会原谅,“一个望九之人啦嘛”。

先来说和秦州诗的因缘。大约41年前,我被打入了“另册”,工资拿掉60%,一家八口靠40%的数额过活。当时大孩子刚进大学门,二孩子高中应届毕业,三孩子上初中,四、五、六则在高小、初小、幼儿园,一开学都要缴费。有个朋友就说,“另册”是不能发文章的,你用个笔名,我拿去找刊物发表,赚点稿费,也可以补贴家用嘛。于是我就写了《谈杜甫的秦州诗》。那是1962年,距“文化大革命”只有三四年。这本来平安无事了,可是从上边吹来一股风,说这篇文章需要嗅一嗅。一到“文化大革命”,这嗅的成果就满园大字报铺开了,众口一声说这是一株大毒草。当时笔名用的是“鹿其莘”。这是取我原学名一个“甡”字的典故“甡甡其鹿”。“甡”读“莘”,我取的笔名,由此而来。但一位青年教师却在大会上说,“这是一套隐语:‘鹿’同‘戮’,‘莘’同‘心’,就是说共产党已经把他的心戮碎了。”看,这真是上纲上线的绝妙佳例。

其实当年那篇文章,把秦州诗并未说尽。现在老了,理解的更周全。假如杜甫的诗可以分三个时期的话,那么第一期我们叫“京洛期”,主导风格是现实主义的,像《三吏》、《三别》以及《北征》。第二期我们叫“秦州期”,作者的人生观有了变化,诗的风格也有了很大的变化,诗的主导风格渐近于浪漫主义,调子激越苍凉,像《同谷七歌》,李太白写得出来写不出来,我看还未敢必。它在三个时期中起着一种“高屋建瓴”的作用。这点作用,在那篇“毒草”中尚未发挥出来。第三期我们叫“锦城——夔州期”,作者自己说“老来渐觉诗律细”,他用字更斟酌了,用韵更完美了,写一花一草一鸟一木,带有了某些自然主义色彩。但晚年当他回忆起开元、天宝间一些名臣猛将时,秦州风格和《同谷七歌》的调子,有时还有某些复辟。

现在，来说说宋荔裳。

我的老家是山东，从小就听见长辈们说一些有关地方文人王渔洋、赵秋谷、蒲松龄以及宋荔裳等的轶闻佳话，不知不觉在幼小的脑子里打下一点基础，老来就这些线索，进行某些研究。关于宋荔裳，我只听说他和于七起义的关系历来有两种说法，一是说他的侄子为了霸产，对他诬告；另一说法是于七本人就是一大豪绅，他的起义，栖霞、莱阳各地大户给予支持，所以声势很大，震动了满洲贵族的朝廷，派氏族兵“八旗”前来镇压，所以《聊斋志异》中《野狗》、《公孙九娘》都有“杀人如麻”的字句，这说的是镇压的残酷。当时，宋荔裳在外做官，未曾身历。但家族间的牵连不能没有，而《安雅留集》中很少反映。其实当时的文集，在发刻前，碍于害怕文字狱的牵连，无不经过大量的芟薙，把有一点“连碍”的都芟掉了。所以现在要找寻宋荔裳诗文感情的原貌，已经是很困难的了。

反正，宋荔裳跟王渔洋、赵秋谷间，是有很多不同之点的。明清换代时，宋已三十一，渔洋才十一二岁，秋谷更晚，已是纯粹而又纯粹的大清子民了。至于诗文风格，渔洋倡言神韵，施润章说“神韵”是一座“七宝楼台”。袁枚子才说渔洋“文深于情，才余于学”，意思是辞藻很多，但真实感情少；才分不小，可惜学问根底不深。赵秋谷一意不服渔洋，处处与之相羝，自己以善于独立思考，文章多有新意有名于时。宋琬则遭历大狱，诗文散失，今日吾人已远不能窥其全豹。只是沈德潜说他“多悲愤激荡之音”，如何激荡，悲愤什么，我们后世人已很难说清楚了。

以《同谷七歌》的悲愤激荡，加以根据沈德潜所传的宋荔裳的悲愤激荡，合在一起想，不是不知不觉间对“二妙”的含义，又增加新的什么意思了吗？

是为序。

辛巳中秋前二日，写于兰州东郊

15 执法严格的兰州河桥吏

五届人大二次会议通过并公布了七个法律，这确实是我国人民政治民主生活中的一件大事。回想前些年，“四人帮”横行无忌，人民吃够了无法无天的苦头。现在，法令既出，这就要求大家都必须认真作到“有法必依，执法必严，违法必究”。

我是研究历史的。近日，深宵读书，翻得《明实录》中关于兰州河桥吏严格执法的一段文字，颇有感受，特抄录如下：

> 洪武三十年六月，驸马都尉欧阳伦坐贩私茶事觉，赐死。初，上命秦、蜀岁收巴茶，听西蕃商人以马易之，中国颇获其利。其后商旅多有私自贩鬻，至为夷人所贱，马价遂高。乃下令禁之，有以巴茶私出境者，置以重法。伦尝遣家人往来陕西贩茶，出境货鬻，倚势横暴，所在不胜其扰。虽藩阃大臣，皆畏威奉顺，略不敢违。时四月农方耕耨，伦适在陕西，令布政使司移文所属起车载茶，往河州。伦家人有周保者尤纵暴，所至驱迫有司，索车五十辆。至兰县河桥巡检司，捶辱其吏，吏不能堪，以其事闻。上大怒，以布政使司官不言，并伦赐死。保等皆坐诛。茶货没入于官。以河桥吏能不避权贵，遣使赍敕嘉之。(《太祖实录》卷254)

茶马交易是中原和西境少数民族间的一件大事，是明初的一桩大政，朱元璋赶走了元朝统治者，北部边境的防卫、战备是一步也不能放松的。战备就得有战马，而战马在中原一带繁育不如边境一带为宜。史料中常见中原把马派给民户来养，民户害怕马死包赔，趁夜将马拴在官府的门口，一家逃亡的事情发生。所以明朝战马的来源主要依靠“西蕃”。“西蕃”人过的游牧生活，食肉饮酪，茶是不可缺少的东西。朱元璋在嘉峪关外设置“关西七卫”，用意十分深刻，一是团结西北少数民族，使其在政治上向中央政权靠拢，孤立刚被驱走的元朝统治者，防止其后裔的叛乱活动；二是使马有充分进口的机会，茶有充分出口的机会，加强战备，繁荣经济。洪武三十年二月，朱元璋刚发了一件敕文，说："今朵甘、乌斯藏、河西一带西蕃，自昔以马入中国易茶，所谓懋迁有无者也。迩因私茶出境，马之互市者少，于是彼马日贵，中国之茶日贱，而彼玩侮之心渐生矣。"（《太祖实录》卷250）可见，朱元璋对私茶出境表示了极大的担心和关注，他从国家利益出发，对走私"下令禁之"，并宣布有违反者要"置以重法"，是无可非议的。

但是，朱元璋女儿安庆公主的丈夫欧阳伦，却依仗着驸马的高位，凭借着特权，明目张胆地破坏国家法令。他横行霸道，走私贩茶，图谋私利，破坏民族团结，干扰战备，危害农业生产。对于欧阳伦的违法行动，竟无人敢管，"虽蕃阃大臣，皆畏威奉顺，略不敢违"。兰州河桥吏的地位、权力和欧阳伦是无法比拟的。但这位河桥吏却严格执法，不畏权势，坚决向上反映情况，这种精神确实是难能可贵的。朱元璋也不考虑违法者是自己的女婿，进行了坚决的处理。这一年，朱元璋年已七十，第二年（洪武三十一年）就死了。他临终的前一年执法如此严峻，也是难能可贵的。

14世纪这位兰州河桥吏严格执法的故事，对于我们今天学习七个法律，执行七个法律，我认为是一件有参考价值的资料。这件事又是发生在我省兰州，所以特写之如上。

16 清康熙朝甘肃提督、靖逆将军、靖逆侯张勇事迹考略

张勇是被乾隆誉为“有古名将风”[1]的人。而我之立意要追寻张勇的事迹,说来奇异,却是从顾炎武这位学者的事情牵连引发的。吴映奎、张穆两家《顾亭林年谱》,均在康熙十七年戊午与十八年己未(亭林年66与67时)岁下记载说:

[十七年]冬,张又南廷尉(云翼)承父命聘往兰州。坚辞之。[2]

[十八年]十二月二十七日,张廷尉又南夜半告访。[3]

半夜闯入住室,很不礼貌。从此追寻,原来这个张云翼(字又南)是甘肃提督、靖逆将军、靖逆侯张勇的儿子(长子早亡,此为次子),以父荫,官大理寺卿,故称“廷尉”。继读顾炎武《蒋山傭残稿》,见有致张廷尉书二通,其一通略曰:

……敝人侨居之计,且为后图,而其在此,亦非敢拥子厚之皋比,坐季长之绛帐。倘逖听不察,以为自立坛坫,欲以奔走天下之人,则东林覆辙,目所亲见,有断断不为者耳。[4]

其另一通略曰:

……别有启者,鄙人以颁白之年,采山而隐,卜于西岳,宗祀考亭,前书已陈,无烦赘说。惟恐物情难一,多口易生,疑为色取行违之人,谓是讲学聚徒之辈,则朱子当年尚且蒙讥于伪学,而腐儒今日岂能偏信于同人?! 倘晤抚军,乞陈硁鄙之素。幸甚,幸甚。”[5]

---

〔1〕《清史稿》卷255《张勇传》,中华书局标点本,第9772页。

〔2〕吴映奎:《顾亭林年谱》页44;张穆:《顾亭林年谱》,第85页。

〔3〕吴映奎:《顾亭林年谱》页47;张穆:《顾亭林年谱》,第88页。

〔4〕《顾亭林诗文集》,中华书局1983年版,第86页。

〔5〕《顾亭林诗文集》,中华书局1983年版,第208~209页。

顾炎武在信札中，清楚说明他个人晚年寓居华阴，绝无马融、张载讲学之意，更不聚徒结社，希望军区司令不要听信流言，予以谅解。在这之前，顾与张氏父子已有来往，按《顾亭林年谱》康熙十四年有车守谦按语说，“先生著《左传杜解补正》三卷，（张）又南捐赀刻之”，[1]张穆复加按语说“（顾）衍生尝写《历代宅京记》一部，赠靖逆侯”。[2] 可见张勇之子曾捐款为亭林刻书，亭林曾命其过继儿子衍生誊其著作一部，赠给张勇。

至于顾炎武的关中密友李因笃（天生）和王宏撰（山史），与张家的关系则更亲密。这也许作为一个地方名人、学者、绅士，对赫赫文武大僚，不能不做出来的一些姿态吧。王宏撰比较拘谨，张勇原配妻子即张云翼生母死后十余年要安葬了，山史无可推辞，为撰《靖逆侯张公元配李氏墓志铭》，略曰：

> 夫人汉中府洋县人，前监察御史李公时孳女也。……今诸子彬彬，皆知向学笃行，实夫人之教居多。[3]

当时张勇要求入觐，康熙俞允，以其腿有残疾，准肩舆入乾清宫，时人以为“殊荣”；返陕时乡人为之祝贺，山史又不能推辞，为撰《贺靖逆侯非熊张公入觐序》，文辞简约，仅以唐郭子仪作比拟，其中有云：

> 余未识公面。与公之子廷尉、司农二君，为道谊文章之交。[4]

“廷尉”指张云翼；“司农”指张勇第三子云翮，时官户部郎中，故称。李因笃与王山史就不同了，他既是经学家、古声韵学家和诗人，又是能量很大的活动家，他和张云翼过从极密，观其《受祺堂诗集》中，张云翼授了大理寺卿，他赋古风五十韵；张云翼要到宁夏提督赵良栋处跟赵的女儿结婚，他也写了七律四首；张勇本人进京陛见康熙，他也写了七律十首。兹举其贺张云翼到赵良栋处联姻的七律一首，以见一斑：

> 宁朔将军武库才，馆甥新第夹云开。
> 牵丝幕府喧钟鼓，列炬河州照草莱。

---

〔1〕张穆：《顾亭林年谱》，第77页。

〔2〕张穆：《顾亭林年谱》，第77页。

〔3〕王宏撰（山史）：《砥斋集》卷9，第35～37页。

〔4〕王宏撰（山史）：《砥斋集》卷1下，第36～37页。

玉臼何烦仙媪待，银槎直摘女星迥。

清卿弱冠兼能赋，揽镜看花莫遽摧。

（自注：廷尉外舅为宁夏提督赵将军擎之）[1]

拿这样一些诗，与跟亭林等遗老往还的诗杂厕在一起，实在使读者心里很不是个味。不过，当时局面异常复杂，人们的面目往往是多面的，遗民志士有时要走一些曲折的道路。就连张勇这样一个军官，也有另外的一面。观吴三桂及其部属三番四次赍符札前来勾引，其中定有缘故，吴三桂绝不是傻瓜。张勇跟当时的遗民间也有关系，举两个例。李因笃为张勇写的《传》，在尾部加写道：

公不耻下交，从游多岩穴隐者。部士某主公质肆，私费公帑千余金，初怒斥之，已而闻其与贤人处，遂弃责。吴郡顾征君炎武在廷尉座谈美其事。公当代骏伟，名著信史；退而观之，又何其大雅君子也。[2]

这就是“两面”的问题了。再如刘继庄（献廷）《广阳杂记》中记当时遗民活动家梁纷（江西南丰人）在大西北进行调查研究，就是通过了张勇的关系。记载说：

梁质人留心边事已久。辽人王定山讳燕赞为河西靖逆侯张勇中军，与质老相与甚深，质人因之，偏历河西地。河西番夷杂沓，靖逆以足病，诸事皆中军主之。故得悉其山川险要、部落游牧，及其强弱、多寡、离合之情，皆洞如观火矣。著为一书凡数十卷，曰《西陲今略》。[3]

据说现《关中丛书》中之《秦边纪略》一书，即此稿之钞本。统上两例观之，张勇也不是一个“一边倒”的人。他之所以终于坚决“一边倒”，这跟当时吴三桂和西北另一军官王辅臣（绰号“马鹞子”）的考虑问题和工作方式有很大关系。有时，不妥当的工作方式会害很大的事。刘继庄《广阳杂记》卷4中有专记王辅臣事一段，全长3600余字，内容

〔1〕李因笃（天生）：《受祺堂诗集》卷31，第14页。

〔2〕李因笃（天生）：《续刻受祺堂文集》卷1，第19页。

〔3〕刘献廷（继庄）：《广阳杂记》卷2，第15～16页。

生动活泼,未觌者不可不读。此处,仅录其与张勇龃龉一段:

> 癸丑,平西王反。念陕西为天下之脊,而王辅臣、张勇实握兵权,又皆旧部曲,辅臣尤为亲密。……[吴三桂]以书二通、札二道付[汪]士荣,令其从间道走平凉以致辅臣,而令辅臣以书一札一转致张勇,不别遣使。辅臣得书,立使人拘执士荣,令其义子王吉贞赍逆书二通、伪札二道,解逆使汪士荣星夜入朝。上见之大喜,置士荣于极刑,留吉贞于朝,晋职为卿。而嘉辅臣之忠也。张勇闻之,怒曰:"吾二人事同一体,汝即欲作忠臣,亦宜先使知,会同遣使入,乃背我独献忠于朝廷,令朝廷疑我,是卖我也。我看汝作忠臣者作至几时。"自此张、王遂成参商矣。[1]

王辅臣领先献忠于朝,但不能坚决坚持下去,后来在陕西宁羌兵变中又倒到吴三桂那边去了,这样,他就在历史上留下了一个变化无常的人物形象。张勇虽然在一开始未见得不可能站到吴三桂一边;但由于种种情况,特别是王辅臣的刺激,他坚决坚持以康熙为代表的清帝国大统一的立场,在稳定西北局面方面,起了极大、极重要的作用。在历史上留下了一个比较完整的形象。

李因笃的《续刻受祺堂文集》中有一篇《少傅兼太子太师靖逆侯将军谥襄壮张公传》,全长2700余字。由于《续刻受祺堂文集》数十年来觅取极为不易,故得见此书者甚少;复由于李文对张氏事迹记述较详,可资与《清史稿》张勇本传(全长2100余字)进行对照,故仅节录之于下:

> 张公勇者,字飞熊,陕西汉中府洋县人。遭乱从军。初谒英王(按:阿济格),王大奇之,与语(关中)山川物俗甚悉。……见重督府孟公乔芳,破巨盗贺珍,转战南北山间,股被数创。……顺治五年回纥(按指米喇印、丁国栋事)叛,从孟西征,复临洮府及兰州,凉、甘、肃诸卫。河西平,公功独最,授甘肃总兵。既建牙,为生聚教养之政,缮亭障,明斥堠,通商贾,广百工……,凡六载。
>
> [顺治]十二年,疏请南征。十三年冬,取滇、黔。十五年春,

[1]刘献廷(继庄):《广阳杂记》卷4,第17~27页。

以前部破十万溪，贼惧，焚铁桥逸去，公敛马勒更作之，飞渡全师，遂拔鸡公背。康熙元年，进云南通省提督。

［康熙］二年秋，玉门弗靖，诏公以现衔移甘，甘［州］有提督自此始。有毡裘数百帐未即去，歼之定羌庙。羌戎竦慑，不复入牧，然犹恋大草滩水草之饶，古所称祁连山，彼中颇以蕃息；既失，每过必哭。……公因设永固协营，筑八塞，守望益严，西疆安堵。历八载，耕获不扰，商旅流通。

［康熙］十二年冬，吴三桂以云南反，粱楚骚动，蔓延关、凉，间谍潜来，诱我边将，十三年正月，公首发其逆书。四月，逆党吴之茂遣间赍书至，公即缚致阙下。十四年二月河东乱，公出师，败贼兰州城下。三月，吴逆更遣间赍大将军伪符札至，公斩使以闻，诏加靖逆将军；五月，诏晋靖逆侯。

时河、洮诸帐，乘乱侵轶。公分兵围兰州，躬赴临洮，遏阶、岷之寇不得前；拟专攻巩昌。闰月，遣兵赴巩昌，贼逆战熟羊城，大破之。六月，诏下兵部，听一切便宜从事。……国家肇位以来，四征弗庭，亲藩及使相被是命者不少概见，公以外将领之，盖异数也。是月，巩昌就抚，秦州亦降。

八月，晤图大将军［海］秦州，分兵从攻平凉。十二月，惠安兵变，戕陈提督，公亟请移天津镇赵公良栋于宁［夏］。［康熙］十五年正月，公率师赴中卫。略定，公力疾趋巩昌。三月，公军伏羌（按，今甘谷），御巨贼王屏藩于乐门（按，即今洛门镇），相持数月。六月，三败贼，夺其营。是月，平凉降，余贼俱遁。公以孤军抗大敌，收复全秦，而久劳疆场，创痛浸深。七月引疾求罢。上慰留。十六年二月，进少傅兼太子太傅。

［康熙］二十二年夏，首请入朝。许之。……二十三年疾亟，薨。公以身系安危者三十年；自滇移甘，凡十二疏辞疾，俱奉诏勉留，迄薨于官。[1]

按，以此《李传》与《清史稿》卷255“本传”对读，感到内容基本一

〔1〕李因笃（天生）：《续刻受祺堂文集》卷1，第14～19页。

致，仅有细节之歧异，如《稿传》谓西安府咸宁人，系指著籍；《李传》谓汉中府洋县人，系指原籍；如其字"飞熊"一作"非熊"，其他书所载亦各互异；如张云翼官《李传》谓为大理寺卿，《稿传》谓为太仆寺卿，恐以《李传》为是；而大端情节，则两传略同。

总览张勇一生，(1)镇压了明末农民起义的贺珍部起义；(2)镇压了以米喇印、丁国栋为首的回民起义；(3)隶吴三桂属下，攻打南明政权的军队，平定云南西南部；(4)"三藩"起事后，虽吴三桂多番勾引，均予峻拒，且领兵与响应"三藩"的王辅臣部、王屏藩部、吴之茂部在兰州、巩昌、中卫、伏羌一带坚持对垒，终获胜利。

现在，请允许我对清康熙十二年至二十年间发生的"三藩"起事，直言无隐地陈述我个人的全部看法。第一，吴三桂是一个反复无常的军人，一个昏庸腐朽的割据者，他在历史上的作用几乎全是反面的，没有任何值得肯定之处。第二，国家统一是社会繁荣、人民生活幸福的重要条件之一，因此，坚持统一与搞分裂，这中间是条界线。康熙坚持统一，"三藩"大搞分裂，所以从历史宏观的角度看，统一者代表了历史前进的脚步，而搞分裂者则是促退的。第三，仅仅上述两点，尚未能说尽整个当时历史的底蕴。满洲贵族的统治，是从镇压农民起义的血泊中得来，加以统治初期剃发、圈地、大杀戮等政策，是颇不得民心的。当时社会意识中的爱国主义也远较后来多民族国家观念下的爱国主义有别，流行的是狭隘的汉族主义和复明思想。于是在清朝统治和"复明"中间，就展开了若干次回合的较量，而"三藩"是这中间最后的一次，也是规模最大的一次。很多明末农民起义中的老干将（如马宝和王辅臣）和老战士，很多南明小政权底下的忠贞臣民，以及所有的明遗民，对"三藩"却抱有幻想。思想家如黄宗羲、王夫之、顾炎武等，则在一旁密切而冷静地观察着每一个动向，暂不表态。当时王宏撰（山史）有一首诗：

二月连阴淹冻雨，东风寂历野人家。
屋前雀噪声何急，城上乌飞影复斜。
不改青山留暮霭，虚拟果日向春华。

沉吟厥异追郎赠，扶病从谁泛海查。[1]

当时双方有三个交绥点，一在洞庭湖西北角的华容，一在江西萍乡一带，第三个就是大西北的平凉。王辅臣响应了“三藩”，大西北受到极大震动，犹如“雀噪声何急”；张勇的两个部下赵良栋和王进宝像两把尖刀样插进四川，直指昆明，又犹如“乌飞影复斜”。在这个转折点上，张勇这个军官，由于许多客观因素和主观因素、许多必然因素和偶然因素的结合，成了时代中重要的一粒砝码。他举足轻重。他如支持了吴三桂，那么西北形势大变，并可转而影响华容和萍乡两线的胜负。他终于支持了康熙，这样不仅西北局势稳定，川、湘战局也随之急转直下。至于张勇个人获致了那么多的“殊荣”，对比起整个历史进程来，则是微不足道的事了。从此，颠覆满洲贵族统治的幻想，终于全部破灭。历史在等待着二百三十年后的辛亥革命的爆发。

（原刊于《西北史地》1984 年第 2 期）

---

〔1〕王弘撰（山史）：《待庵日札》卷 1，第 10 页。

清代西北之学

17 论晚清西北之学的兴起

17.1 引言

王国维在一篇为沈曾植祝七十寿的序文中说：

我朝三百年间，学术三变。国初，一变也；乾[隆]嘉[庆]，一变也；道[光]咸[丰]以降，一变也。

顺[治]康[熙]之世，天造草昧，学者多胜国遗老，离丧乱之后，志在经世，故多为致用之学。求之经史，得其本源，一扫明代苟且破碎之习而实学以兴。雍[正]乾[隆]以后，纪纲既张天下大定，士大夫得肆意稽古，不复视为经世之具，而经、史、小学专门之业兴焉。道[光]咸[丰]以降，涂辙稍变，言经者及今文，考史者兼辽、金、元，治地理者逮四裔，为前人所不为。虽承乾嘉专门之学，然亦逆睹世变，有国初诸老经世之志。

故国初之学大，乾嘉之学精，道咸以降之学新。[1]

这段话，对清代学术三阶段的衍变史，讲得已经非常透彻了。王国维在后文中，又按三阶段列举了代表人物，清初他举顾炎武，乾隆他举戴震和钱大昕，道咸及其以后他举龚自珍、魏源。其实清初不只顾炎武，黄宗羲、王夫之、颜元等，亦皆荦荦大宗。雍、乾以来，学者并非由于"天下大定"才"肆意稽古"，而是经受文字狱残酷镇压之后，不敢把学问路子走得跨度太大，才改为小脚走路，一枝一节，精而欠通。鸦片战争(1840)前后，国势日衰，外侮沓至，人们才感到富国强兵的必要，才感到治"四裔"之学的必要，于是新的经世济用的学风，逐渐形成。魏

[1]王国维：《观堂集林》卷23《沈乙庵先生七十寿序》。

源在其《圣武记》的序文中说：

……财用不足国非贫，人材不竞之谓贫；令不行于海外，国非羸，令不行于境内之谓羸。故先王不患财用，而惟亟人材；不忧不逞志于四夷，而忧不逞志于四境。官无不材，则国桢富；境无废令，则国柄强。桢富柄强，则以之诘奸，奸不处；以之治财，财不蠹；以之蒐器，器不窳；以之练士，士无虚伍。如是何患于四夷？！何忧乎御侮？！[1]

在这里提到了“四夷”和“四境”，就带有了方向性。清代版图扩大，扩大之后，若干民族有待于研究，若干地理有待于实际调查，假如抛开这些实际问题于不顾，依旧埋头故纸堆中，考据一生，国家将何以堪？！所以新的经世济用之学（当时简称“经济”之学，与现在的经济学economics截然是两码事），应运而生。张之洞在其《书目答问》书末，附《著述诸家姓名略》一项，于汉学、宋学、小学、中西算学、训诂、校勘、金石、古文、词学之外，另设“经济”一门。他注释说“经济之道，不必尽由学问。然士人致力，舍书无由，兹举其博通切实者。士人博极群书，而无用于世，读书何为？！”[2]这和魏源的话是一个调子，也带有方向性，强调了御侮图强的现实要求。

后来的西北之学，包括西北历史地理之学和西北少数民族之学，就是在“鸦片战争”的形势下，沿着清朝第三阶段“道、咸之学”的端绪，通过若干学人的锲而不舍的努力，才形成并且发展起来的。

17.2 西北之学的学者群体

现在，为了更具体地说明西北史地之学、西北民族之学的兴起，先让我安排一个人名表在下面：

祁韵士（鹤皋）　山西寿阳　1751—1815　65岁

〔1〕魏源：《圣武记序》。

〔2〕张之洞：《书目答问》末附《著述诸家姓名略》。

俞正燮(理初)	安徽黟县	1775—1840	66岁
张　澍(介侯)	甘肃武威	1776—1847	72岁
徐　松(星伯)	直隶大兴	1781—1848	68岁
王　筠(菉友)	山东安丘	1784—1854	71岁
程恩泽(春海)	安徽歙县	1785—1837	53岁
龚自珍(定庵)	浙江仁和	1792—1841	50岁
祁寯藻(春圃)	山西寿阳	1793—1866	74岁
魏　源(默深)	湖南邵阳	1794—1856	63岁
许　瀚(印林)	山东日照	1795—1864	70岁
沈　垚(子敦)	浙江乌程	1798—1840	43岁
何绍基(子贞)	湖南道县	1799—1873	75岁
戴　熙(醇士)	浙江钱塘	1801—1860	60岁
张　穆(石州)	山西平定	1805—1849	45岁
何秋涛(愿船)	福建光泽	1824—1862	39岁

在这里,需要稍稍说明几句。表中所列仅15人,尚有不少二三流学人姓名未列入。并且,表中所列,不限于一个学派,一个专业。从职业看,这中间有高级官吏、中下级官吏、幕友、穷儒、书画家;从专业看,有西北学专家,但也有文字、训诂、校勘、辑佚学者;从学风看,主要是道咸学风的人,但上代乾嘉影响很深的人也有。其中张澍的生卒年月,一般定为1781—1847年,[1]今表将生年提前五年,其原因是据武威乡土人士言,张澍牌位上所书提早五年。按王渔洋(士祯)曾说,到宋朝,人们的年龄记录即有"真年"与"官年"之歧异;到清朝,更有"减年应举"之说。[2] 如张澍,即可能是减五岁应举,才有19岁中进士之说,而其

[1]据冯国瑞:《张介侯先生年谱》,《慰景庐丛书》。

[2]王士祯:《池北偶谈》卷2。

实际中进士年龄可能已 24 岁。

17.3 俞正燮与张澍

现在，让我们先从俞正燮和张澍两位谈起吧。俞是皖南人，张是甘肃河西人，但在道光十一年(1831)俞 57 岁、张实际年龄 56 岁时，却在淮南的一次宴会上相遇了，当时张澍写了两首五律：

一棹鲤鱼风，清江卸短蓬。知君经五库，问我姓双蒙。
茶话香留舌，荷喧句在筒。果谁是高密，废疾起何公。
经神盛国初，后起亦爬梳。星宿须穹脉，罶罟或失鱼。
腐儒仰梁屋，名士醉骚书。之子今雄伯，闲时问距虚。[1]

我们试从这两首诗里看他们二人的学术风格，以及当时整个的学风。大抵这时乾、嘉刚刚过去，传统的因袭力量还是很大，大家还都是从“经学”出发，一开口就是郑玄(高密人)和何休。这也好，张之洞不是说过么，“由经学入史学者，其史学可信”，“以经学史学兼经济者，其经济成就远大”。[2] 这话确有道理。俞、张二人瞧不起那些腐儒和醉醺醺的名士，他们决心要做到“星宿须穹脉，罶罟或失鱼”。前一句是黄梨洲、章实斋浙东史派的话，讲求一个“通”字；后一句就是标准“乾嘉”牌的了，告诉人们在掌握了 100 条资料的时候，千万莫忘记还有第 101 条资料。总之，从他二人身上可以看出，经学的影响还很重，乾嘉考据的影响还很重，这些都是前一阶段的遗存。

俞正燮是一位很有分量的综合学者，张澍的诗句说“知君经五库”、“之子今雄伯”，张穆的诗句说“精博兰陵荀”，[3] 将他比拟荀子。但是试看，连这位经学家的眼光也已经扫到蒙古、回疆以及俄罗斯的问题上来了。在《癸巳类稿》卷 8 中，有一篇《驻札大臣原始》，长达 17000 字，综合叙述了自清朝开国以来，历康、雍、乾三世，与北方、西方诸少数民族打交道的过程，和管理这些少数民族事务的机构之逐渐设置。他

---

〔1〕张澍：《养素堂诗集》卷 21《赠俞理初》。

〔2〕张之洞《书目答问》末附《著述诸家姓名略》。

〔3〕张穆：《㐆斋诗文集》卷 3《述怀感旧为老友王冠山先生寿》。

又写了《俄罗斯事辑》，就等于一篇很早的"俄国简史"；后来张穆继之，写了《俄罗斯事补辑》；又后来，何秋涛写了《北徼汇编》，也就是再后来扩展成书的《朔方备乘》了。可见，这些道、咸学者的研究成就是连成一条线的。

张澍的看家本领是"辑佚"，这也是乾嘉学的一个分支。靠辑佚，他辑成了像著名的《二酉堂丛书》之类。当然，辑佚之外，他也搞方志之学，颇有成就。他的眼光，虽然没有扫到清朝康雍乾以来的西北边疆，但却扫到历史上少数民族的身上来了，我指的是鲜卑、女真、西夏、元朝以来的蒙古。这些少数民族冲击了骨干民族——汉族，但也与之发生了文化生活的融合和交流。在这融合、交流之中，"姓氏"是一个测量的浮标。胡姓转成汉姓，汉姓转成胡姓，胡人冠以汉姓，汉人冠以胡姓，再加上犯罪、避罪、依托、攀援、篡改、假继承等等社会日常生活现象的干扰，"姓氏"问题早就一塌糊涂了。张澍不视此为畏途，却尽力爬梳，写成了巨著《姓氏寻源》（后来扩展为《姓氏五书》）。通过这一"姓氏"的浮标，我们可以获致到若干民族冲突与民族融合的消息。

俞、张二人，是过渡人物。所谓"过渡"，是指由乾嘉考据之学，向道光、咸丰以降的边疆之学、少数民族之学和西北之学的过渡。

17.4　徐松

现在，我们要谈到西北学的中坚人物——徐松了。与徐松同时，还有"龚、魏"。"龚、魏"在新风气、新思想的导引方面，其作用压过了徐松。但在对西北之学、少数民族之学的实地调查与研究的具体成就来说，徐松还是一位学术带头人。

徐松，号星伯，原籍浙江上虞，寄籍大兴，实际是个北京人了。此人早年一帆风顺，由举人而进士，而翰林院编修，派入"全唐文馆"，充文颖馆总纂，在嘉庆初年，可谓少年得志的了。他的能量也大，借此馆阁机会，叫钞胥自《永乐大典》中钞出了500卷的《宋会要》稿。可是不久就犯了罪，受到遣戍伊犁的惩处。什么罪？不知道。遣戍期是六年，往返近九年，这正是嘉庆十七至二十五年（1812—1820）、徐松本人32至

40 岁大好年华的时候。但坏事会变成好事。伊犁将军松筠很信任他、重用他,在松筠出平叛乱的时候,还委任他代为拆行。松筠要求他重写《新疆总统事略》第三稿,他提出要实地调查,松筠以伊犁将军的身份支持他。四川龙万育记述说:

先生于[新疆]南北两路,壮游殆遍。每所之适,携开方小册,置指南针,记其山川曲折,下马录之。至邮舍,则进仆夫、驿卒、台弁、通事,一一与之讲求。积之既久,绘为全图。乃遍稽旧史方略及案牍之关地理者,笔之为记。[1]

在这样的基础上,他写出了实际地理考察著作《西域水道记》,历史地理著作《汉书西域传补注》,还帮助松筠写成了第三稿的《新疆总统事略》,此书经道光帝赐名《新疆识略》刊行。他在九年的遣戍之后,在 40 岁上又回到了北京。

江阴缪荃孙记述说,回到北京以后,徐松"所居在顺治门(按,即宣武门)大街,厅事前古槐一株,夭矫空际。颜之曰'荫绿轩'。读书处曰'治朴学斋'。朝野名流,相见恨晚。"[2]从嘉庆二十五年到道光二十二年(1820—1842),即他 40 岁至 62 岁的时候,他这里无形中成了边疆之学、西北史地之学、少数民族之学的研究中心。缪荃孙的《事辑》说,陈潮、沈垚当时是他的助手,"每出城诣先生,为召平定张石洲(穆)烹羊炊饼,置酒大嚼,剧谈西北边外地理,以为笑乐。"[3]何绍基之父何凌汉与徐松是进士同年,所以徐松对何绍基说已经是前辈了,何绍基有一首诗记述这群学者在北京开展学术讨论的情况说,"酒光烛影方熊熊,论议飙发开我蒙,忽然四座寂无语,天倪道味相冲融。纸窗夜半明华月,开门飞满一天雪。"[4]某次徐松在陶然亭宴请同好,沈垚记述说,"酒酣以往,书扇作画,哦诗联句,读曲蹋歌,极其兴之所至"。[5] 这虽是偶尔摄取的一个两个镜头,但从其中已可看到这些学者们的亲密友

---

〔1〕徐松:《西域水道记》卷首龙万育序。

〔2〕缪荃孙:《徐星伯先生事辑》,见《艺风堂文集》卷 1。

〔3〕缪荃孙:《徐星伯先生事辑》,见《艺风堂文集》卷 1。

〔4〕何绍基:《东洲草堂诗钞》卷 5。

〔5〕沈垚:《落帆楼文集》。

谊。

在这期间，徐松和道咸以降的新思想代表人物——龚自珍有了来往。这件事，也是学术史上应该记录一笔的。龚自珍字瑟人，号定庵，是一个才华极高、但又放荡不羁的人。他是段玉裁的外孙子。由于不善于写馆阁体的字，中举后十一年未成进士。他终日与妓女、僧人缠在一起，终究在50岁上被鸩暴卒。在道光二年(1821)前后，他在北京混个内阁中书，徐松遣戍回来也不可能即放大官，也只混个内阁中书，二人就成为西北学的朋友了。吴昌绶《定庵年谱》说，“桐乡程春庐(同文)修《会典》，其‘理藩院’一门，及青海、西藏各图皆罢斜方而得之，嘱先生校理，是为天地东西南北之学之始。而于西北两塞外部落世系、风俗、山川、形势源流合分，尤役心力。洞明边事，雅称绝诣。自撰《蒙古图志》，订定义例，为图二十有八，表十有八，志十有二，凡三十篇。”[1]可惜此稿终未成书。十八年后(这时鸦片战争已在一触即发的时候)，龚自珍乞养出京，临别赠徐松诗一首云：

夹袋搜罗海内空，人材毕竟恃宗工。
笥河寂寂覃谿死，此席今时定属公。[2]

按“笥河”指朱筠，“覃谿”指翁方纲，二人均是大兴籍的学界大老，二人去后，龚以此位许之徐松，可见是极为推崇的。

17.5 张穆与寿阳祁氏

现在，该说到当时山西一个小小的姻戚学术集团了。它由寿阳祁氏与平定张氏连续组成，以张穆为其中的骨干。张穆，是继徐松之后，西北之学的又一个奠基人。

寿阳祁氏是大族。祁寯藻官至大学士，且是同治帝的师傅。他的父亲祁韵士在嘉庆初年当宝泉局的一名主事，亏空铜料，这本是上一任官的责任，但却无辜落到接任几天的后任官头上，遣戍伊犁。他比徐松

[1]吴昌绶：《定庵先生年谱》“道光元年”条下。
[2]龚自珍：《定庵杂诗》。

早六七年替伊犁将军松筠编写《新疆总统事略》第二稿，顺便也写了自己的著作《西陲要略》和《西域释地》。在遣戍之前，他还写过《蒙古王公传》，据《清史稿》记述说，他写这书是带有创发性的，把大内库贮“红本”一本一本翻过，这些红本是外边人无论如何也参考不到的资料。他的女儿嫁到平定张家的老三，而老四就是张穆。

张穆，字石州，又作硕洲，是一位仅仅活了四十四五岁的短命学者。他的祖父曾在安徽做过16年的州、府官吏，也有著作；他的父亲到福建当主考，半路因急病死在浙江建德的船上了。当时张穆才14岁，随继母寄居绍兴者数年，得受教于会稽莫宝斋（晋）先生。张穆的祖和父都是进士，独张穆因性情谑浪，曾以溺壶装酒带入考场，被发觉后又出言不逊，以“咆哮公堂”罪终身不得应试，故无科名。但他治学术水平极高，在北京经常到徐松和何绍基家里去，他们合力建成顾亭林的祠堂，张穆写了《顾亭林（炎武）先生年谱》和《阎潜邱（若璩）先生年谱》。何绍基的诗道，“借书一日几回来，农父东西共好怀。尚友顾、阎如奉手，纵横万里小𣪊斋。”[1]“𣪊”即“殷”字，𣪊斋是张穆的斋号，他的诗文题名《𣪊斋诗文集》。何诗中“纵横万里”语是对张穆学术上的开廓特点做了最好的描写。

张穆的代表性著作是《蒙古游牧记》。他写这书也有缘起。祁韵士比张穆大54岁，祁死时张才10岁，故不可能有直接的学术接触，后来祁韵士的儿子祁寯藻委托其姻弟张穆代为整理其父遗著，张穆在整理过程中得到启发，他感到祁韵士所做的，只是蒙古族的编年史，缺乏地理方位的记载与编年交叉起来，这是学术上的一个缺门，有必要补足起来。当时人们对蒙古的情况，基本上是模糊的。只粗略地知道，有“旗”，有“部”，有“盟”。具体说，某盟距离另一盟若干里，就说不上了。官书《大清会典》和《大清一统志》中是有所记载的，但这些煌煌官书，贮在大内，一般社会人士是见不到的。张穆虽无科名，但当时已是知名的名士，他有条件查阅大内资料并采访重要的政治人物。他的做法是，按部落先叙述其功勋和封爵，然后叙述领地内的山川城堡，以及

---

〔1〕何绍基：《东洲草堂诗钞》卷13。

"旗""盟"间的会盟情况，和向中央政府入贡的道路、品物、数额等等。主要是把这些领地的"四至"、"八到"表述清楚。当时一种最通常的贡纳制是"十二九"和"九九"，即 12×9=108，9×9=81，羊只和乳酒即按此数贡纳。他在著作中也屡屡引用他的好友沈垚的若干考证成果，如元的鱼儿泺和辽的鱼儿泺不在一个地理方位等。祁寯藻在序言中高度评价了这部书，说它是"考据"与"经世济用"之最好的结合。

在《蒙古游牧记》之外，他还写了《延昌地形志》，可惜死时距离完稿还很远，虽经其好友何秋涛整理补缀，仍达不到成书的水平，故仅以钞本存北大历史系。这书是对魏收《魏书·地形志》的大力纠正。魏收为了取媚于高氏，把北魏朝的中心和重点不写在平城（大同），也不写在洛阳，而写在邺（临漳），这样拓跋珪、元宏时代的盛况就无所反映。张穆反其道而行，重点地考证了洛阳，对大同一带的恒州、朔州等郡县设置，也下了很大的功力。何秋涛在补缀过程中加按语说，恒、朔诸州"皆石翁凿空而成，精力尽见于此"。[1]

以上所说，是关于山西平定、寿阳地方以姻戚关系组成的一个西北史地之学与少数民族之学小团体的科学研究成果的大体情况。

17.6 何秋涛

张穆不得年寿，还有一个比他更早夭的学者何秋涛，得年仅 39 岁。何秋涛字愿船，虽是福建原籍，但因其祖父曾在直隶博野做过官，故在保定有点基础，何秋涛本人逝世前也在保定莲池书院教读，所以有点像个保定人。

他平生著作不多，除著名的《朔方备乘》外，仅有《一灯精舍甲部稿》一本，据说他"自为儿时，能举天下府、厅、州、县名，数其四境所至"，[2]可见对历史地理之学，似有宿慧。他一直对北部邻国俄罗斯以及中俄边境诸事，饶有兴趣。写成《北徼汇编》一书 6 卷；以此书为底

〔1〕见《延昌地形志》钞本。

〔2〕黄彭年：《何君墓表》，见《一灯精舍甲部稿》卷首。

本,又扩展为85卷的《朔方备乘》,得到咸丰帝的欣赏。可是稿本遭历火灾,焚毁两次。秋涛卒后,其子何芳稊自福建以残稿进京谒李鸿章,鸿章嘱《畿辅通志》的写作班子帮他整理,在整理过程中到底保存了多少该书的原貌,已无可考。

看起来,书的核心,当在书的第三部分“二十四考”。对中、俄边界上的山脉、水道、城垣、邑居、方物、界碑、卡伦、窝集、部族、教门等,均有所阐述。不过,何氏并无机会到中、俄边界进行实地考察,仅能保持书本上的精严。上文说过,道、咸学们的学术成就是连成一条线的,例如“二十四考”中就曾就张穆《㐆斋签记》一稿,做了不少的汲取和订补。

综上所述,我们可以清楚看到,鸦片战争前后,一大批爱国学者看到国势的转衰,看到外国入侵力量的胁迫,感到对祖国境内一些边徼地区、一些不发达地区及在科研上是一些空白点的地区,一些少数民族,有一种进行过细研究的迫切需要。他们看到了,并且马上动手来弥补这些空白点和缺门。他们一步一个脚印地开辟了这条路。那么,我们后人看到这种情况,就有责任同样一步一个脚印地把西北史地之学、西北民族之学的火炬点燃的更旺,并且一代一代地传递下去,获致更丰厚、更过硬的成果出来。

(原刊于《西北民族研究》1986年第1期)

18　邢澍的生平及著述
——兼论金石证史的作用和局限

18.1　生平与学术特点

在清朝乾隆、嘉庆年间，甘肃出了两位为全国学术界承认的有成就的学者，其一为武威张澍，其另一为阶州（武都）邢澍。邢较张出生为早，二人中进士年份前后相距九年；而张的学术声誉则较邢为高，观清末张之洞《书目答问》末附“姓名略”，将有清一代学者分十二类列名；黄宗羲、顾炎武均列名六类之中，张澍列名三类（经学家、史学家、金石学家），邢澍则仅列名一类（金石学家）。换言之，邢澍为学术界公认在以金石证史方面有成就的学者（自然，实际上不限于金石学）。两年前，余尝撰《张澍的生平及其著述》一文，今又愿就邢澍之事有所论述，写为此文，以与前文共为姊妹之篇。

邢澍字雨民，号佺山，阶州人。生于清乾隆二十四年（1759），61 岁后归里，而卒年竟不可知。天水冯国瑞为之辑录《守雅堂稿辑存》，列在《慰景庐丛刊》之二，附有《事迹考》一篇，假定其最早当在道光十年（1830）逝世，故年寿当在 72 岁以上云。邢氏 21 岁中举人，32 岁中进士，与著名学者洪亮吉为同年。中进士后在浙、赣二省做官，自知县至于知府，历浙江永康、长兴诸县与江西饶州、南安两府，在长兴任达十年以上，并四次调充浙江乡试同考官，故与浙省关系较深，中年以后，居家秀水（嘉兴府治），50 岁，曾返原籍扫墓；61 岁又回籍，终老故乡。地方志中说他回籍后“沈静寡营，著书自娱”。平生藏书甚精，卷数一说为万卷，一说为三万卷，多在秀水，及身已渐散失。他平生一面做官，一面做学问，洪亮吉为他的《松林读书图》题诗，中有句云“曾闻哲人训，仕学本同贯”，意思是说做官和做学问是可以不矛盾的，可以大堂审理案件，后堂潜心著述，而不相悖。而邢澍做官较张澍稍稍顺一点。长兴的人一直讲他是一位清官。

邢澍的学术路子，自然是考据，是所谓清代的“汉学”。试观张之洞《书目答问》末“姓名略”的安排是有章法的，在“经学家”类中又分两类，一曰“汉学专门经学家”，一曰“汉宋兼采经学家”。根据我个人的体会，前者是强调感性材料，强调归纳法的；其末流往往于株守汉学残垒，繁琐考证，“只会吃桑叶而不会吐丝”。后者将感性材料与理性思维并重，归纳法之外亦运用演绎法，在学问中讲一个“通”字，“浙东学派”属于这一类，黄宗羲、全祖望、章学诚走的是这条路子。前一派“专门汉学”自然要推顾炎武为开山，但朱彝尊、钱大昕实为将学问越做越细者的代表人物。朱、钱二人均嘉兴人，地属浙西，故在文史学传统上，“浙东学派”与“浙西学派”素来有所区别。邢澍与钱大昕交谊甚好，在秀水买宅又正是朱竹垞的故居。钱大昕一派讲究多藏书、多读书、锻炼自己的考证辨识的本领，在别人看不出问题的地方能看出漏洞来。钱氏在读了邢澍一篇小文《跋晋书束晰传》之后，曾有答书（见《守雅堂稿辑存》文集卷2，第14页），引他人诗句云：

观书眼如月，罅漏靡不照。

这正是他们这一派所提倡的风尚，而邢澍在做学问上正是走的这条路子。

18.2　刑澍的考据学

邢澍平生所积累的小考据文章定不在少，但今存者仅《守雅堂稿》中寥寥的几篇，兹检其有代表性者数篇作为示例，说明邢澍的学术风格特点。

他有一篇《桓水考》，考证落实古桓水的所在。桓水之名，初见《尚书·禹贡》，其原文文段如下：

西倾因桓是来，浮于潜，逾于沔，入于渭，乱于河。

在这段古老文字中，不是处处都成问题的，河是黄河，渭是渭水，沔是汉水上游，潜是嘉陵江，这都不成问题。只桓水历来都说不清楚，考据家"如月"的眼睛就盯在这个"罅漏"上了。首先"桓"是不是一条水的名字，也有分歧。马融说是水，郑玄却说是"陇坂"，可见郑玄也出很大的错谬。班固承认桓水是一条水，却又说流到南海去了，这又不对头。南宋的薛季宣又别立新说，说桓水出自西倾山北流，流到黄河里去了；这样一条水是有的，殊不知却是洮河。到清朝胡渭《禹贡锥指》、顾祖禹《方舆纪要》虽然解释的清楚一些了，但都未指名其为今之白龙江。独邢澍居家阶州，白龙江近在家门，他"求之目验而信，证之经文而合"，做出了桓水是白龙江的精确判断。他在另一篇小文《武阶备志序》中曾说，"舆地之学，非多阅古今书不能也；阅书多矣，非身履其境，参互考验，仍不能也"，这跟顾炎武所说搞历史地理学，不仅要"求之于典籍文字之间"，还要"稽之于道里徒步之下"（见《天下郡国利病书》"山西"部分），是共同的见解。

他又有一篇《跋晋书束皙传》揭露唐初人所修《晋书》喜采小说家言，往往涉于无稽。他举《束皙传》为例。束皙就是参加了整理汲冢竹书的那个人。传文说，有一天司马炎问臣子们三月三日到水边去修禊用的曲水流觞，是怎样一种礼俗？有一臣子挚虞说，有人生三女，三日皆死，故到水边去祓除不祥。司马炎听了很不愉快。束皙为了讨好皇帝，就捏造说，周公建洛邑，因流水以汎酒；秦昭王置酒河曲，见金人奉剑，曰："令君制有西夏。"司马炎这才高兴，并把挚虞贬为阳城令。束皙之言尽是些不可靠的话，但《晋书》却都纳入了。邢澍论证说，祓除不祥是远古的礼俗；而"流觞曲水"（像《兰亭序》中所说）则是晚出的。《周礼·女巫》、《韩诗章句·溱洧》、《论语》"浴乎沂"都是记载了一种远古礼俗及其遗存；而周公和秦昭王的事，则《史》、《汉》甚至《文选》均未提及，仅出于《续齐谐记》这样一种笔记小说。邢澍还要写一本《晋书辨惑》的书（实际未写）。钱大昕读了此文，深为赞赏，并又胪列了《晋书》中记载州郡的错乱。所有这些，对初学历史科学、初学史料整理的后辈，能够启发他们擦亮眼睛，在搜集资料时不可盲目从事，正如傅青主曾说，"不仅不为今人瞒过，亦且不为古人瞒过"。史学工作者，是要锻炼这种本领的。

他还有一篇小文，题名《跋王昌龄诗》。很多诗选，都说王昌龄是江宁人，其根据是《新唐书》。其实这是不确切的，他不过在江宁做过"佐贰"的"尉"官。《旧唐书》和《全唐诗》一前一后都说他是京兆人。在这种时机，怎样来辨别孰是孰非呢？邢澍采取的办法，不是在新、旧两《唐书》间执行"非此即彼"的排中律，而是深入到王昌龄的诗文集中，发现"故国之思，皆在兰田、霸陵间"，而于东南则无所惓惓。以此作为充足理由，判断王昌龄为江宁人的说法，是有错误的。

以上，在于说明邢澍的学术路子是钱大昕"浙西"一派讲究"精"和"细"的一路学风。

18.3 刑澍的金石学

邢澍以精细的考据作为根基，其主要发展的一支，则在金石学方面。

大体说来，"金石学"就是中晚清时候文物考古学的一种名称。此时，这门学问尚处在综合阶段，金文、甲骨、简书等分支尚未形成，而当时主要指碑版，用碑版内容与史书相互参证，清中晚季蔚然形成大风气。我们说，碑是实物，硬碰硬的，故从道理上讲，它比史书可靠。这是唯物主义原则在对待史料问题上的态度，但又不可绝对化。碑虽是实物，但其出现是个别的、零星的、不成系统的，或者说不是自明的；又，碑虽实物，不经人们主观意志的渗入，但著碑文之人会产生误讹和偏见；不正确和主观的因素，仍是不能尽情排除的。故我们说，碑版证史的价值，不可以像晚清人那样无限地拔高。

窃尝取赵万里氏所著《汉晋南北朝隋墓志辑释》一巨书为例，进行过一些探测。发现六百多通墓志之中，倘非谀墓之文，亦多秀才买驴，书卷三纸，未有驴字。其中在大关节目处对历史确可起助证作用者，以敝见所及，不过两通。其一曰北魏《奚智墓志》，其二曰隋《张通妻陶贵墓志》（见赵书"辑释"卷5第42页处与卷8第86~87页处，"图版"编号为207与394）。前者所可助证者，为氏族分解时，血缘纽带之作用逐渐减弱,地域纽带之作用逐渐加强。后者说的是洛阳富商张通之妻陶氏,原在西市鬻饭,饭精而价廉,因以致富;既富之后,张通舍宅为寺,又夤缘至韩擒虎弟韩增素大将军、昌乐公府中当了一名"司士、行参军",足以助证隋唐时商业资本与庶族地主虽有所发展,但其投靠性、局限性仍然很大,不可片面强调其如何发展的一面。其余均属琐节,自然亦不能说它们对历史丝毫不起作用。至于晚清人的"碑跋",则除其中卓越者,确可醒人耳目外,其余则不过按一"成套",先勘碑主籍贯名号,再勘世系爵位,再勘官位及地理设置,终于谈谈书法,扯扯别字,如"安昌"之应为"昌安","光明殿"之应为"明光殿",以及几个"泰州"、几个"秦州"而已,晚清金石学的现场情景,以敝见所及,不过如此。

邢澍生当有清中叶,清代金石学尚在滥觞之时。他与他的朋友孙星衍合出了一部书,叫《寰宇访碑录》,在社会上颇为流行。此书刊于嘉庆七年(1802),凡12卷。孙星衍的序文,说明了成书的经过。开始,邵缙涵在"三通馆"工作,下命令叫把天下石刻、拓片,尽送三通储备参考。拓片送来,邵缙涵自然派胥吏录集成书,并别录副本一份,赠送给孙星衍,孙星衍为官作幕,周游四方,对邵本多所增益,渐至倍闻。后来"归吴下,获交邢明府澍,出以相质。明府博学洽闻。藏书万卷,复据筐箧所有,补其不备,删其复重,乃始成书,刊以问世"。足见此书是集中了邵、孙、邢三人的精力而成,邵在中央,有征调大权;孙在地方,经历甚广,可以尽量目验实物;邢再利用参考书,起一种"责任编辑"的作用。这部书之所以在当时非常风行,由于它是金石碑版之学在当时最精确的一份目录,起一种"索引"("引得")的作用,指示门径,使治学的人得知什么地方有块什么碑;虽未录文,但已正目。

在《寰宇访碑录》刊刻后七年(嘉庆十四年,1809),邢澍又以他自己的名义著成了《金石文字辨异》一书,凡12卷。这是他在纂辑了《寰宇访碑录》之后,由"博"返"约",在碑文文字(主要是字形)方面的一宗研究成果。目前我们见到的只是抄本。读了邢澍这部书,在我个人说,获得了如下的一些启发。

字,孳也,不断孳乳,越孳乳越多。但在这个孳乳过程中,有着互相矛盾的两种倾向。一种倾向是嫌字的含义不够分支化、严格化,故又创新字以补此不足。如英语中狗除 dog 之外,尚须增益小狗 puppy 与母狗 bitch 等。另一种倾向,嫌某些字自篆隶衍为正书过程中笔划太繁,故进行简化(请注意:简化字古已有之,如"餘"作"余"、"無"作"无"、"榦"、"乾"作"干"、"萬"作"万"、"漆"作"柒"、"禮"作"礼"等)。故我国的字,在由篆书经隶书向"正书"(即楷书)的衍变过程中,紊乱现象特别显著,而此一点在中古碑版中能得到最好的印证。

有些紊乱,几乎是令人不能谅解的。如"豐"与"豊"之乱、"蛾"与"蟻"之乱、"士"与"土"之乱、"阳"与"羊"之乱、"敞"与"敝"之乱、"升"与"斗"之乱,"福"与"富"之乱、"逮"与"遂"之乱……酿成这些紊乱的原因怕是多方面的,有的与字声、字形邻近有关,似乎多少可以谅解;而另外一些紊乱仅仅是由于对文字的不严肃、不谨慎而出现的,如草头与竹头间之紊乱("管"与"菅"之乱、"簡"与"蕳"之乱、"籍"与"藉"之乱,等),甚至将"貳"乱为"貮",最为典型。此种现象之所以产生,恐与篆隶向正书之衍变过程有关,与少数民族之融合亦有关。而所有这些紊乱现象,从历代碑版中反映的最为亲切。邢澍此著,对这些现象有所整理罗列。当然,此书亦有其局限性,即当时声韵通假之学尚未形成大流(至章太炎此学始大),故邢澍未能将声韵问题结合进来使文字之孳乳衍变规律达到更臻于深刻化的地步。

18.4 邢澍的其他著述

邢澍除金石学之外,所治学门尚多。早年他从事纂辑之学,成《全秦艺文录》80 卷,又《关右经籍考》11 卷,洪亮吉对此项工作曾有好评。邢氏又尝治姓氏之学。姓氏之学,为史学分支中极重要之一门,亦为极难治之一门,甘肃邢、张二学者不约而同,致力此门,但又互有不同,张澍有《姓氏寻源》等五书,学术界历来评为巨制。其所注意之重点,盖在中古少数民族的冲击与融合、近古少数民族的冲击与融合——所造成的姓氏纷乱中下功夫。邢澍注意之重点,则在上古(先秦)血缘纽带解体以来所成形的姓氏纷乱中下功夫,其所著《两汉希姓录》6 卷,书末得见，未知其为抄本抑或为刊本，但自其《序言》中可以窥见其宗旨。其序中云，“古者族系掌于史官，……定世系，辨昭穆”，故姓氏可稍免于紊乱；“汉兴，不复行考牲之典”，所以姓氏（特别是诸贵姓）每每“失其本系”。邢氏“执所由来咎自汉代”，故有《两汉希姓录》之著。这中间是有一点见解的。总之，邢、张二氏，虽用功著力之点不同，而于姓氏之学均有贡献，则是相同的。

邢氏又治方志之学。尝纂《长兴县志》28 卷，又尝赞助其乡人吴鹏翱（字云逵）著成《武阶备志》一书，凡 21 卷。但不论如何，邢氏在方志方面的成就，显然较张澍为逊色，无论从数量上或质量上，均可得此结论。邢氏亦治辑佚之学，尝辑《尸子》、《孙子》、《司马法》等书。据云又治天文之学，尝有《十三经释天》之著，惜乎今已不传。

邢氏之诗，全部未见，仅见其《南旋诗草》。大体张澍为诗，每多诘曲之句，但诗味较深较浓；邢澍之诗，流畅居多，而诗味则较淡薄。以上所言，为邢澍金石学主干成就以外的其他成就，草草言之，恐不免于挂漏与浅薄也。

（原刊于《甘肃社会科学》1982 年第 3 期）

19 张澍的生平及其著述

19.1 引言

张澍,《清史稿·文苑传》有传,[1]仅寥寥二百二十余字,远不足以穷其底蕴。余寄居陇右,忽忽已二十又三年,循亭林顾氏"采山之铜"之义,于关陇文献每有涉猎,深感对于张氏应该有所发扬。盖第一,敦煌之学,为当代中外学者所艳称、所乐道,而欲究敦煌之学,须先明敦煌之学之背景与基础,即所谓"河西之学"者是。所谓"河西之学",包括四郡、五凉、三秦与一夏,而以"五凉"为最根本。而张澍于28岁主讲兰山书院时,即曾成《五凉旧闻》40卷,其自序谓,"自汉武开辟,刺史宣化,名贤鹊起。及五代割据,张氏四世忠晋,多士翳荟,郁若邓林,往籍可按。已隋、唐之际,尚多伟人。迨宋、元,则荒伧已甚"。[2] 在此,其眼光已经有所表露。中世以后,复辑有《二酉堂丛书》等书(详后)。不拘这些书尚有若何不足之处,然其"筚路蓝缕"之功,其于不知不觉中为敦煌学打造基础的眼光与魄力,实值得后世学人予以发扬与继承。

第二,"姓氏之学",实为贯穿吾国历史中之一条很重要的线索。通过此条线索,于远古可以探求氏族的踪迹,于中古可以看出世家的枝蔓,并且特别重要者,为每当族与族间冲突融合之际,胡、汉姓氏之纠缠,实是追寻民族融合过程之一极重要的手段。清末章太炎氏有见于此,于其自述中言及清三百年之学术,所重者不过地理、官制两项,于姓

[1]《清史稿》卷486(列传273)(文苑传三),第44册,中华书局,1977年,第13408页。

[2]张澍:《养素堂文集》卷4《五凉旧闻序》,第8页。

氏、食货、刑法、乐律诸学，则成绩不大。[1] 此种谴责性的总结之语，是深有见地的。而清人对姓氏之学，于成绩不大之中，亦固有其较大者，即张澍《姓氏五书》是。《姓氏五书》其刻版印行者虽仅《姓氏寻源》与《姓氏辩误》两种，余稿散在国内各图书馆，甚至法国巴黎。窥其全豹，大非易事。但仅据已刻版行世之二书已可断言，《姓氏五书》确为清代学术中之一巨著。其同乡学友潘石生（名挹奎）在读过《寻源》、《辩误》二书之后，曾说过"前此未尝有也"。[2] 虽仅一句，已云中的。其意，盖谓此二书具有创发性。

第三，学术衍变，亦自有脉络。王国维氏有见于此，曾说出过"国初之学大，乾、嘉之学精，而道（光）咸（丰）以降之学新"这样卓有见地的话。[3] 而张澍其人，恰恰界乎"乾、嘉之精"与"道、咸之新"之间，形成一架两者过渡中的桥梁。观《养素堂诗集》中的赠俞正燮（理初）诗两首云：

一棹鲤鱼风，清江卸短篷。知君经五库，问我姓双蒙。
茶话香留舌，荷喧句在筒。果谁是高密，废疾起何公。
经神盛国初，后起亦爬梳。星宿须穷脉，罾罟或失鱼。
腐儒仰梁屋，名士醉骚书。之子今雄伯，闲时问距虚。[4]

这是道光十一年（1831）的事，是岁张澍年五十一，俞正燮年五十七，二人邂逅于巡淮官吏的幕府酒宴之上，谈的却是学术的衍变。二人相约不专做辞章之士，立志做郑玄（康成）、何休式的经师（文献学家），学习他们为了春秋三传往复辩难（何写《公羊墨守》、《左氏膏肓》、《谷梁废疾》三篇，郑乃继写《发墨守》、《针膏肓》、《起废疾》三篇，与之争辩）的精神，并继清初经学旺盛博大的根底，在学术上把根子再茁深些，资料的面子再全面些，自然有时也不免牵涉琐节，如双蒙城与双姓的关系，以及"距虚"是一种小虫之类。在我看来，二人之交接，实具有某种独特的意味，即张澍为乾嘉学者之后劲，而俞正燮则为道咸学者之班头，

[1]章太炎：《自述学术次第》，《制言》（半月刊）1936 年第 25 期。

[2]张澍：《养素堂文集》卷 25《潘石生考功传》，第 13 页。

[3]王国维：《观堂集林》卷 23《沈乙庵先生七十寿序》。

[4]张澍：《养素堂诗集》卷 21，第 18 页。

于此俯顾仰承之间,实存在有学术史上的一大关节。

有见于如上的三点,故我愿对张澍之生平与著述,略作介绍。

19.2 生平与学术旨趣

张澍,号介侯,甘肃武威人。父名应举,字聘九,曾著有《真知录》4卷,看来是理学一路人物。母家为元朝军官,尝有"奋威将军"之号。张澍诗中亦有"都护家声成幻梦"的句子。[1] 张澍生于乾隆四十六年(1781),卒于道光二十七年(1847),终年67岁。他是一个早露头角的人,14岁在西安中举人,19岁(嘉庆四年)中进士,入翰林,充实录馆纂修。他的同年友鲍桂星曾有赠诗云:

苏武山连积石高,朔风西气郁文豪,
人如青海秦时月,笔卷黄河塞上涛。
天下奇才有平子,殿前作赋愧王褒。
羡君弱冠成名早,愧我簪花已二毛。[2]

这首诗,抛去循例捧场的内容(与张衡、王褒相比拟)之外,不少句子是写实的,刻画了少年张澍的一些风貌。

假如张澍平生不曾做官,则其学术成就也许更大些。假如张澍擅长做官,一路做上去,那么也许连现有这些成就都不会有。其具体情况是,既要做一点小官又做不顺,一直坎坷于仕途。关于这桩事,张澍曾与他的同乡好友潘石生有过如下的一段谈话:

> 忆在都门时,与余饮次,忽长叹。余问君何事不怿?君曰:以子之精心果力,著书当可传;以子之直气严情,筮仕实不合。余曰:入世不谐,良自知之;著作有闻,得勿贡誉?君曰:不然。子经学诸书,余未尝遍读之也,《姓氏五书》仅览《寻源》、《辩误》二种,经学、史学、谱学,一以贯之,前此未尝有也。余曰:余自幼负志,耻为文人,思为吏,稍有树立,冀附于古循良后耳。君乃大笑曰:子性方

〔1〕张澍:《养素堂诗集》卷1《于家槽访舅氏后裔》第7页。

〔2〕张澍:《养素堂诗集》卷1,第1页。

而不圆，大府有叵，子则愠于色、见于辞，人且訾子，何能展布所学？……余曰：有是哉？余知过矣。遂唏嘘而罢。[1]

张澍"思为吏"，但辗转十五六年，在四川前后七年，在贵州两年余，在江西前后六年余，全是偏僻小县的县官，举凡贵州的玉屏、遵义、广顺，四川的屏山、兴文、大足、铜梁、南溪，江西的永新、临江、泸溪，都是旧时代别人不肯干的苦差事。但张澍为此，亦不无收获。以所纂辑《蜀典》、《续黔书》，并创修或续修玉屏、大足、泸溪等县县志，以及最后编写《凉州府志备考》等书观之，其多处历练，对其方志之学，亦颇有所增益。其《凉州府志备考》一作，尤为后世治方志之学者所称道。如李慈铭于其《越缦堂日记》、鲁迅先生于其《会稽郡故书杂集序》中均曾言及张澍，即是佳例。

张澍在学术上，纯是乾嘉路子。他虽也偶然搞文字、音韵，但究非特长。他的特长，是以辑佚为手段和出发点。在这一点上，他似乎非常娴熟。但张澍的一些软弱之处，也自单搞辑佚这一点上引发出来，因为辑佚是乾嘉考证之学这个已经很窄的学门中更窄的一个部分，倘不与其他部分交融，其局限性是很大的。观其《二酉堂丛书》与《诸葛忠武侯文集》，即可看出。他平生交谊，也大都是乾嘉学者，如王引之、段玉裁、钱仪吉、朱珪、阮元、郝懿行、臧琳，都是学术上的朋友。与钱仪吉，似乎友谊最深。与彼等同时前后，专骛西北史地之学派，正在兴起，诸凡祁韵士、张穆、徐松、沈垚、何秋涛等学者，正开始积极活动；《藩部要略》、《西域释地》、《蒙古游牧记》、《朔方备乘》、《西域水道记》、《新疆事略》等书，亦正陆续问世。总之，张澍晚年正逢乾嘉之学与道咸之学汇流的大时代。

自52岁开始，张澍定居西安。他曾有诗云，"我岂轻去乡，故乡无寸田。敝庐十余屋，强族夺其椽。过门不敢入，何由得留连？数百卷书稿，早已化云烟。碑版充箱箧，瓜分用质钱。结茅在三辅，我意反茫然。"[2]可见选择西安定居，自有其苦衷在。定居后，命其居曰"枣华书

〔1〕张澍：《养素堂诗集》卷25，第13页。

〔2〕张澍：《养素堂诗集》卷24《卜居》，第7页。

屋”。十载前，临时寄居时曾有二酉堂，《二酉堂丛书》得名由此。而《姓氏五书》之主要两种，以及《养素堂文集》、《诗集》诸书，皆署“枣华书屋锓版”字样。亦在此期间，张澍双目逐渐失明，他的诗略云：“……我瞽有何恨，所恨书未成。惴惴乞我友，钞写卷帙盈。不令饱虫鱼，留以待讥评。后世扬子云，知我是儒英。如此死瞑目，何羡美目清?!”[1]观此，可见他临终前十余年中之处境与心情。

他的著作篇目，已故王重民先生曾就巴黎国家图书馆所藏往年伯希和自西安买走的稿本事，有专文评介，[2]兹不多赘。

19.3 张澍的著述

初步介绍张澍著述，约可厘为三大类。

第一类为有关姓氏之学的著述。主要包括《姓氏五书》，与《二酉堂丛书》中之《世本》与应劭《风俗通》中之《姓氏》篇。两者均有张澍按语，可以串连通读。但对按语，自亦须“一分为二”。试思张澍为一18世纪末、19世纪初之西北学者，平生很多时间又消磨在做官上，故其按语中“考订不精”与“以意删改”之处，[3]恐在所难免。况姓氏之学，本是一颗难砸之核桃，以近世观之，倘无三种本领，甚难打出什么筋斗来。所谓三种本领者，其一为马克思主义的原始社会史之全套的知识与观点；其二为全世界范围的民俗学知识；其三为世界各主要国家语言与我国历史上诸主要少数民族语言，及其间对转规律之掌握。夫此三端，谈何容易?！吾人亦只好遵循前人踪迹(张澍的亦不排除)，一步步走向前去，愈走愈精确，愈走愈深刻而已。

《姓氏五书》者，计(1)《姓韵》；(2)《辽金元三史姓录》(附西夏)；(3)《姓氏寻源》；(4)《姓氏辩误》；(5)《古今姓氏书目考证》，共三百余卷，可谓巨帙。陕西布政使杨振麟出资为刊《寻源》、《辩误》两种，前者45卷，后者30卷。钱仪吉(衎石)为之序，对张澍“弱冠从事，皓首

---

[1]张澍：《养素堂诗集》卷24《病目》，第12页。

[2]《金陵学报》第10卷第1、2合期(1940)，第171～188页。

[3]商务印书馆《世本八种》出版说明，第5页。

成书”,“既博”、“且精”,[1]甚为推许,据云《姓韵》稿本,存在北京图书馆;《姓氏书目考证》稿本存在清华图书馆;《三史姓录》中,仅巴黎藏有《元史氏姓录》(附西夏),辽、金两部分稿本,或陕西博物馆有所收藏,不悉知晓。

综观《寻源》、《辩误》二书,可以通过姓氏错乱之订正的过程,看到历史的复杂性,以及透过复杂性而仍旧可以寻绎出来的某些规律性。阶段性也是规律性的表现之一。大凡上古早期,人们按血缘纽带而得姓氏;上古中期,人们又按地域纽带而重订姓氏,此中已经有了第一次的纷乱。中古之世,世家大族各以族姓自贵,制为谱谍,而谱谍又非铁板一块者,于是乎有堙沉,有失系,有舛误,又有依托、附会、溷冒、攀援等现象,于是姓氏一事又经历其第二次的纷乱。及北魏、北齐、北周、与辽、金、元之世,少数民族以征服者入主中原,此中不免若干汉姓之胡化,与若干胡姓之汉化,姓氏至此,正经历其第三次与最严重一次之纷乱。兼以记录过程中,又产生若干以姓为名、以名为姓,以一人硬分作二人、以二人合捏为一人,甚至父子兄弟之间,亦产生姓氏方面纠缠。张澍对此,毅然进行了一次料理。料理过后,再按旧时代人非常娴熟的韵目,像字典模样,将每一姓氏罗列出来。此中不仅有毅力,更重要的是具有一定的眼光。有此眼光,始能看出姓氏之学关系之重大,看出西北姓氏之学与西北民族关系之息息相关(假如不在一定程度上弄清楚西北姓氏的纠缠,那么西北民族冲突融合的历史,也是不好研究,不容易获致确切成果的)。自然,张澍的料理,也仅仅不过是“循环往复”若干次认识过程中之一环,不应该把它看做是“包打天下”的东西。

第二类为有关河西之学的著述,自必以《二酉堂丛书》为其代表。已故向达先生曾云,“(介侯)先生一生,于关陇文献,网罗放失,不遗余力。生平著作等身,其《二酉堂丛书》,藏书家几于家喻户晓。”[2]试问:《二酉堂丛书》何以如此著名?以敝意揣之,斯时正当乾、嘉、道、咸接续之交,而该书以乾嘉辑佚之方法,为道咸以来西北史地学郁成重点

〔1〕见冯国瑞:《张介侯先生年谱》,《慰景庐丛刊》,第37页。
〔2〕向达:《唐代长安与西域文明》,《西征小记》篇,第339页。

的时代高潮，准备某些条件，故能受到学术界较普遍的尊重。

《丛书》计辑有汉、魏至五凉、隋唐学者（也有诗人）七人著作的残章断句。七人者，为皇甫规、张奂、段颎、周生烈、侯瑾、阴铿与李益。七人中除皇甫氏家安定在黄河之东外，余均河西人（非武威即敦煌）。此外，《丛书》中复辑得有关河西与"五凉"文献的残章断句七种，计《三秦记》，《凉州异物志》，《西河旧事》，段龟龙《凉州记》，谕归《西河记》，段国《沙洲记》，以及阚骃的《十三州志》。所有这些书，全由辑佚而来。材料来源，不外类书，兼及由唐、宋及其以前各经史注文中摘录来的断句。一斑一点，一鳞一爪，自远不如全龙豹之解决问题；然龙豹固已不可得见，而竹头木屑，又每为营建者之所急需。总之，读此《丛书》，宛如近世纪历一场浩劫之后，收拾残篋，发现若干张往年成套、今已散乱之零乱卡片。对此一堆卡片，弃之心痛，存之自有可以使用之时候与场合。故有心人自会知晓对《丛书》之珍重也。

在此须补叙一笔者，张澍复有《续敦煌实录》3卷，记敦煌人物，计张氏家族为一卷，索氏家族为一卷，宋氏、氾氏、令狐氏合为一卷。《二酉堂丛书》中有目而未刻，稿存巴黎，已故王重民先生曾得见，其评语曰，"介侯是书，征引博洽；言敦煌人物，宜莫先于是矣。唯或不注出处，是一小疵。"[1]私人揣测，此定是一部好的、有用的参考书。

第三类为诗文著述，亦即《养素堂文集》与《养素堂诗集》是。此两部书，具有两重意义，：(1)内中贮存作者正规著作外的零星学术作品；(2)内中反映作者若干生活上与思想感情上的变动，以及与朋友间的唱酬，而后一种的意义更大。张澍是有才华之人，赋诗著文，均有可观，但亦不刻意为之。不雕琢，不虚张。窃又尝见张澍所手书楹联屏幅，其书法亦婉如其文章，非碑非帖，更远非馆阁体，总之自成一路。其诗有时亦与其五凉学研究有关，例如诗集卷10中有《闲居杂咏》十二首，记武威鸟兽草木虫鱼，即可与《凉州异物志》并比观览。同卷纪白燕诗注中又尝自云"时余纂辑《河西旧事》"，[2]是年张澍30岁。足见在张澍

---

〔1〕《金陵学报》第10卷第1、2合期，第174页。

〔2〕张澍：《养素堂诗集》卷10《庚午早秋白燕见吾凉之南郊诗以纪之》，第9页。

30 岁前后的数年之中，正反复于五凉史事的探索，其稿或命名《五凉旧闻》或命名《河西旧事》，大凡为其钻研中之不同稿本也。

在此文中，《五凉旧闻》一种迄未论及。盖此书仅存原稿，从未锓版流传，故一时借读尚难。不久能获借读后，当于敝续作《五凉史事爬梳》中补志之。

附记：关于张澍生年，有不同记载。有的同志，根据武威张氏祭祀牌位将生年提早五年。故张氏中进士时之年龄有三种说法，一为 18 岁，一为 19 岁，一为 24 岁。吾据冯国瑞《年谱》说。

（原刊于《兰州大学党报》1980 年第 4 期）

20　西北学的拓荒者之一——徐松

20.1　引言

徐松,《清史稿》卷486有传。与乌程沈垚、泰兴陈潮、掖县李图同一组传。组传全文不及五百字,徐松个人传不及二百字,远远不足反映徐氏一生之学术成就。顷过常熟,在石梅藏书楼(旧"游文书院")中,始得读江阴缪荃孙(筱珊)《艺风堂汇刻》,对缪氏一生学术旨趣有所领略。其《艺风堂文集》卷1中,有《徐星伯先生事辑》一篇;名曰《事辑》,实乃一篇简明扼要的年谱。对徐氏生平学术,实已烘托略备。谨据此,并参以他书,对徐松生平试行分析。

徐松,字星伯,原籍浙江上虞,寄居北京,入籍为大兴人。生清乾隆四十六年辛丑,卒道光二十八年戊申(1781—1848),终年68岁。其生平略与法国大革命、法国第一共和至第二共和之历史时代相当,当其60岁时,鸦片战争爆发,从此祖国逐渐沦为半殖民地。徐氏处此时代,务求实事求是与经世济用之学,故张之洞《书目答问》末所列《著述诸家姓名略》十二门中,徐松列名二门,一在史学门,并指明与张穆等同为地理专门名家;一在经济门,并指明经世济用之道博通切实,不必尽由学问而来。对徐松学术特点,可谓所指中肯。复见何绍基诗集中有《题吴称三所藏大兴徐氏尺牍册》诗一首,曰:

> 星伯徐丈人,名重天禄阁。洎为绝塞行,专究舆地学。李[申耆]张[石洲]与魏[默深]沈[子敦],同时考疆索。争斠元广轮,西域及朔漠。谁期事机伏,渐见中华弱。畴人立传后,徐[君青]、罗[茗香]、陈[东之]递作。今日同文馆,早已开橐签。当时谈艺

欢，我皆闻其略。觥觥盛名儒，冉冉归夜壑。大息抚遗笺，时艰竟安托？！[1]

何绍基较徐松晚31年成进士，徐氏与何绍基之父何凌汉同年，故诗中称“丈人”。观此诗中“渐见中华弱”、“时艰竟安托”等句，正反映鸦片战争后学界挽危亡、讲求实学的时代精神，而徐松实为其中的中坚人物。

20.2 人生的几个段落

综观徐氏一生，形成为几个跳动式的段落。

（1）自20岁至28岁，为正常的科举生活，由举人而进士，由庶吉士为编修，可谓一帆风顺。

（2）自28岁至30岁，此三年中可谓少年得意，入直南书房；派入“全唐文馆”；充文颖馆总纂。看来，似颇得嘉庆帝之宠幸。在此期间，徐氏除执行皇家指派之工作外，复利用职权与现场方便，为学术的长久利益而进行辑佚工作。他动员一些钞胥，除钞唐朝文外，另从《永乐大典》中钞出《宋中兴礼书》24本；《宋会要》（经整理裁定为500卷）；《河南志》3卷。其中《宋会要》钞稿，后来成为我们研究宋史必不可少的资料书《宋会要辑稿》。在此期间，他还写成了自己的科研专著《唐两京城坊考》5卷。

（3）在一帆风顺的少年得意段落之后，他的生活进入了自32岁开始到40岁才结束的犯罪与受惩罚的段落。犯什么罪？就我们所见到的资料，未见对此有所说明，徐氏曾一度离京出任湖南学政。是否在学政任内发生过什么事情？很有可能。吾人所知的，是御史赵慎畛对他进行弹劾，他即被遣戍伊犁。服刑期为六年。往返各需年余，故加在一起，计为八九年之数。

徐松到新疆时，伊犁将军是松筠。松筠，蒙古正黄旗人。从乾隆晚季开始拔擢，曾派治俄罗斯贸易，署吉林将军，又充驻藏大臣，复办理

[1]何绍基：《东洲草堂诗钞》卷29。

陕、甘粮饷，调伊犁将军。他从嘉庆五年任命，未实际到任，七年到任；十四年调喀什噶尔；十九年又调回伊犁，二十一年卸职。计在伊犁将军任两度共九年零几个月。

松筠一直想编纂一部新疆的地方志书。为了这一目的，他必须使用那些充军来的知识分子。充军到新疆的著名知识分子，为数不是很少的。乾隆朝，纪昀（晓岚）来过，卢见曾（雅雨）来过。嘉庆初，洪亮吉（雅存）来过，但在伊犁逗留不及百天，就奉诏赦还了。松筠开始时使用一名知县汪廷楷编成初稿。后来山西寿阳的祁韵士（后来的大学士祁寯藻的父亲）因铸钱局亏空案无辜遣戍前来，松筠命他纂第二遍稿，成 12 卷，名曰《新疆总统事略》。等松筠从喀什二次调来任职时，他命徐松再重修一遍。徐松提出来要实地调查，松筠以将军的权势支持他。

徐松的《新疆赋》自序说："……走（按，即"牛马走"或"下走"之意）以嘉庆壬申（按，公元 1812 年）之年，西出嘉峪关，由巴里坤达伊犁，历四千八百九十里。越乙亥（按，1815 年），于役回疆，度木素尔岭，由阿克苏、叶尔羌达喀什噶尔，历三千二百里。其明年（按，1816 年）还伊犁。所经者英吉沙尔、叶尔羌、阿克苏、库车、哈喇沙尔、吐鲁番、乌鲁木齐，历七千一百六十八里。"据此，徐松此番遣戍，除返程未计外，共历15258 里。仅以南疆调查言，也达万里之数。道路如此辽远艰苦，而徐松的调查研究工作又是怎样进行的呢？成都龙万育《西域水道记》序说：

> 先生于南北两路，壮游殆遍。每所之适，携开方小册，置指南针，记其山川曲折，下马录之。至邮舍，则进仆夫、驿卒、台弁、通事，一一与之讲求。积之既久，绘为全图。乃偏稽旧史方略及案牍之关地理者，笔之为记。……孜孜不倦，十年成书。[1]

这在有关新疆地理的科学研究上，实在是一件辉煌的示例和创举。调查所得，除帮助松筠编写志书外，徐氏个人写成纯地理著作《西域水道记》5 卷，历史地理著作《汉书西域传补注》2 卷。

嘉庆二十四年（1819），徐氏 39 岁，戍期六年已满，释放回籍。次

[1]龙万育：《西域水道记序》。

年冬，《新疆总统事略》12卷定本缮就，由道光帝看过，松筠具名、邓廷桢撰序、皇帝御制“圣藻”题辞，改名《新疆识略》，付武英殿刊行。皇帝召见徐松，垂询西陲事甚详。由于是罪臣吧，不可能复官过高，故仅赏给内阁中书一职。

(4)从40岁起，遣戍八九年的段落过去了，京华的岁月又一次开始，此时徐松寓居顺治门(今宣武门)外大街，缪荃孙记述说，“厅事前有古槐一株，夭矫空际，颜之曰‘荫绿轩’。读书处曰‘治朴学斋’。”在这里，他与学术界朋友如俞正燮、苗夔、魏源、张穆、陈潮、沈垚等切磋西北历史地理旁及天文、算术以及一切挽救积弊之道，无形中形成当时的一个重要学派。

何绍基又有诗一首，记述这些学术界朋友们在北京寒夜中讨论学术的情景，略曰：

……酒光烛影方熊熊，论议飚发开我蒙。忽然四座寂无语，天倪道昧相冲融。纸窗夜半明华月，开门飞满一天雪。[1]

这个段落，约自徐氏40岁以后至60岁以前，近20年。在此期间，徐氏将其著作《西域水道记》、《新疆赋》、《汉书西域传补注》陆续付刻。此外，还写了《唐登科记考》30卷。缪荃孙说：“先生学识闳通，撰著精博，负重望者三十年”，[2]主要指这一段落而言。但就官场职位说，则一直不高，不过主事、员外郎而已。与南书房、全唐文馆、文颖馆时期相比，不堪同日而语矣。

(5)自60岁以后，至其逝世，八年之中，徐氏的科学研究工作，未曾留下痕迹。晚年，又出去做了一点官，计担任过江西道监察御史，转江南道监察御史，调陕西榆林府知府，署延、榆、绥道，又署潼、商道，如此而已。

综观缪荃孙氏所撰《事辑》，对徐氏一生学行，所记扼要精致，重点突出，已可谓不负知己，但于徐氏家世、父祖、子女、身后诸事，则略而未书，令人遗憾。只知其夫人陈氏，山东城武人，于徐氏45岁即已去世。

---

〔1〕何绍基：《东洲草堂诗钞》卷5。

〔2〕缪荃孙：《徐星伯先生事辑》，《艺风堂文集》卷1。

20.3　徐松的著述和学术特点

关于徐松的著作，缪荃孙在《事辑》之后，附有一个目录。从徐氏身后一些手稿多归于缪氏一点来推断，徐、缪关系是很密切的。故所列目录当极可靠。兹根据目录，并杂以他处所见，分类叙述如下。

(1)重点著作。①《西域水道记》5卷(有道光三年刻本，以后有仿刻)；②《汉书西域传补注》2卷(有道光九年刻本，以后有《指海》本，式训堂本)；③《新疆识略》12卷(有殿本、复刻本)；④《新疆赋》2卷(有道光四年刻本、元尚居本、上海袖珍本)；⑤《唐两京城坊考》5卷(有连筠簃本、《畿辅丛书》本)；⑥《唐登科记考》30卷(据云，已刻入《南菁丛书》)；⑦《新觏注地理志集释》16卷(据云，张硕卿拟刻之)。计七种。

(2)辑佚之作。①《宋中兴礼书》24册(稿本在孙衣言手)；②《宋会要》钞出500卷，稿归缪荃孙，后世辗转影印；③《河南志》3卷，缪有所录副本。计三种。

(3)杂稿。①《宋三司条例考》1卷；②《宋元马政考》1册(稿本)；③《明氏实录注》1卷(据云，已刻入会稽《赵氏丛书》中)；④⑤沈垚言，曾见徐氏有《元史西北地理考》、《西夏地理考》两稿；⑥张穆言，曾见徐氏有《顾亭林年谱》之作；⑦《说文段注札记》1卷(长沙叶德辉有刻本)。计七种。

有关徐氏的诗集或文集，无论刻本或稿本，则一直无所闻悉。

徐松平生文章朴实无华、简明扼要，不泛滥辞藻，不汗漫陈说，纯系一派务实者的风格。故其著作，相对地说，往往篇幅偏短，部头偏小。以《西域水道记》而言，短短5卷，约略才及10万字。文体一力仿效《水经注》，以12卷篇幅，写11个内陆湖泊所接受的水流，对于这些干流和支流，都一一写明其所自、所入、所会(或汇)、所迳，尽皆有条不紊，是一部严格的地理科学专著。对新疆地区说，这是带有创发性的。

再以《新疆识略》而言，全书12卷，约略25万字。虽然书首列了一大串满洲贵族、高级和中级官吏直至不少内阁中书的姓名衔头，自首至尾不见“徐松”字样；但翻读全书，则明显感觉到此书是徐氏的笔墨，简明扼要，有图有志。记各路军台、营塘、驿站、道里等名数；于屯务，则记其兵屯、回屯、户屯、旗屯等不同的设施；于厂矿，则记其铜厂、铅厂、铁厂、煤窑、山场（木材产地）等情况；于牧业，则记其马厂、牛厂、羊厂、驼厂；于边境，则记其卡伦安置距离与巡边制度；于少数民族，则记哈萨克、布鲁特两大骨干民族的屏藩作用。井井有条，读之令人起一种鲜明的概览作用。在鸦片战争前后，这样的书是明显起着一种务实和救弊的作用的。

在这里，请允许我拿《新疆识略》与《朔方备乘》二书进行一些对照。

《朔方备乘》是何秋涛所著。何氏，字愿船，福建光泽人，平生所得年寿仅 39 岁（1824—1862）。何绍基说他“奇绝吾宗尚弱龄，胸吞万卷笔通灵”。[1] 平生爱治地理，黄彭年说他“自为儿时，能举天下府、厅、州、县名，数其四境所至”。[2] 咸丰初年，他就立意要写点中、俄边境的书，先成《北徼汇编》6 卷，后来逐渐扩大化为 80 余卷的《朔方备乘》。此书原稿，遭遇两度火灾。他死之后，“秋涛之子芳稞奉其残稿”[3] 来谒见李鸿章，李吩咐《畿辅通志》的编写班子替他补缀、排比，才成为今日吾人所读到的《朔方备乘》。

拿《朔方备乘》与《新疆识略》对读，感到两书截然不同。后者简练谨严，前者铺张扬厉。观愿船平生文风，似不与相同类，或者补缀排比诸公之所为，亦难说定。仅以书中第三部分所谓“二十四考”来看，似应是愿船本人平生心血之所在，但所论列的题目太广，涉及的面太宽，又缺乏徐松那样“持开方小册，置指南针”的实地调查，致使“二十四考”的内容不免显得粗疏，其中不能排除不精确内容的存乎其间。但抛开“精”、“疏”的差别，统观徐、何两先生，生当鸦片战争前后，祖国处在危亡境地，一治回疆，一治俄徼，其中所寓爱国主义的深厚感情，则是两先生之所同的。

（原刊于《西北史地》1985 年第 1 期）

[1] 何绍基：《东洲草堂诗钞》卷 13。

[2] 黄彭年：《何君墓表》（《一灯精舍甲部稿》卷首）。

[3] 李鸿章：《朔方备乘序》。

21 徐松及其《西域水道记》

1985年,作者在《西北史地》第1期上发表了《西北学的拓荒者之一——徐松》一文,主要依据缪荃孙所写《徐星伯事略》和何绍基的诗文,对徐氏事迹,作了初步的勾勒,而对《西域水道记》一书,所涉尚浅。本章则针对《西域水道记》一书,做些专门的、较深入的介绍,意在对新疆地区之地理的、民族的、农牧工矿业的情况,就清代的历史局面,做出一些分析。此外,对徐松的另两种著作,也做了一定的评介。

21.1 生平简述

清中叶以后的历史地理学家徐松,字星伯,原籍浙江上虞,自父辈宦游京师,入籍为大兴人。生于乾隆四十六年辛丑(1781),卒于道光二十八年戊申(1848),终年68岁。其生活时代约略与法兰西大革命以及法国第一共和与第二共和时代相当。当其60岁时,鸦片战争爆发,中国乃沦入半殖民地时代。自此时起,学者们均以救危图存、经世济用为务,如龚定庵(自珍)小于徐氏11岁,魏默深(源)小于徐氏13岁,均为清中叶以后崛起之新学派领袖也。张之洞在《书目答问》末所附《著述诸家姓名略》十二门中,以徐松列入两门,一在“史学门”,并指明其与张穆同为地理专门名家;一在“经济门”,并指明“经世济用之道,博通切实,不必尽由学问而来”。[1] 窃以为,这些话对徐松学术可谓所指中肯。

综观徐氏一生,约略可划分为几个跳动式的段落。第一段落,自20岁至30岁(嘉庆五至十五年,1800—1810),可谓一帆风顺与少年得

〔1〕张之洞:《书目答问》末附《著述诸家姓名略》。

志的时代。在此时期内,徐氏自举人而进士,由庶吉士为编修,入直南书房,派入全唐文馆,又充文颖馆总纂。由此观察,徐氏当时颇得嘉庆帝之宠幸。第二段落,自30岁至40岁(嘉庆十五至二十五年,1810—1820),为得罪遣戍的时期。盖徐氏曾放湖南学政,据徐珂《清稗类钞》所记,“盖随棚厨夫卖茶点与诸生敛钱,事涉徐之封翁”,[1]为武陵赵慎畛劾奏,遣戍伊犁。为期六年,但往返已首尾九年。第三段落,自40岁至60岁(嘉庆二十五至道光二十年,1820—1840),为居京治学时期。此时徐氏遣戍归来,官职不过中书、主事、员外郎等,但所居顺治门(即宣武门)外大街所寓居曰“荫绿轩”,书斋曰“治朴学斋”,[2]与友人龚自珍、魏源、俞正燮、张穆、沈垚、苗夔、何绍基等相往还,切磋西北史地以及天文算术等学,无形中徐氏成为一泰斗。龚定庵赠诗云“夹道搜罗海内空,人材毕竟恃宗工,笥河寂寂覃谿死,此席今时定属公”[3](按,笥河指朱筠,覃谿指翁方纲)。第四段落,自道光二十至二十八年(1840—1848),徐氏60岁至68岁,又出到外地做了一点官,计任江西道监察御史,江南道监察御史,陕西榆林府知府,又署理过延榆绥道和潼商道。如此而已。在此段落,未见有新的著述。

21.2 遣戍新疆

遣戍新疆,首尾九年,是徐松一生中的大事,也是他在地理学方面取得卓越成就的重要客观条件,故对此段过程不能不较详言之。首先须予以说明的,是清代文臣遣戍绝不可与河西屯戍西域的刑徒与宋代罪犯之刺配等作等同的考虑。较徐氏早43年遣戍之纪昀(晓岚)其经乌鲁木齐时,随身带有仆夫四名,犬数只。到乌后,亦为其地长吏执掌文牍。[4] 较徐氏早13年遣戍之洪亮吉,居停未及百日,即奉谕召还。徐氏到伊犁后,即为伊犁将军松筠所重用,如嘉庆二十年塔什巴里阿克

〔1〕徐珂:《清稗类钞》著述类。

〔2〕缪荃孙:《艺风堂文集》卷1《徐星伯先生事辑》

〔3〕龚自珍:《龚定庵诗集》。

〔4〕纪昀:《阅微草堂笔记·滦阳销夏录》卷5。

阿珲(阿洪)孜牙敦作乱,杀卡伦侍尉,走出边境。松筠亲自督兵剿办,即派徐氏以幕府摄篆,[1]其被信任之程度可知。

松筠,蒙古正黄旗籍,乾隆后期受拔擢,派治俄罗斯贸易,署理吉林将军,充驻藏大臣。因与和珅不和,不能随时俯仰,故官位屡起屡蹶。嘉庆五年,调伊犁将军,未实际到任,七年到任,十四年调喀什噶尔,十九年又调伊犁,二十一年卸职。计松氏在伊犁前后任职九年零几个月。松筠平生有宿志,即为新疆地方编写一部志书,为此一目的,他懂得必须使用遣戍而来的高级知识分子。开始时,他使用一名知县汪廷楷编成初稿,继之他请祁韵士续写二稿。祁韵士,山西寿阳人,是不久以后的大学士、同治皇帝师傅祁寯藻的父亲。他在接收铸钱局时,无辜代前任受亏空之累,遣戍新疆。他对蒙古地区的历史地理,早已有过研究。这次接任新疆地方志的第二稿的编撰任务,排成12卷,初名《伊犁总统事略》。嘉庆十七年,松筠第二次调返伊犁,就请徐松编写三稿。徐氏提出,要实地调查。松筠以将军的身份,支持了调查的建议。于是徐氏"携开方小册,置指南针,记山川道里,下马录之,至邮舍,则进仆夫、驿卒、台弁、通事,一一与之讲求"。[2] 这次调查,实是一次伟大的创举。其事在斯文海定与斯坦因之前,且二斯氏是外国人,其调查实带有某些侵略的色彩;徐氏调查,则纯乎是爱国的,为祖国的新疆疆域做出地理的人文的勘定。

而徐氏于勘查中,生活也颇不寂寞,颇具情趣。观其在伊犁地区之惠远城时,其自述为"入宣闿门(按此惠远南门)西走南塘第三舍为余老芙蓉庵戍馆,读书、击剑、对酒狂吟,因作新疆赋也"。观其在喀什噶尔的自述,为"清流瀫瀫,交覆浓阴,暮春三月,新畴方罫,稊柳缘塍,柴扉映溪,红杏成雨,……枕流藉草,吟咏忘归"。[3] 又尝于惠远城西广仁城西塔勒奇城一带,"积为小湖,周可里许,……筑戍馆于此名,曰且园。园中有楼,曰面面山楼,果树榆树可百余株,圃中裂畦,布种莺粟,

[1]缪荃孙:《艺风堂文集》卷1《徐星伯先生事辑》"嘉庆20年"条。

[2]龙万育:《西域水道记序》。

[3]徐松:《西域水道记》卷1。

繁如云锦。……"[1]再观其塔里木河考察中之所见：

> 玉古尔者，汉轮台地。《西域传》云，轮台、渠犁地相近也。庄南四十里有故小城，又南二十里有故大城，又南百余里尤多旧时城郊，田畴阡陌，畎陇依然，直达河岸。疑田官所治矣。[2]

这已不仅仅是游记，而是考古记了。

21.3 《西域水道记》的特点和价值

徐松的代表作当推《西域水道记》。在当时，徐氏的《西域水道记》和张穆的《蒙古游牧记》几乎是学术界的"双星"，开风气之先，把人们的注意力从乾嘉的琐节考据引向祖国的西北史地和少数民族，这是学术的经世济用通向救危图存的一条新路。当然《新疆识略》也是一部于开风气有很大影响的书，并且徐松在其中也注入了很大精力，摊入进去大量的调查材料；但它究竟是一部"官书"，用现在的话说，是属于"集体编写"的类型，在其中汪廷楷、祁韵士、松筠等人在经营初稿和把握结构方面也都尽过力，并且在出版时由于徐松是"罪臣"故未挂名字。由于上述这种情况，所以《新疆识略》不宜于当选为徐氏的代表作。

《西域水道记》则是徐松回到北京后在他的荫绿轩中精心写成的私家专著。书5卷，道光三年（1823）刻行。这部书，是精心依照郦道元《水经注》的写法写出来的。总纲是按水系，再将山脉、城堡、战争痕迹、民族语言及风俗、甚至山水景物，统统综合地写了进去。说到水系，新疆水系又跟中原和南方不同。中原及南方的水系的最终结，是流归于大海。新疆无海洋可归，大部分注入内陆湖泊，有的潜入地下。故徐氏书按诸水所归的"淖尔"（湖）来写，计11个淖尔，写为12个部分（罗布淖尔分两部分）。不过徐氏虽按所潴淖尔来划分，实际上他是写了几条水系，几个水的流域，计有包括喀什噶尔河、叶尔羌河、和阗河在内

[1]徐松：《西域水道记》卷4。

[2]徐松：《西域水道记》卷2。

的塔里木河流域，是最大、最重要的一个组成部分。其次，注入今国境以外的巴勒喀什淖尔的伊犁河，包括它的支流，这是第二个组成部分（这个地区是清朝统治新疆的核心地区）。再其次，是位于新疆最西北角上的额尔齐斯河、乌古伦河、额敏河三个水系，三个流域。这也是清朝军队自康熙二十年至乾隆二十年约80年间与准噶尔首领噶尔丹、噶尔丹策零、阿睦尔撒纳等反复较量的重要现场。再次，是以玛纳斯河为主河和乌鲁木齐及其附近一带。最末，还要提及一条水系，即现在甘肃境内以昌马河和党河为其主要支流、以敦煌著称全世界的疏勒河。它所注入的哈剌淖尔，现已为沙碛所吞没，从地图上消逝了。《西域水道记》中所写的，大体就是这么五大流域，五大水系。这种划分，这种写作布局，与新疆这一客观具体地理的天然布局是相符合的。因此，我们可以说，徐松的这一规模的创设，是科学的，具有创发性的。

大凡一个人写地理，除非是荒无人迹的地方，总摆脱不掉人的活动；也就是说，自然地理、人文地理相伴随，对于徐松来说，写新疆地理面对的就是不久以前刚刚发生过的康熙—乾隆朝对西域的用兵。在长达一个世纪的时间里，满洲八旗兵和绿营兵跟准噶尔的几代新型酋长以及南疆回教首领大小和卓木等，在崇山峻岭中，进行过无数次的战斗。最终，统一者取得了胜利，分裂者、或者说企图独立者，被压下去了。徐松回避不开这些情节，于是他就以顺应历史形势的姿态，放笔直书在塔里木水域、伊犁水域以及阿尔泰地区中，所进行的征战。但在同时，也显露出这一广袤的游牧地，逐渐被开发的过程：水渠修起了，屯田兴办起来了，自然先是旗屯和营屯，但慢慢地户屯也有了，若干客民也麇集而来，铜矿、铁矿出现了，还有和阗地方的采玉场以及阿尔泰地区水獭猎捕业和其养殖业，统统发展起来了。就以伊犁河水域来说，人们修建了一座又一座的城子，如熙春城、惠宁城、惠远城、拱宸城等等，这些既是军事统治者的营堡，又是增进人们生活物品交流的集散地。从这中间，这片地区的社会性质档次，不是在不知不觉中就提高了吗？

这就是说，《西域水道记》这部书除开在自然科学上的价值外，其在人文科学上的价值，大致在此。

21.4 《汉书西域传补注》与《唐两京城坊考》

除却《西域水道记》之外，徐松还有几部著作。

《汉书西域传补注》是《水道记》之外的副产品。“补注”补谁？补唐人颜师古的原注。颜师古虽是初唐时候的大学问家，但第一，任何大学问家都会不免有疏漏，有时甚至会有很严重的疏漏；第二，颜未曾到过西域，在这一点上亲身勘查过和未曾亲身勘查过之间，就有极明显的差距。举一小例，西域有一小国曰捐毒，颜曰，捐毒即身毒。徐曰，捐毒在葱岭东，今布鲁特地；身毒为五印度地，相去绝远。这件事，虽不大，但在学术上颜氏就是有了“硬伤”了，而“硬伤”是做学问人最忌讳的。

徐氏写这本小书不外用两种方法，第一，是乾嘉以来传统的考据法，即网罗颜氏以前以后诸家之较颜氏精确者，荟萃比较，以求取增新的认识。在字句之校勘正误方面，徐氏似乎对“高邮王氏”有很高信赖，观书中“王怀祖先生曰”随处可见。第二，是凭借亲身勘查的优势，对西域诸事做出更清楚、更宏观的表述。也举几条例证，如西域三十六国，徐松一句话“今回疆地”，就说清楚了。这意思是说，三十六国不包括清代的准噶尔地面，即北疆（伊犁地区和阿尔泰地区）在内，当时北疆还在匈奴和乌孙手里。与此接连的，是原《传》文说三十六国“皆在匈奴之西”；徐松便使用变化发展的观点，说匈奴绝泽之后，三十六国应该说是“在匈奴之南了”。这些，都是订正一些观念。另外，就是订正一些事项，如提到塔里木河的源流，《传》说有二源，徐氏订为三源，即和阗河、叶尔羌河外增一喀什噶尔河。再如，阳关《传》云，有两道，“补”指出隋以后增山北经伊吾一道为三道，而指出所谓“出四道”者仍不出汉之南北两道。所有这些，不是亲身经历，是很难这么清楚的。葱岭以西，徐氏未到诸地，“补注”就不具备这种清晰的程度了。

另一部著作，是《唐两京城坊考》。这是一部少年作品，是嘉庆十四年徐氏29岁时写的，后经张穆参订。作者自序说，“余嗜读《旧唐书》及唐人小说，每于言宫苑曲折、里巷歧错，取《长安志》证之，往往得其舛误。[1] 于是就借出入全唐文馆和文颖馆的方便,参考大内所藏外间少见典籍,写为此书,“以为吟咏唐贤篇什之助”。这是很有趣味的。本章作者即尝取唐人传如《任氏传》、《李娃传》、《无双传》、《东城老父传》诸篇,取其中所言里坊、街巷、城门、寺院诸事,按《考》核读,无舛误者。不过,此仅指里坊、街巷而言。至于将传奇人物踪迹亦复载入史考之中,其中是否含有水分,则有俟于后人之平章。鲁迅先生固早有“飞灾”[2]之警告矣。

(原刊于《兰州大学学报》1992 年第 4 期)

〔1〕徐松:《唐两京城坊考》(序)。

〔2〕鲁迅:《唐宋传奇集》序例。

22　西北学的拓荒者之一——张穆

22.1　生平与学术渊源

张穆，《清史稿》卷485（《文苑》2）有传，与祁韵士、何秋涛三人合一“组传”，每传不过一二百字至二三百字，殊不足以充分表达晚清西北舆地之学之开始，及其重要的意义。余留意张氏之生平与著述，自30岁前后读其《顾亭林年谱》开始，40岁前后又读其《㐆斋诗文集》，60岁以前治中俄关系史时，又读其《蒙古游牧记》，今夏在济南，蒙王仲荦先生以其《魏延昌地形志》（未完稿）精抄本见假，盛暑薰蒸，裸背坐风扇前，录其《总目》，得与魏收《魏书·地形志》反复对读，竟忘汗流之浃背也。如此，于四十年中迤逦寻绎，对张氏约略知其底蕴。窃以为，张氏在学术史上的重要性有二：其一，将乾、嘉考据学之精确，与明、清之际“经世济用”之学之博大结合起来，为嘉、道以来处于楚歌中之祖国现实服务，其中实蕴藏有挽衰救亡之爱国主义的精神。其二，张氏与何秋涛氏二人，虽均不得年寿，但各在其短短之一生中，从学术上联络同好友朋，实际上形成了一个“科研集体”，亦即今日之所谓“梯队”也。此一梯队，在西北学的创建方面，实在是起了极大的作用。由于以上两点，故不揣谫陋，愿将个人学习到的一些内容，为学界写出之。

请先述张穆之生平，及其学术渊源之所自。

张穆，原名瀛暹，字石州，又署硕洲，山西平定人。生清嘉庆十年（1805），卒道光二十九年（1849），得年仅45岁。其祖张佩芳，字荪圃，受教于山东牛运震，在乾隆年间，以进士历任安徽诸州县官，计历歙县、合肥、寿州、泗州四地，凡16年。曾有《陆宣公翰苑集注》、《希音堂文集》等著作,并编有《歙县志》、《黄山志》等志书。幼子敦颐(即张穆的父亲),字复之,号晓芹,嘉庆进士,授编修。47 岁,于赴福建任主考官途中,急病卒于浙江严州之建德舟次,当时张穆生母已死,继母李氏,年才 21 岁,于孀居后,携 14 岁之前房幼子张穆,居住其原籍浙江山阴者数年。李氏有表兄莫晋,字锡三,一字裴舟,号宝斋,会稽人,乾隆六十年一甲二名进士。此人对张敦颐很赏识,张穆说"先君子受知最深",而张穆侨寓绍兴时"因得受教"。[1]

张穆曾写有《莫公事略》一篇,记述其表舅父兼启蒙老师之生平。大体上说,莫宝斋在行政工作方面,是一个勤勤恳恳、不畏强暴的政务官,观其平生反复上疏讨论盐政、仓贮诸事可知。在学术思想上,是一个阳明学派,强调"悟",即提倡理性思维的能动性。张穆所写《事略》中,引其《重刊〈明儒学案〉序》一文内容,"后人佥谓朱子集群儒之成,数百年来,专主一家之学。专尚修,不尚悟,专谈下学,不及上达也。自(陈)白沙静养端倪,自开门户……自阳明倡良知之说,即心是理,即知是行,即工夫是本体,直探圣学本源"。[2] 这种在处理实际政务方面的认真精神,和在处理学术问题方面的大胆思维精神,想来对十四五岁的张穆会带来很关键性的影响。

张穆和他的同乡寿阳祁氏是亲眷。祁韵士之女,即嫁张穆三兄丽暹。韵士之子祁寯藻,官至尚书大学士,与张穆为姻兄弟辈,三人均治西北舆地之学,故蔚成一最早的地域性的专业学术之小集体。张穆身后遗稿,亦多由祁寯藻出资刻板印行。而张穆有不羁之性,因犯规终身不准应科举之试,致无学衔。祁寯藻《㐆斋文集序》云:"应顺天乡试,携瓶酒入。监搜者呵曰,去酒!石州辄饮尽而挥弃其馀沥。监者怒,命悉索之,破笔砚,毁衣被,无所得。石州扪腹曰:是中便便经笥,若辈岂能搜耶?!监者益忿。送刑部,谳白其枉,然竟坐摈斥,不复得应试。"[3] 今春在京参加"史代会"时,得邂逅清华老学长张恒寿先生,盖

[1]《㐆斋文集》卷 7《莫公事略》。

[2]《㐆斋文集》卷 7《莫公事略》。

[3] 祁寯藻:《㐆斋文集序》。

亦平定人也，吾问张穆何敢以瓶酒入场，张先生说："乡里人都知道，哪里是瓶？是一把夜壶。"（按场规，此物可以带入）呜呼！谑浪如此，遂以"咆哮公堂"罪而革斥终身矣。

张穆著述，其刻板者仅《顾亭林年谱》、《阎百诗年谱》、《月斋诗文集》与《蒙古游牧记》四种。《魏延昌地形志》迄未刻板，仅北大有藏稿。此外，据云尚有《说文属》、《校定尚书疏证》、《元裔表》、《外藩碑目》以及《重修平定州志》。由此看出，张氏平生虽亦兼治文字训诂之学，且其诗亦别有格调，但其主攻方向，则是祖国西北山川疆域之学无疑。而《蒙古游牧记》与《魏延昌地形志》二书，更是其代表性著作，谨于以下两节中为之介绍。

22.2 《蒙古游牧记》

《蒙古游牧记》的写作，是适应了时代要求的。大体说来，清帝国经历了康、雍、乾三朝，帝国加固了，版图空前扩大了，内在的和外来的矛盾也加深了。少数民族问题比以前任何时候都突出。特别是蒙古族。它是少数民族中的大民族，又是统治民族——满洲族的历代姻亲，它的前代又曾经是建立过震动欧、亚的大帝国的。但中原有州郡，自秦汉以来历历可查；蒙古地区呢？大家都知道它有"旗"、有"部"、有"盟"，但这些旗这些部这些盟的地理位置如何？中原人很模糊。清政府虽也集中人力，编写了《大清一统志》和《大清会典》，但这些煌煌大典，贮在内府，社会上一般人接触不到。祁韵士是乾隆后期的进士，嘉庆初年在户部当个主事，管理宝泉局（即以后的铸币局），因前任库存铜料亏欠案，责任无辜落到祁的身上，因而遣戍伊犁。在遣戍之前，当他在翰林院的时候，就创立过《蒙古王公传》的编写工作。《清史稿》他的传说："时无文献可征据，乃悉发库贮红本，寻其端绪，每于灰尘坌积中，忽有所得。各据部落立传，以《实录》、'红本'者为准，又取《皇舆全图》以定地界方向，八年而后成书。"[1]遣戍回来，有了感性接触，又跟

[1]《清史稿》卷485《祁韵士传》。

另一位遣戍学者徐松前后合力写成另一部书:《藩部要略》(后更名《新疆事略》)。这些工作,都是适应了时代的要求的。可以看出,这时候"西北学"或者叫"西北舆地之学"的苗头,已经茁长出来了。

张穆较祁韵士小54岁,祁死时张才10岁。他们间事业的连续,不是直接的,而是间接的。祁韵士的儿子祁寯藻替张穆《蒙古游牧记》撰序,其中说:"始余校刊先大夫《藩部要略》,延石州严加校核。石州因言,《要略》编年书也,穆请为《地志》以错综而发明之。未竟而石州疾卒。以其稿属何愿船比部整理,又十年始克成编。"[1]愿船指何秋涛,福建光泽人,时任刑部主事,故称"比部"。

张穆在《蒙古游牧记》的《自序》(按,此书不见书首,而在《㐆斋文集》中)中说,他写此书的动机是"内、外蒙古隶版图二百余载,而未有专书","《一统志》、《会典》虽已兼及藩部,而卷帙重大","学古之士,尚多懵其方隅,疲于考索"。他又说他写此书的方法是"因其部落,而分纪之。首叙封爵功勋……继陈山川城堡……终言全盟贡道……详于四至八到,以及前代建置。所以缀古通今,稽史籍,明边防,成一家之言也"。有些情况又是史籍中稽考不到的,他就通过关系进行采访,"询诸典属,访诸枢垣",他当时已是名士,中央大官也不好拒绝他的采访。"致力十年,稿草屡易",未竟而卒。稿由何秋涛携回闽中,又十年始补缀完成。咸丰九年(1859)此书刻板行世,祁寯藻为之撰序说:"著述卓然不朽者,厥有二端,陈古义之书,则贵乎实事求是;论今事之书,则贵乎经世济用。二者不可得兼。而张子石州《蒙古游牧记》独能兼之。"[2]这是很高、也是很确切的评价。

今统观《蒙古游牧记》全书,凡16卷,大体分成三个部分。第一部分1~6卷,记内蒙古6个盟、24个部、49个旗的地理(包括自然地理与人文地理)。第二部分7~10卷,记外蒙古喀尔喀四部的地理(包括自然地理与人文地理)。第三部分11~16卷,散记在今宁夏、新疆、青海诸省境中之杜尔伯特、土尔扈特、和硕特诸部所在地的地理(包括自然

[1]祁寯藻:张穆《蒙古游牧记》序。

[2]祁寯藻:张穆《蒙古游牧记》序。

地理与人文地理)。张穆在书中引用了极大量的资料,包括二十四史(特别是辽、金、元史),各种稗史,碑碣方志,康、乾征讨后所编纂的多种《方略》,以及他"梯队"中人(如沈垚)研究的成果。可以看出,在写这部书的过程中,他是动用了自己生平极大的功力与积累,绝不是泛泛之作。但是在这里也须说明,他所凭借的仅仅是书本上的谨严,因为他没有一一目验亲历的条件,这种亲历和目验,只有遣戍的臣子和征讨的大皇帝才能具备。

在这部书中,张氏著录了一些游牧地区的生产和生产关系。如乾隆时在新疆奎屯河设淘金厂,各厂金夫粗计共约 1223 名,每月纳课金 36 两 6 钱。[1] 乾隆时在喀喇乌苏屯田 5400 亩;在庆绥城有 84 户,种 2520 亩,纳粮 142 石零。[2] 记阿拉善旗,有开垦成熟地 1190 顷,由旗向民人收租,这又是一种剥削形式。[3] 内蒙科尔沁部主部十旗康熙时贡纳制是"十二九",即羊 108 只、乳酒 108 瓶,余旗按"九九",即 81 只、瓶。乾隆时改按小札萨克征纳,每札萨克进羊 1 只、乳酒 1 瓶。[4] 这些都反映了草地上牧民中的剥削与被剥削关系和粗略数字,看来较之内地稍显松散。此外,书中还著录了一些鸟兽草木虫鱼之类的事,如外蒙和新疆,都有一种白莲,与内地莲花略同又稍异。在科布多,到处可以看到鸟鼠同穴的现象,不是甘肃渭源所独有,"方午,鼠蹲穴口,鸟立鼠背,蒙古人谓雀为鼠之甥",[5]这极富有民俗学的意味。

除此之外,张氏在书中还考订了一些地名。例如,元之鱼儿泺与辽之鱼儿泺名同而实异,两个鱼儿泺各在相距遥远的方位。又例如镇海既是元代一个人名,也是一个城名,在这里设置了较大规模的屯田。史书中又往往将镇海转曰称海,但如再转为青海,则误矣。再例如,元都和林,《元史》记太祖十五年建,是不确切的;实是太宗七年所建,作万

[1]张穆:《蒙古游牧记》卷 15。
[2]张穆:《蒙古游牧记》卷 15。
[3]张穆:《蒙古游牧记》卷 11。
[4]张穆:《蒙古游牧记》卷 1。
[5]张穆:《蒙古游牧记》卷 13。

安宫,有耶律铸诗注可证。[1] 书中此类事例甚多,在此不及一一备举了。

22.3 《魏延昌地形志》

张氏自叙其写《魏延昌地形志》的缘起,说:

> 穆初读《水经注》,即谋博征典籍,撰为义疏。黟俞君理初教之曰,“是当先治地形志”。取而读之,苦其芜乱。大兴徐丈星伯敏(叩)以(魏)《志》分卷之由,亦茫无以对。单心钩稽,退写为图,图成始恍然曰,“此非北魏之志也”。……[2]

现在研究生喜欢讨教治学方法,其实如上引一段,治学方法的启示就很多。兹一一分析之。第一,张氏读《水经注》,就企图写一种“义疏”出来,这就是企图将这一部历史地理巨著再进一步把材料加多、精确度加大、使其价值更高,这本身就是一种选题行为,也就是设置了一种科学研究规划。并且,拿抄本《延昌地形志》“司州”部分来印证,这个规划在一定程度上也是很好地实现了的。第二,俞正燮像个导师似的(他比张穆大30岁)指点他说,作为准备程序,要先研究研究魏收的《魏书·地形志》。先读什么,后读什么,一般说这是论文导师的职责之一。这一指点,就把张穆引到《地形志》方面来了。第三,张穆面对魏收《地形志》,发现问题;就是“芜乱”,理不出头绪来。他使用“按志制图”的方法,打开了这个僵局。我也经常对我的研究生说,“画一个图,做一个年表,问题就出来了”。张穆画出图来才恍然大悟,这是东魏的沿革,不是北魏的沿革。从这《志》中,拓跋珪、拓跋焘开疆拓土的迹象无所反映,元宏迁洛的局面也无所反映。本来,魏收自己也声明过“录武定之世”,“据永熙绾籍”,就是说《地形志》是以532—534年和543—550年的记录写下来的。时间很晚了,不足以表达北魏拓跋珪、拓跋焘、元宏时代的规模。第四,张穆从科学性的不确切,联想到魏收

---

[1]张穆:《蒙古游牧记》卷7。

[2]《魏延昌地形志》(抄本)自序。

的政治品德问题。魏收为什么按东魏、高齐的情况来写北魏的《地形志》呢？显然，他有意取媚于即将篡魏的高洋政权，才把全国政治中心不写在洛阳、不写在平城，而写在邺。为了政治上的取媚（或者不敢不取媚），把北魏的宏大歪曲了，把它写的狭促了，丧失了科学的确切性。所以张穆把“司州”不写在邺，而写在洛阳；并对平城一带州、郡、县的设置进行了精心的钩稽和重新的安排，何秋涛在恒州目下加按语说，“恒、朔诸州，皆石翁凿空而成，精力尽见于此”。[1] 对于魏收的《地形志》来说，张穆的工作，可以说是一种拨乱反正。

假如我们拿魏、张两家的《地形志》进行对读，那将是十分有趣的。可以看到当时州、郡、县的设置是十分混乱的，再没有户数口数的限制，一个大郡可以领20余县，一个小郡可以没有领县，徒具郡名；随着军事和政治的需要，可以把郡县随意归并和割裂；西北地区的郡县，更是紊乱和若明若昧。据闻，劳干先生在海外曾对魏、张两志，再行订补，结果如何尚不知。总之，无论从正面还是反面，对读魏、张两家《地形志》，都会是满有收获的。此外，在对读两《志》过程中，我们还可以从今河南南部、湖北北部、安徽、江苏北部地区中当时一些州、郡、县的设置和裁撤中，看出北朝力量的向南扩展，南北大一统正在孕育之中。

22.4 张穆与清代西北之学

让我安排如下的一个表：

祁韵士（鹤臯）	山西寿阳	1751—1815	65岁
俞正燮（理初）	安徽黟县	1775—1840	66岁
徐　松（星伯）	直隶大兴	1781—1848	68岁
王　筠（菉友）	山东安丘	1784—1854	71岁
程恩泽（春海）	安徽歙县	1785—1837	53岁

[1]《魏延昌地形志》（抄本）总目。

祁寯藻(春圃)	山西寿阳	1793—1866	74岁
许　瀚(印林)	山东日照	1795—1864	70岁
沈　垚(子敦)	浙江乌程	1798—1840	43岁
何绍基(子贞)	湖南道州	1799—1870	75岁
戴　熙(醇士)	浙江钱塘	1801—1860	60岁
张　穆(石州)	山西平定	1805—1849	45岁
何秋涛(愿船)	福建光泽	1824—1862	39岁

这一组人,生当鸦片战争前后的同一个时代,年龄差距最多不过60多岁,他们中主要一部分是中过进士、做着官、兼当学者的;另一部分则是“穷儒”,平生不过为人作幕、或教教书,是专治学问的。他们真是来自五湖四海,为了共同的兴趣(西北史地、文字训诂、书画)走到一起来了。在他们生活的时代中,学术界也是有着歪风的,沈垚说,“都中考订诸人,以毁诉争名誉,而自谓能文者,又以富贵贫贱为予夺,此等倾轧恶薄之习,乡党自好之士所不为者,士大夫公然行之。文章本小技,无关天下之大故,而习俗如此,亦可为痛哭者矣。”[1]但他们这一组人却能贵不骄贱、富不厌贫、濡沫相染、生死相济,如沈垚卒,张穆为殡棺野寺、哭奠成礼而去;如张穆卒,何秋涛为之整理遗稿,在行间严肃地写上“以上为石翁原稿,以下为秋涛所补”字样,令后人读之,肃然起敬,唯不知剽掠他人果实者读至此作何感想耳。他们也经常聚会,如某次徐松在陶然亭宴请同好,沈垚记其事曰:

> 天气晴和,微风散馥,酒酣以往,书扇作画,哦诗联句,读曲蹋歌,极其兴之所至,可谓乐矣。夕阳将堕,客犹未散,垚先归,步出亭,清风扼于疏木,恍若鸾凤之音自天而降,不觉胸中郁滞,一时消融顿尽,而心之灵明,又以虚而将有所受:夫乃叹胜地良辰,友朋会集之不可少也。[2]

---

[1]沈垚:《落观楼文稿》卷2《与王藤轩书》。

[2]沈垚:《落观楼文稿》卷2《陶然亭燕集记》。

在这组人中间，专门治学问且与张穆关系最密切者，当推沈垚、俞正燮、王筠；许瀚也不排除。沈垚是自浙江跑到北京来给徐松帮忙的一位寒士。当他在浙江考乡试的时候，许瀚正在主考幕中，当时大家惊诧沈垚这本卷子很别致。张穆说他的特征是"三反"："生鱼米之乡，而慕羊嗜麦；南人足不越关塞，而好指画绝域山川；笃精汉学，而喜说宋、辽、金、史元事。"[1]这种特征也是时代特征。试看以后的王国维，不恰好是更成熟宏大的一位沈垚吗？他年寿很短，但留下的几篇文章，如《六镇释》、《西游记金山以东释》、《漳南滱北诸水考》却在西北学的开创史上留下了磨灭不掉的脚印。俞正燮年长于张穆30岁，张穆说"穆颇多请益，理初赏之曰，'慧不难，慧而能虚，虚而能入为难。'因与订交。穆礼事之，尊为先生，不敢与齿也"。[2] 俞正燮是个博学、面子很广的人，也兼治西北史地。王筠是治文字学的，当时文字学的两部大著，其一是桂馥的《说文义证》，其二是段玉裁的《说文解字注》，王筠在两部大著之后，又写了《说文释例》和《说文句读》。当时《解字注》的权威性很高，但张穆评论说，"瑕瑜所在，夫自有真读者，以无主之胸，浮游遇之"。[3] 对王筠的成就并不菲薄。他有一首替王筠祝六十寿的长诗，说："俞君黟大儒，精博兰陵荀。许君起日照，家法洨长遵。最后得安丘，投分俞、许均。安丘与俞许，谊亦昆弟亲。说解十四卷，研寻三十春。未及俞之大，已兼许之醇。"[4]从这里可以看出，他们经常进行相互间的学术评论，这种评论对于切磋琢磨、互相推进是有很大帮助的。试看，这不是一个很好的科研集体、一个很理想的"梯队"吗？

（原刊于《西北史地》1983年第4期）

[1]张穆：《落观楼稿序》。

[2]《月斋文集》卷3《癸已存稿》序。

[3]《月斋诗集》卷3《述怀感旧六十韵为老友安丘王贯山先生寿》。

[4]《月斋诗集》卷3《述怀感旧六十韵为老友安丘王贯山先生寿》。

中 亚 史

23　丝绸之路上的两大国
——伊朗和中国历史的比较

我为什么单单拿伊朗史来与中国史进行比较呢？这是因为有些国家与国家间的历史容易构成比较的对象，另外一些国家则否。例如日本，与中国一海之隔，且日本文明带有很浓厚的中国影响。但在日本史与中国史间进行比较却有困难，原因很简单：脚步的调子不同，例如日本史上奴隶制阶段就不明显；再例如它的封建制也和中国的不相似，属于不同的模式；譬如它的"幕府"，在中国史上拿什么来比照呢？等等。伊朗史则不然，它与中国史之间有不少同步现象；自然也有不同步的现象。什么是"同"？词典中说，"同步，是指两个或两个以上的量，在变化过程中保持一定的相对关系"。"相对"有时也作"恒定"，这自然是指在物理学方面的现象而言的。但我们能不能移植到历史中来呢？试试看吧。

举两个例子：一个说明相当严格的同步，一个说明严格的不同步。前者是指，伊朗和中国之沦为半殖民地几乎很明显是同步的，都在1840—1848年这段时间，并且都伴随着一场国内的农民大起义，中国是太平天国，伊朗是巴布教徒的起义。为什么这么同步？原因之一怕是与西欧资本主义东侵的脚步也是同步的有关。至于伊朗与中国间的严格不同步，是指现代史。中国60年来发展起共产党的强有力的领导，领导人民战胜日本帝国主义，赢得解放战争，建立人民共和国，又领导搞"四化"，使中国腾飞。伊朗有没有共产党？我缺乏研究。但肯定没有像中国共产党这样在人民中具有强有力影响的党。在伊朗，自从1979年巴列维王朝被推翻之后，一直在宗教首领（大毛拉和普通毛拉）的领导之下。这与中国怎样构成比较呢？这不免属于"涉外"的问题了,此处不谈。但作为历史学术问题来研究还是可以的。我认为,伊朗知识分子的分野与中国知识分子的分野截然不同,这是一个很重要的因素。伊朗近代史上的知识分子,几乎一半跑到宗教阵营,研究神学并从事宗教职业;另一半趋于相当深刻的“西欧化”。中国知识分子则不然,“封建”这张皮很早就被中国知识分子认识清楚是“附”不得了;“西欧化”的知识分子有一点,但比重微小。中国人绝大多数又是以不相信任何宗教著称于世界的,而当时马克思主义真理传入了中国。所以,广大知识分子选择了马克思主义这条道路,是中国近现代史的重要特点之一。从此,中国现代史与伊朗现代史就表现为明显的不同步了。

以上,仅是选取两国近、现代史上的同步现象与不同步现象来对“同步”问题做了一些说明。而本章的主要旨趣则在于,就丝绸之路上东、西方两个大国——中国和伊朗之间在古代、中世纪史上做一些比较。

请允许我先做一些最一般、最浅近的比较。伊朗版图大体 165 万平方公里,中国 960 万平方公里,中国大体上比伊朗大 6 倍。伊朗人口大体 3744 万,中国 10 亿。中国人大体比伊朗多 30 倍。此其一。中国是多民族国家,汉族之外有蒙、维、藏、回等数十种大小少数民族。伊朗也是多民族国家,波斯(古称法尔斯)人之外,有库尔狄斯坦人、路尔人、巴赫狄亚尔人、俾路支人、阿塞拜疆人等。此其二。中国从传统上有南北之别,秦汉时北方比较发达,唐宋以来南方比较发达,无形中形成南方人和北方人的差别。伊朗从传统上就有东西之别,中隔达式特·依·卡维儿和达式特·依·路特两大沙漠,西方受希腊、罗马、古代东方影响较重,东方受斯启泰、马其顿、贵霜、突厥以及蒙古影响较重,且东方始终以游牧为主,无形中形成东西的差别。此其三。

现在,要说一些主要方面的比较了。我发现:中国历史与伊朗历史(指古代中世纪),都以一些整方整块的朝代(形象点说像儿童们的积木)联合在一起而构成,像两堆积木,这一堆中的某一块,恰好可以跟那一堆中的某一块形成对照,只是在前后上中国大体晚二三百年。举一个最鲜明的例子,伊朗史上中央集权的专制主义形成于大流士之时,暂定其年代为公元前521年，中国尽人皆知形成于秦始皇，其年代为前221年，伊朗比中国整整早300年。这中间怕也有缘故可寻。中国殷周之时，其周边缺乏比华夏文明更高、或者即便不高至少也比较文明的力量。当时中国周边，都是所谓戎狄。伊朗则不然，按其西方说，有巴比伦、亚述、古埃及和古希腊。它们之间的战争，有相互间的征伐，征伐之中就夹带着文化的交流，其中自然包括生产工具和生产技术的交流。伊朗当时的历史脚步比中国快些，其根源是不是从这些方面去寻找。并且，我还常常这样想，假如把我国的古史分期问题、中国历史划阶段问题，拿伊朗史对照进来考虑问题的话，事情将会是越考虑越有意思，并且会越有成果。

伊朗历史上的第一个著名朝代是阿契门尼德王朝（Achaemenids）（“契”，有人按不同读音法，音译为“赫”），这是伊朗史上所谓“名王辈出”的时代。这个朝代在中国历史上同时的朝代是春秋后期，按《春秋》以鲁国的国公纪年，所谓隐、桓、庄、闵、僖、文、宣、成、襄、昭、定、哀十二世，阿契门尼德王朝在时间上恰与“襄、昭、定、哀”相当，这正是全世界著名文化巨人孔子生活和活动的时候。自然，在阿契门尼德王朝之前，还有一个米底亚王朝，就如中国古代史上周朝之前还有夏、殷一样，“周监乎二代，郁郁乎文哉”，阿契门尼德朝也在米底亚的基础上，复吸收吕底亚、亚述、巴比伦文化因素，而达成了“郁郁乎文哉”的历史段落。所谓名王辈出至少指居鲁士（Cyrus）、刚比西士（Cambyses）、大流士（Darius）、泽尔士（Xerxes）四个王（此外，还有七个王）。特别是大流士，他完成了中央集权的专制国家。在这同一时期，中国则正如孟子所说，“万乘之国，弑其君者，必千乘之家；千乘之国，弑其君者，必百乘之家”，中央集权的专制国家正在血缘家长制贵族的火并之中，替自己的诞生准备条件。步子是相同的，只是一个比另一个稍晚一些。到西汉，中国历史上不也是“名王辈出”了吗？高、惠、文、景、武、昭、宣，特别是汉武帝，给历史的震动不比大流士小。我常常这样想，拿伊朗史上居鲁士和大流士的历史段落跟中国史上秦皇、汉武的历史段落来进行一些过细的比较，一定会看出更多的东西。

此后,在伊朗史上来了亚历山大大帝的大希腊化的征服,这件事在中国史上相当于战国后期,但在中国史上缺乏相似事件的比较。亚历山大死后,留下了塞留古的统治,之后就是偏东的大夏(Bactria)国和偏西的帕提亚(Parthians)国,亦即中国《史记》、《汉书》中所谓的安息。安息王朝在伊朗史上绵亘约400年,在时间上约略与中国西、东汉大帝国相当。但这仅仅是就时间而言的,在社会发展上说,安息已明显进入自然经济的中世纪风貌,而中国的西、东汉,则如《盐铁论》、《潜夫论》两文献所反映的,古典经济还有相当的泛滥。中国史书对安息的记载也不过是粗略的,记载有鸵鸟(大马爵)、魔术演员(眩人)等,比较重要的是记载安息银币上正面铸王像,反面铸后像。一代王死,新王登极,货币则另铸而已。

伊朗史上对内对外影响最大的王朝,是萨珊王朝(Sasanians)。这个王朝在丝绸之路上的活动最积极,留下的历史痕迹最多,影响也最大。在时间上,它约略相当于我们的魏、晋、南北朝、隋。在曹操的儿子曹丕做皇帝的第七年上,萨珊朝开始了;到唐太宗李世民在位的中后朝,萨珊王朝为阿拉伯的哈里发所兼并。这个王朝,虽然在时间上与中国自然经济典型时期的魏、晋、南北朝相当,但在社会风貌上则是相当兴盛的封建社会,可与中国的盛唐时期形成对照。所以说,要研究丝绸之路,最重点应该安放在伊朗的萨珊朝和中国的隋、唐。我们这样说,是因为在这段历史中,充满着许多丝绸之路上很重要的线索。譬如,这时期东罗马的拜占廷帝国正是跨踞欧、亚两大洲之间有强大影响的一个势力,它与伊朗间发生着又冲突又联系的关系。试想:拜占廷向东的影响,中国隋、唐向西的影响,恰好是由萨珊朝的波斯来接头。此其一。再譬如,当时在中国的北方和西北方,在波斯的北方和东北方(前苏联境),正是突厥影响很强烈的时候。中国用大力抵御突厥,而伊朗在以后终究给塞尔柱征服了一个时期。突厥虽是游牧族,但它的影响在历史上还是重要的。此其二。再譬如说,当时从波斯以南海湾地区的阿拉伯,伊斯兰影响正在发生着、发展着、扩散着。伊斯兰文化是全世界几个重要文化之一。伊朗国内的人民,由火祆教信仰者、摩尼教信仰者，皈依为伊斯兰教的信仰者，也正在这一时期及其稍后，此其三。再者，正如两汉时期夹在伊朗、中国之间的大月氏在丝绸之路联系次大陆问题上起很大的作用一样，隋、唐时期夹在伊朗、中国之间的嚈哒（白匈奴），在丝绸之路上联系东西方和次大陆关系问题上，也占重要的位置。此其四。统上四点，我们可以说，萨珊朝的伊朗和隋、唐朝的中国，这两个国家在这一时期的关系，以及通过这个双边关系所夹杂进来、所反映出来的多边关系，这无疑是丝绸之路研究中性质最重要、内容最丰富的课题。

在萨珊朝之后，接踵而至的是波斯周边诸族的进入。有阿拉伯统治时期，有塞尔柱统治时期，有蒙古统治时期（包括伊儿汗国和帖木儿汗国）。这些，在时间上约略相当于中国的唐、五代、宋、元和明的上半截。在历史变动的性质方面，约略相当于中国的辽、金、元。之后，正常的伊朗王朝又恢复了，有沙法维王朝（Safavids），喀喳尔王朝（Qajars）和巴列维王朝（Pahlavi），约略相当于中国的明后期、清朝，直到民国及其以后。这段历史，在丝绸之路问题的研究上，较之安息王朝和萨珊王朝时期之所以有逊色之处，大体是由于：第一，伊朗的国势和其在世界史上的典型作用有所减弱。第二，海路逐渐开通，对陆路也有所抵折。中国五代的吴越国国主钱镠作战使用的火油弹就是波斯制品而从海路运来的。第三，丝绸之路的贸易和文化交流，受了东西方各自情况的影响，也就是说，受了中国和伊朗各自本国内的这样那样的影响，不是那么顺畅了，表现为时“绝”时“通”的状况（东汉的史书上把这种情况叫做“三绝三通”）。历史在这期间，也从中世纪向近代转进。

底下，我准备就两个比较专门些的问题，来看丝绸之路上西边的伊朗给东边的我国所带来的影响。其一是宗教的影响，其另一是商业、交换、货币，以至手工业方面的影响。

中国不出产宗教，这是个在世界史上很突出的问题。当然，中国也有道教，但那是从老、庄思想和阴阳五行家思想中摘取一些素材，又按照佛教礼仪仿制一些规格而凑成的。有些统治者（如宋代、明代的某些皇帝）也颇利用它。但它究竟无法与世界上的几个大宗教相比拟。

我曾经思考过为什么中国不出宗教的缘故。我是这样想的:古代人们的精神,总要有一个附着之处;古代人们的文明成果,总要有一个积贮之处吧。佛教、基督教以至伊斯兰教的创始者的国度里的人们,他们把精神文明主要附着到宗教、积贮到宗教之中去了。科学,最初是从宗教中出来。在中国,却出现了先秦诸子的百家争鸣。先秦诸子的百家争鸣,摆在全世界历史上也是罕见的,它积贮并发扬了古代中国人的精神活动成果。汉武帝定儒家于一尊,货色尽管多样,但牌子只准使用一个。这就是大大顶替了对宗教的需要。

波斯人有宗教,并且在这方面很不平凡。和释迦牟尼同时或者更早,就出现了琐罗亚斯德(Zoroaster)。他提出两个概念:“善”和“恶”。他并不强迫人们从善仇恶,他只让人们选择,这一点最耐人寻味。一位外国学者说,这是“二元论”宗教。是不是这样呢?我思考过很长时间。一元论、二元论,这是在宇宙本体问题方面的一对概念,指物质和精神。那么是不是“两点论”呢?仿佛也不是。两点论,实际上是指辩证法,也就是“正”和“反”的相反相成,属于方法论范畴。琐罗亚斯德的“善”和“恶”是指人生中间的事情。如中国的孔子讲“仁”和“礼”,又讲“仁”和“知(智)”,讲“忠”和“恕”……等等,也是把概念不是一个一个、而是一对一对地摆出来,这仿佛是上古人的一种习惯。到公元后3世纪,也就是中国从东汉末到西晋初的时候,波斯又出现了第二个宗教创立者摩尼(Mani)。他的宗教,对琐罗亚斯德说,有相同(传统因袭)之处,也有不同之处。他讲“明”(光明)和“暗”(黑暗),也是一对概念。其教义的综合内容是“二宗”(光明和黑暗)和“三际”(初际、中际、后际)。这种教义带有某种斗争含义,比较容易被受压迫的人们接过去;所以摩尼和他的宗教虽然一开始也很受波斯统治者的使用,但很快遭到镇压。据说他被白赫兰一世下令剥了皮,砍断肢体燔杀了。后来这个教门,在回鹘人中间很兴盛,这样就很容易通过回鹘的中转,传到中国来。在初唐时候,大皇帝李世民在宗教问题上采取极为兼容并包的态度,所以史书中很多资料反映出来,当时长安(甚至包括洛阳和以后的开封),各种宗教并存,除佛教居最重要地位外,景教(罗马基督教的一派)、火袄教(琐罗亚斯德教)、摩尼教都有教堂,都有信徒。宗教是鸦片烟,这是问题的一个方面;而宗教又夹杂着文明成果,这又是一个方面。盛唐之"盛",是由很多因素造成的,但由于对宗教的开明而夹带传播进来四方八面的文明,共同酿成盛唐文明的辉煌灿烂,恐怕也是原因之一吧。此外,宗教和阶级斗争也有关系。南宋时候闽、浙地区的很多起义,都借"食菜事魔"为社会秘密活动的组织条件,而"食菜事魔"就是波斯摩尼教在中国的繁衍和转化。

现在来看第二个问题:波斯对中国唐宋商业贸易的发达有没有、有多大的影响?

就我所知,至少有两个学者对中亚钱币有很大兴趣,不仅搜罗,而且从钱币上去追寻文字史料以外的史实。其一是巴托尔德,他是德国血统而俄罗斯化了的一位学者,先是俄国科学院院士,后来是苏联科学院院士。他凭借钱币考证历史,在钱币年代学上很有进展。其二是我国的夏鼐先生,他对中国考古工作中发现的波斯钱币极为注意,平生前前后后写了不少长篇和短篇的考证文章。到目前为止,人们总括这方面的积累,报道说,波斯银币在我国已发现1174枚,发现地点分布面很广,由陆路来者,计有新疆的乌恰、吐鲁番及西宁、西安、洛阳、太原、定县、陕州(三门峡)等地,由海路来者,计有广东的曲江和英德等地。发现情况,除少量银币用于噙口遮眼和装饰之外,还有较大量贮存的痕迹,如西宁之76枚,乌恰之947枚,这就很容易使人联想到贸易的问题上来。例如,河北定县也是发现了波斯银币的地方,而恰恰《太平广记》中就有一条材料:

> 唐定州张明远,大富。主官中三驿。每于驿边起店停商。专以袭胡为业。资财巨万。家有绫机五百张。远年老,或不从戎,即家贫破。及如故,即复盛。[1]

这是一条常见的材料,但很多人不敢使用,主要是"袭"字难于训义。袭,可以是袭击之意,也可以是衣装制作之意。但在训义之外,也可以进行综合分析嘛(自然,罗素说,"分析不是曲解"。这句话很值得

[1]《太平广记》卷243"治生"类,注明引自张鷟著《朝野佥载》卷3。

我们警惕)。张明远此人是双重职业,一方面负有"戎"职,且主持三个官家的接待站职务;另一方面,私营商业、私营旅店以及手工业工场。并且戎职与商职间有连带关系,不兼戎职商务就萧条,重干戎职商务就又兴盛起来。无论戎职或者商职,对象都是"胡"。胡这个字,在汉语中所指很广泛。此处,可能是突厥。但从前苏联考古界认为粟特商人曾远到贝加尔湖以东考虑,定州方面的"胡",也不排除中亚人,特别是"绫机五百张"一点,引起我们联想到中国和中亚在丝织业方面产品的交换和技术的交流。唐代杜佑的侄子杜环在《行记》中不是也记载有中国河东(山西)机工在撒马儿罕服务吗?

近来有一个很可喜的现象,即一些在苏、杭地区从事丝织技术的工程师们,他(她)们也参加到了对新疆吐鲁番地方阿斯塔那、哈喇火者等墓葬中出来的丝织品残片的研究工作中来了。他(她)们从平纹织和斜纹织、经线起花和纬线起花等方面,在检定中国丝织习惯与波斯以及中亚等在丝织习惯间差异和相互间的因袭关系。这些工作的意义都是非常重大的。我国新疆龟兹等处织绵,一直用丝绵纺成经纬,比中原的经纬线粗壮,也形成为一个特点。

这就使人牵连地想到我国历史上的资本主义萌芽问题。资本主义萌芽问题是我国历史上的重大问题之一,它的主旨是研究中国后期封建社会是如何分解的,人们如何分解为富人与贫人,人们又如何分解为农业的小生产者和手工业的小生产者,又如何分解为农业、手工业中的雇佣者和被雇佣者。但过去有的人以刻舟求剑的办法来对待,一定要定点和划线,如有人定在唐代定州的"绫机五百张",有人定在宋代湖州南浔镇的丝织工场,有人定在元末明初杭州的"日佣钱二百缗",等等。我认为,定点划线不一定合适,资本主义生产方式的萌芽,封建社会的分解,也像潮汐一样,不是一次完成,而是一轮一轮的,有涨潮也有退潮,上述的一些点不过是几次明显涨潮的标志而已。把多少次潮汐连在一起,才能够看出来封建社会解体的总历程。现在,话归本题,丝绸之路上从西亚、中亚来的影响,自汉唐至于元明,对我国资本主义的萌芽是不是带来刺激呢?肯定会带来的。刺激的程度如何?频率怎样？这就是一直还不曾研究出来的内容了。那么，缘着“绫机五百张”和贮币947枚等线索，是完全可以、并且应该探索下去的。

（原刊于《西北史地》1986年第1期）

24 西辽史新证

24.1 引言

将西辽史拿来予以重新的料理,在今天不仅有其必要,而且也具备着某些条件。

所谓必要,是指边境问题而言的。有人说,在清朝以前,中国的西部疆界从来没有超过甘肃和四川,从来没有到过巴尔喀什湖以东的地方。可是铁的事实证明,西辽国本土的西界,就恰好在巴尔喀什湖远远以西的锡尔河下游的别罗甫斯克(此城原名阿克摩斯杰德,后由一个俄国征服者别罗甫斯基而更今名)一带;在 12 世纪,河中府(又叫"河间地",英语叫 Transoxiana,波斯语拼音是 Mawaranehr)地面是西辽国规规矩矩的领土。而西辽这个国家呢,则连俄国史家巴托尔德都承认它是中国辽朝的一个分部,它的领土是中国历史版图的一个部分,它的纪年在中国正史(《辽史》)中曾给予正式的著录,在辽远地面上建国而被中原正统历史著录者,此为极破格的一次,甚至是唯一的一次。[1] 而西辽的统治年限又是相当久远的,在这一点上它与许多夭折的王朝严格地区别着。西辽的统治年限,按卡得最紧的数字是 88 年,但元朝的耶律楚材说了一句话,"传国百余年"。[2] 这句话不是乱说的,因为在蒙古的旭烈兀进军报达的路程中,就遇到过西辽残余后裔克尔漫(又叫"乞里湾")小邦的前来降顺。[3] 降顺的年份是 1259 年,蒙古官吏正

[1]B·B·巴托尔德:《土尔其斯坦简史》,《中亚史四论》,英译本,第 28 页。

[2]耶律楚材:《湛然居士集》卷 12《怀古诗一百韵》自注。

[3]散见刘郁《西使记》、《元史》卷 149、《元史译文证补》卷 12。

式接管的年份是1305年。这样,从耶律大石即王位的年份1124年计起,西辽国的最长统治年限将达136年(假如按蒙古接管算,将达182年之数)。以中原封建王朝最长统治年限平均300年来比较,这已经不算短命的了。假如再将中原辽朝统治209年合计在一起,那么,作为中华民族历史成员之一的契丹人,几乎在长达四个世纪的历史年限中起着重要的影响。这么大的一个民族成员,这么长的统治年代,这么辽阔的版图(它的最西边界有力地标志着我们伟大祖国历史上最辽远的边界之一),再加以它给中亚带来的经济、文化上的深远的影响(在这里又不禁要节引耶律楚材的另一句话:"颇尚文教,西域至今思之")。我们今天对它进行一些重新的料理,不言可喻,自然是十分必要的了。

至于谈到进行重新料理的条件,多半个世纪以来,中外史家在这一方面也不能说毫无积累。中国的史家冯承钧、冯家昇、傅乐焕、梁园东、岑仲勉,日本史家羽田亨,俄国史家布莱资须纳德(E. Bretschneider)、巴托尔德(V. Barthold)等,在这方面做了各自的努力。他们展开了有关西辽史上一些问题的辩论;对文字史料和实物史料进行了一些考订;对契丹人与回鹘人、蒙古人、花剌子模人等的关系进行了一些清理,对中亚的一些山脉、河流、关隘、古城遗址等的方位以及古钱币上的年代纪录等等,做出了一些确定;其中特别重要的,是对阿拉伯史料与中国史料间做了某些综合与比勘。这些分别的劳动成果是斑斑在目的,在这里不需更加表彰。剩下的,是对他们辩论未决的问题,需要进一步向前推进。更其重要的,是将马克思主义的观点方法拿来作为指导,在这一点上,过去假如不能说是等于零的话,至少也是微不足道的。他们在帝王将相方面谈的很多,但在社会经济和群众作用方面则涉及很少。在今天我们进行重新料理的时候,这些缺陷都需要一一考虑,予以填补。

24.2 关于契丹人如何进入土耳其斯坦的问题

要重新料理西辽史,又从何入手呢?西辽史所牵涉的问题不少,这中间要有个选择。经过考虑,本章作者认为从"契丹人如何进入土耳其斯坦的?”或者说“契丹人是在什么年份、沿着哪条路或者哪几条路,进入土耳其斯坦的?”——从这个问题作为劈开全局的线索,较为妥当。在这一问题上,中外学者插过嘴的实在不能算少了。

但首先要说清楚一个方法论问题。我们常常说形而上学是谬误的,但只有结合具体问题的分析,才能认识得更清楚。在过去探讨这个问题的部分史学家的脑子里(日本羽田亨是最突出的代表),不晓得从何而来的一个框框,仿佛契丹人只能够是一次、只能够是沿着一条路线进入土耳其斯坦的。以这样一个框框作为无形的依据,于是充分使用形式逻辑中“非此即彼”的“排中律”,一方说契丹人是从北路葛逻禄人游牧的海押立进入的,从而走南路的说法就一定是不对的。另一方说,契丹人曾攻打过南疆的喀什,那么他们走的显然是南路,走北路的说法就是谬误的了。我们不禁想问:契丹人的迁徙,也如许多其他部族所进行的迁徙一样,难道就不可能沿着不同的路线、在不同的年月中、不是一次而是多次地进行的吗?!

我们试来看一些具体情况。在原来的辽朝方兴未艾的时候,契丹人已经有部分向西域流徙的情况。根据16世纪的默哈麦德·涅儿察奇的《布哈拉史地纪》(此书1892年有巴黎法文本问世)一书所记,契丹人远在1041—1042年间,自吐蕃地区已经进入西域。这项史料自然不一定完全可靠,但假如还有些靠得住的话,那么,远在北宋的庆历年间,契丹人已经向南疆地区有所迁徙。等到辽国被金灭亡以后,契丹人四向迁徙的迹象那就更多。兹举一些例。《长春真人西游记》中记述,当他旅行在今蒙古人民共和国西部,渡过一条叫做喀鲁哈河以后,他看到一座故城的基址,街衢巷陌可辨,形式纯乎是中原的,古瓦上有契丹字,从而长春真人判断“盖辽亡士马不降者西行所建城邑也”。[1] 叶隆礼《契丹国志》中也记述,辽亡后耶律大石到沙漠地带,金人派遣契丹降帅耶律余睹到合董城跟大石答过话,又说“辽御马数十万牧于碛外,女真以绝远未之取。……今馀党犹居其地”(该书卷19)。按合董城即可敦城(突厥语谓可汗妻为Khatun),又作曷董城、河董城,地名的汉字

〔1〕见《长春真人西游记》,王国维《观堂集林》校注本,第15页。

记录形式非一,其地理方位更众说纷纭,争论很多。但一般都相信这座城池坐落在辽上京西北约三千里的镇州,蒙古人呼之曰"吾骨脑儿"之地。该地在耶律大石走经的过程中曾经屯聚过人,筑过城;即便在大队远去之后,犹有其同族人聚居该地。这些契丹人,到1179年(金大定二年),还曾显示过力量,他们在金朝所派遣的群牧使耶律斡罕的率领下发动抗金起义,虽然终于失败了;《金史》说"割耳鼻五十车"(卷18)。这些话虽不免夸大,但契丹人民的力量,被证明仍然是在聚积着的。

以上是说明在辽亡以前和以后,契丹人有在南疆和蒙古地面西部活动的迹象。从全局看,这是偏东偏南方面的活动。现在,再来看偏西偏北方面的事。阿拉伯史家拉式特·哀丁记述说:"[耶律大石)初逃于乞儿吉思,后至畏兀儿,最后到土耳其斯坦。"[1]这几句话很简明扼要,说不定比《辽史·天祚纪》卷末的叙述更少引人进入迷魂阵。另一阿拉伯史家阿莱·哀丁在其《征服者的历史》中记述说,"[耶律大石]初到了乞儿吉思的边界上,侵占其地,但不久他们为乞儿吉思人所驱逐,才又到了叶密尔河流域,在那里建起一座城池。"[2]这座城池,根据巴托尔德的考证,当为近世之朱古察克。[3] 再者,根据巴托尔德转引伊本·阿尔·阿蒂尔记述,早在黑汗王朝的阿尔斯兰汗(狮子王)苏来曼的时候,就已经有契丹人约一万帐居住黑汗国和中国的边境上,替黑汗把守山中的隘口,黑汗王分给他们一些土地和一点钱作为报酬。后来这些契丹人在商队的指引下进入七河(斜米)地区,到了巴拉沙衮。[4] 这个阿尔斯兰汗苏来曼在位的时候,究竟是什么年代呢?根据上引同书的论证,他是后来跟西辽南路军队在喀什作战的阿尔斯兰汗阿哈默德的祖父。那么,西辽南路军队在喀什作战的年份假如不出12世纪二三十年代的话,上溯两辈人约六七十年,苏来曼当是11世纪中叶或稍晚的人。换言之,当为中原北宋王朝统治的中叶或稍晚。这一万帐的契丹人,从年份上看,与前引涅尔察奇《布哈拉史地纪》所记自

[1]转引自梁园东《西辽史》,中华书局,1955年,第61页。

[2]转引自梁氏《西辽史》,第62页。

[3]B·B·巴托尔德:《七河史》,《中亚史四论》,英译本,第102页。

[4]B·B·巴托尔德:《中亚史四论》,英译本,第101页。

吐蕃中过去的那批人，很像是同一股；但从地域上看，一南一北，又不像是同一股。这一分歧，在取得更进一步的证明材料之前，只好存疑。但契丹人从也儿的石河到叶密尔河、到伊犁河、到楚河的痕迹，也还是斑斑可考的。

契丹人在蒙古地面上的踪迹，在七河（斜米）地区的踪迹，都已表述过了。剩下的，就是喀什的一场交锋这个情节了。这是由一件历史文件引发的，据说在12世纪30年代，有一个回回王桑节儿写给报达政府执政的一封信，内容主要说，邪教徒势力业已大挫，契丹人的一位首领在与喀什的阿尔厮兰汗阿哈默德的一场交战中被杀了。俄国史家巴托尔德对这封信的资料价值十分重视，在他的著作中曾多次提及。巴氏通晓多种中亚语文、自然有能力阅读原件，但我们则连该信的英译文或俄译文都未能得见。巴氏似乎很认定信中提到的被杀者，就是耶律大石。因此他推论说，"耶律大石与西辽建国人究竟是否同一个人，颇值得怀疑。"〔1〕我们认为这样的推论是未免急遽的！因为桑节儿的信本身虽无可疑，但信中并未说死者就是大石；何况经过巴氏转述的内容前后颇有歧异，巴氏在1893年写的《土耳其斯坦简史》和在1922年写的《七河史》中，对信的年代一说是1133年，一说是1135年；对收信人一说是报达政府，一说是哈利发的大臣；对主要情节方面，一说是契丹人首领"被杀"，一说是"被俘"。〔2〕总之，喀什战役究竟如何，目前很难说清楚，只有留待将来进一步的落实了。

总括起来看，在12世纪二三十年代，在蒙古地面的西部，曾有着一批契丹人；在从叶密尔河到楚河的路上，曾有着一批契丹人；在喀什方面，又曾有着一批契丹人。这已经是三堆了。是否有第四堆，尚不敢确定。这三堆中，是否有某一堆是由另一堆调动过去的，也都很难说。但无论如何，像认为契丹人单只是一路人马，单只是经由一条路线西入河中之地的论证前提，经过如上的分析，已经可以被认定是站不住的了。

下面，我们将继续前进，转而论证回鹘人的情况，以及耶律大石假

〔1〕B·B·巴托尔德：《中亚史四论》，英译本，第101页。

〔2〕《中亚史四论》，英译本，第27页、第101页。

道回鹘问题的究竟。

24.3 回鹘与"假道"回鹘

我常常这样想,一片精致的贝雕,也要镶嵌在一片精致的背景画面上,才越发显出它艺术上的完整。相类似的,西辽国的建立,是在回鹘人背景上的,因为假如我们将回鹘这段历史弄的更确凿一些,那么,在回鹘基地上建立起来的辽国,岂不是在科学上更精确一些了吗。

回鹘是从突厥中分立出来的一个强大分支,后来形成强大的部族,有着树瘿中五小儿那样的族源神话,有着在蒙古地面鄂尔浑河流域建国的历史。强大以后,它跟中原的唐帝国一贯友好,曾帮助唐帝国击溃了西突厥。但在公元840年(唐文宗开成五年),由于回鹘统治集团内部的分裂,加以自然灾害,又受到临近部族黠戛斯(即后来的吉尔吉斯)的袭击,遂招致了回鹘人的四散迁徙,以后在今新疆维吾尔自治区及附近的地面上,分散地形成了几个邦国。有关这几个回鹘邦国的问题,有些纠缠有待于澄清、推进。

一般是三分支的说法。冯家昇持此说。[1] 三分支就是河西回鹘,又叫甘州回鹘;西州回鹘,又叫高昌回鹘;葱岭西回鹘,又叫哈喇汗国(哈喇汗国之名,是俄国史家格里高利叶夫所私定,中国《宋史》中名之曰黑汗朝)。在这三者中间,前两者问题不大,后一个则存在着进行探讨的余地。甘州回鹘,无论从中原五代、辽、宋诸朝的正史上,或者从敦煌壁画的鲜明的形象上,或者从经卷中文字记载所反映的内容上,均斑斑可考。高昌回鹘在吐鲁番也遗留下了很多佛教的和摩尼教的文化遗迹;并且在蒙古统治的13世纪,人们普遍把高昌回鹘看做是回鹘的正宗。单单所谓"葱岭西回鹘",在其族系问题的确定、以及其他有关问题上,却存在着分歧的看法。以冯氏为代表的,认为这组人仍是回鹘;而历来许多中外学者如洪钧、陈垣、格里高利叶夫、布莱资须纳德、巴托

[1]冯家昇等:《维吾尔族史料简编》上册,民族出版社,1958年,第42、44页。

尔德，甚至不久前出版的新疆民族研究所编写的《新疆简史》，[1]都认为是突厥。在20世纪的30年代，在《禹贡》杂志上，曾有一位王日蔚者，写了好几篇文章，[2]但除了表现看法的反复不定外，似乎也没有弄出个可以令人信服的结论来。

这到底是怎么一回事呢？分歧的症结，不外一是史料的纠缠，二是方法论上的差异。前者问题不大，既有史料反正就是那么一大堆；在方法论方面，却是要袪除形而上学的缺陷，努力争取辩证地对待问题。具体地说，对待回鹘和突厥的关系，我们就须使用辩证法。回鹘在很早的时候是突厥的一个分支，但后来又相冲击，重新融合。这中间有个血统问题，还有个宗教信仰问题，而这两者又是相互纠缠着的。伊斯兰教是帮助形成并巩固人们的共同体的共同心理状态之一。在中亚的历史上，它尤其是一个导致各种变动的根源之一。哈喇汗朝从萨满尼王朝手中夺得了河中之地，与较它更早就接受了伊斯兰教的塞尔柱王朝相冲突，在冲突历程中却也接受了对伊斯兰教的信奉。单在这一点上，它就跟信奉佛教和摩尼教的高昌回鹘严格地区别着。今新疆最西南一角的喀什地区，在历史上曾被兼并为哈喇汗朝的领土，因而喀什地区人们的信奉伊斯兰教，就较新疆中部和东部早出四个世纪。这就是一个差别，而差别发展起来，就会形成矛盾。西辽在面对这个矛盾的时候，就会有所反应。当时契丹人被伊斯兰教徒斥为“邪教徒”，足见他们当时还不是伊斯兰教的信仰者，所以它对待高昌回鹘的态度就可能是友好的，从而“假道”的问题就有着更大的可能性；它对待哈喇汗朝的态度，由于宗教隔阂，就可能是不友好的，只能是攻打、侵占和取代。从这点认识出发，就可以判断日本史家羽田亨认为西辽假道的对象是葱岭西回鹘的看法[3]是很难确立的了。

又区别又联系，总是辩证法的重要诀窍之一。在这里，作者准备稍稍多说几句。试举两例。其一，元朝将其统治下的人民分为四等，我们

[1]新疆民族研究所：《新疆简史》，新疆人民出版社，1965年，第100页。

[2]见《禹贡》第4卷第2、5、8各期。

[3][日]羽田亨著，冯家昇译：《西辽建国始末及其纪年》，《禹贡》第5卷第7期。

试问，他们为什么把汉族分为“汉人”和“南人”？这除了是分裂汉族统一的一种伎俩之外，还有没有其他缘故？其二，明朝统治哈密人民，为什么偏偏把他们分成回回、畏兀儿和哈剌灰三部？这除了反映明朝统治者企图分化哈密人民之外，还有没有其他缘故？这些，都值得我们拿来跟三支回鹘的事联系起来，加以思考。

同是汉族人民，经历五胡十六国以来的大动荡，北方人民在种族融合方面较之南方有着更复杂的经历，与此伴随的是南方的生产力由低向高发展，速度较快；北方相对比较慢，局部地区有停滞不前的现象。这些差异都是客观造成的，而蒙古统治者则利用了它，作为达成其种族分化并各个予以统治之目的的手段。与此类似，同是哈密的人民，但其中一部分是有着更鲜明的种族特征的、作为回鹘人直接后裔的畏兀儿人；另一部分是表现了突厥与回鹘的融合、保留着较多的突厥族特征、信奉伊斯兰教历史较久的、原哈喇汗朝人的后裔，这就是所谓的“哈剌灰”；第三部分是各种族杂居的人民（其中有汉人，也有蒙古帝国的遗民），由于也是信奉了伊斯兰教的，中原人往往通名之曰“回回”。这些，也都是客观形成的差异，而明朝中期以后的统治者则利用了这些差异，以达成其分别统治的目的。这些无干的情节分辨清楚了，在哈喇汗朝与高昌回鹘之间的差别问题上，我们岂不是可以“思过半矣”了吗？

不仅在宗教信仰方面，就是在血统方面，哈喇汗也不是纯粹的回鹘。他们是以原西突厥覆亡后的遗民作为骨干，与一支回鹘人的融合体。《新唐书》中记载说，回鹘人四散之后，其中一支“庞特勒（应作勤）十五部奔葛逻禄”，[1]而葛逻禄正是突厥中一个强悍的分支。俄国史家把哈喇汗朝统治下的人民叫“哈喇鲁突厥种”，这个“哈喇鲁”字样与“葛逻禄”字样同是 Karluk 一词的不同汉译，葛逻禄人是西突厥遗民中信奉伊斯兰教最早、也是最坚定的，他们把伊斯兰教强加给融合进来的回鹘人，这才构成了哈喇汗国。

总之，冯家昇氏将三部回鹘看做是平列的、均衡的，这种看法不甚

〔1〕《新唐书》卷219。

妥当。他还制有一幅地图,[1]将三部各自圈出,这样初看起来似甚醒目,但过细一想,这图带给读者的印象也未见得符合历史原貌。现在,让我们回到西辽的本题上来,当时的契丹人,不管两堆也罢,三堆也罢,大体从阿尔泰、塔尔巴哈台、济木萨一带出发,分两路,一路接连渡过叶密尔河、伊犁河、楚河,向巴喇沙衮前进,取哈喇汗朝的统治权而代之;另一路自济木萨经焉耆、库车、阿克苏向喀什方面前进,打了桑节儿信中所提的那一场战役。"假道"的事,发生在后一路,不发生在前一路,从而"假道"的对象就只可能是高昌而绝不会是什么"葱岭西回鹘"了。

24.4 西辽的疆域

契丹人进入土耳其斯坦的路线和情况,既经料理如上。底下的情节就都是人们通常知晓并且不存在争论的,如契丹人如何打到撒马儿罕,打到布哈拉,耶律大石如何在这两个地方中间一个叫起而漫的地方即"葛儿汗"位,然后返兵东下,定都巴喇沙衮。这些情节,多见于《辽史·天祚纪》,涉及的争论不多,故不多赘。底下的问题是:西辽国究竟统辖有多大的国土?国土的本土有多大?加上附庸诸国又有多大?再次,西辽国以怎样的制度统辖它的人民?在政治统治制度方面跟原来的辽国有什么渊源?又有什么差别?这些,倒是值得探索的问题。

先看领土的范围。阿拉·哀丁在其《征服世界者的历史》中说,葛儿汗征服了突厥名王伊夫拉西叶的后裔,取而代之,其疆域为"从克姆刻耶(Kum Kidjik)到巴塞尔金(Barserdian),又从塔剌斯(Tars)到塔密基(Tamidja)"。[2]梁氏对此的注释说,"除塔剌斯外,皆无可考"。其实,人们的知识是不断向前推进的,由"无可考",可以达到有可考。岑仲勉氏就把问题向前推进了一步,他说"余察原义,前一语乃东西两至,后一语乃南北两至"。[3]这一体会是精湛的。岑氏继续考证说,克姆刻耶与喀呷立(或海呷立)不过一音之转,地在今阔帕勒(Kopal)附

[1]冯家昇等:《维吾尔族史料简编》上册,民族出版社,1958年,第42~43页。

[2]见梁园东《西辽史》,中华书局,1955年,第63页。

[3]岑仲勉:《中外史地考证》下册,中华书局,1962年,第464页。

近；塔密基即忒儿迷，为河中府南方锁钥，巴塞尔金即《元史》中之八儿真，“其确址今不可考”。[1] 今按此不可考者仍复可考。俄国史家巴托尔德在其名著《蒙古占领及其以前的土耳其斯坦》中“河中府的地理考察”一章内，对忒儿迷与八儿真两地均有进一步的记述。兹摘译有关段节如下：

> 距离苏儿汗河河口不远之处，就是忒儿迷的古堡，阿拉伯地理学家们对此记述甚详。……被成吉思汗毁掉的古城址就在河的岸边，废址历历可寻；而成吉思汗以后所建的新城则距河较远，乌兹别克人统治时期的遗址至今犹存。[2]
>
> 占德(Jand)距离别洛甫斯克16至20里。……在悉格纳克和占德之间，还有乌兹干、八儿真和阿什纳斯诸古堡。有人说，乌兹干位于喀喇图山中，但这是很值得怀疑的，八儿真可能距占德较之距离悉格纳克更近一些。[3]

这样，西辽国初建时本土的“四至”，已可基本上考知了。“南至”是忒儿迷，位于苏河入阿姆河的口上；“北至”是塔剌斯，今名奥利亚·阿达，位于塔剌斯河的北岸；“东至”是喀呷立，位于阔帕勒附近；“西至”是八儿真，位于今别洛甫斯克附近。不过，还需要加以说明的是，这“四至”的四个点，不应该被理解作譬如说一个正方形的四个角，不是这样，而是应该被理解作一个上底长、下底短的梯形；或者说，像一个洗面盆的侧面形；阔帕勒在其东北(右上角)，别洛甫斯克在其西北(左上角)，塔剌斯在正北(上底的中分点)，忒儿迷在正南(下底的中分点)。兹试制示意图一幅如下(见图24-1)。

以上所说，还仅仅是西辽建国之初的本土。阿拉·哀丁在表述西辽全部的疆域时又说，“……以后，[大石]又续行占领康克里。此外，又征服了喀什噶尔和和阗，又曾远征乞儿吉思；别什八里亦为他所取得，拔汗那和阿姆河北也都属于他；于是奥斯曼的子孙(撒马儿罕王)

---

[1]岑仲勉：《中外史地考证》下册，第465页。

[2]B·B·巴托尔德：《蒙古占领及其以前的土耳其斯坦》，英文本，第74～75页。

[3]B·B·巴托尔德：《蒙古占领及其以前的土耳其斯坦》，英文本，第178～179页。

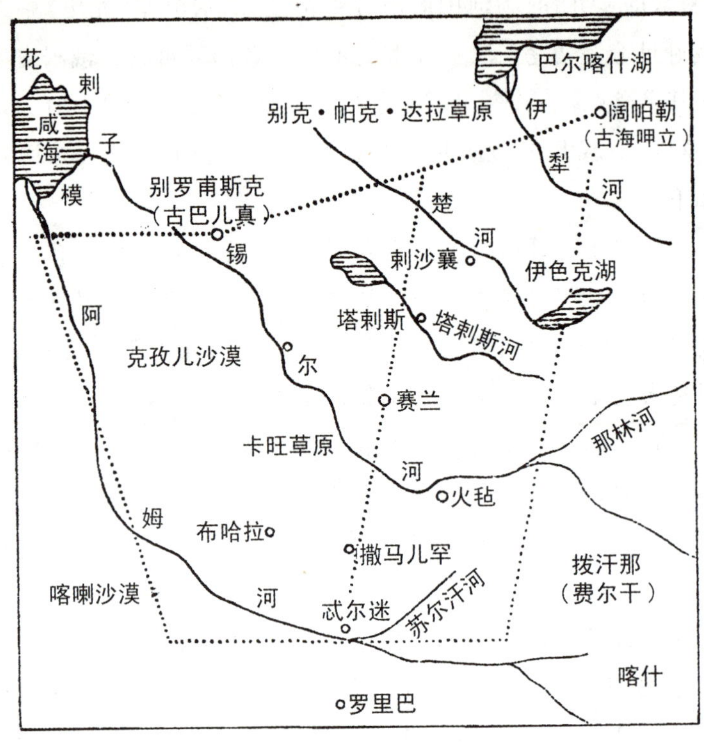

图 24－1　西辽示意图

亦成了他的臣属。这样的领土构成以后，他又使他的将军伊儿纳兹进攻花剌子模，直待花剌子模完完全全降伏”。[1] 巴托尔德也做过类似的表述，他说：“他们在叶尼塞河到塔剌斯河之间的地面上建立了国家。之后，他们征服了康里，东土耳其斯坦也并入版图。在回历 531 年（即耶历 1137 年），在火毡附近击溃了河中府的统治者马赫默德，又在 1141 年在卡汪草原彻底消灭了塞尔柱朝的速檀桑节儿的军队。另外，还特派一支部队去征服花剌子模。”[2] 根据这些叙述，当耶律楚材说西辽国“幅员数万里”[3] 的时候，他是并没有夸大了什么的。

---

〔1〕转引自梁园东《西辽史》，中华书局，1955 年，第 63 页。

〔2〕B·B·巴托尔德：《中亚史四论》，英译本，第 102 页。

〔3〕耶律楚材：《湛然居士集》卷 12，《怀古诗一百韵》自注。

24.5 西辽在中亚的政治统治

关于西辽国在中亚的政治统治，阿拉伯材料中有所反映，但仍需要拿中原史料来跟它交叉起来，进行分析。

伊本·阿尔·阿蒂尔写道，"这个葛儿汗也不大干涉他所征服的那些国家的行政，他对人民征收赋税极低，每家只要有一个狄纳儿就够了。对待属国国王极有恩惠，凡附属了他的，只要用一块银牌系在衣带上、表明对他的臣属关系就够了。"[1]综合了不少阿拉伯史料的巴托尔德，他也有一段更详密的综合叙述："哈喇契丹的统治，跟游牧的其他汗国统治的通常形式很不相同。除了保持游牧习俗之外，哈喇契丹人从中国文明中所吸取来的东西，其幅度远较其他游牧族为深广。在其国中，中国的'户税'制度被衍用了，每户只缴一个狄纳儿（约合十先令）。第一代葛儿汗据说不颁赐任何的采邑，百人以上的军队就不信任别人去率领。即便到末代的葛儿汗，也没有任何世袭封邑的痕迹；当然，他们的行政也远远缺乏统一（重点号是本文作者所加）。任何一个曾经施行过统治的王朝，在被占领后只要表示降顺，就可以依然存在，其所负封建义务不外蒙古统治时期俄罗斯人所熟知的三种方式。在很多地方，有葛儿汗的常驻代表与地方统治者并肩而治。其余地区，如花剌子模，葛儿汗的收税代表定期地前来征取。最后一种方式，在13世纪初，布哈拉的宗教头目'伞得儿'亲自将税款带到葛儿汗的大帐中来，一如晚些年辰莫斯科大公亲自将税款缴到金帐汗那里去一样。"[2]

对于上述的这些情况，我们要弃其糟粕，取其精华。说葛儿汗多么仁慈、有恩惠，这显然是在歌颂帝王将相，不符合历史的真实，不管当时的人民比较起许多更加残暴得多的汗王来，会有什么样的具体感受。至于说到西辽国行政的缺乏统一，这倒是触到了问题中的一个要点，这和原来辽国的制度有着渊源的关系，在这里，需要结合中原史料来予以

〔1〕梁国东：《西辽史》，第67页。

〔2〕B·B·巴托尔德：《中亚史四论》，英译本，第29～30页。

论证和分析。

原来辽国的统治形式,就是有其特点的,即“北面”和“南面”的分立。《辽史·百官志》说,“辽国官制分北、南院”,“北枢密院掌兵机、武铨、群牧之政,凡契丹军马皆属焉。以其牙帐居大内帐殿之北,故名北院”。元好问所谓“北衙不理民”是也。南枢密院掌文铨、部族、丁赋之政,凡契丹人皆属焉。以其牙帐居大内之南,故名南院。元好问所谓“南衙不主兵”是也。[1] 耶律大石所建立的西辽国,对此制度继续衍用。《金史》中说,“大石称王于北方,署置南、北面官僚”,[2]可以作证。

这种特点,自然是中央集权不强化的表现。而中央集权不强化,我们又不能用什么民族特性等唯心观点去解释,而应当用马克思主义观点、亦即对于上层建筑方面的问题要从经济基础上去寻求根源的观点,去进行观察。契丹人在渔猎和游牧的生活方式上,其传统保持得十分顽强。契丹统治集团长期保持其四季渔猎游宴的习俗而不予革除,即所谓“四捺钵”者,傅乐焕氏所考甚详,[3]兹不赘述。至于一般人民的生活方式,《辽史·食货志》也有极简单的表述,“契丹旧俗,其富以马,其强以兵,纵马于野,弛兵于民,……马逐水草,人仰湩酪,挽强射生,以给日用。”[4]在占领了封建农业经济相当发展的汉族人民居地之后,在经济上没有能够及时很快地接受同化(像公元4世纪拓跋族所表现的那样),从而在政治制度等上层建筑方面也就没有能够向中央集权跃进。个别的契丹贵族也曾对此有所觉察,如萧孝忠的传中就记载说:“国制:以契丹、汉人分北、南院枢密治之。孝忠奏曰,‘一国二枢密,风俗所以不同。若并为一,天下幸甚!’事未及行,薨。”[5]足见中央集权问题已经从客观上反映出来,只是契丹的整个经济发展跟不上去,所以一直不能完成其政治上的中央集权(虽然兵权的集中已经很强化)。

---

〔1〕见《辽史》卷45。

〔2〕《金史》卷121《粘割韩奴传》。

〔3〕见《辽代四时捺钵考(五篇)》,载《历史语言研究所集刊》十本二分,1942年。

〔4〕《辽史》卷59。

〔5〕《辽史》卷81。

耶律大石所建的西辽国既然依旧衍用故辽的制度，故对其附庸国权力的集中抓得不紧，致在平时两者间尚可维持其表面的关系，一等形势变化，西辽国的收税吏就不免有被丢到河里去的事情发生了。[1]

巴托尔德还说，西辽的"户税"制来自中原。不错，中原的中古时期一直是有"地税"和"户税"的。并且中原文物制度一直对西辽有着深远的影响，这也不容置疑。但西辽的"户税"和中原的"户税"又有所不同，这一点也有必要说清楚。中原的"户税"，是在承认中原大地主庄园利益的前提下，综合"地税"（以生产手段——土地的亩积，作为征税的标准）和"丁税"（以成龄的个体生产劳动者作为征税的标准）两者的内容而产生的，户分"九等"或"十则"，内中又带进去了"赀产税"的成分。西域诸国的"户税"则不是如此，它是适应游牧人民和作为工商业者的小市民的小家庭分散的特点，以一"丁"（成龄的个体劳动者）为一"户"来进行征税的制度。何以见得呢？元宋子贞替耶律楚材所写的《墓碑》中说，"始隶州县，朝臣共欲以丁为户，公独以为不可。皆曰：我朝及西域诸国，莫不以丁为户；岂可舍大朝之法，而从亡国政耶?！公曰，自古有中原者，未尝以丁为户……"[2]从这段材料中，我们可以看到两点：第一，中原是以荫蔽大量佃户的地主大庄园为主流的农业封建社会，以丁为户不利于大庄园地主的利益，从而也就不利于蒙古最高统治者的统治。耶律楚材的立论就是从这一点出发的。第二，蒙古和西域诸邦则一直缺乏这样的大庄园经济的传统，他们适应游牧人一帐一帐地分居以及城市手工业商人小家庭制而长期施行着以丁为户的征税制。西辽所适应的，正是后一种情况。所以一户征收一个狄纳儿，也就说不上是什么低税额制。这种以丁为户的传统，中原史料中也有助证。《辽史·天祚纪》中记述西辽最末一帝耶律夷烈即位后，"籍民十八以上，得八万四千五百户"。[3] 这条材料，初看似有误讹，何以籍"丁"的结果，反云得若干"户"？但以《耶律碑》来参照理解，就可豁然于西域

〔1〕见巴托尔德《蒙古占领及其以前的土耳其斯坦》，牛津版英译本，第355、356页。

〔2〕《元文类》卷57。

〔3〕《辽史》卷30。

地面的以丁为户为传统,老小、妇女不在征税核计之列,故仅籍18岁以上之男丁,作为户的数额来统计。我们在这里辨析一下,仅仅是想订正俄国史家可能对中国国情不十分清楚的说法,这丝毫也不排斥西辽国从中原文化中带过去大量东西的史实。

西辽史中需要重新料理的问题,尚不止以上所涉及的这些。还有另外不少的问题,如战争问题、手工业商业以及文化发展的问题以及伊斯兰教的问题,等等。耶律大石的军队打过不少著名的战役,诸如呼罗珊战役、喀什战役等,但是,有关兵力、武器、战略、胜负等情节,能够钩稽到的资料不多,无法获致较有推进意义的认识。商业、手工业、文化发展的情况,一鳞半爪的资料是有一些的,如巴托尔德在其《蒙古占领及其以前的土耳其斯坦》一书中,曾叙述河中府地面在10世纪初萨满尼王朝时候,其所受中原文化影响已经很深,丝织业已十分发达,造纸业已完全顶替了羊皮和阿拉伯草纸的使用,贫富分化已十分明显,阶级剥削已很惨重,如一枚铅皮包装的西瓜运到报达就值七百个狄罗姆,而一个手工业徒工的月工资才十五个狄罗姆,等等。[1] 这些,都可以说明西辽占领以前的手工业、商业的发达情况。但西辽统治时期的资料,则相对极少。关于伊斯兰教,在异教徒与伊斯兰教徒之间,亦即西辽统治者与花剌子模"沙"(王)以及塞尔柱速檀之间的冲突与勾结之中,不同经济利益的各族社会等级通过宗教外衣而进行角逐,这也是很自然、并且是可以想见的。受到已掌握到的材料的局限,本章不能一一地予以专节的论述了。

1974年10月25日写于兰州

(原刊于《社会科学战线》1987年第4期)

---

〔1〕见巴托尔德《蒙古占领及其以前的土耳其斯坦》,英文本,235~240页。

25 七河史[1]

本文英译者 V. 敏诺尔斯基给《中亚史研究四种》所写的《引言》

巴托尔德(1869—1930)是穆斯林东方学的伟大史学家，也是一位著名人士。1930 年 8 月 26 日伦敦《泰晤士报》的讣告中称他为"土耳其斯坦学的吉本"。[2] 这句称号，重点指出了巴托尔德对于从里海到蒙古和中国之间广大地区的研究工作的重要性；并且，即使在那一地区之外，甚至相距甚远的地方、在很多伊斯兰历史学的分支上面，也都打下了他的劳迹的印痕。他写过一本《伊朗的历史地理》，一本《西欧和俄国对东方史的研究》，一本对伊斯兰国家两大支柱的研究成果《哈利发和苏丹》，还有另外几种有关伊斯兰和伊斯兰文明的书，这还不包括在有关伊斯兰文明、历史和地理、传记以及书评这样一些主题下的许许多多篇重要论文，其中的一部分确确实实是智慧和学识的珍宝。巴托尔德的著作目录，包括四百个以上的选题，并且我们可以满怀自信地说，在后人继续研究的光亮照耀下，他的这些著作几乎没有哪一种已经失去它的应用价值和兴趣。

巴托尔德 1869 年生于圣彼得堡，出生于德国血统的一个富裕家庭。他的教名是维廉，但是很快也就甘心承认了一副俄罗斯化的本名和父名：瓦西里·渥拉几米罗维契。俄语成了巴托尔德的母语，并且他亲自承认某次向外国听众宣读他自己用德语写作的论文的时候，还须请一些朋友帮助矫正。他在圣彼得堡大学学习，并且从 1896 年起就在这同一座大学里教课。1912 年他当选为俄国科学院院士，他担任这一职位直到 1930 年 8 月 19 日逝世。他与大学和科学院的紧密联系还反

〔1〕〔俄〕V. V. 巴托尔德著；本文译自 V. 敏诺尔斯基英译本，1928 年牛津版。

〔2〕吉本是著名的《罗马帝国衰亡史》的作者。

映在婚姻关系上,他的妻子是当时著名波斯学者 V. A. 茹阔夫斯基(1858—1918)的妹妹,而茹氏的另一个妹妹则嫁给了 N. Y. 马尔教授。

巴托尔德是一位有着苏格拉底式的严峻外貌的人,学生们对他的嘲讽怕得要命,但是一离开讲台,他也会把深情厚谊给予别人,并且经常带头对真才实学和事业上的进取心表示鼓励。只有当人们把一些浅薄之见冒充什么绝对真理的时候,巴托尔德从不妥协,而宁愿冷酷无情地将这样一些肤浅之作撕得粉碎。他在自己身边散布了一圈带崇敬的惊愕;每一位东方学者在动手要写一篇论文的时候,都不免想到:“巴托尔德会有什么看法?”当代有一作家,一度慌手慌脚地要炮制一部伟大德国学者玛卡尔特(J. Marquart,1864—1930)的传记,而玛氏的许多观点又是与巴托尔德长期坚持分歧的。最初读到这部传记的《目录》刊登出来,巴托尔德立即由于其中的一小撮疏忽和讹误就大发脾气,竟在一封大加指责的读者来信中忘记了签署他自己的姓名。这是一场富有意义的教训,而当前我在写作有关巴托尔德的《目录》的时候,虽然玛卡尔特的门徒们和传记作者们都寄来了贺词,但我仍然反复加工,杜绝一切可能的漏失。

随着岁月的增进,巴托尔德的脾气由于年龄和经验而温驯了。“也许你是对的;但对于我来说,事情的反面往往比我所期望的表现得强烈的多,而这就使我承认别人功劳的时候显得软弱……当我写评论我老师 V. I. 隈削洛夫斯基的文章的时候,我主观上本想尽可能说好话的,但别人理解起来,却成了一场放肆的和过度的辱骂。这种事一想起来就使我忏悔。”(1929 年 7 月 2 日《通信》)。

在许多肢体方面的衰疾外,1893 年当他去七河省进行第一次考察旅行的时候就摔断了脚。他返回塔什干进行治疗,但是转过年的春天,他又毫不迟疑地去完成了他的旅游。他对知识的好奇和渴欲,能够压服任何其他的考虑。有一天,他对年轻的外甥马尔说:“咱们到美国观光去吧!”于是他们就坐轮船到了纽约。巴托尔德曾经在欧洲的许多图书馆里长时间地工作过,在伊斯坦布尔和开罗也是一样,每次都谨慎地考订着他的研究和发现中的成果。几乎每一年,他都要到土耳其斯坦去做一次“朝圣”。在那里，他熟悉每一位学者，每一份私人收藏的文物，甚至每一本罕见的书。巴托尔德的一桩值得人们记忆的事迹，是在俄国的和穆斯林的学者们、官员们、教师们、医生们和工程师们之间，引发一种对地区历史和古物的兴趣。他成为他的考古队的组织核心。他跟大家伙做通讯联络，在地方报纸上即刻写文章，对现场人员可能发生兴趣的特殊问题都进行调查研究。他给《七河史》[1]所写的《前言》，是他所选目标与具体实践的最好见证。

巴托尔德是三种穆斯林语文——阿拉伯文、波斯文和土耳其文的学者，并且使用这三种语文出版过著作。但是他最主要的特征是，他并不是作为一个东方语言学家拐进了史学，而是一个配备了东方语文能力的历史学者。在他的论文中，特别是在他一生的晚期，我们可以看到他在总的历史文献方面是多么娴熟，他在探讨诸如移民、封建主义、沙利曼大帝和哈利发的通讯诸问题时，是何等的在行。对于巴托尔德说来，没有所谓的第二手资料。作为一个真正的历史学家，他是从原始资料中生长起来的，每年都要把资料重新整编一次。在第一次世界大战期间，当用中世纪土耳其文编写的喀什噶利氏的《字典》刚刚在土耳其发现后不久，当时俄国正在革命，但巴托尔德通过艰深的阿拉伯语，通读了这部分量庞大的著作，并且从其中札取了史料。他对于所有新出现的资料来源，对于每一次新的地理探险，每一次新的考古发现，都是如此办理。东方学的资料也许有一天会竭尽，但巴托尔德的目光却始终注视在经济因素的影响上，法令上，贸易的通道上，艺术上，以及一切值得重视的其他因素上。在这方面最光辉的例子，就是通过他的史学专著《蒙古占领时期的土耳其斯坦》而推动了“十五个专题”的科研任务出来。

1928 年，他的这一“划时代”著作在 H. A. R. 吉卜教授和罗斯爵士（此人早年曾在圣彼得堡听过巴氏的讲课）二人的大力主办下译成英文，并在纪念吉卜氏的丛书中出版。印度的沙伊德· 苏赫拉瓦第博士

〔1〕“七河”土耳其语作 jiti su（“吉蒂·苏”），俄语作 semirechyé（“谢米列奇”），指天山以北巴尔喀什湖与伊塞克湖间、伊犁河与吹（垂）（楚）河流域及其迤西一带的地区。——中译者

也把他的一部有关伊斯兰文明的小书翻译出来，在加尔各答出版(1934)。他的其他著作也都译成了法文、德文、阿拉伯文和波斯文。关于他的著作，已经出现过三份《目录》，两份德文的和一份俄文的，并且在第二次世界大战临战的前夕，德国学者们还积极着手来翻译并吸取巴氏著作中的精华，连零散的篇章也不放过。

巴托尔德一生坚持自己在学术问题上的独立见解。在革命前夕，他的一些关于俄国东方学的研究脚步有些放慢的发言曾引起过骚动。而当他发觉在他亲自创办的刊物《伊斯兰世界》上由于某些偶然因素略微降低了水平时，他就退出了该刊的编委会。大革命以后，他的一些有关封建主义的见解曾经在《新东方》(Новый Восток)上引起过尖锐的争论，但最终也把他无可如何。即使在情况十分暧昧并且混乱的关头，巴托尔德依然保持了作为一个历史学家和哲学家的高瞻远瞩的态度，这在他的著作《密尔·阿里·锡尔》的结论部分可以反映出来。巴托尔德的权威屹立不衰。在大革命以后，在土耳其斯坦一度出现过极端民族主义的泛滥，人们激动地支持一种叫做“我们自决”的原则，事事如此，甚至字母也要改创。即使在那些岁月里，土库曼和吉尔吉斯的官方，依然约请巴托尔德替他们撰写他们社会的历史。在土耳其马斯太发·凯末尔新政府的邀请下，他到伊斯坦布尔做过一系列的《土耳其史》的学术讲演，后来在土耳其印成了书。

作为他忠诚伴侣和助手的妻子的去世，对巴托尔德说来，是沉重的打击，特别在当时，他的教课和写作的任务正在增重。“我的日常工作是永无休歇的；刚送完了葬，我就得即刻工作起来。”(1928年5月16日《通信》)在另一封信中，他说：“在我一生中，还不曾有过像现今这样的出力。”大革命之后，写于公元982年的波斯地志《胡达·阿尔·阿兰》这份举世没有第二份的写本就要离开俄国的大地了，但是当代的作者们依然成功地从巴黎把它进行复制，带回彼得堡来。巴托尔德平生最后的一部巨著，就是将这一摹本付印，并对原穆斯林《地志》作者撰述了著名的《引言》。这篇《引言》是使用了学者从终身苦干中勤慎地搜集并积累起来的事实的全面的掌握而写成的，但遗憾的是作者并没有活着看到此书的印本。

在献给巴托尔德的《唁词》中，伯希和的一篇特别值得重视。这位驰名当代的法国东方学者(死于1945年10月26日)写道:““Tant par l’etendue des connaissances que par la pénétration et la netteté de l’esprit critique. 1’oeuvre de Barthold est d’une solidité et d’une variété exceptionnelles. Ce grand savant laisse vide une place que nul n’est préparé à occuper comme lui. Etil vaut peut－êntre de rappeler que，par la loyautté, ledésiutéressementet le courage，l’homme fut chez lui à la hauteur du savant.”(“无论从知识的广度或者深度，或者从他进行批判时的精确度，巴托尔德的著作都表现出一种坚实和出奇的多样性。这一伟大学者空出了一个位置，使人无法去填补。一想到他的诚挚、无私和勇气，人们就感到在他身上，集注了一切学者的崇高。”)

在巴托尔德的遗著中，我们特别选出这四篇专著来译成英文，目的是为了说明在土耳其斯坦历史和七河地区历史中的一个总历程。必须提醒的一句是，目前这本书的编辑，并非按照原作者写作年代的前后，而是按照该四种专著的内容的纪年次序。除此之外，由于在这四种专著各自写作的年代间有着相当段落的隔离，所以每一种专著按照它自己与其他三篇稍有不同的顺序，在对待同一件事的时候，不免有所重复。在对这些论文进行改编的时候，经过考虑，要消除这些重复是不合适的，因为那样将会伤害每种著作中所特有的逻辑。还有，读者在熟悉了巴托尔德“压编风格”所具有的特色之后，一定会有兴趣去细读《注释》，而这些《注释》又不是在其他三种中都具备着的。

现在，假如我们对四种专著再分别地予以介绍，那么情况就会更加了然了。

(1)《土耳其斯坦简史》。这是巴托尔德在1920—1921年新创办的土耳其斯坦大学所作讲演的一份节要，1922年在塔什干出版。因此，他的特色是注脚很少，并且较之其他三种文字更加通俗。这篇著作，跟巴氏的专著《蒙古占领时期的土耳其斯坦》(1900年出版)，表现为迥乎不同的风格。后者采用一种非常短小精悍的形式，这本《简史》

的内容却是包含了很长的历史段落，从无可回忆的年代到俄罗斯人对它的征服。并且，考虑到这篇东西的包罗万象的特点，它对于《四种》来说，倒是一篇有用的《导言》。为了将其中一些会引起普遍兴趣的论点标识出来，我在本文《附录》中将由巴氏所推进的所谓“十五项选题”排列出来，想来不是无用的。在这十五项要点中，巴托尔德将他自己的主要结论总括在一起，这样拿来译成英文，不仅对本书读者会有帮助，即便对于1928年《土耳其斯坦》英译本的读者也会有所裨益。

(2)《七河史》。1893年出版于凡尔尼(今名阿尔马·阿达)，这是在巴托尔德决定终生献身于土耳其斯坦史的研究之前7年写出的。这一最早作品，写出至今，已历半个世纪，但即使在今天看来，它在将横亘于正土耳其斯坦与西伯利亚之间的这片领土上的为世人罕知的若干史事予以扒梳的这一点上，依然是举世无双的。Semirechy'e(谢米列契)这个俄文字眼，即土耳其语jiti-su(吉蒂·苏)，亦即“七河”的意思，它所指的这片草原，横亘于伊塞克和巴尔喀什这大湖之间，再加上以西的一些陆地。过去的七河地区，在今日苏联已经划分成为卡查赫共和国和吉尔吉斯共和国了。在巴托尔德的大著《土耳其斯坦》一书中，他曾经多次提到《七河史》，可是即便在俄国国内，这本书也一直是弄不到手的，直到最近才在当代探险家与地方文物收藏家白尔斯坦(A. N. Bernstarn)博士的督导下，在吉尔吉斯共和国的伏龙芝市出版(1943)。在转译许多中国名目的过程中，我深得已故的剑桥大学哈龙(C. Haloun)教授的帮助。

(3)《兀鲁伯》。写于1915年，出版于1918年。这是巴托尔德对史迹进行辛勤调查的良好榜样。这本专著，沿着前边两本著作所遵循的总体规划继续前进，并且对《土耳其斯坦》一书所遗留下来的蒙古占领时期的线头，予以重新拾起。从《兀鲁伯》这部专著所依据的老老实实的资料来源上，以及它在当代所进行调查工作的确凿性上，对于处在《中亚史》若干繁难的堆积中的帖木儿帝国(1400—1450)这段不长的历史，投给了一线的光明。

(4)《密尔·阿里·锡尔》。这是《四论》中著作年代最晚的一种。

它出版于1928年，编在苏联科学院为纪念中亚细亚最晚出现的帖木儿王朝中最著名的这一政治家和著作家诞生500周年而印行的丛书之中。假如说，《兀鲁伯》的故事是以撒马尔罕为中心的话，那么，《密尔·阿里·锡尔》的故事是以今阿富汗西北边境上的哈烈(Herat)(即赫拉特)为中心的。这部同样详尽的专著，标志出了帖木儿后期王朝(1450—1500)的另一地界。

巴托尔德的行文往往艰深费读，翻译起来也并不比较容易。作者在写作时很少考虑如何帮助读者来消化这份精神食粮，无论是一遍遍地重读也好，或者把一些具体节目漏掉不读也好；作为教科书，大学生们更须加倍集中精力。翻译者们曾经做了种种努力试图将原文沉重的结构予以缩短或者简化，但是他们又担心即使在写出更流利的英语的借口下，他们有没有权力"改写"原著；这样会造成改变作者原有目的的后果。

四种著作中充满了艰深的东方名词和字眼，土耳其的，蒙古的，中国的，阿拉伯的以及波斯的。前两项语文在对音系统上说是拼音的，而在后三种的情况下，作者必须或多或少顺应原始的字体，以致迫使这一行道的学者不得不先按原体照描，然后再进行转译。在目前的这本书里，我们尽量留心不使由于音符太多而叫内容更加复杂化了。著名的人名和地名，都按照通常的形式写出。对于"华扎"这个称号，我们按中亚式的发音，拼为"霍扎"(即"火者")。在更艰深的情况下，当第一个词儿第一遍出现时，我们将准确对音予以注明；等以后再现时，则仅仅予以提示就是了。不顾会被人谴责为轻率的罪名，翻译者们尽量使读者不感觉到阅读的困重。对原著中巴氏本人对东方语言所做的注脚，我们都用英文一一予以译释。

1949年12月25日，于剑桥

我带着高度的喜悦心情，接受了七河省要我为1898年该省的《年鉴》写一篇七河地区的简史和大事编年纪要的邀请。使一个中亚史学的工作者深感慰藉的事实，这也就是七河地区史之所以引发兴趣的根由,就是没有当地人民的积极合作,任何这方面的研究题目都不可能获致到完全和透彻的成果。我们的史料根据经常是片断的、不完全的,随时需要考古资料来予以补充。人们假如到这一地区来仅作短时间的访问,而未曾与当地居民保持亲密的接触,那么这样的人们所搜集到的资料,往往会遭历不可克服的种种困难。只有长期的当地居民才能够在一个充分巨大的规模上进行地区性的研究,并且能够拿真正有价值的发现来丰富我们的知识。譬如在皮什伯克和托克玛克附近发现的七河地区景教(基督教聂斯托里派)墓葬就是一例,但这种探索似乎一直在一种偶然和随意的情况下进行。相当大量的考古材料在未经研究之前就已经不见了。托克玛克的居民过去经常在白朗那附近古代河渠的底床中发现大量的钱币,但等我去时却一个也找不出来了。像其他的任务一样,任何地区的古迹研究也非通过一定的组织群众不可。因此让我在这里表达我的期望,在七河地区,通过适当的路径,要组织起一个会社来,具有一定的目的和权力,就像土耳其斯坦地区已经组织起来并且开展工作的社会团体一样,通过他们的劳动我们才得以读到像怛罗斯(打剌思)河谷中出土的古突厥文和畏兀儿文的碑刻那样珍贵的发现。

地区力量在发展地区历史方面,除却考古资料的搜集以外,依然大有可为。在确定一个古地名和今地名间关系的时候,对本地区的熟悉是必不可缺少的;地区历史跟地理环境的联系,对于全面的理解来说,同样也是不可少的。人种学资料的重要性就更不需要强调了,在这一方面地区性的研究者往往会有特别优越的机会。

我们希望,这篇短文对本行中未来的工作者,会有某些用场。依靠利用所有我们可以接触到的印刷材料和手写材料,我们尽了一切的努力去将过去七河地区历史可起作用的史实统统总括在一起。在特殊情况下,我们也拿本地区的很多不同时期中的生活条件,来印证史料中的每一个细节。现在要写出一部达到当代历史地理学水平的七河历史,其条件尚未成熟。我们只能提供一个包括若干问题的《大纲》,这些问题的解决则有待于对本地区历史理解的进一步发展,有待于有朝一日我们再不抑制自己对这些问题的解答。我们的这份《大纲》,只意味着对未来的历史学家提供一个开端。至于我们已经在这一方面工作到什么程度,那就不该是我们来判断的了。

25.1 乌孙简史

七河地区最早的历史记载,来自中国的史书。古希腊、古罗马的作者们,仅仅提到锡尔河以东所居种族的很少几个名字,但未曾确切地指明他们的疆域。即便对于中国人来说,也只有到公元前2世纪末为了抗击强悍的匈奴,寻求与国,而派遣使臣来通西域。在匈奴所征服的诸国中,有乌孙国。其人来自南山(即祁连山)和布隆吉尔河(即额济纳河)之间,原先过着游牧的生活。他们的国王为匈奴所杀。匈奴王将其王的幼子扶养起来。当这幼子长大后,匈奴命他领有其父的故地。乌孙赶走了他们原先的邻居——月氏,此族人很可能出自羌族,[1]也是曾被匈奴击败过的。在他们西迁的过程中,又从七河地区赶走了塞种。塞种一般认为就是Saka,这在希腊和波斯有关中亚的文献里,是屡见不鲜的。这种考证,主要基于二者声音的极其相似。月氏后来在中国遣使通西域的同时,又被乌孙赶走了,虽然塞种和月氏种的部分遗民依然留居下来。[2]在七河地区,乌孙国王猎骄靡,拥有"昆莫"王号,逐渐强盛,不再臣服于匈奴。乌孙东界当与匈奴接壤,但中国史书对此并无详细记载。乌孙之南,是今新疆境内的一些长期"居国"。其东南是大宛,其西是"行国"康居。由于乌孙居在大宛的东北,康居居在大宛的西北,那么它们两国的疆界,大体可与今日七河省与锡尔河省的疆界密合。至于提到乌孙的族源,仅仅他们语言中的一些人名、称号从中国记载中流传下来。语言学家一直对此尚未予以研究,而我们仅能指出,其人名经常以"靡"音札尾。有关他们的外貌,我们只能根据一位

〔1〕这一点,是很值得怀疑的。——敏诺尔斯基。

〔2〕塞种共有三国,中国史书列举其名,曰罽宾(喀什米尔)、休循、捐毒。此三国并不位于七河与新疆之间,而是在兴都库什山和高附的河谷地带。希腊史家也把这些人叫印度·塞西安人。这样,塞种即Saka,即塞西安人,可以认为是无可置疑的了。

更晚的(公元7世纪)中国作者颜师古所说,“乌孙于西域诸戎,其形最异。今之胡人,青眼、赤须、状类弥猴者,本其种也。”所有这些对于我们判断究竟乌孙是如很早的东方学家们阿拜尔·莱缪萨以及克拉普劳蒂所设想的亚利安人呢,抑或如晚近的突厥史家拉德洛夫以及阿利斯托夫的意见,是突厥人呢,其根据都是不充足的。

乌孙的牧地主要当位于七河地区,因为中国史料说它“地莽平”。又提到“多雨,寒”,又说“山多松樠”。户十二万,口六十三万。胜兵十八万八千八百人。它的都城,或者勿宁说它的主帐所在地——赤谷城,应在今伊塞克湖的东南岸一带,因为中国人描述它的方位在阿克苏西北610里,大宛东北2000里,距离中国边境5000里。在7世纪一部中国人的《行记》中,说它在距柏达关隘50里的方位上。但这份《行记》几乎是完全不可靠的,需要汉学家重新予以审定。我们不知道阿利斯托夫根据什么说赤谷在七济河的岸上,但我们同意他这样的说法,即像乌孙这样的“行国”,要寻其房屋遗址,那是没有意义的。即便利用伊塞克湖岸边与湖底发掘出来的碑记去考证(到现在还有人这么干),也是没有意思的。我们一定会弄清楚,伊塞克湖边的城寨遗址,是在乌孙这个名词早已被人遗忘了的年代建立起来的。

到公元前105年,中国使臣张骞到达乌孙,劝其东居故地,与中国结为昆弟,以制匈奴。使节在昆莫廷中遭到冷遇,他的计划未能得到反响。只有当乌孙使节伴随张骞返国,见汉“人众富厚”,归国报告后,汉之威信始得略张。然此时继张骞之后汉使相属不绝,多道出大宛,乌孙所得赐少。于是昆莫遣使献马,愿得尚公主,许以马千匹为聘。汉许聘,乌孙以汉公主为右夫人,而匈奴单于之女为左夫人。公主感到风俗迴异,语言不通,因悲愁作歌,言其远托异国,嫁乌孙王,“穹庐为室兮旃为墙,以肉为食兮酪为浆”。

公元前102年,汉伐大宛。汉人邀援兵,乌孙遣两千人为助,待机而动,并未参与实际战斗。

昆莫将死,愿使其孙军须靡尚公主。公主不听,汉天子劝其从乌孙国俗。军须靡官号曰“岑陬”,其匈奴妇所产子曰泥靡。“岑陬”将死,泥靡尚幼,国家权柄暂予"岑陬"季父子翁归靡。当时,前江都公主已死,汉复以楚公主妻"岑陬",翁归靡继位,因复尚楚公主。翁归靡略具治国才,内部蕃庶,对外强有力。公元前71年,翁归靡与汉联兵击匈奴。取俘获四千级,马牛羊橐驼七万头。[1] 此后,昆莫亦逐渐插手葱岭以东事。其次子为叶尔羌(莎车)王,其长女嫁库车(龟兹)王为妻。公元前60年代,翁归靡死,"岑陬"子泥靡立,号"狂王"。

狂王复尚楚公主,公主渐老(年50以上),犹生一子。狂王与楚公主失和,又暴虐失众心。汉使至,公主与谋置酒杀狂王。剑下不中,狂王惊,上马驰去。狂王子细沈瘦起兵围赤谷,汉使、公主尽在围中。汉朝为此事表示歉意,收汉使魏和意、任昌,槛车至长安,斩之。遣中郎将持医药治狂王,并赐金缯。公主被留验,不服罪。旧翁归靡之子乌就屠,匈奴公主所生,借狂王不得众心时机,走北山(阿尔泰山)中,扬言所借母家匈奴兵来相助,故众归之。乌就屠后袭杀狂王,取其位。匈奴所酿政变得成,出汉人意料,于是穿井、通渠、积谷,以防七河地区之变。此时,幸有楚公主侍者冯嫽,曰冯夫人,从中斡旋局面。分乌就屠为小昆弥,翁归靡之子元归靡为大昆弥("昆莫"后又改称"昆弥")。大昆弥领众六万余户,小昆弥领众四千余户。乌就屠亦曾与匈奴战,不利。其与汉使周旋,颇得宜。

大小昆弥之分,易于引发竞争。元归靡之孙雌栗靡为大昆弥,雄健,国内大安,胜于翁归靡时。雌栗靡出示告民,马畜勿使入小昆弥牧地,恐其相扰。此举可以说明,乌孙国中当时已出现私圈牧地,一如此后突厥、蒙古人所称之"卡禄克"。小昆弥遣刺客杀大昆弥。汉使复立汉公主之孙伊秩靡为大昆弥。在大小两昆弥互斗之中,汉使逐渐党于小昆弥。小昆弥安犁靡被匈奴所害,汉使亦得预知,其位由汉都护居之(公元前11年)。安犁靡季父卑爰疐率众八万余口北走,欲兼并两昆弥。汉与两昆弥间关系一度紧张。公元前1年,伊秩靡与匈奴单于并入朝汉,汉以为荣。后都护孙建又袭杀卑爰疐。

---

〔1〕《汉书》原文云获众口四万级,牛羊等七十余万头。此为联军俘获总数。本文作者仅录其十分之一,不知何据。——中译者。

公元后八年间,东土耳其斯坦又沦入匈奴。中原与西域关系遂告断绝,直至公元73年始得复通。公元97年,中国将军班超率领一支军队,深入西境,远达里海之滨。但此举似与七河地区无涉,因为在此时期内不闻与该地区有相关之事。史料中仅仅提及,2世纪时乌孙已与中国“完全分离”。匈奴自蒙古地面向西迁移之事,其经过七河时情节如何,同样亦无所知晓。只知2世纪末,迁移人数已十分众多。2世纪中叶,中国多事,西域往还又告断绝。至5世纪始复通。

在原蒙古高原地面上,鲜卑人取代了匈奴人。鲜卑之源,可能出自东胡(通古斯族)。鲜卑首领檀石槐(公元181年)占有了西迄乌孙之地。4世纪时,另一鲜卑朝的成员郁律领有古乌孙属地。自4世纪末至6世纪中叶,中亚统治权掌在柔然(茹茹、蠕蠕)手中。柔然通常也被认为是东胡(通古斯)的一支,他迫使乌孙人终于不得不放弃平川地面,进驻天山的山丛之中。北魏朝(或称元魏)建立时,公元425年,西域诸国遣使通问。从此,中原与西域来往复通。公元436年,中国使节到达乌孙,[1]此后乌孙年年遣使入贡。

从此以后,“乌孙”之名,作为一个独立部族的名字,从历史上消失了。像大家所熟知的,这个名词仅仅在吉尔吉斯—哈萨克族的“大帐”(乌孙)一词中得以留存至今。

25.2 突厥简史

公元6世纪,一个新的游牧汗国在中亚建立。突厥人来自阿尔泰山,在很短的一段时间内,征服了东至太平洋、西至黑海的广漠地区中的各族人民。汗国的创建人伊利可汗土门,死于公元553年。在581年,它钵汗死后,汗国分裂为二——西突厥与东突厥。七河地区,原乌孙故地,成为西突厥的中心地,并且从此以后,它就越发成为中亚西部相继出现的若干游牧国家的中心地。突厥占领时期,在七河的历史上占有重要的分量。

[1]指北魏太武帝拓跋焘所遣使节——散骑常侍董琬等。——中译者

这一游牧国家的中心所在，总成为各国商人极为注目的地方。这里总是他们商品最好的市场，特别是纺织品，这是自中国和西亚输入游牧地区的主要商品。这种纺织商品输入的必要，伴随着7世纪大宛地区所发生的变乱，引起由西亚通往中国的商路北移。商人们避开大宛和喀什噶尔，自撒马尔罕取路向东北方，经由塔什干和鄂里亚·阿塔进入七河地区，直抵楚河北岸。之后，他们沿着伊塞克湖的南沿，越过柏达隘口，到达阿克苏。据我们所知，这条商路最初是7世纪高僧玄奘和《新唐书》才提到的。《新唐书》成于11世纪，但它的西域材料的根据，却纯乎是第七、八世纪的。中国的编年史家们并不曾详细描述过这条通过七河地区的大通路的情况，但它使我们确信，在7世纪至少七河地区的农业已经搞了起来，这是经由来自玛瓦朗那尔（亦即阿姆、锡尔两河之间的肥沃地带）的移民而引进的，正如后来又被浩罕汗国的移民再一次引进一样地确凿可信。在玄奘过境的时候，在阿姆河与楚河之间，在文化上是统一的：衣着服饰、语言文字，尽皆划一。占主势的宗教，可能是摩尼教。字母可能源自叙利亚，[1]有字母32个，文字按竖行书写，当时已有历史作品的存在（所谓"字源简略，三十余言，转而相生"，"粗有书记，竖读其文"）。土人的外貌，据说是发留下来绕住头的四周，仅顶部剃去；或者全部剃去，用丝线遮住前额（所谓"齐发露顶；或总剪剃，缯彩络额"）。居民一半务农，一半经商。贸易中心是素叶水城，亦作碎叶，回教资料中亦有此名，据说位于噶思台隘口之南。自7世纪以来，各国商人麇集碎叶。碎叶以西"数十孤城，城皆立长，虽不相禀命，然皆役属（于）突厥"。

在碎叶城的近郊一带，经常设有西突厥可汗的大帐。玄奘与一位突厥可汗的会见，即在此进行。可汗著绿袍，发蓬松，额上按本地习俗用十余尺长之绸带，捆缠若干匝。可汗的随员发式迥异，搓成辫条。可汗居一大帐，帐中多陈设黄金器物。帐内诸王公亲贵以绸布缠头，按排坐在毡上，其身后方是护卫。"虽一毡帐中之蛮王，见之亦不禁令人钦敬"。高僧离大帐二十步时，可汗出迎，执礼问讯，略问数语，由舌人翻

〔1〕按，即窣利文。

译，然后吩咐抬一铁椅，延玄奘就坐。突厥俗不用木椅，玄奘以“火生自木”为解释，敬火因不坐木椅。同座者，有唐国与高昌来使（高昌国辖今乌鲁木齐、吐鲁番、哈密一带）。宴会随乐声开始。其俗虽野，其乐声则“娱耳目、乐心意”。座客尽皆啖肉饮酒，高僧则食素菜、饮酪浆。宴毕，可汗延请高僧说法，玄奘乃唪一经。颂毕，可汗举臂，匍伏于地，以表皈依之诚。法师离去时，可汗派一少年充向导，此人曾留居长安（今西安府）数年，操汉语甚熟练云。[1]

当沙婆娄·铁黎室可汗在位之时（634—638），西突厥分为十姓，垂河（一名吹河）以西五姓，以东五姓。在西者称弩失毕，在东者称咄鲁。不久之后，西突厥分裂为二，各据伊丽川之一岸。统治家族的成员间不断发生内讧，唐朝人也插手其中。个别的几个汗也曾统一过内部，但为时很短。例如公元 651 年的阿史那·贺鲁。公元 657 年，唐朝人如同四分之一世纪前曾经降服了东土耳其斯坦一样，而今又降服了西突厥，他们的王公都得到唐朝赐给的封号，有的身兼都督等职。有时，西突厥王公也叛唐起事，与当时占领了东土耳其斯坦很大一片领土的吐蕃人联盟在一起。704 年，阿史那·怀道一度成了十姓之长。自从这个汗的儿子阿史那·昕大约 740 年在俱兰[2]镇被杀害之后，西突厥汗国就告一段落了。

在此之前，咄鲁部五姓之一的突骑施，在垂河和伊丽川之间建立一支游牧的势力，曾极一时之盛。其王公大帐，设在碎叶，次帐设在伊丽川上。突骑施族最盛时期的王公是苏禄（738）。当时他的岳父、西突厥的阿史那·怀道身居大汗之位，但权势较之苏禄亦复稍逊。苏禄与东土耳其斯坦以及吐蕃族也结为姻亲。738 年，他被一个叫做莫贺达干的突骑施王公杀害了。苏禄的儿子被扶登汗位。莫贺达干与塔什干和䟦汗那（即大宛旧地）的统治者联合起来，在碎叶川将苏禄之子打败，将他俘获。740 年，莫贺达干成了突骑施族的统治者，他下命令叫把原西突厥诸汗尽皆诛灭。但是他本人的统治寿命也是短暂的，而且

[1]此段本事，见《大慈恩寺三藏法师传》卷 2，释慧立撰，房琮笺。

[2]约当前苏联境内锡尔河省的达尔蒂（路戈窝依）车站。

遭遇也并不佳。748 年(按,唐天宝七年),唐北庭都护王正见占领了碎叶,并且把它一毁到底。此后 10 年之内,突骑施统治的痕迹荡然无存。七河地区的西部,成了怛罗斯的一块属地,而怛罗斯又隶属于占据塔什干的一个头头。中国的一部编年史中记述当时该地全境人民处于无休止的自相残杀局面下的痛苦情状时说:“耕者著甲胄,人自相杀俘。”

西突厥汗国的崩解,极有利于阿拉伯人的进驻玛瓦朗那尔。阿拉伯的编年史家也不得不承认这一点。他们记载突厥汗国的衰亡年份在(回历)119/(耶历)737 年。根据阿拉伯人的记载,东突厥的可汗住在垂河河谷、托克玛克以东的纳瓦卡镇上,在该处他有私领的一片牧地和一片禁山,无人敢于随意阑入。在此禁地中放牧的马群,以及禁山中举行的游猎,尽是备战措施。可汗对阿拉伯不断寻衅,阿拉伯人从而给他取了一个诨名叫阿布·穆札欣(意思是像水牛或大象那样的碰人或拱人)。但是突厥人终于在吐火罗斯坦省(位于阿姆河之南、巴尔克之东)的一场战役里被阿拉伯人击败了。这位可汗在回归他自己本土的路上,被突骑施的一名王公叫屈绪的在进行一次复仇的过程中杀死了。从此以后,突厥汗国彻底解体。739 年,当屈绪已经年老的时候,他被阿拉伯人在锡尔河的岸上俘获了。他提出愿意用马千匹、驼千匹自赎,但是阿拉伯总督纳思尔却下令把他处死了。为了防止突厥人前来盗骨,他的尸体被焚成灰。根据达巴里的记载,这桩事比较屈绪之死还更加使突厥人感到悲戚。由于中国文字资料和阿拉伯文字资料的片断残缺以及有着值得怀疑之处,致使我们很难在诸资料之间进行比勘。

25.3 葛逻禄简史[1]

中国的阿拉伯的以及波斯的史料来源使我们能够在西突厥汗国覆

[1]中国史料中只有 8 世纪的一些事迹年月可考。至于第 9、第 10 世纪七河地区情况的资料,则见于阿拉伯的几个地理学家的著作,由荷兰东方学者戈耶(de Goeje)纂辑成书。另外一些著作,如朱瓦尼的六卷地理书和伊本·虎尔达比的原著,都已散佚。但这些内容,曾被波斯学者们所引用,例如被土曼斯基在布哈剌发现的不具名作者的有关 10 世纪的著作。(土曼斯基著作名《胡达·阿尔·阿拉》,有巴托尔德的摹本和敏诺尔斯基的英译本)

《宋史》曰:“割禄。”——中译者。

亡之后，对突厥所遗诸部落间的重新组合，画出来一幅相对明确的图景。构成西突厥汗国的那些部落，无论偏东些的或者偏西些的，除去戴有"突厥"这个总名之外，还另有一个总称号，叫"乌古斯"，或者"九姓乌古斯"。虽然按照中国史料，西突厥又分成十个部落。沙陀部突厥（意为"草原突厥"）曾经在东土耳其斯坦的最远地区建立过一个王国，中国史料说，它的渊源来自西突厥。按照阿拉伯人的传达，这部分突厥人就是众所周知的"九姓乌古斯"。这部分乌古斯（回鹘）人的另一支向西迁徙，以锡尔河下游作为中心建立了一个国家。关于这支乌古斯人寄居七河地区的回忆，残存于一种有关的神话传说之中，说亚费的儿子在伊塞克湖的边上定居下来。

突骑施部一直在七河地区单独地留下来。他们又分为两部：突赫西部和阿济部（阿济部名的读音依然值得怀疑。仅鄂尔浑地区碑刻中有"阿兹"一词，可资印证）。8世纪中期，七河地区的统治权过渡到葛逻禄的手里。当时该族的主力已经离开了阿尔泰山区，而在该世纪之初，其前锋部队已经到达阿姆河岸。766年，葛逻禄占领碎叶，并在此建都。其统治者称"叶护"，这一名词在鄂尔浑碑刻中经常出现。

因此我们可以说，西突厥汗国虽已覆亡，但七河地区依然为突厥诸部所占有，即未被阿拉伯人、亦未被中国人所征服。中国人一度干预西土耳其斯坦之事，[1]但自从他们被阿拉伯将领济雅·伊本·萨里击败之后，干预就停顿下来了。阿拉伯人（即大食人）除去将葛逻禄人自大宛地区逐出之外，别无其他的举动。向西北方，像众所周知的，回教的征服者们迄未越过怛罗斯河。在突厥诸部的历史上，通过贸易关系而渗透进来的回教文明的影响，要远较回教军队的成就重要得多。玛瓦朗那尔地区的居民一直具有经营商业贸易的雄心，而远自回教侵入以前的时期，在中亚各地，他们已经建立了各业的工场和作坊。在土耳其斯坦的西缘上，在"九姓回鹘"的居地之中，早就有了粟特人的殖民地。粟特人在七河地区已经具有影响力一事，可以从10世纪一位波斯地理学家的报告中得到证实。他说，在噶斯达隘口以北的别力村，又名

〔1〕按，指唐天宝十载（751）高仙芝征西域之事。——中译者。

别力里村,粟特人呼之曰萨马那。商人所到之处,往往伴随着各种教派的传播,这些人大都在玛瓦朗那尔地区任职,其中包括聂斯托里派的基督教(景教)徒。根据回教作者们的记述,土耳其斯坦许多城镇中都有基督教堂。据说,居住在伊塞克湖附近的一支游牧部落几几尔人中,就有着基督教的信徒。回教徒作者们极其详细地描述了自西亚通往中国的贸易之路如何通过七河地区,并且提到了沿此路的几个城镇的名字,虽然有关这几个主要城镇名字的读法上,依然值得存疑。朱耳城(这也许是突厥文的"拙儿",意为"草原")位于皮什伯克城的附近,也许就在阿拉麻丁村的位置上。在这里,自塔剌兹(又读作塔剌思,或奥利亚·阿达)来的道路和自阿哈夕噶越过噶剌库尔隘口过来的道路连接在一起。纳瓦噶城(或称纳维噶城),是楚河河谷中一处巨大的商业中心。从这里开始,分成两条叉路,一条穿过几尔·阿里克山口通往伊塞克湖岸去;一条向北通往碎叶。朱耳城与纳瓦噶城之间的距离是15个回里,亦即50哩。因此,可以大体推断,纳瓦噶城位于通噶剌布拉的通路叉往楚河左岸去的叉路上。整个这一地区属于葛逻禄的统辖,而伊塞克湖的沿岸则主要属于几几尔人,这支原也是从葛逻禄中派生出来的。在纳瓦噶和山口之间,又有一个大的商业中心叫喀什敏喀(另一叫法是孔巴尔喀),属葛逻禄的另一支派腊本人所管。其统治者保有"库特勒·腊本"的称号。这块山口至今仍叫几尔。据历史学家噶尔底济的说法,这一字的原义是"狭而险"。在这山口以南12回里处,又有城镇名雅尔,居民可以征调兵士三千人。几几尔人的统治者,他的称号是"答辛",就在此城建都。从路程的距离推断,这一城镇定然位于伊塞克湖的岸边,譬如说在南岸上,因为湖居于大通道的左边。距离雅尔城5回里,是顿城,显然是位于与此城读音歧异的小河的河谷里,至今某些残迹依然存在。自顿城相距三日路程,又有巴尔斯汗城。在顿、巴两城之间,仅有几几尔人的帐篷。这个城的名字,也许借一条小河巴尔斯坤的名字而流传下来。根据地理学家库达玛的记述,巴尔斯城由一大组村落所构成:四个大村,五个小村。此处统治者具有"马那格"的称号,或者如另一种史料来源所提供的,称作"塔宾·巴尔斯汗”。从这里可以征发六千多名兵士。根据《胡突记》所说,巴尔斯汗的汗王虽然属于葛逻禄种,但当地居民却倾向于“九姓回鹘”。这一城镇在东、西两土耳其斯坦间,居于交通枢纽的重要地位。突厥人在反映其世系的传说中说,突厥的一个后代,就有着巴尔斯汗的这个名号。

从大宛往巴尔斯汗也有一条直接的通道,这条路通过乌兹干,穿过雅西隘口,阿尔巴山谷,以及喀喇郭垠河、阿巴什河、那林河的河谷。距阿巴什河和喀喇郭垠河的汇流处不远,在一片山丘上,就是阿巴什的城镇(就是现在郭硕·菊尔干的废墟),此城距离大宛、巴尔斯汗和东土耳其斯坦、吐蕃领地的前沿,都是等距离的,那条通往吐蕃地面去的道路大约须通过吐鲁戛特隘口。在阿巴什和巴尔斯汗之间,连一个村庄也没有。七河地区的南部,为药罗葛人(九姓乌古斯中最南的一支)所占领,喀什噶尔也属这族人管辖。纳林河一直被认为是葛逻禄人和药罗葛人之间的边界。

最后一点,从纳瓦噶城通往碎叶的迂曲道路,也与巴尔斯汗城相连。碎叶城位于楚河的北岸,在突骑施的地面上,在距离纳瓦噶 3 回里的山脚,也就是说,显然是在今天的哈喇布拉克的位置上。其统治者是突厥诸汗的一个弟兄,但他具有伊兰式的称号“雅兰沙”,意思是“英雄之王”。这个城镇能征调两万名士兵。在通往碎叶的路上距离纳瓦噶 1 回里的地方,又有互不相谋的统治者。那座噶斯台隘口所在的山,被突厥人认为是神圣的,他们相信这是神之所居。关隘以北是别力里城,该统治者的称号,根据一种资料来源是“巴丹桑古”,根据另一种来源是突厥式的称号“伊那特勤”。此王统有三千兵,而城中居民又可征拔七千。从碎叶到巴尔斯汗,商队要走 15 天,突厥驿送只要 3 天就够了。通道似乎是越过噶斯台隘口,穿过凡尔尼(又名阿尔玛·阿达),沿着伊丽河原的北坡,再越过几济尔·噶雅隘口(位在桑塔什的高原上),到达哈喇库尔。被阿拉伯人所估计的沿伊塞克湖的北沿从托克玛克通到哈喇库尔的旅程日数,未免太多了。在伊塞克湖的北岸上,在几几尔人的地面,在葛逻禄人领地的边沿上,有着巨大的商业城镇色库尔城,这个名字也许自伊塞克库尔之名转来,直到帖木儿时代此城依然存在。

在所有突厥诸族系中，葛逻禄是最积极地迎接回教文明影响的。说葛逻禄的叶护在回教教主马第(775—785)时转奉回教的资料，是靠不住的。但在10世纪时候怛罗斯以东的诸城镇中确有大规模回教寺的建立。回教文明影响了葛逻禄的一般生活方式，因为在葛逻禄人中不仅仅有猎户、有牧民，也有农业耕作者，葛逻禄人经常遭到其他支系突厥人的不断侵扰，特别是九姓乌古斯，这一支系被认为是10世纪时候突厥人中最强盛的。九姓乌古斯人的绝大多数，连同他们的汗王，都是摩尼教徒，但其中亦颇杂有基督徒、佛教徒和回教徒。史料中看得清楚，巴尔斯汗城(这一城名的读音是值得存疑的)，也就是今日之阿克苏。记载中说它是隶属于葛逻禄的，可是它的统治者却曾经是隶属于九姓乌古斯的。后来，这座城镇就给黠戛斯(吉尔吉斯)人占领了。当时，黠戛斯住在叶尼塞河上游的河谷地带，根据中国史料所载，阿拉伯商人3年一次从库车(龟兹)给他们运去丝绸。商业贸易使黠戛斯人与阿拉伯人之间、同样使葛逻禄人和吐蕃人之间的关系拉近了。很可能黠戛斯人与葛逻禄人结成联盟，侵占了九姓乌古斯所占的七河地区的一部分，直到现在仍是他们的居地。总之，黠戛斯人主力之进驻七河地区，其时限必然很晚。如果在哈剌汗朝时候他们已经进驻到七河地区中来了的话，那么他们在10世纪、11世纪时候定然会转奉回教了。可是事实上，他们在16世纪时候依然被看做邪教徒。

这楚河河谷地带，原是葛逻禄地面的中心的，最终转入到他们敌人的手里。将近公元940年之际，一些“邪教徒的突厥人”占领了八喇沙衮，到11、12世纪的时候，这座城池的身价极高。穆喀达西是10世纪唯一提到这座城池的地理学家，他描写说：“地广、民众、富庶。”有关巴喇沙衮城所在的方位，一直缺乏精确的数据，但我一贯认为它位于楚河的河谷之中。占领楚河谷地带的人，被证实也就是哈喇汗朝由之兴起并且被建立的邪族人。就是在这族人的统治之下，中亚细亚的西半部在10世纪时得以统一在一起。

25.4 哈喇汗朝简史[1]

历史学家们一直不能鉴定哈喇汗朝的人民究竟是属于突厥人的哪一派系。只有充分的根据相信,由王号叫做波拉汗的统治者所属的药罗葛人,占哈喇汗朝人民的大多数。假如此说得以成立,哈喇汗朝人的侵入七河,定然是来自南方。进入之后不久,哈喇汗朝的人就改奉了回教,不过有关这件事的证明材料仅仅是传说。根据伊本·阿尔·阿蒂尔所引述的传说,第一个带头信奉回教的是沙布克(或作"沙兔克")哈喇汗。在梦中,他看见一人从天而降,用突厥语告诉他说:"信奉回教吧,那么你将在现实世界和未来世界中得救。"另一条最古的记载,见于贾麦尔·阿尔·噶尔西的著作中,说本朝第一个信奉回教的汗王是沙兔克·波拉汗,名叫阿布杜勒·卡里姆,此人是(回历)344年/(耶历)955—956年死去的。两条传说所指的显然是同一个人,因为两宗传说都说此人就是玛瓦朗那尔的征服者、纳丝尔汗(他的突厥称号是"伊拉克"或"伊犁格")的曾祖父。阿布杜勒·卡里姆的孙子哈朗,在一部当代的著作中,说他也同样拥有"波拉汗"的称号。

这个哈朗,他的都城设在巴拉沙衮,公元992年他从对玛瓦朗那尔的征战中因病不得不撤退回来,死了。对玛瓦朗那尔的征服,是999年由"伊拉克"纳丝尔所完成的。哈喇汗朝势力的继续前进,受阻于敢纳维的算端马赫穆德(997—1030)此人是阿富汗的征服者,也是东半部波斯和部分印度的征服者。1008年1月4日,好像乌比所描写的,那些"宽脸庞,小眼睛,扁鼻头,稀胡须,铁刀杖,黑铠甲"的突厥人在巴尔克附近被击溃了。从此以后,他们再未向阿姆河以外作任何的征战。

到11世纪的时候,哈喇汗朝就分裂成为若干封国,这些小封国对大汗国首脑的臣服程度,只按照大汗个人的性格而定。在"乌捷尔"[2]制度之下,不可避免地即刻就要发生互相残杀的内战,特别是由汗国两

[1]"哈喇汗"这个词,乃俄国史家格里高利也夫所私定。——中译者。

[2]"乌捷尔"是一个古老的俄罗斯词,意思是父祖的遗产由子孙们来瓜分。

大支派，由沙兔克·波拉汗的诸孙的后裔阿里（纳丝尔的父亲）和哈朗所代表的两派之间。有关这些内战的程度，以及双方轮流坐庄统治七河的情况，我们掌握的资料是极少的，有时还是互相矛盾的。根据乌比所记，“伊拉克”跟他的弟兄——喀什噶尔的土干汗就极端不和，怀疑他与噶兹纳的马赫穆德有私通。（回历）403/（耶历）1012—1013 年“伊拉克”死了，土干汗继承汗位。此人是否统治过玛瓦朗那尔，尚值得存疑。但他统治七河地区是无疑的，甚至开始时东土耳其斯坦怕也在他的统治之下，后来才逐渐被波拉汗哈朗的儿子喀第尔汗玉素甫赶了出来。乌比和伊本·阿尔·阿蒂尔把这位玉素甫叫做和阗的统治者。拿钱币来证明，（回历）405/（耶历）1014—1015 年时，他连喀什噶尔也统治了。

在（回历）408/（耶历）1017—1018 年，七河地区被自远东来的一些游牧人所侵入。其中主要是契丹人，当时他们正君临着北中国和中亚细亚的最东部。可是后来，像大家所知道的，“天朝”又改换了。邪教徒们距离巴拉沙衮仅仅八天的路程了，他们突然听说土干汗正带领大军追来，他们就往后撤。土干汗追赶了他们三个月，终于将他们追上，并且彻底地击溃了。

根据乌比所记，土干汗在这场战役以后不久就死了，死后由他的弟兄阿尔斯兰汗继位。但拜哈齐却断言，土干汗统治七河直到 1025 年。古钱币的证据说明，阿尔斯兰汗穆哈玛德·阿里主要统治着今锡尔河省的东北部分，虽然铸着他的名字的钱币在布哈拉也流通过。

1025 年，喀第尔汗玉素甫和算端马赫穆德同时入侵玛瓦朗那尔，此地原有的统治者是阿里特勤（纳丝尔的弟兄）、土尔汗和阿尔斯兰汗。一场由哈喇汗朝诸汗王与算端在撒马尔罕举行的会议，被噶尔底济描述得很详细。双方君王间按照严格的礼仪互通礼问，并且遵照一种双方充分平等的小心翼翼的规定办事。一桩颇堪注目的事是，突厥汗为了表示比马赫穆德严格遵守回教教规而拒绝饮酒。双方协议，马赫穆德的女儿嫁给喀第尔汗的次子牙干特勤，而喀第尔汗的女儿则嫁给马赫穆德的儿子穆哈玛德。马赫穆德答应帮助牙干特勤从阿里特勤手里夺取玛瓦朗那尔。但是马赫穆德事后以远征印度作为借口不遵守这一诺言,于是在提议中的通婚之事也就从而破裂了。阿里特勤继续领有玛瓦朗那尔,而他的弟兄土干汗则被喀第尔汗的军队逐出了巴拉沙衮。

喀第尔汗玉素甫的领地,截止到他1031年或者1032年死去之时,除去包括东土耳其斯坦之外,还包括七河地区和锡尔河省的东部。举例说,奥利亚·阿达区和齐姆干。他的都城设在喀什噶尔。他死后,东土耳其斯坦和七河地区分给他的长子波拉特勤·苏来曼,上尊号曰阿尔斯兰汗。怛罗斯(今名奥利亚·阿达)和伊斯费叶(今名赛蓝,在齐姆干附近)两地区分给他的次子牙干特勤·穆哈马德,此人上尊号曰波拉汗。两兄弟都和马赫穆德的儿子敢纳维算端玛素德保持着好的关系。人们又一次企图从阿里特勤手里把玛瓦朗那尔夺过来给与波拉汗,但又一次地失败了。史料里还提到一个什么拉斯喀汗,说他是萨克曼地区的统治者,这个地名很难和萨马那(粟特语的名字是"别力")对上号。

阿尔斯兰汗兄弟二人之间的关系很快恶化。(回历)435/(耶历)1043—1044年间阿尔斯兰汗将其领地尽数分散给他的亲属,只剩下喀什噶尔和巴拉沙衮,但仍然保留他对各地的宗主权。我们知道,"乌捷尔"制度到现在已经施行半个世纪以上;但是汗国首脑的权威性在阿尔斯兰汗的中衰时期中,肯定说是丧失了。1056年前后,波拉汗将阿尔斯兰汗监禁起来,吞并了他的领地。15个月之后,他本人也被他的妻子鸩毙。伊本·阿尔·阿蒂尔记波拉汗之死在(回历)439/(耶历)1047—1048年。但是这件事发生时的同时代人拜哈齐却把这件事定在10年以后。波拉汗原意是要他的长子贾格里·特勤·胡森继承汗位的,就是这件事引起了暗杀,因为女王希望她亲生的婴儿易卜拉欣是候选人。这亲生子果然即了汗位,但很快在对巴尔斯汗的统治者殷纳特勤的战争中死了。此后大约有16年功夫[(回历)451—467/(耶历)1059—1074、1075年],喀什噶尔和巴拉沙衮被喀第尔汗的两个儿子——突哥里尔·哈喇汗玉素甫和他的弟兄波拉汗哈朗统治着。这弟兄二人连年对玛瓦朗那尔的统治者沙·阿尔穆克·纳丝尔(第一代“伊拉克”纳丝尔的孙子)作战。但对战的局面也会被和解所代替,于是玛瓦朗那尔和哈喇汗国之间的边境就定在火毡地方。也就是说,沿锡尔河为界。突哥里尔汗由他的儿子突哥里尔·特勤承继,两个月后又被废黜了,而此后,波拉汗·哈朗在29年之内一直统治着喀什噶尔、巴拉沙衮和和阗。就是为了歌颂这两个亲王兄弟之间的联合统治,喻世诗《福乐智慧》(Kutaghubilik)[1]这样第一部突厥文的文学作品,在(回历)462/(耶历)1069年写成了。诗的作者是巴拉沙衮人,诗写成于喀什噶尔。

在1089年,塞尔柱算端马立克·沙占领了撒马儿罕,并一直进军到乌兹干。喀什噶尔的汗王(也许是哈朗吧)被迫不得不表示臣服。马立克·沙撤军之后,在突厥人雇佣下的儿儿尔血统的兵卒们在撒马儿罕发动起义。儿儿尔叛军拥戴起喀什噶尔汗的弟兄、阿巴什的统治者雅库特勤。雅库进占了撒马儿罕,但当马立克·沙又攻过来时,他就逃回阿巴什,结果两边受敌,他遭到他弟兄的攻击。阿巴什被喀什噶尔来的军队蹂躏了。雅库本人被捕监禁。马立克·沙第二次到达乌兹干,吩咐汗王将雅库引渡给他。汗王感到面子上下不去,迟迟地执行沙的吩咐。最后他派他的儿子到沙那里,命令他随行押解着雅库,把他挖了眼睛,下到牢城里去。但算端并不满意,亲王只好把雅库解到乌兹干。与此同时,喀什方面发生政变,殷纳汗的儿子突哥里儿被赋予了政权,此人住在距离喀什80回里(300哩)的地方。这个突哥里儿很可能是巴尔斯汗的统治者,是上述殷纳特勤的儿子。原喀什汗王哈朗遭到囚禁,而当这个消息传到他的儿子和臣僚那里去的时候,雅库劝告大家置之不理。马立克·沙和雅库订立了条约,从乌兹干撤了兵,让雅库与喀什方面新上台的突哥里儿去火并。这些火并的结果如何,史料中弄不清楚。原汗王哈朗很可能设法使自己重获了自由,因为像史料所显示的,他后来统治着喀什噶尔,一直到12世纪的开始。

1102年,波拉汗哈朗死后不久,玛瓦朗那尔地区被巴拉沙衮和怛

[1]有杨丙辰中译本,即中央民族大学研究部所藏的稿本。——中译者。

罗斯的统治者占领了。此人叫吉布拉伊,号喀第尔汗,是哈喇汗奥玛尔的儿子,波拉汗穆哈马德的孙子。在这个喀第尔汗的部队里,回教徒之外也有异教徒和不信奉任何宗教的人。他扩张版图直到阿姆河,但就在这条河的岸上,他被塞尔柱算端桑加尔击败了,他被俘虏,并且被杀了。从此以后到哈喇契丹(西辽)人的入侵,我们对于七河地区再也得不到任何消息。

有关哈喇汗朝诸国内部的情节,所存史料也是寥寥的。由于哈喇汗朝在突厥地面上是第一个信奉回教的朝代,它对于回教教义的扩散一定有很大的贡献,这对于他们得以据有中亚之土也是一个重要条件。按照伊本·阿里·阿蒂尔的记载,在(回历)349/(耶历)960 年,有 20 万帐的突厥人信奉了回教。这个数字极大可能指的是七河地区,也可能是指的东土耳其斯坦,但更可能是前者。因为东土耳其斯坦的牧民群从来就不是很大的。到 1043 年秋,在近代吉尔吉斯(当前叫哈萨克)草原上的游牧的突厥人也信奉了回教。这些突厥人共有一万帐,夏日驻在布哈拉的附近,冬日驻在巴拉沙衮一带。遗憾的是,历史学家们对于回教文明与异教文明的斗争,竟然无所反映。东土耳其斯坦则一直在中国文明的影响之下。甚至晚至 11 世纪的前半叶,哈喇汗朝的统治者们,包括玛瓦朗那尔地区的,经常拥有"塔(布)噶汗"或"塔(姆)噶汗"的称号,这个称号在 8 世纪鄂尔浑碑刻中是对中国大皇帝这样称呼的。自(回历)459/(耶历)1067 年以来,"马立克·阿尔玛什里·瓦·阿尔——秦"(意思是"东部和中国之王")的名号出现在哈喇汗朝的铸币上。这只能有一种解释,就是中国文明与中国王朝的影响力已经到达这里。即使东土耳其斯坦的东部邻近中国本部之处,如乌鲁木齐、吐鲁番、哈密等城市,都从来没有隶属过哈喇汗朝,更不消说中国本部了。理由是回教在 15 世纪以前在上述地区中很不流行。从哈喇汗朝流行的钱币铸词来看,回鹘字母和回教徒普遍使用的阿拉伯字母,两者同样通行。回鹘文自叙利亚文衍变而来,通过聂斯托里派(景教)信徒传进中亚,后来就被普遍地接受了。在《福乐智慧》中,和在后来蒙古人所使用的词汇中,无疑都是哈喇汗朝时候的人和蒙古统治时的人从回鹘文中转借来的。以后我们会陆续看到,在蒙古统治时候信奉基督教的和信奉佛教的畏兀儿都是回教徒的劲敌。在中亚这种不同宗教间的对抗形势一定从更早一个时期就已经存在了,虽然这方面正面的证据一直阙如。

25.5 哈喇契丹(西辽)简史

在公元10世纪开始的时候,通常被认为是通古斯(东胡)族、并且搀有一定蒙古成分的契丹人,建立了一个不小的帝国,自太平洋绵展至贝加尔湖和天山。这个被中国史家叫做"辽"的朝代,建立在中国的北部。辽朝在中国领土上掀起过长期的震撼,也接受了中国文化的强烈影响。到1125年,另一个通古斯族——女真,在与北宋政府联盟之下,灭了辽国。契丹的余部,在皇族成员之一——耶律大石的率领下,向西迁徙,在西方建立了一个新的国家。

契丹人的西迁,沿着两条道路:其中一部分横过东土耳其斯坦(中国新疆),被喀什噶尔的塔葛汗胡三的儿子、阿尔厮兰汗(狮子王)苏来曼的孙子——阿尔厮兰汗阿哈买得所击溃。伊本·阿尔·阿蒂尔记载说,契丹人的首领被杀死的年份是(回历)522/(耶历)1128年。实际上,事情的发生可能稍晚数年,因为根据桑节儿苏丹1135年7月写给报达政府的一封信中,提到这场战役,宛然如昨。中国史料只知晓迁徙中的一个分支,并把它和"西辽"国的建立连接起来。因此,哈喇契丹国的创建人和中国史料中的耶律大石是否同一个人,就值得怀疑了。[1]

所有回教徒的材料都一直肯定第一个降顺了契丹人的回教徒统治者是巴拉沙衮汗。按照伊本·阿尔·阿蒂尔的记载,早在阿尔厮兰汗

---

〔1〕按,这节原文有两处值得格外重视:①巴托尔德说:"契丹人的西迁,沿着两条道路",这一点很有价值,可以解决日本人羽田亨和中国史家梁园东等人的众说纷纭。②但他对黑契丹创始人和大石是否一人的质疑,却很难落实。因为桑节儿苏丹写给哈利发和报达政府的信,其书写年代在巴氏书中,一次著录为1133年,另一次著录为1135年,互有歧异;其书信情节在巴氏书中,一云黑契丹首领被俘,另一云被杀。根据这样一封歧异多有的信,就怀疑大石的存在,是证据不足的。

(狮子王)苏来曼的时候,就已经有部分契丹人,大约一万帐,在七河地区定居下来了。开始,这些人在中国和哈喇汗占领地的边缘上住下来,承担一种义务,替哈喇汗国人把守山的隘口。作为报酬,契丹人收取一些地租和定额的俸金。有一天,他们向一个富裕的商队询问,什么地方可以找到好的草原。商人们带他们到了巴拉沙衮,也就是说,进入七河地区中来。有一位16世纪的史料编纂者,[1]我们弄不清他的根据是什么,他把契丹人迁徙的年份确定在(回历)443/(耶历)1041—1042年。他还进一步记载说,虽然阿尔斯兰汗(狮子王)启发这些迁入者信奉回教,但他们坚决地拒绝了。可是,在其他事情上他们都充分遵守汗的规矩,因此汗也就和他们相处下来了。伊本·阿尔·阿蒂尔则仅仅记载说,阿尔斯兰汗经常袭击他们,因此契丹人对他们怕得要命。等到契丹大军进占七河的时候,那些早已定居的乡亲们立即起来响应,并和他们一同向东征服了东土耳其斯坦。按照朱瓦尼的记载,契丹人,或者按照回教徒对他们的称呼——哈喇契丹(黑契丹)人,穿过了吉尔吉斯的地面,到达叶米尔河谷,他们在那里建了一座城,到13世纪时,这座城的遗址已经不明显了。这给我们提示,他们最早定居的地方可能是今天的朱古察克。在这里,他们的帐数发展到四万。哈喇汗皇朝(具体名称没有保存下来)在巴拉沙衮的统治者,请求黑契丹的援助,一起去抵御那些经常骚挠他们的突厥诸部,如康里和卡禄克。黑契丹人借机占领了巴拉沙衮,在软弱无力的原统治者旁边定居下来,建立了一个一直扩展到叶尼塞河和塔拉斯河的国家。之后,他们征服了康里,把东土耳其斯坦也纳入版图,在(回历)531/(耶历)1137年的时候,又在忽毡地方的附近,击溃了玛瓦朗那尔的统治者——马哈茂德汗,又在卡汪草原于1141年彻底击溃了塞尔柱苏丹桑节克的部队。另外,据说,特派了一支军队又去征服了花刺子模。

这样,七河地区和东土耳其斯坦地区一齐成了黑契丹帝国领土的一部分。帝国的首领,取了"葛儿罕"这个称号(根据回教徒的解释,意

[1]所纂之书,名《布哈拉的历史和地理》。此书所确定的契丹人第一次迁徙年代,约当北宋仁宗庆历初(此书于1892年巴黎出版)。

思是“汗中之汗”）。一些欧洲学者倒是接受格里高利也夫的解释，说突厥·蒙古字“葛儿干”是“女婿”的意思。作为东辽国的亲属，黑契丹起了如此一个称号，并且以后还被铁木儿袭用过。这种解说究竟如何，并且在契丹语的语言情节方面究竟“葛儿汗”和“葛儿干”的区别如何，都很难说。根据伊本·阿尔·阿蒂尔的记载，第一代“葛儿汗”是信奉摩尼教的。他的容貌很美，穿着中国的绸缎衣服，脸也遮了起来，这是顺应当地君王的仪注。他在国民中的威望很高，军队的训练严格。他的军队严禁抢掠。每当黑契丹占领一座城，他们依然照中国按“户”收税的老规矩，每户征收一个狄纳尔（一种金币，约值十三法郎，或九先令）就满足了。但是士兵们的暴行，也就是说，对当地居民家中主权的侵犯行为，则不予惩处。葛儿罕从不给他的属下分封采邑，甚至不信任任何人统帅一百人以上骑兵队（短程的行军除外）。局部地区的统治者之降附于葛儿罕的，腰带上悬挂一面银牌，作为归顺的标志。这样的归顺头领，为数极少。尽所知的范围来说，葛儿罕直接统辖的领土只有这些：固尔札地区，七河省的南部以及锡尔河省区的东北部。葛儿罕的首府设在伊犁河以西，在楚河岸上，或者距离巴拉沙衮不远，叫做庞思鄂尔朵（意为“大帐”），或者叫做和托（“城”）。七河省的另一部分，伊犁河以北一带，属卡禄克汗们所统辖，他们的首府在海押立，此地坐落在阔帕尔以西某地的平原上。哈喇汗国的诸汗继续统治着玛瓦朗那尔和东土耳其斯坦。在葛儿罕的国内，至少到它统治的后期，我们发现共有三种等级的从属关系，正如在蒙古统治俄国的历史时期中所见的一样：卡禄克汗，像撒马尔罕的统治者一样，在葛儿罕所遣的常驻代表面前，勉强承认这种从属关系；而对于另外一些头头，举例说，如像花剌子模国王，仅仅是定期派员收集租税；最后还有另外一类，如像对待布哈拉回教区，在某个时期，他们把对僧俗人众的统治权尽都自己掌握。至于对黑契丹应纳之税，也被授权由地方代为征收。

按照伊本·阿尔·阿蒂尔的记载，第一代葛儿罕在1143年的年初死掉了。他的女儿继位，很快也死了。权力转移到她的母亲、葛儿罕的孀妻手里，然后又移到他的儿子穆哈马得。按照中国材料，建国者的儿子——耶律夷列和他母亲的统治却颠倒在前边，夷列之妹的统治则在后面。此事经过朱瓦尼的考证，葛儿罕之女统治黑契丹王国的时期是12世纪70年代。耶律夷列下诏，在国内进行人口普查，得户八万四千五百(《辽史》)。这个数字，似乎仅仅包括在葛儿罕直接统辖的领土内的游牧人口。中国史料说夷列的妹妹叫普速完，而一个13世纪回教徒则说她的称号是“汗中之汗”。按照朱瓦尼的记载，女王执政时期，实权操在她的丈夫手里。而中国史料说，女王杀其夫，而与姘夫公开相处。被杀之夫的父亲发动了一次起义，群众包围了王宫，女王当众将其姘夫处死，才保住了性命。在朱瓦尼的传述里，却又说，葛儿罕的孀妻与其姘夫被起义群众双双处死。朱瓦尼在他的《黑契丹史料辑》中并未提到葛儿罕之女的事情，可见“孀妻”云云或是“女儿”的误记。后来在其他的史料里朱瓦尼也提到葛尔罕之女了。在普速完死后，耶律夷列次子耶律直鲁古即位。按照朱瓦尼的记载，他杀了他的哥哥。在一些回教徒的材料里，这最后一代的葛儿罕叫做摩尼，另一些材料里又叫库曼或者富马。

由于不断地出现妇人执政，而且特别是由于这几位女主又在私生活方面过着英国斯图亚特王朝玛丽女王式的日月，这就不能不削弱了王室的权威。某些回教徒的材料提示说，数个黑契丹的王公所操之权，几乎不亚于葛儿罕。在这种情况下，这个标志着黑契丹帝国之不同于其他游牧邦国、并且反映了原来东辽国所经受了的中国文明影响的机构，自然不容易支持很久。朱瓦尼强调说，黑契丹税吏的行径已经“迥异于往昔”；葛儿罕所派遣的使节，其傲慢招惹起来了属邦中贵族们的反感。并且一般说来，在一个由回教徒构成帝国人口的大多数的情况下，异教徒的占领自然而然地对回教徒的感情是一种挫伤。葛儿罕信奉何种宗教，是否如伊本·阿尔·阿蒂尔所指出的，第一代葛儿罕确实是一个摩尼教徒。或者，像奥波尔特和臧克所提示的，是一个基督教徒。他们考证第一代葛儿罕就是欧洲中古传说中“护教者约翰”。这些都很难说。对于这后一种假定，缺乏可资信赖的论据。即使像15世纪的历史编纂者所说的，最后一代葛儿罕之女是一个基督教徒的说法，也缺乏较早史料的证实。当时,回教并不蒙受迫害,并且回教徒著作者们还颂扬第一二代葛儿罕的公正及其对回教教义的崇敬。回教仅仅是被迫离开了它的独尊地位,改处于与其他信仰并存的状态,这在他们看来,这种新的自由反而有利于增进他们自己信徒的数量。天主教(景教)教长艾利亚斯第三于 1176 —1190 年在喀什噶尔建立了一个宗教中心。而地方政权则采用了"喀什噶尔和纳瓦卡首府"的称号。这番经历表明,喀什噶尔一度也统辖过七河地区的南部。现在托克玛克和皮什白克墓地中,还有黑契丹统治时期景教徒的墓葬。基督教的节节胜利,很可能煽动起回教徒们的宗教反感,再加以国内政治统治的因由,这就引发了中亚细亚历史上回教徒们一场最严重的起义。

暴乱一开始,葛儿罕就看到了它的范围和危险性。叛乱由于阗统治者带头。葛儿罕立刻对于邻近的回教属国的国王阿尔斯兰汗卡鲁克也产生了怀疑,就提出要他派遣援军,参与征讨。这一行动,是企图迫使他要么就公开参与叛乱,要么就对回教徒进行镇压。假如他采取了后一个步骤,葛儿汗就准备找寻借口把这一危险的属国国王干掉。国王果然走了后一条道路,履行了上级的命令。在黑契丹国的诸贵族当中,他有一个朋友,叫做沙穆尔· 达扬古的,将葛儿罕的企图向他透露,并提出警告说,事情一旦实现,葛儿罕将诛灭他的全族。因此假如他还珍重他后代子孙们的命运的话,他应该抢先在葛儿罕之前先发制人,自己服毒一死。这样,他的儿子倒是可以继承汗位了。阿尔斯兰汗看到了别无他路可走,就接受了这一劝告,而沙穆尔·达扬古也确实做到了使阿尔斯兰汗的儿子成功地继承了汗位,在葛儿罕的一位代表陪同下,返回到海岬立。

最初,黑契丹政府在抑制其回教徒属邦的叛乱方面,是完全成功的。后来情况变了,这是由于它的东部边境遭受被成吉思汗自蒙古地面上赶出来的游牧群的侵占。这支群队,由蒙古诸部中最强悍的一部——乃蛮部最后一代汗的儿子屈出律率领。根据一种资料,屈出律一进入七河地区(临近 1209 年),就主动地向葛儿罕投诚了。根据另一种资料,他被黑契丹军队俘虏了,却又取得葛儿罕的加恩。葛儿罕准许他搜集自己本族的余部,而屈出律则趁机对他的恩人反叛了。朱瓦尼记载说,在屈出律和回教徒叛乱者中最强悍的花剌子模穆哈马得之间,订立了条款,规定谁先击溃了葛儿罕,谁就可以成为固尔札(即伊犁地区)地区和七河流域的主人。这段记载,我们无法寄以信赖。有个史家叫纳萨维的,他对花剌子模宫廷诸事十分熟悉,并且他跟穆哈马得遣往屈出律方面去的一名使节持有私交。他说,屈出律只不过同阿尔厮兰汗的儿子芒都汗喀尔禄克达成了联军的协议,这也就是说,他曾受到过七河地区中回教徒叛乱者的支持。屈出律将葛儿罕藏在乌兹干的财宝抄归己有。与此同时(时当 1210 年),花剌子模王与撒马尔罕的乌特曼汗联军,跟黑契丹的军队在塔拉斯河附近的伊剌密什平原上展开战役。结果胜负不明,只知道在黑契丹主将达扬古·塔拉兹被俘以后,全军被迫后撤。巴拉沙衮的当地居民,被夸大了的说回教徒如何全军获胜的谣言所激动,坚信花剌子模王不久可以抵达,于是他们就坚闭城门,拒绝黑契丹军开入城内。一名为葛儿罕效劳的富商马赫穆德·白,曾企图对城内劝降,但结果无效。在 16 天的围城之后,城破了,黑契丹大杀 3 天,47000 名回教徒死掉。这样花剌子模王辜负了七河地区回教徒们的期望,仅仅自己固守玛瓦朗那尔。屈出律的军队也被黑契丹军在巴拉沙衮附近击败。葛儿罕的财宝,而今转入黑契丹军队之手。而当葛儿罕下令追回的时候,军队叛变了。屈出律乘机与叛军合伙,葛儿罕陷于孤立,只好对敌投降。屈出律对葛儿罕表面上依然表示尊奉,让他仍居于汗位,直到两年之后葛儿罕身亡为止。在此期间,实权则操在屈出律自己手里。

所有这些事件,大约发生在 1212 年。较此稍早一些,在 1211 年,在成吉思汗诸将之一——忽必赍·纳延率领下的一支蒙古部队,出现在七河地区的北部。阿尔厮兰汗喀尔禄克(也许是前面提到的阿尔厮兰汗的儿子、芒都汗的弟弟)杀掉了海呷立地方黑契丹的总督,并且宣布了对成吉思汗的臣属关系。在回教徒起事的过程中,在固尔札地面出现了一个新邦。一个回教的布札尔,原先是一个群盗和马贼的头目,现在强悍起来,占领了这一地区中的主要城池阿力麻里,自称吐格利尔汗。他也承认了成吉思汗的宗主权。

蒙古军在西线上的胜利，被1211年开始转移兵力对付中国的举措所推迟了。这就使得屈出律在黑契丹帝国的废墟建立他的权力。第一件事，他必须和他自己曾经为了自己的目的而利用过的回教徒运动打交道。从宗教信仰的角度看来，屈出律的势力对于回教徒们是跟葛儿罕一样的讨厌。像乃蛮部大多数的人一样，屈出律曾经是一个天主教（景教）徒，但是后来他娶了一个一度与葛儿罕订有婚约的黑契丹贵族妇人，通过她又转而信奉偶像教（也许就是佛教吧）。除此之外，回教徒运动的首领花剌子模王穆哈马得不公正地谴责屈出律糟踏了花剌子模对黑契丹的胜利，并且抢夺了应该归之于回教徒的胜利果实。花剌子模遣往屈出律方面去的使节们曾经带去不止一次的恫吓，然而这些恫吓事后均未兑现。花剌子模王只好把葛儿罕帝国的东部领土留给屈出律，甚至连他原来在锡尔河右岸的领土，在蹂躏过一番之后，也放弃给他的对头，以使他捞不到任何油水。

花剌子模王穆哈马得更不能阻止屈出律在东土耳其斯坦巩固权力。在这一地区，屈出律不采取正规征服的办法，而是于三四年中每逢收获季节他就袭击一次，终于迫使当地被侵扰的居民对他降附。鉴于回教徒的顽强抵抗，征服者也对回教徒们采用强烈的措施。他轮流传唤回教徒，号召他们改信耶教或者佛教，或者至少要公开宣布放弃原有信仰，并穿中国式的服装。为了便于达到目的，他还借助于一种类似乎路易十四的“龙骑兵”办法，即屈出律的兵士进驻到回教徒的家里，并且允许他们对违拗者进行惩处。回教徒们的公开祷告和讲道，一度完全停止了。

屈出律在他国境的东北隅，借某次行猎之机俘虏了布札尔。将敌人杀掉之后，他进围阿力麻里。但这次行动却被阻滞了，蒙古人于1217年又恢复了他们的向西作战。在1218年，两万人的一支蒙古军，在纳延·哲别的统帅下，西击屈出律。屈出律军解了阿力麻里之围，并且开始后撤。哲别在阿力麻里立起来布札尔的儿子苏纳·铁真。蒙古将帅一旦进入屈出律的占领区，就立刻宣布完全的宗教信仰自由。这就很足以鼓舞回教徒们起来反对他们的信仰压迫者。屈出律在七河地区一座山口建立了防御蒙古的工事,但也失败了,他逃到喀什噶尔地区。巴拉沙衮被蒙古人占领,几乎未遭任何抵抗,因为他们给这座城取名哥巴力克("好城"),这样一个名称只限给予主动降附的城镇。在喀什噶尔地区,回教徒们起来大量屠杀屈出律派驻在他们家里的兵士,并且把蒙古兵当作解放者欢迎进来。感谢蒙古军队的特殊训练,和平居民一直毫未受殃。屈出律逃往撒里格尔(又作撒里黑库尔 Salikhun),在那里他被蒙古军队捉住,并且处死了。

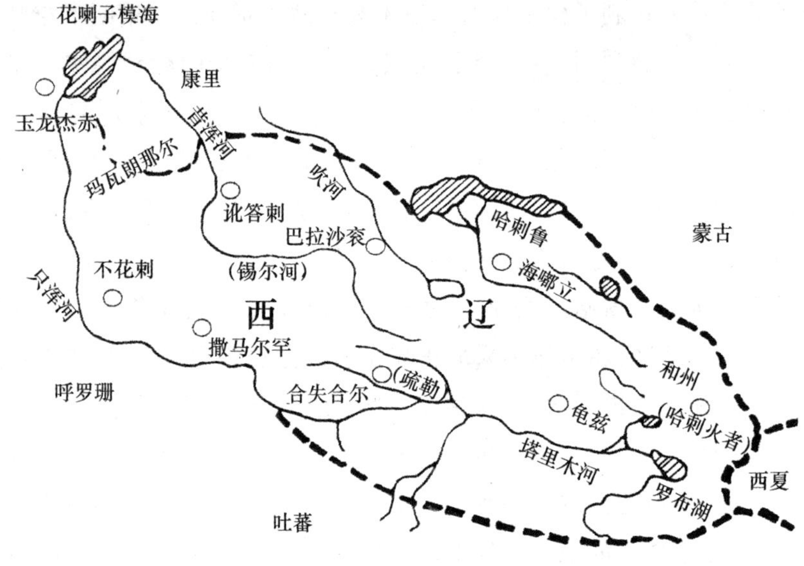

图 25-1　西辽地图(中译者制)

25.6　蒙古察合台汗国简史

上文已经叙过,七河地区和东土耳其斯坦都向蒙古人主动地降顺了。因此,它和中国本土、玛瓦朗那尔以及西亚不同,它从蒙古征服中并未吃到苦头。在蒙古进到七河地区之后的年份里,旅行家们把七河地区描写作昌盛的。其中之一是后来元朝的中书耶律楚材,1219 年他陪伴成吉思汗进行西征。他提到阿力麻里和它的属邦,共有八九个城池。到处都果树繁茂,居民和中国本土居民一样地树艺五谷。在伊犁河之西,在通往塔拉斯的路上,有西辽故都虎思鄂尔朵,在这座大城的地下,还可以找到其他城镇的痕迹。

1220年乌古孙作为金朝皇帝派往成吉思汗那里去的使节,也曾西行。他记载说,当时黑契丹人已经所余无几,即便这很少的人,也都在衣着和风俗习惯方面随了回鹘。中国人所叫的"回鹘"一词,有时系指回教徒,有时又指突厥人,特别是指畏兀儿。乌古孙所指,大概是前一用意,因为跟着蒙古人的征服,回教徒们感到自己有所舒展。七河的回教徒们比本地区中文明的其他代表者(举例:基督徒)更加好战、好斗。乌古孙把信奉回教的回鹘之残酷与贪婪,跟伊犁河地区回鹘的状貌做了对比。他说,后者在性格方面是软弱些、柔顺些的,避不杀生并且严守斋戒。

1221年,成吉思汗邀请中国的道士长春真人到西部亚洲去。在走过了回鹘地面之后,长春真人到了固尔札地区。在阿力麻里,一位蒙古政权的代表(达鲁花赤)和当地统治者并肩治理。农民们靠渠水灌种,而汲水的唯一方法是用水罐盛水顶在头上回家。真人在10月17日乘小船渡过伊犁河,这时离开阿力麻里已有四天的行程了。在包古蒂山之北,河水之南,有一小城。在这里,降雪12英寸厚,而日出后旋即融化。11月1日,他通过一座木板桥渡过了楚河,[1]到了亚历山大峰的脚下。在楚河和塔剌斯河中间的田野上,这里曾经是西辽的故土,居民不仅经营农业而且还养蚕、种葡萄和果树,情况与中原无异。田里由渠水灌溉。1223年返程时,他被邀请到察合台的大帐中去,但他没有接受这一邀请,因为他急于要返回本土。

长春真人的游记说明,成吉思汗在死前已经给儿子们分配了封地。在游牧贵族看来,帝国就是大汗家族的私有财产,成员每人例应分得一份。因此,成吉思汗给前头的三个儿子各自分了封国("尹住"),其中包括一定数量的游牧部落("乌鲁思"),从其中征发军队,也包括供给本部落人生活的地段("玉儿")。"玉儿"的边界,确定得很粗略。第

[1]一作吹河,一作垂河,唐代谓之碎叶川。——中译者。

一个领封的是他的长子术赤，1207年他父亲将所谓“森林居民”，包括色楞格河下游到也儿的石河地段，分封给他。按照拉式特·哀丁的记载，大帐就设在也儿的石河的岸上。也许这是蒙古人的习俗吧，成吉思汗将最辽远的地面封给他的长子，并加以许诺说，未来征服的西方地面也将全归长子统辖。到成吉思汗死的时候，术赤的玉儿也包括了七河地面的北段，现今吉尔吉斯草原（即哈萨克）的全部，花剌子模，甚至玛桑答朗也在内。察合台的封地，从回鹘地面到了撒马尔罕，到布哈拉，从阿尔泰山之南，到阿姆河。窝阔台的大帐建立在塔尔巴哈台，在叶密尔河和科布河的岸上，封地的边界并未清楚划定。幼子拖雷并无封地，因为按照草原上的习俗，他是他父亲亲领地段的继承人。四个儿子每人分到四千人的蒙古精兵。除此之外，他们自然可以随意从各自的领地中征发军队。

因此，不管帝国领土是如何地广漠，成吉思汗前头三个儿子的大帐原来都安置在相当邻近的地方。这就充分地说明了一个事实，当时分封的国家并不像以后那样地半独立。给大汗亲属划出来的地段，仅仅是当作收入的一宗来源，而分国依然要隶属于帝国的首脑部。后来征服了农业种植地区，其课税也不能由诸王各自私分，而是统一分配。对被征服城市中的匠户，也像租税收入一样看待，统一分配给诸王，由诸王安排他们定居下来，从事特定的匠作。诸王不得干预税收，税收由帝国首脑部派出总监，向那些安土重迁的居民们征取。当然这样一种机构不会支持很久，因为大汗所派遣的督抚官，在辽远的邦国中，无法与握有兵权的诸王相抗衡。诸王逐渐巩固了各自封国中的权力，于是大帝国就分裂成为几个独立的国家了。

在成吉思汗的继承人窝阔台统治时期（1229—1241），帝国内部的联系依然是紧密的，帝国内部联合统治的原则还是被严格地遵循着。当牵动整个帝国利益的法规需要拟定的时候，封国首脑都要派遣代表。当新的地区被征服之后，诸王的代表要跟大汗的督抚保持密切的联系。在这里我们无须详细列举那些由大汗家族同意并印发了的条款，例如关于税率的确定，关于接送使臣的驿站服务制度，关于在干旱地带为了使刍草生长茂盛而筑墙引水进行灌溉的制度，等等。

术赤的封地，先天地跟帝国保持着不密切的联系。术赤本人就曾表达过独立的倾向，他的死才阻止了他同他父亲之间发生战争。像前文已经提到过的，术赤的封地也包括七河地区的一部分。在1246年，当普拉诺·卡皮尼[1]前来这一地区进行访问的时候，术赤长子鄂儿达的大帐（窝儿朵）依然建立在阿拉湖的附近。他兄弟息班的大帐更西一些，建在原黑契丹国的境内，或许也在七河地区以内。

成吉思汗的次子察合台在整个帝国中享有极高的权威，他居于家族中的长位，也是“雅萨”（蒙古公法）的监护人，这是成吉思汗亲自指定的。他的夏宫设在贵牙午（意思是“太阳”），在伊犁河谷之中，距离阿力麻里附近的珂克不远。冬季，他住在玛劳力克·伊拉，这个地方很可能也在伊犁河岸。在贵牙什附近，察合台立了一个村庄，取名库鲁（意思是“幸运的”）。根据长春真人的记载，察合台的大帐就设在伊犁河的南岸上。他的继承者的大帐，这地方朱瓦尼把它叫做乌鲁·伊甫（意思是“高房”），很可能也在这里。夹默尔·卡什把察合台封地中这块核心地区叫做伊尔·阿拉古。核心的主城则是阿力麻里。

“雅萨”（蒙古公法）经常在察合台汗国和中亚地区回教徒之间引起磨擦。因为蒙古人是萨满教徒，他们在宗教问题上的看法非常宽宏，对领地中各处的宗教信仰都同等地予以尊敬。所有这些宗教工作者们，犹太教除外，都被豁免租税，以及各种差役。后来的事实证明，在帝国范围内承认一切公开任职的宗教事务绝对平等一事，反而不可能保持宗教间的和平共处，这主要是由于不同宗教的头头之间的相互倾轧，这些人出自相互的敌忾，都企图在蒙古汗那里压倒对方。在极个别的例外情况下，只有回教徒（主要是塔吉克族）和畏兀儿人，在文明宗教的代表中间，得以参与他们本国之外的行政管理，并对诸汗效力。畏兀儿人，一半是基督教徒，一半是佛教徒，对回教徒来说，他们是最凶恶的敌人。在中亚地区，这种不同宗教和不同文化团体之间的宗教敌对和政治倾轧特别显得猛烈。因为在这里他们各自的力量可以说得上是势

[1]1246年奉罗马教皇之派东使蒙古。

均力敌。当时,回教在固尔札以东地区还不是至高无上的宗教。不仅如此,在回教行省中(包括七河地区),还经常住着非回教的信徒。在皮什白和托克玛克的墓地里,存在着楚河流域中有景教教徒村落存在的明证。在七河地区的北部,在海呷立以北三法里(八英里)的地方,1253年路卜立克[1]就曾亲自看到过一个景教徒的村落,他们有一座自己的教堂。还有,直到14世纪,在伊塞克湖的岸上,在另一个同名的村落里,有过一座亚美尼亚式的教堂,堂中依然保存着《马太福音》的残本。

察合台保护基督徒。马可波罗甚至引用过一段民歌,说察合台本人也成了一个基督徒。在另一方面,由于蒙古公法和回教国王的诰谕之间存在着抵触,因而引发回教徒们的反感。蒙古法禁止跃入活水的条文,就与回教澡浴的习惯相违背。与此类似的,还有蒙古的禁止割喉杀牲。因此,回教徒的著作家们就说,察合台对回教教义和回教信徒们抱有极大的仇恨。在一首讲察合台之死的诗里,写道:“由于害怕他大家就不敢洗澡的那个人,终于在死亡的海洋里淹死了。”与上述记载同时代的人又说,在察合台统治下,无论谁提到一个回教徒名字的时候,都不敢不加以咒骂。根据另一个较晚作者的记述,说谁只要告诉察合台处死了一个回教徒的消息,就可以得到一个巴利什(即“锭”,约等于500个狄那尔,200镑)的金子。著名的回教徒学者阿布·雅库·撒卡琪在(回历)626/(耶历)1229年之被处死刑,就是根据察合台颁发的命令。

可是我们也须知道,在察合台的亲信中也有回教徒。其中影响最大的是库特·阿丁·哈巴什·阿米得,他出自回教徒中的富商阶层,在蒙古汗国中居于要津。史学家瓦萨甫曾经盛称过他的巨富。甚至当朝权贵都与他联姻。根据朱瓦尼的记载,察合台自己娶了花剌子模王穆哈马得的一个女儿,而将另一个女儿嫁给哈巴什·阿米得。但回教徒对哈巴什·阿米得的政府并不满意。著名的回教神秘派信徒赛夫·阿丁·巴哈济,在给当权者的一封韵体书信中,对于偏信无经验的年轻

〔1〕奉法王路易第九之派出使蒙古。

人、超过对于在一生中学行皆优的老人的信托；以及政府对宗教机关所应辖的世俗事务的干预——都表示公开的不满，信中说："宫廷一旦变成了教坛，还不如连教坛都没有的好。"

在察合台统治的晚期，有那么一个汉人在朝政中成了显要。开始，他在察合台身边担任外科医生，后来成了蒙古高级贵族和硕那颜们的教师。在服务过程中，他显示出对于成吉思汗远征经历所知备悉，并且还保有详尽的记录。察合台对这方面的知识十分重视，就将他引入朝政。鉴于察合台对他日益尊崇，窝阔台就赏给他"威札儿"的称号。"威札儿"身躯短小，脾气很坏，但勇毅才辩异于常人。他成了朝廷的代言人。某次，他对察合台之妻厉声叱道："你是女人，休要插嘴政事。"另一次，他出于偏见，竟将察合台的妹夫处死了。当他的主子责问时，他回答说："难道准许你的妹夫丧德败行到敢于污辱大汗之妻的地步吗？"察合台在辩论中只好服他。他的同时代人对他主持下的政府的看法，可以从他某次对察合台所说的话中反映出来。他说："为了你，我一个朋友都没有；一旦你死了，谁也不会怜恤我的。"

窝阔台死于1241年的12月，而察合台仅仅比他多活了几个月。窝阔台过分沉溺于取乐，但他为人宽厚，富于人情味，懂得如何去缓和察合台的严酷，并且善于打击那些互相倾轧的权贵们的阴谋诡计。他的继承者们则被这些阴谋诡计控制住了，发生了一系列的可恶的审判和处死，以至"进大帐"成了受酷刑致死的同义语。在野蛮的蒙古人的门口发生这样一些恐怖事件，人们是无可诟难的。证据确凿地证明，所有这些案件都是由文明部族的代表们的相互倾轧所引发。蒙古主子经常将已定罪的人交付给原告，而这些原告在案件中的所作所为并不比那些受了酷刑致死的人更好一些。

在窝阔台的赞同下，察合台指定他的孙子哈喇旭烈作继承人，而察合台的妻子叶速伦和大臣哈巴什·阿米得也宣布了这一王子为察合台汗国的首脑。像这样的，哈巴什·阿米得保持了他在新朝廷中的显要地位，并且立即开始处死那些给察合台医病而处置不善的医生们，包括"威札儿"和回教徒麦德·阿丁。佛教徒畏兀儿人屈尔屈，他是蒙古人占领时期长期统治波斯的人，也由于对女王叶速伦出言不逊而在哈喇旭烈的帐前被处死。

大汗的汗位一直空着，直到1246年召开了库利尔台（王公大会），宣布窝阔台的长子贵由继承大汗之位。由于贵由曾经受过基督教的熏陶，并且他之仇恨回教不亚于察合台，所以他在位的很短时期（1246—1248）中，基督教在整个汗国中曾一度得势。根据贵由的命令，察合台汗的继承人哈喇旭烈被废黜了，由察合台的一个儿子、贵由的好友也速·猛格登位。根据拉施特·哀丁的记载，也速·猛格非常严重地沉溺于饮酒，不理朝政。这位新汗即位，带来了哈巴什·阿米得的倒台，而一切政务全归也速·猛格的妻子杜噶西执掌。

在察合台汗的生前，哈巴什·阿米得在汗的每一个儿子跟前都派遣他自己的一个儿子，目的是为了自己家族的利益，而伺机揽权。等也速·猛格登位以后，他又给他跟前派去了自己的干儿子巴哈·哀丁·玛尔季纳尼，此人的生父是跋汗那国的世袭回教长，生母也出自哈喇汗的后裔。也速·猛格非常憎恶哈巴什·阿米得，把他看作是哈喇旭烈的党羽，就偏偏任命巴哈·哀丁代替他。巴哈·哀丁果然登上相位，施尽一切办法去缓和猛格对哈巴什·阿米得的憎恨，终于保他善终。史家朱瓦尼曾经亲自结交过巴哈·哀丁，说他一身兼备现世的和精神世界的知识。又说，他的家是当时侥幸得以活下来的著名学者们的中心，而且在他执政时期，回教徒的学者们又一度恢复了他们的权威性。

术赤的儿子和汗国继承人拔都，本有效忠于贵由的意思。但在1248年，贵由突然派遣了大批军队来对付他。为了隐瞒真正的目的，大汗扬言他要回到叶密尔河岸他原来的大帐中去恢复健康。拔都觉察了贵由的真正意图，也就相应的向东方调动了大批军队，但是当他到达阿拉·卡玛，距离海押立七天路程的时候，他获悉了大汗的死讯。拔都就在阿拉·卡玛停留下来，以家族中尊长的身份召集诸王公讨论继承问题。大家都同意服从拔都的决定，而他的决定竟落到拖雷长子蒙哥的身上。这在窝阔台孙辈中引发了强烈的抗议，他们认为他们的权力被骗走了。察合台系的主要王公，包括也速·猛格在内，跟窝系的诸孙站在一边。后来，到1251年，才在和林又召集了库利尔台大会，蒙哥才正式即了大汗之位。窝阔台的后代们带着手下人等全副武装前来与会，准备乘机发动叛乱。阴谋泄露了，犯罪的人们毫无抵抗地被捕了，有77名显贵被处了死刑。有些王公被送到了辽远的省份，其中一部分在那里被秘密地处死了。也速得以继续主持他的察系大帐。大汗派了专使带来谕令说，假如他不曾参与阴谋的话，他必须到大汗的帐前宣誓效忠。根据贾麦尔·噶尔什的记载，哈喇旭烈从一开始就是蒙哥的一党，主张调令执掌察系军队实权的他的兄弟不里前来参谒大帐。当杜噶西和不里到达之时，立即被逮捕起来。杜噶西被发到哈喇旭烈案前，旭烈当着她丈夫也速的面审讯了她，并判她万马踏尸。也速和不里被送到拔都的帐去，拔都处死了他的老对头不里，而赦免了也速。蒙哥指派他在察系大帐中恢复汗位，但他未及返回就中途亡故了。也速·猛格之死，带来了哈巴什·阿米得的复位。哈喇旭烈将他的干儿子巴哈·哀丁以及全家的人口和财产全部归还给他，而哈巴什·阿米得竟将他的干儿子极其残酷地处死了。

为了全部毁灭他的政敌，蒙哥向西派遣出大量的军队，在鄂尔达的继承人钢库兰的率领下，占领由和林到别失八里之间的地带，并和术赤系的军队划清了一条边界线。所有察合台系中被怀疑有寄同情于阴谋者的，统统处死了。

这样，人们花费了毁掉两系大帐的代价，取得了暂保帝国统一的果实。但当初在窝阔台位下的统一管辖，而今却被双头政治所取代了。作为家族中尊长和蒙哥得以继位的主要炮制者的拔都，享受到与大汗权力相埒的地位。蒙哥亲自对路卜里克说："像太阳的光普照各地一样，我和拔都的权力在国内无处不可施展。"为了表达他和拔都之间亲密无间，大汗经常使用如下的比喻："一颗脑袋上有两只眼睛，它们虽是两个，但注视时却瞅着一个目标。一眼盯上，另眼随之。"在大汗和拔都两家势力范围之间的界线，从塔拉斯河以东经过。路卜里克获得了这样一种印象，即拔都在蒙哥这边声势较隆，而蒙哥在拔都那边的声位却相对较逊。七河地区包括在大汗的势力范围以内，在原察合台位下的直接行政则交与哈喇旭烈的寡妻斡儿哈纳。在她手下,原来哈巴什·阿米得和他的儿子纳赛儿·哀丁都居在要津了。根据瓦萨甫的记载,她本人是个佛教徒,但她却处处庇护回教。与此不同的是贾麦尔·噶尔什的记载,他干脆就说,她是一个回教徒。她曾经在阿力麻里设宴招待大汗的弟弟旭烈兀,当时旭烈兀正带兵去征服西亚。他的军队在七河地区似乎走得很慢,直到1255年的秋天才到达撒马尔罕。

于1253年11月间经过七河地区的路卜里克,提供了一些在蒙哥统治下的该处情况。渡过伊犁河以后,他看到一座残堡,由泥土筑成。残堡之旁,是耕作地。再向前走远一点,就是被路卜里克取了一个拉丁文名字叫艾奎叶斯("伊奎"、"叶屈斯",意思是两条河)的一座很重要的城池,把它叫做伊兰巴里。路卜里克宿过一夜之后,翌日越过一列不高的小岭,就到达了一条丰美的河谷,有很多从山里流出的水流对这片谷地进行灌溉,水流最后流到巴尔喀什湖里去了。海呷立城就在这里,城中居住了很多富商。在这条河谷中,原先城镇是很多的,后来鞑靼人被这一带的水草所引诱,过来把这些城镇中的绝大部分破坏了。

路卜里克是这一地区农业逐渐衰落、农田转为牧地的目证者。朱瓦尼的记述又明确了蒙古游牧人进驻七河北部。他说,蒙哥汗把乌兹岗给了阿尔斯兰汗卡尔禄克的儿子(注意,给的是乌兹岗,而不是他们的本土海呷立)。

中国的常德在1259年作为到旭烈兀那边去的使臣,曾经路过这里。[1] 他把这地方叫做伊都,说此地人口繁盛,但城中废垒层层,垃圾遍地。这也道及了七河地区农业开始消逝的消息。要解释这一现象的主要点之一,在于此处水草特佳、经常将游牧人群吸引到七河地区里来。只有到19世纪的萨尔特[2]和俄国殖民者手里,农业种植才有所恢复。

1259年,蒙哥在对中国的战役中死了,他的两个弟弟互争汗位,于1260年创了蒙古历史上的新纪录,两位候选人先后登汗位,屯驻中国

---

[1]常德出使所见,见刘郁《西使记》,见《秋涧先生大全集》卷94。——中译者。

[2]萨尔特人(Sarts),指布哈拉一带居住的一个部族。

的军队宣誓效忠于忽必烈,而他的弟弟阿里不哥却在和林自称大汗。斡儿哈纳作为察合台汗位上的首领人物,党于阿里不哥。忽必烈想在察合台领土内搞一点有利于自己的骚动。他就派遣不里的儿子阿毕什哈亲王前去,可是在路途上就被阿里不哥的哨兵擒住处死了。阿里不哥也摹仿他哥哥的做法,派遣察合台之孙拜答儿之子阿鲁忽到西边去。根据拉施特·哀丁的说法,阿鲁忽的使命是去组织从土耳其斯坦到蒙古地区的粮食供应,因为忽必烈已经切断了中国对蒙古的一切供应,和林首都已经预感到要闹饥荒了。

阿鲁忽在土耳其斯坦的活动非常卖劲,但这对阿里不哥利益不大。他将原察合台位下的亲族和部属全拉到自己身边来,连哈巴什·阿米得的儿子苏来曼·贝克都为他效劳了。斡儿哈纳也不再党于阿里不哥。阿鲁忽把察合台领地西边缘上术赤系差放的官吏们驱走,把领土扩展到原察合台位下从来不曾到过的地区。举例说,花剌子模和阿富汗的北境。不久,他与阿里不哥之间就宣起战来,阿里不哥在前不久刚被忽必烈自蒙古地面上驱逐出来,现在腹背受敌,只好向叶尼塞河撤退。忽必烈由于国内发生变乱,继续用兵之事暂时受阻,这使得阿里不哥得以回击阿鲁忽。1262年,阿鲁忽在赛蓝湖附近击败了阿里不哥的前锋,但第二年(1263)春天,阿鲁忽又在伊犁川被击败了,并且不得不到东土耳其斯坦去存身。阿里不哥的军队开进了固尔札地区的避寒地带。整个七河区,他怕也曾经占领过,因为斡儿哈纳由于一度曾经党于阿里不哥,所以在1263年夏天到阿巴什岭度夏。

阿里不哥的军队在富饶的伊犁河谷抢得了大量的五谷,整个冬季,军马全靠吃五谷渡日。这种抢掠,给地方上带来了可怕的饥荒,而远途征战也使军队吃不消,果然在1294年春,习惯于吃五谷的马匹改吃青草刍秣,立刻大批病死。在这种情况下,阿里不哥手下的武官们也由于他的残酷嗜杀而背弃了他。又知道东边的阿鲁忽就要开军队来同他打仗,阿里不哥这时候不得不向忽必烈投降了,同时将斡儿哈纳送给阿鲁忽,最终斡儿哈纳同意嫁了阿鲁忽为妻。

忽必烈在名义上被整个帝国尊居大汗之位,但实际不然。旭烈兀在波斯，阿鲁忽在中亚，别里哥（拔都的弟弟）在术赤位下，实际上都是独立自主的统治者。旭烈兀和阿鲁忽曾经联合起来对付别里哥，但别里哥在中亚却另有一个同盟者，那就是窝阔台的孙子海都。

海都这个人，根据他一生的活动来判断，或者根据回教徒史学家们有关他品行的记载，他都能够得上是蒙古统治者中间顶出色的人物了。可惜，我们所掌握的有关他的生活和统治的材料，是稀少的。根据贾麦尔·噶尔什的记载，他生于1235年。他的父亲合失从青年时代就极度酗酒，在海都尚未呱呱坠地之前就死了，海都是在窝阔台大帐里养大的。他的母亲是别克林（或作"蔑克林"）家的后裔，出自山地，血统不明。拉施特·哀丁记述别克林氏，说他们"既非蒙古，又非畏兀儿"。从仪容观察，海都是一个纯而又纯的蒙古人：拉施特·哀丁确凿记载下来，他的下巴上只有九根胡子。

在从1260到1264的这几个艰难的年份里，海都在阿里不哥的军中供职。阿里不哥降于忽必烈后，海都并未跟去，他仍留在中亚。按照他的意见，要登大汗之位，他比忽比烈更有资格得多。最有力的根据是一条蒙古人的传说。据说成吉思汗曾经坚决嘱咐后代们说，只要窝阔台系还活着一个后代，就不能让另外的人登上大位。海都手里可没有他祖父那样多的军队，凭他意志指挥。他必须从无到有，创造出一支军队来。这一点上，他完成得很出色，他的军队的勇敢和训练之精，是尽人皆知、有口皆碑的。海都除却是一个军事天才之外，还是一个精干的行政长官，敏锐于根据客观条件，争取有利因素。他不为了军队的利益而牺牲居民的利益。在他的统治时期，居民生活的昌盛达到了高标准。值得留意的是，不管他的祖父和父亲如何酗酒，他是一个平生酒不沾唇，连酸马奶子（"苦迷斯"）也不喝的人。

海都第一步先动手去兼并他母亲的部族——别克林族，这一族人由于擅长山地作战而非常著名。第二步，他在阿鲁忽和别里哥的交战中党于后者，从而赚得某些便宜。别里哥跟他手下的司星象占卜的人们商议，那些人告诉他海都贵不可言。在术赤系势力的帮助下，海都创建了一块小小封地，并击败了阿鲁忽的部队。阿鲁忽继续派来大军把海都在下一战役中击败。正在这时候阿鲁忽死了,海都得不覆灭。

阿鲁忽在1265年末、1266年初死了,就在1266年的3月里,哈喇旭烈和斡儿哈纳的儿子木巴剌王,在阿杭格拉(在塔什干附近)宣登汗位。他是察合台位下第一个参与了回教的。他也是不经大汗任命而擅自登位的第一个蒙古统治者。忽必烈不喜欢这样一种破例,就给土耳其斯坦派去了另一个察合台系王公,木巴剌的堂兄八剌。开始,八剌隐藏起忽必烈给他的御敕,而假扮成一个流亡者进入土耳其斯坦。他骗取了木巴剌王的同意,和他自己的一个亲弟兄一起,潜往苏儿汗河谷一带去料理他原封地上的领民。由于木巴剌王在蒙回冲突中总是站在当地回民一边,八剌慢慢地把军队中的蒙古势力争取到自己手下来。在1266年的9月,木巴剌王被击败,并在合毡地方被俘。这时,八剌就在乌兹干宣布登上汗位,并将阿鲁忽和斡儿哈纳的私财全部据为己有。忽必烈发现八剌并不对他效忠,就又派兵来打八剌。可是八剌在东土耳其斯坦地方并不困难地对付了这股敌人。

海都乘着这些纠纷的机会,占领了七河地区的锡尔河的东部地区。他和八剌部下的军队不断冲突,以保护当地居民不受八剌部队的抢掠。根据拉施特·哀丁的记载,海都在1268年在锡尔河把他的对手击败了,这是在术赤系后王蒙哥·铁木儿的援助下达成的。他并不继续追击八剌,而是提出邀约八剌在第二年春天出席库利尔台大会,将一切问题和平解决。1269年春,中亚地区的第一届库利尔台大会在塔拉斯河上召开。在海都的主持下,蒙古在中亚的王公们取得了协议。海都和八剌此后互称"安达"(密友)。八剌部众夏季行牧的草地和冬季行牧的草地("牙拉"和"吉什拉")严格地划定了。蒙古王公们全体同意把各自的游牧群住到山里和草原上去,不占农业种植地区;并且除了法定的国税和年金之外,他们不再从当地居民和所领工匠那里榨取更多的东西。

像这样的,一个分立的中亚蒙古帝国形成了,还采行了一系列保护当地居民的特定政策。海都大帐建在何处,缺乏明文证实,但由他死后葬在楚河和伊犁河之间的事实,可以证明当年大帐一定也设在七河。

回教徒作者们颂扬海都的公正，以及他对回教的保护。瓦萨甫带着高度的惊讶写道，海都纵然练成了一支极精的军队，但从来不侵犯他国，只要护住自己的领土不受其他三个蒙古汗国的侵犯就心满意足了。在这场斗争中，他是成功的，特别是他得以在察合台系诸王公的相攻中间，恢复了他的领土中的秩序。1269 年库利尔台之后，八剌并未改变他的行径，而他死（1271）后的纷争，对于当地居民来说害处更大。

海都在察合台牧地中建立政权一事，第一代察系后王对此无能为力。后来，海都看中了八剌的儿子、那个颇有本领的笃哇，事情才更进一步地稳定下来。在整个海都居位的年月里，笃哇一直是他的忠诚的同盟者，并且跟他一道与另外的蒙古国家交战。跟忽必烈的交战，多半发生在蒙古地区里。对于七河来说，更重要的是同术赤系交战，主要是跟鄂尔答的曾孙伯颜这偏东的一个分支中间的交战。白帐（又叫“青帐”）诸汗几乎是完全独立的，根本不参与“金帐”诸汗的库利尔台大会，虽然名义上还承认自己是“金帐”的属下。伯颜的第二个堂兄弟曲律起来搞反叛，并且在海都和笃哇的帮助下将伯颜赶走了。伯颜向术赤系的首领脱黑答（1290—1312）求援。脱黑答也无能为力，因为他正在对付他手下的叛将诺该。他只能赐给伯颜一道敕封，封他到鄂儿答原来的牧地。另外，他派遣使臣到海都、笃哇这里来，要求引渡曲律，这一点遭到拒绝。直到 14 世纪，伯颜一直和曲律以及海都、笃哇的联军进行争战。仅在 14 世纪开首的数年之内，他们中间已经打了十八场战役。在 13 世纪的紧末尾上，海都、笃哇派遣使臣到中国朝见忽必烈的继承者铁穆儿汗（按：元成宗），要求两国联合。据说，他们感到四方面的军队将要夹击他们：脱黑答和伯颜军将来自西北，波斯统治者喀查汗军队将来自西南，巴达克山一带统治者的军队将来自东南，中国大皇帝的军队将来自正东。铁穆儿在他母后的劝告下，对此做了不置可否的回答。

摹仿着成吉思汗的榜样，海都将手下的兵权交给他的儿子们掌握。在他晚年，他分配他们担任不同国境线上的防御工作。窝鲁思担任中国边境上的防务，贝凯撒担任术赤边境上的防务，撒儿班担任阿富汗边境的防务，在那里，海都、笃哇的联军逐渐驱走了旭烈兀的军队。关于海都的长子和继承人察伯在海都生前的活动，我们几乎一无所知。海都的女儿赫吐龙·察合住在楚河河谷地带，那里在当时居民还是多的。她父亲死后，她成了守墓人。这位英勇坚毅的青年女子，在她父亲平生的征战中，尽皆参与了，但却矢志不嫁。于是谣言蜂起，说什么海都对她的爱超出父爱，因为父亲不肯把她嫁出去云云。后来海都叫她选夫。这位公主原先早已把自己许给了波斯国王合赞，但是当事情落实时，她又嫁给了她父亲的一位主膳，此人的血统是汉人。

有关海都之死的记载，是互相歧异的。根据拉施特·哀丁的记载，1303 年传到波斯的消息说，不久以前，海都和笃哇的军队被元朝大汗的军队击败了，海都阵亡，笃哇重伤，终身残废。与此不同的是贾麦尔·噶儿什，他是与本事件发生同时生活在中亚的，却说海都死于 1301 年的秋天。这样说，消息从中亚东部传到波斯需要一年半之久。这个情况本身就可以推测拉施特·哀丁所讲故事的正确与否。瓦萨甫关于海都之死做了迥然不同的叙述：是海都将大汗的军队击败了，之后，他病了，就嘱咐他的儿子窝鲁思把军队带到水草丰足的地方去。3 月里，海都死了。笃哇是海都生前指挥军队的伙伴，而今成了权威人士。根据瓦萨甫的说法，海都生前曾严格嘱咐窝鲁思，要处处听从笃哇。但是，在把海都系诸王公们召集到海都的灵柩旁时，笃哇则说服他们要服从海都长子、当时不在场的察伯的最高权力。海都的遗体运回他自己的领地，埋在伊犁河与楚河之间的失夫利高峰上。察伯此后采用了海都的称号。根据贾麦尔·噶儿什的记载，他于 1303 年春天在叶米尔河地区举行继位典礼。时间之所以拖迟，是由于赫吐龙想叫窝鲁思继位而酿成的一场严重的内讧。在 14 世纪最初的几个年份里，在波斯流传着的谣言说，海都后王们的不和已经逐渐形成为武装冲突。

有关察伯的生平，我们所知甚少。拉施特·哀丁说，从外貌看来，他像一个俄罗斯人，或者一个吉尔吉斯人。此人似乎完全居于笃哇的影响之下，而拉施特·哀丁则充分记载了笃哇之身体极度病弱，与其行动的勇猛形成对照。贾麦尔·噶儿什把笃哇说成是察伯的后台老板。

经过海都死后的纷扰,国内形势是严重地亏损了。术赤系的情况呢,脱黑答反复前来,要求引渡曲律,一旦遭到拒绝,就派遣两个"土曼"(两万人)的部队去援助伯颜,与笃哇、察伯为仇。1303 年的 2 月初,伯颜派遣使节到报达来说,他的主子在本年份内就要配合中国大汗的军队一起向笃哇、伯颜进军。为了防止这样一种危机,海都生前曾将他的儿子贝凯撒和沙派去与蒙哥之孙图达·铁木儿、阿里不哥之子马立克·铁木儿联军一起。到报达来的使节说,经过连年内讧,伯颜的军队也削弱了,每个战士不保证皆有乘马。这些征战,迫使鄂儿答的大帐不能不从 13 世纪中叶的驻地——七河北部迁往锡尔河的下游。

在与上述诸事发生的相同年月里,由笃哇倡议,以联合形式重新建立蒙古大帝国的统一,在当时情况下也只好如此。诸蒙古分国的首领们,承认在中国大汗的名义宗主权之下,彼此保持和平共处;在整个大帝国范围内,贸易将完全自由。这个计划先呈给大汗审阅,他只给了非正式的批准。1304 年,大汗的使节和笃哇、察伯的使节一起到波斯来。笃哇的计划,也如在术赤系那里一样,在旭烈兀系这里也未遭到反对。和约订立了,但从中亚以后发生的事情来看,这份和约依然是一纸空文。

1305 年,察伯的部队在玛瓦朗那尔跟察合台系的后王们冲突了,察系诸王失利。笃哇派遣代表到察伯那里,为肇事的军官们的轻举妄动表示谢罪,并且建议召开一次分清是非的大会。建议被接受了,双方都派遣了公正人动身前往塔什干。可是这场休战会议又被破坏了,因为有些察合台系和窝阔台系的不服气的王公在怯克巴里地方又袭击了察伯的弟兄沙。沙察知了敌军的众多,决定抄后路冲入敌阵。可是,正在这个紧要时刻,他的部队又被笃哇手下的将领们的军队从另一方面突然袭击了,这批军队正在七河南部阿尔巴河谷过冬。沙带领手下七千人的残部逃走了,去找他的弟兄贝凯撒去了。战胜者们把设在塔拉斯河谷中沙的"金帐"抢光了,连同附近的城镇也同样对待。这时候,察伯本人正在叶尔底什河和阿尔泰山地域,跟被笃哇惹出仇气来的中国大汗手下的将领进行对战。他的军队和手下王公背离了他,察伯只剩下300个忠诚于他的骑士，只好去投奔笃哇。笃哇很好地接待了他，并给他指定了特殊的领地。察伯的弟兄们都降顺了战胜者。察伯的原封地归了贝凯撒。贵由汗的曾孙曲买占有了他曾祖的原封地。海都的遗部，除却一部分已经投了大汗的以外，和马立克·铁木儿的部队一起，被曲买、贝凯撒和沙三个人瓜分了。沙在三人中受到特殊的礼遇。

瓦萨甫记载说，所有这些事情都发生在一个年份之内，到1307年，笃哇就患晕厥病死了。拉施特·哀丁的绪纂人则说，他患脑膜炎而死，死耗在1306年尾就已经传到波斯了。他的继承者是从巴尔湖（现名巴尔思湖，意为“豹湖”）找来的他的儿子昆哲，他在阿里麻里附近的塞昆巴喇登位。1308年，他又在裕尔杜死了。在他统治的时代，诸王争位的变乱继续发生。在别里八失战役中，变乱者开始是占胜利的，后来由于军队倒戈而转胜为败了。乱军首领居儿谢别（是窝阔台系的一个后代）在逃命中被杀了。

王位现在被塔里忽攫到手里。他是1251年被杀害的不里的孙子，一个上了年纪的人。由于他的母系来自起儿漫的贵裔，他信仰回教，他的教名是黑兹尔。他给蒙古王公们以不良的印象：第一，他过分袒护回教；第二，他反对笃哇的后代和他手下的回教徒地域中的显贵们。在另外的不少人看来，倒是笃哇的后代更有权踞此王位。站在这些反对派一边的还有不里的另一个孙子郁律和察伯的弟兄——沙。甚至谣言还说，察伯本人就是他们的后台。当塔里忽邀请诸王公前来参与一个“婚宴”时，郁律和沙拒绝了，并且举兵造反。郁律父子在战斗中死亡，沙被俘获。塔忽里的军队在讨平其他的叛逆时，也是得胜的。看到公开对付他无法生效，笃哇的后代的别动队就来参加“婚宴”，用阴谋诡计来暗算他。笃哇的一个儿子怯别黑夜里带着300人马突然杀入塔忽里的大帐，把他杀掉。按照瓦萨甫的记载，此事发生在（回历）708/（耶历）1308—1309年，而蒙古谱系的编撰者们则将塔里忽的登位排在（回历）709/（耶历）1309—1310年，而将他的死安排在（回历）710年。

察合台系中的纷争，使察伯产生了复辟的觊觎。他与曲买、贝凯撒以及窝鲁思的儿子们结成联军,进袭怯别。但结果被打败,退往伊犁河以南。在曲买的同意之下,察伯渡过伊犁河,进入曲买的封地。但很快两个人又不和,察伯击败了曲买,并且抢掠了曲买的封地,率师东向,准备投向大汗。曲买在逃窜中遇到怯别的军队,他一动手交绥,立刻就被杀了。这一带的乡野,无论在农业方面,或在商业方面,都严重地遭到灾殃。怯别又召集诸王公参加了一次库利尔台大会[按照瓦萨甫的记载,是在(回历)709年开始],会上大家决定让当时还在东方、住大汗领土以内的怯别的哥哥也先不花登上汗位。到现在,窝系后王海都的属地,绝大部分转入到察系王公的手里来了。在海都的诸子中,仅仅沙一人领有千人和一片分离开的领地。

也先不花在相当程度上成功地在他境内恢复了和平和秩序,但境外战争的灾害,在他在位的时期中,对他境内的繁庶,不能无所冲击。譬如某次与大汗的军队(这支军队在科布河度冬,在也儿底什河的分支也先木伦河度夏)中间就发生了公开的战争。大汗的军队放手蹂躏了三个月旅程的一片地面,而另一支大汗的军队则蹂躏了40天旅程的一片地面。也先不花的冬季大帐扎在伊塞克湖附近,夏季扎在塔拉斯河附近——这两处大帐也统统被破坏了。也先不花打算联合术赤系自1312年以来的首领——月即别以共同对付大汗,这一企图也未能得逞。仅仅在1315年,他们由于对波斯统治者完者都的共同仇视,而达成了某种谅解。察系军队在波斯也不曾沾到一点利益,那是由于王公雅萨瓦的叛变的缘故。

历史学家们不曾考订出也先不花死去的精确年代。他大概在1318年死去,因为根据古钱学方面的证据,继他汗位的兄弟怯别统治了8年,在(回历)726/(耶历)1326年死去。1333年,当阿拉伯旅行家伊本·巴图塔来到中亚的时节,他听到了一些有关怯别的传闻。人们把怯别描绘成一位公正的君王,关心生民疾苦,保护回教,虽然他本人是个萨满教徒。史学家们提到怯别关心人民的福利,在这点上穆萨维把他同也先不花对立起来。这种赞扬的心情,很快传到了玛瓦朗那尔和阿富汗。怯别的首府设在纳赫沙镇,他在镇的附近筑了宫室,从那以后，这地方就一直叫噶尔什（宫）了。

很多历史学家说，怯别是自然死亡的，但伊本·巴图塔则竭力主张，他是被他的兄弟答儿麻失里所杀。事实是，在怯别已死之后和答儿麻失里登位之前，还间隔了笃哇的两个儿子燕只吉台和笃来·帖木儿。在燕只吉台统治时期，天主教多米尼加派黑衣教士唐玛斯·曼卡索拉在中亚成功地展开了一场天主教大传教运动。1329 年，唐玛斯回到了阿微农。教皇约翰十二世把他重新派遣回中亚来，命他担任撒马尔干的大主教，带有一封致燕只台吉的信，这封信带到时，按古钱学的考证，燕只吉台怕是已经死了。

笃来·帖木儿在登位之前，在偏东的省份似乎有过他自己的封邑。中国的记载说，1325 年西域大旱，中国曾送去金钱的援助。答儿麻失里很可能是 1326 年登位的。他信奉回教，并且得到过“阿拉·哀丁”（“伟大的信仰者”）的称号。他之倒向回教，以及随俗于当地，在蒙古人中间引起不满。答儿麻失里不再一年一度地召开“婚宴会”。他向阿富汗方面作战，并且远征印度，但对东部诸省则置之不问。在他统治的最后 4 年当中，他一次也没有来过阿力麻里和东部诸省。根据前述的有关木巴剌沙以及其他回教诸王的分析，我们可以看出，蒙古人之所以对这些回教诸王强调回教文化抱有反感，这和游牧人与定居人之间的经济差异颇有关系。1334 年爆发了一场反对答儿麻失里的暴动，指斥他违背了“雅萨”蒙古公法。暴动由笃来·帖木儿的儿子不赞带头。伊本·巴图塔说，不赞也是一个回教徒，但他对于公众习俗予以高度重视。答儿麻失里被迫逃往边境地带哈尼，但在半途中被怯别的儿子扬吉抓住了，解到不赞那里，处了死刑。

伊本·巴图塔说，不赞是一个邪恶的统治者，他压迫回民，可让犹太教徒和基督教徒重建教堂。根据沙剌夫·哀丁和穆萨维的记载，他把好多蒙古王公和回教显贵们都处死了。根据古钱来考证，他在位时间极短，在同年份（1334）里，笃哇的孙子、叶别真的儿子靖克失就登位了。靖克失也不是回教的朋友。穆萨维说，他是佛教徒的保护者。他在登位之前，在 1332 年，他已经接纳了和中国元朝政府的关系。那年，他遣送了172名俄籍犯人到中国去,从而得到过金钱的奖赏。这位蒙古汗似乎绝大多数时间住在阿力麻里。在他的统治时期,天主教的传教活动转移到这座城里来。佛朗西斯派教士尼古拉斯被任命为往中国的大主教,他在靖克失的朝廷上受到极好的接待。贵人卡拉斯曼和伊昂南(显然都是聂斯托里教派信徒)向这位教皇派遣的主教奉献了阿力麻里附近的一座大庄园,在其中建立了一座漂亮的教堂。继此之后不久,我们从史料中得知,陆续来了布可尼的理查主教,亚历山大城的僧人佛朗西斯·罗弗斯和雷蒙·罗弗斯,西班牙的教士巴斯凯里,还有从亚历山大城来的俗众普罗文斯和劳伦斯。某次,教士为汗治病痊愈,汗就让他七岁的儿子受了洗礼。1338年,巴斯凯里费了五个月的时间,才得以从苦那·乌儿干赤旅行到阿力麻里来,沿途极不平静,人民涂炭。也就在这个时候靖克失被他的弟兄杀害了。根据穆萨维的记载,靖克失是在半夜里被一名不知名的刺客杀害的,但是,经兀鲁伯所证实的巴斯凯里的说法,靖克失是被他的弟兄也先·帖木儿所杀。杀人者由于后悔患了疯疾,竟将凶杀一事的原教唆者——他的母亲挖了胸脯。

不管是巴斯里,或者是其他的历史资料都没有提瘟疫的事。可是根据聂斯托里教派的碑刻,在1338—1339年之间,七河地区曾经因瘟疫而衰落了。

也先·帖木儿又被窝阔台的一个后裔阿里算端所推翻。他是一个回教徒,在他统治的时期,发生了对基督教徒的残酷的屠杀,在这场屠杀中,回教教民也参与其中。1339年,所有上边提名了的天主教教士统统殉了道。七河地区的天主教徒,不少居于行政上的高位,也会受到这场大屠杀的牵连。阿里算端的残暴,远远超出了对付基督教徒的范围之外,因为回教的作者们也把他叫做惨无人道的暴君。他的继位者是牙撒吾儿的儿子哈赞。

伊本·巴图塔对于这些汗名一字未提。他只提到前投降波斯的蒙古王公雅萨瓦的儿子哈黎尔,他在哈拉奇国王马立克·胡三的帮助下叛离了不赞汗。哈黎尔的“威扎尔”和帮手是蒂尔密德的阿拉·阿尔穆尔·胡达旺·札达。在交战中,不赞被他手下的人叛卖了,将他解交敌方,把他绞死了。哈黎尔占领了玛瓦朗那尔,并向阿力麻里推进。鞑靼人[1]又推举了自己的汗,并且率兵前来攻打哈黎尔,可是结局是失败了。哈黎尔占领了阿力麻里,到达中国边境,并且占领了和林和别失八里。中国元朝的大皇帝派兵来打哈黎尔,后来又同他和解下来。哈黎尔叫胡达旺·札达率领重兵镇守别失八里,自己回到撒马尔罕来。奸人从中挑拨,哈黎尔起了疑心,就把胡达旺·札达召回,并且处死了。这样,哈黎尔和马立克·胡三之间发生了不谅解,哈黎尔终于被击败,擒到哈拉奇国王面前,但国王依然饶了他一命,并且给一份不坏的年俸。1347年春,当伊本·巴图塔从印度返程路过哈拉奇时,哈黎尔还活着,住在那里。

在这些反反复复的故事里到底包含着多少真理,那是不容易说清楚的。根据上述情节来判断,哈黎尔和哈赞似乎不可能是一个人。历史材料中根本未提哈赞,但在(回历)734/(耶历)1342年和(回历)744/(耶历)1344年这两个年份里铸造的钱上,却镌有他的名字。他和胡三间的冲突和和解,根据历史学家们的分析,是受了旧突厥王公哈札汗的挑拨的缘故。

哈赞企图把支离破碎了的蒙古汗权重建起来,他从事对旧突厥王公们的斗争。在这一方面他并未获致成效,反而在1347年的一场对上述哈札汗的战役里被杀了。从兹以往,玛瓦朗那尔一带蒙古王公仅仅成了傀儡。实权已经完全转移到旧突厥王公们的手里去了。

[附] 蒙古统治七河130年间大事年表(中译者编)

1218 蒙古人占领七河

1219 耶律楚材旅行过此

1220 金使乌古孙旅行过此

[1]这里鞑靼一词,似指在成吉思汗率部出征时,留在原蒙古住地上的较出征者更原始一点的蒙古人。

1221—1223　中国道士长春真人旅行过此

1227　成吉思汗死

1229—1241　窝阔台居大汗位

1242　察合台死

1242—1246　哈喇旭烈为察系汗

1246—1248　贵由居大汗位

1246—1251　也速·猛格为察系汗

1246　教廷使节喀皮尼旅行过此

1248　拔都到达七河

1251—1259　蒙哥居大汗位

1253　法王使节路卜里克旅行过此

1254—1255　旭烈兀远征波斯过此

1255　亚美尼亚王海屯一世过此

1259　元使臣常德过此

1260　忽必烈与阿里不哥同居大汗位

1260—1265、1266　阿鲁忽成为中亚一股势力

1266　八喇的到来

1268　海都在锡尔河战胜八喇

1269　怛罗思河上的库利尔台大会

1271　八喇死

1301　海都死

1303　察伯即中亚汗位

1304　蒙古诸国协议罢兵

1305　察伯与笃哇交战

1306—1307　笃哇死

1308—1309　塔里忽为中亚汗

1310—1318　也先不花为汗

1318—1326　怯别为汗

1326　天主教在中亚得以盛行

1326—1334　答儿麻失里为汗

1333　阿拉伯史家伊本·巴图塔旅行过此

1334　不赞为汗

1338—1339　七河地区瘟疫大行

1339　大杀天主教徒

1347　察合台系诸汗势力基本崩溃

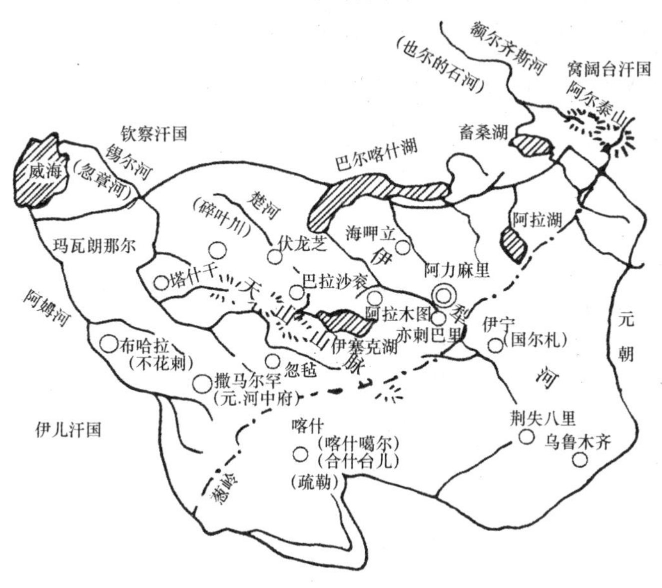

图 25－2　察合台汗国地图(中译者制)

25.7　帖木儿汗国(莫卧里斯坦)简史[1]

土耳其斯坦西部诸突厥(亦即回教系统的)王公的彻底胜利,迫使东部诸蒙古系王公也要拥戴出一个汗来,居于王位。蒙古系王公中最有权威的是蒲拉集,他的封地正好邻近突厥系王公的地面,叫做“蒙豁来·苏巴”(意思是“前哨省”)。这一地区包括东土耳其斯坦的一部

[1]帖木儿汗国事,见《明史》卷332《西域传四·撒马儿罕传与别失八里传》。柯绍忞《新元史》卷228,又为帖木儿立了专传。——中译者。

分，自喀什到库车（即古龟兹），还有七河的一部分，及于伊塞克湖的南岸。到 1348 年，他寻访到一个 18 岁的小王子，叫吐豁鲁・帖木儿，并把他从固尔札带到阿克苏来。他宣布此人就是笃哇的孙子，叫大家伙都尊认他是汗王。当时人们只知道吐豁鲁・帖木儿是一个蒙古王公的儿子，但现在弄清楚了，原来他的母亲先嫁给了笃哇的儿子叶密儿・火者，怀孕后火者死去，她在次嫁的丈夫家中把吐豁鲁・帖木儿生下来。因此之故，一般认为他是其继父的儿子。

虽然这个被推居汗位的小王子的嫡系血统当时深受怀疑，但这次的遴选，事后却证明是一件幸事。在 1360 年，吐豁鲁・帖木儿连那些突厥系王公都征服了。可是在他刚刚死去以后，在（回历）764/（耶历）1362—1363 年时候，他儿子伊利亚斯・火者的军队就被从玛瓦朗那尔赶出来了。吐豁鲁・帖木儿死后葬在阿力麻里，这坟墓在现在距离阿拉木图 4 哩的地方依然可以看到，距霍林・马札尔村不到 1 哩之遥。

在东土耳其斯坦的边沿上，由蒲拉集和吐豁鲁・帖木儿所创立的国家，这块土地自渺无记载的年代起就是一个文明区，它包括一片自北到南、自东到西要走七八个月途程的地面。从也儿的石河和叶密里河到天山，从巴尔库到大宛（拔汗那）、到巴尔喀什湖——统统是游牧人的居地。巴尔喀什湖当时叫阙哲・天吉斯，被认为是莫卧里斯坦（察合台后王居地的东半块）和乌兹别克斯坦（术赤后王居地）的境界线。从人种学的角度来看，很难说清楚这片地面（莫卧里斯坦）和旧察合台汗国西半部中间的差异；也很难说清楚，这里的蒙古人和突厥系的因素已经融合到怎样的程度。无论如何，东半部的游牧方式和西半部的回教徒的定居生活方式之间的差异是如此之巨，使得即便像帖木儿这样的汗也不能在原察合台系的旧地上重建大一统之局。对于回教和回教文明的抵触情绪，在蒙古人民中要比在统治者中更为强烈。吐豁鲁・帖木儿本人早已皈依了回教，他的后代们拥有回教式的命名。但是绝大部分的牧民却一直保持不信教的态度，直到 15 世纪后半叶，这些人才被他们的西边邻居同化成为回教徒。在帖木儿和他后代的统治时期中，人们用一个带辱骂意味的词“夹挞”（匪帮），来形容莫卧里斯坦地区中的居民。“夹挞地区”经常被历史记载者们用作莫卧里斯坦的同义语。

蒲拉集比吐豁鲁·帖木儿死的早些。蒲拉集死后,由其幼子虎歹打继位。吐豁鲁·帖木儿死后,由伊利亚斯·火者继位。可是蒲拉集有个兄弟叫噶玛尔·阿兰丁的,却起兵反对伊利亚斯·火者继位,并把他杀掉了。按照蒙古习俗,继位时间太短,人们就连他提都不提了。噶玛尔·阿兰丁掌了权,立志要把吐豁鲁·帖木儿的后代赶尽杀绝。趁着这场内乱之机,另一个王公帖木儿,[1]原先已经占领了察合台国西部地区的,而今带兵来征服莫卧里斯坦了。根据穆萨维的记载,帖木儿在(回历)772/(耶历)1370年(按:明洪武二年)已经占领了阔赤喀尔。到1375年,他从赛蓝出发,到达了卡伦河。噶玛尔·阿兰丁的营帐正扎在怯克台山丛之中。阿蓝丁向白尔凯伊·忽里延方面撤军,因为忽里延的地形复杂,有三条峡谷,从其中流出三条大河来,敌军很难接近。但是就在这样一个地方,他仍然被帖木儿打败了。帖木儿占领了这块地方,旋即向柏达隘口进军。按照他的命令,三个王公领兵沿伊犁河追击敌军。帖木儿本人在柏达隘口停驻了53天。与此同时,他的儿子贾杭给尔则带兵在丛山之中和东土耳其斯坦的乌赤·法尔曼地区追击噶玛尔·阿兰丁,将他的军队一部分一部分地消灭掉。贾杭给尔甚至连阿兰丁的妻女都俘虏到了。这时帖木儿本人从柏达隘口越过哈剌·噶斯玛克(又叫噶斯台)隘口到达阿尔巴河谷中的阿巴什,在这里举行了他和噶玛尔·阿兰丁女儿的结婚礼,婚后,他就越过雅西隘口返回乌兹干去了。

次年(1376),趁帖木儿西征花剌子模的时机,噶玛尔·阿兰丁又进占了大宛(拔汗那),但是一听到帖木儿率兵赶来,就即刻撤退到阿巴什去了。帖木儿追击他。噶玛尔·阿兰丁打了一场埋伏,但仍然被击败了,并在塞琪·伊噶什(意思是“八棵树”)地方受了伤。取胜之

[1]根据巴托尔德在其另一作品《中亚简史》中说,帖木儿(1333—1405)属巴剌思族。又说,根据托干教授的考证,帖木儿与成吉思汗有着共同的远祖。又据柯绍忞《新元史·帖木儿传》,说他娶喀斯庚汗孙女为妻,故其部人称之曰“驸马”。——中译者。

后，帖木儿取道阿达坤，返回到阿姆河畔，然后回到了撒马尔罕。

1377年(按:洪武九年)，帖木儿又一次出兵征讨阿兰丁，在库拉图草原遭遇，又将他击败了。在同一年份，帖木儿遣一支偏师占领七河。其前锋部一直追击阿兰丁到邦姆山隘。帖木儿到达阔赤喀尔，并穿过一个叫鄂纳古的地方，返回乌兹干。帖木儿的下一次征讨发动在1382年(按:洪武十五年)。几支部队被派进七河地区来。前锋部队在主力部队到达之前，已经将敌军击溃，并返回到阿达坤地方了。前锋主力两军合拢，开进伊塞克湖的丛山之中，但一直遭遇不到阿兰丁的主力，就又返回撒马尔罕去了。

噶玛尔·阿兰丁遭遇多次失败，自必削弱。他的侄子虎歹打一直统治着喀什噶尔。他在阿兰丁一心一意要灭绝吐豁鲁·帖木儿后代的淫威之下，偷偷隐藏下了吐豁鲁·帖木儿的一个儿子，叫黑地儿·火者。此人当他父亲死时，方在襁褓之中。当噶玛尔·阿兰丁的势力达到顶峰时，这个小王子被隐藏在喀什噶尔和巴达克之间的丛山里。此后12年中，他又转移到国境的最西南地区去，那里距罗布泊已经很近了。有关这桩事，我们一直不能给它确凿定案，也不能摆脱一种传说，说黑地儿·火者小王之被虎歹打所发现，恰如当年虎歹打之父蒲拉集之发现火者的父亲吐豁鲁·帖木儿的经过一模一样。不管怎样，这个小王子终于在1389年被扶上了汗位。

1389年，帖木儿又一次出征莫卧里斯坦。从阿兰·苦升，越过别力巴什和剔别里克·喀剌，他到达了阿尔那克(又叫“阿兹那克”)山隘。从此以后，他所经过的地方，其地名记载如下：阿干·苏里(此处盛夏冰雪犹存)，达噶·鄂特剌，厄吉尔·雅里(“马鬃”)平原，乌兰·察里平原以及卡巴尔·厄吉尔(“奔马”)。在这一带，在黑地尔·火者部将昂噶·蒂尔指挥下的蒙古骑兵队被击溃了。当昂噶·蒂尔的军队还在乌朗·雅尔的时候，帖木儿的前锋部队已经派过去了。第二天帖木儿的主力军发现走错了路，在越过基延·噶集之后，就拐回正路，当夜抵达阔阔萨里，第二天抵达哀狐。经过三天的耽搁，帖木儿设想敌军一定要趁机逃逸了，于是他分兵两路。他本人经过昔剌、昔白图(“粘土地”)、阔以马剌、库拉干、布玉尔剌忽，到达哈喇·古出尔（这个名字，在勒那绘制的地图上定位于塔尔巴哈台山系的西侧）。他的儿子奥玛尔·沙赫带领另一支军队在阔布河的岸上追及昂噶· 蒂尔，并将他击败了。昂噶·蒂尔逃往噶克玛·布尔吉。奥玛尔· 沙赫在阿赫达·狄吐尔地方与帖木儿大军会师。帖木儿继续前进，穿过阿拉库尔平原（此地又诨名叫“狗不喝”），之后返回哈喇·古出尔。在这里，帖木儿下令驻营休息，然后又派出一支部队向也儿的石河前进。俘虏的敌军人员统统送往撒马尔罕。帖木儿本人则经过叶密里·古出尔到达大汗的大帐萨莱·鄂尔东，休息了。他从叶密尔发布命令，叫各部军队统统向莫卧里斯坦南部进军，然后在玉尔杜兹集合，他本人也正向玉尔杜兹前进，扎在土耳其斯坦的王公们正好停在蒙古地面和乌兹别克地面的交界之处，通往那里的道路要经过乌尔·噶兹等地。帖木儿大军在继续向玉尔杜兹挺进的半路上，他们遭遇上了黑地儿·火者的军队。经过两天松松垮垮的战斗之后，两军协议彼此离去。从叶密尔动身，帖木儿率兵经过乌鲁格·固尔（意为“驻军总部”）、悉尺坎· 达坂（意为“鼠门关”）隘口，再越过昆盖河回到玉尔杜兹。从这里，他又越过喀拉沙儿（莎车），又追击了黑地儿·火者一程，同时又命令当时正在吐鲁番哈喇火者（和州）地方的奥玛尔·沙赫离开东土耳其斯坦向大宛（拔汗那）回师。之后，在 1389 年 8 月 8 日，他从大玉尔杜兹旋师，同月 30 日就回到了撒马尔罕。这段路程要叫商队走，通常需两个月之久。

在 1390 年，帖木儿又一次出兵略取莫卧里斯坦之地，借以追捕已逃往也儿的石河彼岸去了的噶玛尔·阿兰丁。大军自塔什干出发，到达伊塞克湖，然后进入怯克台丛山，过阿尔扎图（春暖关）隘口，到达阿力麻里（也叫阿尔玛·阿达，即今凡尔尼），再渡过伊犁河和噶喇答儿河，最后到达伊赤尼·布赤尼平原和郁刻儿·启蒂赤平原。大军到达也儿的石河时，噶玛尔·阿兰丁已经更向北方窜进阿尔泰山的土拉河地带去了。在那里，出产的黑貂鼠和银灰鼠是驰名的。军队回师时，经由阿勒坦·却尔基和大巴尔喀什湖。

经过多番征讨，噶玛尔·阿兰丁也许就没有再回到莫卧里斯坦地面上来过了。按照一种蒙古人的传说，他晚年患水肿病，在某次帖木儿侵犯时钻进深山老林再没见过踪影。当帖木儿又移师西向进行征伐之际，黑地儿·火者又趁机在莫卧里斯坦地面上立住了脚步。1397年，黑地儿·火者派遣他的长子沙迷查干（意为“世界之光”）作为使节往谒帖木儿。帖木儿向他提出，索要沙迷查干的姐妹达瓦库·阿噶为妾。火者将女儿送去了，此女子在帖木儿朝中拥有“次妃”（蒙古语“齐齐汗妞”）的称号。

1399年（按：建文元年），黑地儿死了。死后，四个儿子乱国。四个儿子的名字如下：沙迷查干、穆哈马德·奥格兰、锡尔· 阿里和沙·查干。这对于奥玛尔·沙赫的儿子米尔札·伊斯康达（帖木儿之孙）倒颇有利，他趁机进扰东土耳其斯坦。他兵围了阿克苏城，城中居民以将城内中国富商及其财货全部缴出作为条件，求得撤兵。这件事表明，不拘时代条件如何艰难，东方贸易始终未曾停止过。

有关帖木儿和黑地儿·火者的四个儿子中间的关系，我们一无所知（有的记载说，黑地儿·火者死在帖木儿之后）。黑地儿死后，莫卧里斯坦的一部分似乎降服于帖木儿。帖木儿将他从小亚细亚俘来的黑鞑靼部安置在伊塞克湖的岸上，但他一死去，那批人就马上跑掉了。帖木儿又曾给这块地面上派来一名大官，但不久也混得很不光彩了。1404年，当他筹备征伐中国的时候，[1]他把莫卧里斯坦北部地区直接划归塔什干管辖了。所领东土耳其斯坦地面，也划归大宛（拔汗那）管辖。帖木儿死后，黑地儿·火者的儿子沙迷查干遣使到中国求援，意思是使他得以占领玛瓦朗那尔。这件事发生在1407年，[2]第二年，他就死了，由他的兄弟穆哈马德汗继位。新汗登位之后，即刻遣使到帖木儿的儿子沙哈鲁那里去表示降顺。但他一面表示降顺，一面依然插手干预玛瓦朗那尔地区的内乱，并支持该地的某些王公。这种举措导致

---

〔1〕明永乐二年。《明实录》中记永乐三年云撒马儿罕回回向沙迷查干假道，有率兵东向意图。——中译者。

〔2〕明永乐五年，《明实录》中记五年四月沙迷查干言撒马尔罕本其先世故地，请以兵复之。——中译者。

他于1416年[1]丢失了喀什。根据穆哈马德·黑达尔的记载,这位穆哈马德汗在自己的国土内狂热地传布回教教义,所有的蒙古人都需要戴回回式头帕子,反对者要以马蹄践脑。在卡蒂尔湖北岸的著名建筑物"塔什·喇巴",据说就是奉献给他的。

1416年(永乐十四年)沙迷查干的儿子纳黑失·查干即新汗位,他同时派遣使节既到沙哈鲁那里,也到中国。中国史料把穆哈马德汗死的年份就著录在本年内,但根据阿布德·阿尔·拉札克的记载,应该早出一个年头,是在1415年。在1418年,纳黑失·查干又被黑地儿·火者第三个儿子锡尔·阿里的儿子歪思汗所杀。在1420年,莫卧里斯坦地面上爆发了一场歪思汗和锡尔·穆哈马德· 奥格兰之间的火并。至于蒙古王公的总头虎歹打在这场内乱中站在哪一边,还弄不清楚。无论如何,虎歹打和兀鲁伯是保持接触的,这时候,兀鲁伯正以他父亲的名义统治着玛瓦朗那尔。也许就是在虎歹打的怂恿之下,兀鲁伯对莫卧里斯坦地面又一次发动征讨。在半路上,蒙古王公们迎接了他,并对他表示降顺,于是这趟征讨就宣告撤回了。在同一年中,沙哈鲁派遣了著名的使团到中国去。5月初旬,使节到达莫卧里斯坦。当时,歪思汗和锡尔·穆哈马德的后人们之间的斗争仍在继续进行,因此使节们对自己的安全感到恐惧,但他们在到歪思汗那里去的半路上遇到虎歹打,惊慌的情绪减退了些。6月4日,使团越过坤盖河,5日,他们遇到一个地区长官穆哈马德·伯克,8日到达了玉尔杜兹。20日,他们获悉穆哈马德·伯克的儿子刚刚抢劫了歪思汗的一个使节团,这消息促使他们赶快继续赶路。到头来,莫卧里斯坦地面上的这场争斗的收场是锡尔·穆哈马德逃往撒马尔罕,在那里他遭到光荣的禁锢。10月里,他企图私逃,未能得逞。到12月,兀鲁伯就放他回去了。他回到了莫卧里斯坦,到1421年他终于战胜了他的对头,成为该地区独一无二的首领。由于他不肯对兀鲁伯表示降顺,兀鲁伯就在1425年领兵进占七河,在阿克苏河(楚河的支流之一)边上将蒙古王公的军队击溃。在兀鲁伯越过楚河和卡伦河的时候,虎歹打前来表示降顺。5月里,兀鲁伯

[1]明永乐十四年。——中译者。

在同一地区里又击溃了锡尔·穆哈马德，并直追敌军，至于伊犁河畔。兀鲁伯进到玉尔杜兹，这是莫卧里斯坦地面上夏季的扎营盛地（“埃拉克”）。返师途中，兀鲁伯在一个叫做噶尔西的地方，找到了当年帖木儿想要移到撒马尔罕而未成功的那块大青石（“怯克·塔石”）。这块大青石现在安放在帖木儿墓上。

根据穆哈马德·黑达尔的记载，锡尔·穆哈马德得以善终。他死后，歪思汗又一度当权，但是到1428年在伊塞克湖岸对沙兔克汗的一场战役里被杀了。这位沙兔克汗拥有“撒马尔罕之汗”的称号，可是撒马尔罕的实权则一直操在兀鲁伯手里。最后歪思汗被兀鲁伯废黜了，并将他遣返到莫卧里斯坦的地面上去。

在歪思汗统治时期，莫卧里斯坦地面遭到不信教的东蒙古人的侵扰。在14世纪，绰罗斯、[1]和硕特、土尔扈特和辉特[2]四部的联盟出现了。在1399年额鲁特头领玉杰赤·哈沙噶将蒙古王公叶尔别杀掉了。近代东蒙古史专家D.波阿蒂罗夫以这件事为标志，定为额鲁特蒙古王称雄的开始。1408年，一个新的蒙古汗王鄂尔真·帖木儿在别失八里被拥登汗位，这个汗位按正常说，是应该属于西方莫卧里斯坦系的，可是实际上怕已经隶属于东蒙古系了。[3] 早在锡尔·穆哈马德的时候，莫卧里斯坦的人们已经做好准备，要对额鲁特人（或者按回教徒的称法“喀尔梅克人”）作战。喀尔梅克人向中国明朝政府求援，明朝派遣使节来劝阻锡尔·穆哈马德，叫他不要实行他的计划。根据中国材料的记载，歪思汗将他的主帐由东土耳其斯坦西移到伊犁八里。那就是说，已经移到伊犁河岸，移到七河地区中来了。这个时候，中国旅行者[4]对这地区的描写，再也不像12世纪旅行者们那么触目的一番城乡繁盛的景象了，15世纪的七河，是由游牧人聚居，别无他种。这些

---

〔1〕绰罗斯，意为“左翼”，即指准噶尔部的左翼。——中译者。

〔2〕辉特部，即杜尔伯特部之回教徒的称法。——中译者。

〔3〕以七河为中心所称的东、西，与中国习惯称法不同。中国称喀尔喀蒙古为“东蒙古”，称额鲁特蒙古（即“瓦剌”）为“西蒙古”。读者必须留意。——中译者。

〔4〕指陈诚《使西域记》，有《学海类编》本，北京图书馆《善本丛书》本，以及《明实录》本（见《永乐实录》卷98）。《善本丛书》本改题名曰《西域番国志》。——中译者。

人住毡帐，吃肉和马奶子。在衣着方面，他们一半像额鲁特人，一半像回教徒。在伊犁河的两岸上，歪思汗经常跟额鲁特蒙古领袖达延汗的儿子也先台吉不断交锋。歪思汗跟喀尔梅克人打了六十一场仗，其中只赢过一场。他在战争中被俘两次，并且违背他自己的意志把自己的一个姐妹嫁给了也先台吉。

沙兔克汗也曾企图在莫卧里斯坦地面上建立统治权，但很快就在喀什被害了。他死后，蒙古王公分成两大派，一派拥载歪思汗的长子裕诺思，一派拥载他的次子也先不花，这两个小王子都是在儿童时期。也先不花的党占了优势，裕诺思的部下就将裕诺思送到玛瓦朗那尔，从那里兀鲁伯又发送他到波斯留学去了。根据巴布尔的记载，这件事发生在1434年(宣德九年)。少年的也先不花在蒙古王公中威信不高，在他统治的前半期那些王公们几乎完全以独立的姿态统治在他们各自的省区里。这样的王公之一叫密尔·穆哈穆德·沙，他是阿巴什地面虎歹打的儿子。这样的王公之二叫密尔·卡里姆·白尔第，他在阿拉·不花地方筑了一座城堡，并以此为根据地，不断进袭大宛(拔汗那)。这样的王公之三叫密尔·哈克·白尔第·别启切克，他在伊塞克湖一个小岛上叫阔以苏的地方建立了堡寨，他将家眷屯在这里，以防喀尔梅克人的进袭，而他本人则不断带兵袭击土耳其斯坦和赛蓝。虎歹打的孙子赛以德·阿里则从帖木儿后王手中夺到了喀什噶尔。

喀尔梅克人从很早的年月里，就对伊塞克湖一带发动进袭。过了几年之后，他们的前锋甚至伸展到锡尔河省。在1455年也先台吉死后，额鲁特(瓦剌)部蒙古在东边的势力一度衰弱，差不多有两个世纪光景在中国史料中再也没有提到喀尔梅克人了。回回资料中著录了也先的儿子叫阿玛三吉·台吉，还有另一个头人叫乌斯·帖木儿·台吉。这个乌斯·帖木儿·台吉在1452年与1453年之间曾在锡尔河岸击败过乌兹别克人。根据另一个资料，此事系在1457年(这份资料说，有个叫锁儿檀马赫穆德的王公被喀尔梅克人俘去，当时此人仅3岁，在喀尔梅克人那里停留了7年之久)。到1459年，琐儿檀阿布·赛以德在哈烈接见过一个喀尔梅克人的使节。

稍早一点，在15世纪40年代，也先不花又掌了权，借行仁政之名笼络人心。对于帖木儿后王们来说，他是一个不好对付的邻居，经常进扰他们。最后琐儿檀阿布·赛义德进击莫卧里斯坦，在答剌思（怛罗斯）附近将蒙古王公们的军队击败。他从波斯将居留了十七八年之久的裕诺思召回来，并且在裕诺思向他保证对玛瓦朗那尔绝无任何野心的条件下，把他送到莫卧里斯坦的地面上来。有些王公，像密尔·卡里姆·白尔第和密尔·易卜拉欣（哈克·白尔第的继承人）都顺从了裕诺思。但这些人搞独立惯了，对裕诺思也不会多么驯顺。后来裕诺思在一场战争中战败了，退居吉蒂干城，此城位于大宛（拔汗那）和七河之间，这是阿布·赛以德指定他在这里居住的。

也先不花死于1462年。在他统治时期的一桩大事，就是哈萨克人在七河地区、特别是在楚河西岸的初次露面。现在，哈萨克人一直在这一地面居民中占绝大多数。俄国革命前，这族人一直被叫做“吉尔吉斯·哈萨克”，这个名称是不妥的。史家穆哈马德·黑达尔估计他们的人数为20万人。他们的头人吉来和查尼伯克跟乌兹别克的汗王阿布海儿之间有衅端，故此二人倒为也先不花所欢迎。

也先不花死后，莫卧里斯坦西部也归裕诺思统治了。阿克苏城及其迤西一片地面，归也先不花的儿子都思特·穆哈马德统治。但在他死后，阿克苏城也被裕诺思兼并了过来。都思特·穆哈马德的儿子怯别琐儿檀跑到吐鲁番去统治了4年。后来他被人民杀掉了，首级传到裕诺思这里来。

到1472年，裕诺思取到了某种统一的局面。他在人民之中虽较他的几个前代汗王情况稍好，但仍然是格格不入的。他出生于（回历）818年或819年（耶历1415—1417）。在他留学波斯的时期，他在著名历史学家沙剌甫·阿兰丁·雅集的指导下受到了回教徒的教养。一位来自玛瓦朗那尔的法官曾有谒见裕诺思的一次机缘，他所期望见到的是“一位无须髯的具有沙漠中突厥人的仪容的人”，但实际上却见到了“一位蓄有全部塔吉克式蓬须的、仪容十分优雅的人，其言语举止之高雅，即便在塔吉克人之中也是罕见的”。像如此的一表人物，实在不该命运错定到游牧人那里。他终生都在设计一个定居之处，并且还说服他的一部分人民来跟他学样。根据穆哈马德·黑达尔的记载，他的某些举止行径说明他是半宗教的，因为他是深信他的人民"除非采取定居的生活"，那就很难说得上是一个真正的回教徒。所有他的这些努力，结果都是徒然的。因为对于一个蒙古人来说，要他定居下来过城镇生活，比要他蹲监牢还痛苦。这位汗王曾经不止一次离开城镇到草原上去，这样庶几乎不被他的人民所摒弃。

上文已经提过，在1472年，七河地区一度被喀尔梅克人的军事首领阿玛三吉·台吉所侵略。此人是由本国的内讧中被赶出来的。裕诺思在伊犁河岸上被这支军队打败了，他逃往锡尔河地区过了冬。在这里，他把乌兹别克汗王布鲁赤·奥格兰打败。但到第二年春天，他又做了塔什干总督的俘虏。一年过后，总督被杀，裕诺思重获自由，被送返莫卧里斯坦，那时候入侵的喀尔梅克人已经撤走了。

远在1469年阿布·赛以德死之前，裕诺思就想侵犯帖木儿汗国旧日的领地，并且妄想占领大宛。后来，他又企图插手到阿布·赛以德的两个儿子—— 阿赫麻德·米尔札和奥玛尔·沙以德之间的火并中间去，他捞到的油水是1485年兼并到塔什干，1492年兼并到赛蓝。这位汗王对于城市生活的爱好竟如此强烈，他一直住在玛瓦朗那尔地区的城镇之中，甚至他的领民中的绝大多数都离开了他，并且宣布拥戴他的在草原长大的次子阿赫麻德。在东土耳其斯坦，蒙古王公巴刻尔建立了一个独立王国，裕诺思多次东扰，他都能够抵挡得住。

裕诺思在1487年患中风病死了。他的长子马赫穆德（生于回历868/耶历1463—1464年）继位为玛瓦朗那尔西部的统治者和全邦名义上的宗主。此人跟他父亲一样是一个文人，还会做诗，不过仅仅通晓一点突厥语中的韵律，诗做得不怎么好。史家巴布尔盛赞他的各种优点，但也承认他毫无军事才能。对于治国安民，他也似乎毫无禀赋。

马赫穆德一直停在玛瓦朗那尔，千方百计想扩张他的领土。开始还有些成绩，到1500年就出现了乌兹别克的汗王、阿布哈尔的孙子穆哈马德·西巴尼的快速兴起。根据穆哈马德·黑达尔的记载，马赫穆德汗开始是支持西巴尼的,甚至不惜在1488年将土耳其斯坦地面割让给他,这一来却伤了他跟哈萨克人中间的关系。1500年,他帮助西巴尼占领了布哈拉和撒马尔罕,但他的这位新交的朋友却马上反戈一击,迫使他不得不向他的老弟求援。

他的兄弟阿赫买德(生于回历870/耶历1465—1466年)却根本不像他。他的侄子巴图尔将他描述作草原上的真正男儿,一个体力极强的人,一个坚强英勇的战士。他平生只爱刀剑这一桩武器。他常穿蒙古衣装,他的武器和马的装饰纯粹按照蒙古习俗。阿赫买德在两场战役中击败了喀尔梅克人的领袖也先台吉,而他给喀尔梅克人留下的恐怖印象如此之深,从此喀尔梅克人给他起了一个绰号"阿剌察",意为"杀人魔王"。他征讨过那些叛逆的王公,征讨过背叛了他的哥哥并将他哥哥在两场战役中击败了的哈萨克人。他唯一的不顺利是他企图征服喀什噶尔和叶尔羌而未能得逞。

阿赫买德响应他哥哥的求援,将19岁的儿子曼须留在莫卧里斯坦,带领另外两个儿子到塔什干去。1503年乌兹别克汗王西尼亚突然进袭,并且将两个汗王一齐俘虏去了,但西巴尼将他们俩放了回去,却从马赫穆德手里夺到了塔什干和赛蓝两地。马赫穆德和阿赫买德兄弟二人在阿克苏过了冬,阿赫买德就中风死去了。马赫穆德将阿克苏和莫卧里斯坦的东部地留给了他的两个侄子,自己退居吉蒂干。两个侄子之一的曼须汗就一直呆在阿克苏,另外一个哈犁儿汗又回到七河地区,在那里他成了吉尔吉斯[这才是真正的吉尔吉斯,俄国革命前把这些人叫"黑(哈喇)吉尔吉斯"]部的首领。

这可能是历史上提到吉尔吉斯(即"哈喇吉尔吉斯")人生活在他们今日生活的土地上的最早记录。虽然我们也掌握一些材料,足以说明,早在10世纪以前,部分吉尔吉斯人已经进驻到这一地区来了。史家穆哈马德·黑达儿说,在吉尔吉斯人和蒙古人之间并看不出任何人种上的差距。他的看法是吉尔吉斯人不过是从蒙古整体上游离出去的一个分支。他对吉尔吉斯人与蒙古人之间互相仇视的解释,是由于蒙古人已经皈依了回教,而吉尔吉斯人则一直是不信教的。

阿赫买德的另一个儿子叫赛以德，当初被父亲留在玛瓦朗那尔，后来从乌兹别克人手里逃出来，和哈犁儿会合。他经过吉蒂干时和他伯父马赫穆德同住了一段时间，但由于对他伯父所行的恶政深抱反感，就又逃到他兄弟这里来了。赛以德和哈犁儿一同住了 4 年，在此期间，他们对伯父马赫穆德采取公开的敌对态度。为了调解这场不和，曼须从蒙忽里斯坦赶来，在伯侄之间安排了一次会议，但会后，内讧再次爆发。马赫穆德所遭受到的政敌的压力太大了，他只好“一面倒”，重新返回玛瓦朗那尔去投靠西巴尼。1508 年西巴尼下令将马赫穆德和他的儿子们一齐在锡尔河岸上处死了。在这件事情之后，曼须对他的两个弟兄开启战端，并在阿尔玛·阿达（今日之楚尔尼）地方将他们击溃了。哈犁儿逃往大宛，在那里被乌兹别克人的总督加尼伯杀掉了。赛以德在纳林河附近的森林里渡过了几个月的时光。这一举措丝毫也不值得奇异，因为按照一个蒙古人的观念，一个勇敢的战士在青年时期就应该让他到大山野林中去漫游，到距离有居民的地方一两个月旅程的地方去，靠打猎为生，并随手打了野兽随手剥皮穿在身上。被赛以德所选择的这片地方刚刚遭受过从喀什噶尔的阿卜·巴克尔那里派遣的侵略部队的严重糟践。后来在部下的怂恿下，违反着他本人的意志，他到了大宛，到达时间恰好是当马赫穆德死过两个月之后。哈犁儿死前一个月的时候，他也遭到了监禁，只是后来逃出来了，平安到达卡布尔，在同年（1508）的年尾他充当了巴布尔的部属。

从喀什来的阿卜·巴布尔的部队，在王公瓦利的指挥下，一路顺利，进入七河，迫使曼须汗不得不离开自己的乡邦，带着一批吉尔吉斯人同他自己一起，到喀喇沙尔去。这批人的绝大多数都被残杀了，只有部分人后来得到阿卜·巴克尔的准许，回到伊塞克湖的南岸上继续过着游牧生活。七河北部由哈萨克的汗王迦新统治着，此人是在（回历）924/（耶历）1528 年死去的。他的冬季大帐扎在喀喇答尔。约在 1510 年之际，他击败了乌兹别克汗王西巴尼。在 1512 年，他攻占了怛罗斯和赛蓝，连塔什干附近一带也遭到了他的蹂躏。史家穆哈马德·黑达尔估计当时哈萨克人的人数为 100 万。根据史家巴布尔的记载，迦新有军队30万。1513年秋天,在楚河岸上召开了迦新汗与赛以德之间的会谈,赛以德是以巴布尔的代表身份出席的,迦新汗年逾65岁,隆重地接待了赛以德,使赛以德至死犹然追忆他同草原头领在大帐中的这次会见。

1514年,赛以德脱离了巴布尔,决心去占领喀什(疏勒)。他从七河出发,显然是通过吐鲁噶特隘口,只带着4700人就占领了那一地区,并且公开与称霸的阿卜·巴克尔处在敌对地位。不拘他在这场冒险事业中有着难以置信的惊险之处,他终于是获致了全部的胜利。他对喀什和叶尔羌的征服给东土耳其斯坦带来了和平的局势。1516年,在阿尔巴(此地位于阿克苏与库车之间),赛以德与曼须汗之间终于取得了妥协。曼须继续统治吐鲁番和喀什,但将对东土耳其斯坦全境的宗主权让出来。他们的兄弟之一叶密尔·火者,分到了北吐鲁番和阿克苏。第三个兄弟巴巴查克琐儿檀分到了巴希和库车。在这样一种局面下,东自哈密(属中国),西至安集延(在大宛境内),这中间的贸易关系得以保证平安,对于商人不予征敛。

赛以德既得喀什,又复企图进取七河南部。在赛以德与阿卜·巴克尔对战的时候,吉尔吉斯汗王穆哈马德是出了很大一把力气的,这次仍然身先士卒,为赛以德充当前驱。赛以德在会见曼须之前由于饮宴过度而身体违和,按照医生劝告,在莫卧里斯坦地面上度夏。1516年入秋之后,他率师开入七河,准备对大宛地区中的乌兹别克人展开战争。在卡蒂尔湖的岸边,他遇上了他的弟兄巴巴查克。在阿尔巴河谷地带,这些弟兄们除却曼须一人之外,统统聚齐了,就发动了一场规模巨大的狩猎,整个冬天他们简直是处于无休止的饮宴之中。原来进行征战的企图,赛以德似乎早已置诸脑后了。

与此同时,穆哈马德正带领吉尔吉斯人继续侵扰突厥地面、塔什干和赛蓝。穆哈马德把突厥地面的统治者、西巴尼的堂兄弟阿布杜勒抓去关了起来,后来却又备礼释放了他。这件小事引发了赛以德与穆哈马德之间的战争,虽然史家穆哈马德·黑达尔在它处曾经主张这次战争的开衅是赛以德遣责吉尔吉斯汗王作践了回回们的耕地,他是以回回的保护者自居的。1517 年,赛以德率师从喀什出发,而叶密尔·火者则从阿克苏出发,通过萨里·阿特·阿虎儿隘口(意为“黄马槽”)。两支部队在卡菲尔·雅里地方会师,然后,赛以德沿着巴尔斯坤河谷向下游开进,叶密尔·火者则沿着厥蒂河谷向下游开进。这时,穆哈马德的大帐正扎在巴尔斯坤河口。他的部下出卖了他,他就被俘虏到东土耳其斯坦去了。吉尔吉斯人的马群、驼群、羊群全成了赛以德军士们的胜利品,被俘的吉尔吉斯人则全部释放回去。是年冬初,赛以德汗胜利地返回喀什。

1522 年,赛以德又发动了一场新的征讨。其发动的原因,史家穆哈马德·黑达尔仍然归之于汗王想要再一次阻止吉尔吉斯人对回民农田的破坏。但就在这一股口风里,他倒也阐明了征讨的真正动因:东土耳其斯坦的草地已经不够养活蒙古人的牛群和羊群了。赛以德汗的13 岁的儿子拉式特被任命为全军统帅。原来穆哈马德汗而今已经释放出来,继续统帅吉尔吉斯人,他陪同拉式特一齐出征。为集中军权,蒙古人在阔赤噶尔建立了一座不再移动的老营大帐。吉尔吉斯人的绝大多数都跟着穆哈马德过来了,虽然仍有一小部分逃到辽远的地方去。到冬天,赛以德本人也亲自到阔赤噶尔的老营大帐中来,吩咐拉式特和穆哈马德二人到莫卧里斯坦的辽远边区去进一步搜寻吉尔吉斯人的孑余。从此以后,赛以德一年必来老营大帐一次,作短期居停,借以提高他儿子拉式特的威信。其中一次在 1524 年,他接见了原哈萨克国王迦新的侄子、他的第二次的继承人、七河北部的统治者塔希尔汗。塔希尔汗企图结好蒙古人,其目的是为了抵御其本部由于他的暴政而痛恨他的人民,也是为了抵御乌兹别克人和诺人(曼纪特人)。蒙古人在其老营大帐中所给予他的接待,远远超出他的期望。他将他的妹子许配拉式特为妻。

投降过来的穆哈马德依然被认为要耍弄阴谋诡计,跟乌兹别克人有私通,因此他被送回到喀什去,在那里他一直活到赛以德死后。在邦国之中保持统治秩序一事,已经交给了史学家穆哈马德·黑达尔,但他承认他的一切努力都是徒劳的,因为绝大多数吉尔吉斯人已经转向于塔希尔了。到1525年夏末,赛以德汗正在伊塞克湖的附近,突闻喀尔梅克人已经进军到莫卧里斯坦的边境上了。稍早些时候,在1523—1524年的冬季,拉式特曾经带兵出征过喀尔梅克人,成绩不坏,博得过"噶济"("征服异教徒的勇士")的称号。赛以德从伊塞克湖边半岛上的住处出发,去打喀尔梅克人,跑十程路到达了喀碧喀喇尔。在这里,他收到了塔什干汗王苏缘住死去的消息。这种事很容易引发与乌兹别克人中间的新的战争,所以赛以德汗立刻又退师,回到伊塞克湖去了,穿过阔奴儿·鄂连,他进占了大宛,但觉察到沾不了多少油水,他就又撤回莫卧里斯坦去了。他在乌特禄克地方探视了一下家属,就又返回了喀什。

第二年冬季,塔希尔在阔赤噶尔附近扎了大寨,立刻就有一半的吉尔吉斯人前来投靠他。拉式特被迫后撤到阿巴什,1526年初,他父亲赛以德汗亲自到这地方来跟他会面。哈萨克人开过七河省的全境,竟丝毫未引起反抗,一直进达噶什和昆该。在阔赤噶尔和准哈尔一带越冬,未曾来得及投靠塔希尔的,全部被蒙古人截留在阿巴什了。原裕诺思汗王的女儿,她是塔希尔的继母,正居住在喀什,被派去跟塔希尔谈判,但这次出使的结果如何则不明。这时赛以德汗正住在阿克塞,听到哈萨克人和吉尔吉斯人中间发生了纠纷,他就立刻出兵去征讨他们。军队开到阿克库雅什,又开到阿里什拉尔。蒙古军队继续向前开进,就遇到了被吉尔吉斯人打败了的库车城的巴巴査克汗王的军士们的尸体。也许这番景象使蒙古人感受太深了吧,他们决定撤离七河之地,仅仅抢去十万只羊就心满意足了。这场战役被取名叫"羊战"("阔以·车里奇")。1527年早春时候,塔希尔到达阿巴什,将蒙古人给残留下来的一批吉尔吉斯人及其马群领走了。

从蒙古人撤离七河之后,哈萨克人和吉尔吉斯人就一直住在这里。这两族间的友好和睦是短命的。自从1526年,已经有一批哈萨克人由于塔希尔杀了他自己的兄弟阿布德·阿尔·迦新而开始背离他,但当时吉尔吉斯人则一直忠诚拥戴他。到1529年,又有大约两万到三万哈萨克人重新回到塔希尔这边来。他死去的年月日是缺乏记载的。根据穆哈马德的记述，他死在衰败冷落的情况之中。自他死后，再没有任何一个汗王能够像他这样在全哈萨克人中树立威信，虽然黑达尔说，塔希尔的弟兄白衣大士担任了他的继位者。

蒙古人在赛以德的儿子拉式特继位(1533—1570)之后不久，就在七河地区重新建立了权力。拉式特跟玛瓦朗那尔地区的乌兹别克人结了联盟，以对付他们共同的敌人。这时乌兹别克正为了塔什干的争夺与哈萨克人交战。哈萨克人的西北方也受到诺该人(曼纪特人)的侵扰。在(回历)944/(耶历)1537—1538年，拉式特对哈萨克人进行了一场粉碎性的战役。在这场战役里，塔希尔的兄弟托干汗以及37个回回琐儿檀统统被杀掉了。在辽远的地区里，人们谣传说，哈萨克人统统被灭绝了。拉式特模仿他父亲的行径，把自己的儿子阿布德·阿尔·拉蒂甫留在七河地区。蒙古人一直跟乌兹别克人保持亲密的结盟关系，在(回历)978/(耶历)1570—1571年，拉式特死了，由他的儿子阿布德·阿尔·拉蒂甫继位。拉蒂甫活了29岁，死在一场(按：万历十六年)与哈萨克人、吉尔吉斯人的汗王迦新汗的儿子哈克·拿匝的战役里。根据詹金逊[1]的报告，到1588年，哈萨克人的势力依然威胁着喀什。这两族人断绝了一切通往中国和通往西亚的商路。

25.8 喀尔梅克(准噶尔)简史

有关16世纪后半叶、蒙古占领军最终撤走以后七河地区的情况，史料反映很少。虽然新近发现在(回历)990/(耶历)1582年用土耳其文写的一部颇引人兴致的资料，其唯一的原件现藏荷兰来敦大学图书馆中，迄今尚未经认真的研究。作者塞菲说，当时喀尔梅克人一直在中亚开疆拓土。他把他们的首脑称作阿勒坦汗，这也许就是那个土默特部的强有力的统治者，他征服了额鲁特(瓦剌)部，并且在土耳其斯坦东部建立了一个大国。哈萨克汗策隈凯尔，此人是悉盖的儿子塔希尔

〔1〕詹金逊，1558—1559年间受俄国沙皇伊凡暴君的支持，曾到基瓦和布哈拉一带访问，他的身份是莫斯科公司的总经理。

的侄子,他把喀尔梅克人的国土蹂躏了。这就引起异教徒们侵入了哈萨克的地面,同样也进行了抢掠。策隈凯尔逃往塔什干去,在那里努莱兹仍然居在汗位上(1556),策隈凯尔要求和他联军对敌,但努莱兹·阿赫马德回复他说,像他们这样的国王,就是有十个也休想和喀尔梅克人相角逐。

这份资料的原作者进一步对吉尔吉斯人和哈萨克人进行了一段简要的描述。他写道:"吉尔吉斯人与蒙古人之间,有着亲戚关系。他们没有国王,只有'伯克'们,土话叫'喀什噶'。吉尔吉斯人既非回教徒,亦非异教徒。他们居住深山之中,各处有隘口与外界相通。不管哪国国王带兵来攻打他们,他们就把家眷送进山的最深处,然后四面把住隘口,使外力无法侵入。他们使用一种魔术的石头,土话叫'雅达',可以呼风唤雨,可以降雪,叫敌人的兵卒手脚僵直。[1] 于是他们发动进攻,打败敌人,他们的风俗不埋葬死者,而将棺木抬到树木的高枝上,使骨骸腐朽并且散落。吉尔吉斯人和哈萨克人是邻居。哈萨克人约有20万户。他们是回教徒,并且遵循着伊玛姆·阿匝姆(阿布·哈里发)派的礼仪。他们有着大量的羊群和驼群。他们住在车上。他们的衣服用羊毛做成,毛纤维染成各种花色,织成像缎子一样漂亮的毛呢。这些衣物运到布拉哈去发售,价钱和缎子一样,其美丽和精致亦不亚于缎子。雨衣也同样用羊毛做成。这种成品完全可以防水。其质地之所以如此之好,据说是由于羊群吃了一种香草,该草的质地就是这样好。"

1594年,策隈凯尔派遣使臣到莫斯科,要求和沙皇费约多尔结盟。在遣使的卷宗里,他自称"哈萨克和喀尔梅克的王",据此可以推断,某些喀尔梅克部落曾经降服于他。1598年,在他临死的这一年,策隈凯尔占领了塔什干和雅西,这两座城直到1723年一直保持在哈萨克人的统治之下。根据隈利亚·敏诺甫——捷尔诺夫的记载,哈萨克人分为三部怕与此事有关。在17世纪,雅西和塔什干一直是哈萨克人的两个中心,但也正在这同一时候,他们被喀尔梅克人逐渐逐出了七河之

[1]这种魔术石头,中国文献中也有记载,说蒙古人中有这种东西,叫"鲊答"或"札达",见元陶宗仪《辍耕录》和明金幼孜《北征录》。——中译者。

地。在17世纪的开始，喀尔梅克人占领了花剌子模，甚至抵达了伏尔加河河岸。与此同时，戈罗斯的汗王哈喇虎拉，企图尽力将额鲁特（瓦剌）旧部重新团结起来。在他临终之前，他终于排除了若干封建王公（“台吉”）的顽固抵制，达成目的。1634年，他的儿子巴图儿拥有了“浑台吉”的称号。就是在此人手里，额鲁特（瓦剌）诸部，或者叫准噶尔人，才获得了接近于统一的组织。1610年，他在他的大帐（斡儿朵）中召开了库利尔台大会，甚至已经迁往俄国境内去的喀尔梅克人的首脑都来与会了。就是在这次库利尔台大会上，著名的喀尔梅克人的《草原宪章》公布了。“浑台吉”的牧地原本位于也儿的石河的上游，斋桑湖的北面。巴图儿跟策限凯尔的兄弟和继承人——哈萨克汗依悉姆不断地发动战争，并且取得不同程度的胜利。

1653年巴图儿之死，削弱了额鲁特联盟的统一。俄文资料中记载由他的儿子辛格继位，但根据A.M.波兹德涅叶夫所说：“他不像他的父亲，从来也没有当过额鲁特联盟的宗主。在巴图儿‘浑台吉’死后约摸六七年的光景，他可能成了准噶尔诸部的统治者，但再没有超过这种地位。”另外几个王公像辛格一样地拥有“浑台吉”的称号。巴图儿的长子撤辰则一直在北方也儿的石河一带经营游牧的生活。

1671年辛格被害。他的弟兄噶尔丹·博硕克图自西藏回来，立即对他的另一个弟兄撤辰展开敌对形势。在1676年，撤辰汗在塔尔琪隘口和赛蓝湖的附近被击败了，不得不向噶尔丹投降。噶尔丹也像他的前辈几代的汗王一样，对哈萨克人和吉尔吉斯人展开战争。在1681和1683年，他征讨赛蓝湖地带。在1682、1684和1685年，他征讨吉尔吉斯人和大宛地区。1684年，赛蓝城被攻下了，他的部将罗布丹将这座城毁掉。从此以后，喀尔梅克人在七河的领土上就一直没有经历过战争，他们跟哈萨克人、蒙古人、中国人之间的无数战役，都与七河无关。噶尔丹显然就是喀尔梅克人中第一个将大帐经常扎在伊犁河川中的汗王。到冬天，有时他也会到也儿的石河边去度过。也许正是从这时候开始，现今的伊犁区和库尔·喀喇·乌苏区就成了“浑台吉”的私人领地。根据翁阔夫斯基的记述，在18世纪，布鲁特人（亦即吉尔吉斯人）

是在伊塞克湖一带过着游牧生活的唯一的一种突厥人了。

噶尔丹一心想要统一他的国家,他就处死了几个亲属,只有他的侄子策妄·罗布丹于1678年逃避到吐鲁番去了。1688年,当噶尔丹远徙外蒙古的时候,策妄·罗布丹在当年或者次年返回故土。他先在保罗托尔居住下来,慢慢扩张他的势力并遍及全境。噶尔丹再也没有回来过,因为他在蒙古境的军事挫败竟如此严重,1697年他自杀了。

噶尔丹死后策妄·罗布丹成了唯一的统治者。像他叔父当年在位的时候一样,他也成为中国人的劲敌。1714年之前,一直和中国在表面上保持和平。到1714年,策妄·罗布丹就突然袭取哈密。在同一年份,康熙大帝发布了一通上谕,在谕文中他列举了策妄·罗布丹的历次侵犯,号召将他夺走的所有准部王公们的领地和权利归还他们。为了达成这一结果,他答应召开一次王公会议,清朝将派代表与会。有关其他事项,康熙大帝坚持阿拉克(阿拉图)的牧地必须归还给辉特部,而给"浑台吉"本人仅仅分配了也儿的石河的一小片地。策妄·罗布丹自然不能接受这样的一通谕令,于是乎战衅开启了。中国人很了解喀尔梅克汗国国内的弱点之所在,深知他们经常受到哈萨克人和布鲁特人(吉尔吉斯人)的威胁,因此清朝最强大的兵力就偏偏使用到与哈、布两族交界的地方去。中国钦差们的奏折中汇报说,大量的喀尔梅克人,由于害怕中国人的进攻,正沿着伊犁川向西奔逃。

俄国政府利用喀尔梅克人的危难,企图把他们拉到与俄国联盟的这边来。这样的一种意图,由一个哥萨克头目伊凡·切列多夫在1719年的访问中传给了喀尔梅克人。稍早一点,在1717年,托钵族贵人隈尔扬诺夫在哈几尔河岸的穆扎特地方向策妄·罗布丹致敬,次年当"浑台吉"的大帐扎到通常的越冬地点、塔尔奇山脚下的科尔科斯附近的时候,他就告辞了。从翁阔夫斯基上尉的出使中,我们可以得到更多的情节。1722年11月,这个军官到达了"浑台吉"扎在伊犁河南岸上的大帐,此地东距卡伦河仅仅数哩之遥。1723年9月以前,他一直停留在喀尔梅克人统治者的朝廷上,陪伴他沿着图普河和贾噶兰河从一处扎营地到另一处扎营地。这个使节并没有在政治上获致什么成果,特别是1722年康熙大帝的逝世更松弛了来自中国的威胁。除此之外，1723年喀尔梅克人对哈萨克人作战中打了一个大胜仗，占领了赛蓝、塔什干和雅西。

根据翁阔夫斯基的报告，喀尔梅克人能征集十万兵。"浑台吉"在人民中间颇富声誉，所以他根本不去咨询各族酋长——"宰桑"们。"浑台吉"的堂兄弟策零·顿杜是一名大"宰桑"，他的帐扎在莱普撒河和喀拉塔尔河的岸上。约摸30年以前，喀尔梅克人根本不经营农业，但是到翁阔夫斯基来访的当时，不仅俘虏来的布哈拉人（又叫"萨尔特"），连很多喀尔梅克人都在耕种土地，种植面积不断扩大。萨尔特人在科尔科斯山口上有一座自己的小城镇。喀尔梅克人和俄国人、中国人（指和平时期）、唐古特人以及印度人、玛瓦朗那尔地区的人，都有贸易往来。

在1715—1716年之际的冬季，有一支派遣到也儿的石河流域来的布西霍尔兹探险队，其中一名随队担任护卫的军曹叫做勒拿的瑞典人，被他们喀尔梅克人俘虏了，此人在军事和文化上帮了喀尔梅克人很大的忙。勒拿停留在喀尔梅克人中间，直到1733年才离去，他教给喀尔梅克人放炮的技术，以及其他工艺，甚至还开设了一座印刷厂。他回国之后绘制了一幅准噶尔地图，在其中详细地记录了游牧人的每一处设帐地址。这些地址绝大多数设在山脚下，河的上流头。在七河地区中，其建帐的地点是：(1) 沿着阿拉图，以及所有流向巴尔喀什湖去的河流的上游；(2) 在阿尔丁·叶密尔和郭宾之间，伊犁河的北岸上，从科格达到科格台列之间；(3)沿着凯根河的北岸，从卡伦河向东，沿着凯特曼山系的北坡上；(4)沿着奇里河的上游，以及它的支流等处；(5)沿着图普河的西岸和伊塞克湖的南沿；再沿着湖的西角，到达它的北岸，地当郭苏河和阿克苏河之间；(6)沿着大凯宾河谷，以及所有流向楚河去的小河沿岸，直到喀喇噶达。勒拿把"浑台吉"的主帐绘制在塔尔奇隘口的东南，在当代固尔札的附近。

策妄·罗布丹死后，由他的儿子噶尔丹·策零（1727—1745）继位。此人继续与中国交战，直到1732年和约订立后，他把几乎一半领土丧失了。向西,他对哈萨克人成功地扩张势力,虽然这些哈萨克人在名分上早已被承认是俄国子民了。为了料理哈萨克人的有关事务,俄国派遣过多次使节到噶尔丹·策零那里。其中之一是分队长乌格吕摩夫(1732—1733),曾经陪伴噶尔丹·策零到处巡营看帐。四五月份,他们沿着科齐格尔山顺伊犁河水流而下;五月末和整个夏天,他们沿着铁密黎克、凯金、喀尔喀拉、铁开诸山放牧;九月到翌年三月末,又沿着伊犁河川,“先顺流而下,然后逆流而上,再到科齐格尔,在这里按照他的习惯,要一直呆到五月份。”

噶尔丹死后,由他的儿子策妄·达尔济(1745—1750)继位,他被他的弟兄喇嘛·达尔济杀害了。在此后的内乱之中,噶尔丹·策零的侄子阿睦尔撒纳升居高位。他依靠了哈萨克人的帮助,占领了叶密尔河和也儿的石河的上游,在1754年他对清朝屈服了,并且乞求他们的援助,以对付他的仇敌。1755年,清朝派遣两路大军西征。丝毫未经流血,清兵就征服了喀尔梅克汗国的全部。同年,阿睦尔撒纳起兵叛清,结果失败了,逃往哈萨克部去了。1757年的一个极短的时期内,他又出现在伊犁河上,但由于哈萨克汗阿勃莱向清朝告密,他又不得不逃走了。他最后只好逃亡俄境,数年之后患天花而死。像这样,中亚地区中最后的一个游牧汗国灭亡了。1758年,清朝又一次派遣大军入境对喀尔梅克人进行了一场残酷的大屠杀。

在准噶尔汗国覆亡之后,哈萨克人和吉尔吉斯人重返七河地区。在相当的一段时间之内,他们被看作是大清国的子民。当时,中国设防的国境线,粗略的与今日中俄的边界线相当。而直到俄国在七河地区建立起主权之后,哥萨克人和吉尔吉斯人这才享有实效上的自主。

26 伊朗的宗教与文化[1]

[译者前记]1985年8月,"中国敦煌吐鲁番学会"二次年会在乌鲁木齐召开。闭幕之夕,新疆自治区党政领导设宴招待,我被安排在与美国哈佛大学伊朗史教授费耐生(Richard Frye)及其夫人拿比(Eden Naby)的邻座,因得交谈。当时谈到中亚史的专家巴托尔德和他的门徒敏诺尔斯基。费先生告我说,敏诺尔斯基已经在英国死去了。他问我怎么晓得敏诺尔斯基的?我说我译过他们师徒二人合作的《七河史》。费耐生先生听了,当即取出他自己的著作《波斯》一书殷勤相赠,并嘱我也把它译成汉文。我想这就是文化交流吧,遂欣然承诺了。

回到兰州,把书粗读了几遍。感到这本书不是绷起脸孔来写的什么伊朗古代史或伊朗近、现代史。而是像中国所谓"上下古今谈"那样的书。我懂得,越是这样的书,越是不容易写的。正如该书出版者所说,它是以作者"史学家的精严,文艺创作者的才华,和对五颜六色的洞察",才能写得出来的。现在遵作者之嘱,络续迻译。将来译成全书,拟名之为《伊朗古今》。由于伊朗是丝绸路上中亚大国,与我国西北史地息息相关,故选出书中第三、第五两章有关意识形态部分的译文,在《西北史地》上刊出,以供读者参考。

1985年9月,赵俪生记

26.1 伊朗的宗教

确认人世间有一宗"善"的力和一宗"恶"的力,这对于一元论者所举发的很多问题来说,可能是一个明智的和顺理成章的答案。二元论

[1]本文为[美]费耐生原著。

和两分法对人们的才智特别富有启发力，并且自从三分法和多分法经常把问题弄得更复杂或者更不妥善以来，两分法带来的解决方案往往是乐观主义的。而伊朗，与其他国家比较，几乎是最二元论的。我们首先从火祆教中发现它。

琐罗亚斯德在宗教史上是一位说服力很强的人物，跟《圣经·旧约》中的预言者们几乎划等号。对于上古期伊朗、印度未分家以前的亚利安人的宗教说，他定然是个伟大的改革者。这种古老宗教的特色，如像《吠陀》经中所表露的，是在某些祭祀场合人们所念诵的对诸神进行颂扬的一些圣诗。可是，这种信仰在社会方面的表象却是各种各样的，因为，求取人与神之间的和谐，这对于宇宙职能说是第一义的。琐罗亚斯德所传布的福音，如像《阿维斯塔》经最古老部分《噶塔斯》经中所积贮的，其重点是伦理的，叫人敏锐地去区分"善"和"恶"。根据琐罗亚斯德传布的教义，人与人之间的关系更紧密了，大家都是"智神"阿胡拉·玛兹达底下的一个成员。一个人一生靠他自己的选择而定案，看他是跟阿胡拉·玛兹达走"善"的一条路呢，还是跟着恶魔阿亚里曼走"恶"的一条路。因此，琐罗亚斯德的教，又经常被叫做"善教"。

此后的火祆教，一直走着一条综合而协调的典型伊朗式的道路，但同时，它也一直坚持着一种高度道德观的信仰和乐观主义的信仰。虽然在这方面我们的资料极其缺少，但琐罗亚斯德教绝不可能不受希腊人思想的影响，我们甚至可以推断希腊神学的若干不同的学派，其最普泛的教义，倒是在伊朗得到发展的，假如没有反对派悲观主义者的反对，乐观主义不可能在伊朗发展，并且我们也发现一种对"命运"之雷打不动的信仰，它在反对着使"善"念达到高度胜利的乐观的二元论。对"命运"的信仰后来发展成一种思潮，以"命运"或"时运"而命名，其音译是祖梵主义（Zurvism）。好像可以这样说，在伊斯兰教进入伊朗之前的某些历史时期，祖梵主义在伊朗是一切有条理的群众所信奉的主导宗旨。"宗旨"一词，也许比"宗教"、"教门"等词更恰当些，因为我们一直找不到证明说，祖梵教具有独自的教会体系，以及各别的教理或教仪。自然，还有很多其他信仰，指尚未形成"教会式"宗教的，在伊朗也还是有，这不包括外来宗教，以及那些像犹太人的小教那样。说来可惜，我们的资料很少涉及它们，顶多是提一提而已。

我们已经充分留意到了，在伊斯兰教进入以前的伊朗，玛兹达主义的重大社会宗教运动（它跟摩尼教之间肯定有某些血缘关系），对社会正义所做出来的推动作用。由于在伊朗这个国家，封建的大土地所有者从过去一直泛滥到现在，因而，社会和经济的改革就总是占头等意义的。当然，大量土地接受着扩大化的水利灌溉，却生产着少量的产品，在这样的土地上还需要中央的管制。贵族专制之财富的和权力的基础，总是土地；并且直到今天，对若干村庄具有“所有制”的权威性，仍然是十分重要的。因此，人们可以说，社会上一个“封建”的传统和一个传袭的阶级结构，在伊朗历史上，就像绿洲对于风景说其为标志性的一样。帕提亚王朝一段的伊朗历史，经常被表述为“封建”的高点，但“封建”的不同形式，却是会不断出现的。我们不能把我们在伊朗史中的所见所闻，跟西欧封建社会去划等号，我们只能在更广泛的意义上去考虑问题。

波斯的“封建主义”，扎根于扩大了的家族，包括父家长家族中的奴仆，这才是波斯人自古迄今所“臣服”的真正的单位。自古迄今，这才是执行公众职责却有损于国家的职能的代表。另一方面，这种家族中的臣服关系，以及家族与家族间的个人关系，一度曾是伊朗国表现稳定和有力量的泉源。一个好心眼的地主，经常被农民们看做是一个保护者，保护他少受政府的干预和榨取。地主经常不住在本土，但仍然被在他治下的村中人认为是法律、秩序和权威的泉源，这一点直到最近才稍稍有所变化。

有一点必须强调，即不论如何，在伊朗过去历史的所有阶段中，社会对于宗教有着一种需要和满足，或者用另外的方式表达说，政府和社会都有着若干和宗教的牵连，这一点不一定像某些学者说的一定要等到伊斯兰教进来以后。在宗教问题上，拿摩尼教与巴哈主义作对比，对于我们对伊朗的理解，我相信是有关联的。这两者都被国统宗教——萨珊朝的火祆教和喀查儿王朝的什叶派伊斯兰教——所猛烈反对。无论是摩尼教或者是巴哈主义，都被认为是社会和政权的威胁，可是不管受到什么迫害，两教都有信奉者；并且，社会改革问题都是这两教提出的。

马上会有人出来反对，说“类比”是由人工炮制的，会把问题拉得太紧，因此倒还不如把问题局限在伊斯兰进入以后，而将远古史丢开。那样做很省事，但按照我的意思，那样做会疏忽了伊朗文化发展的连续性，也会阻碍对伊斯兰进入后若干重大变化的理解。一个人假如拿萨珊朝的国统宗教跟喀查儿朝的国统宗教进行比较，这样做要比把所有“平行线”置诸不顾的做法，对伊朗的理解要多得多。让我们来考虑一下萨珊朝的宗教仪式的顽固保守派和对人们操行的矫正主义吧。

萨珊帝国自公元226年统治到630年，它以宇宙主宰者自命，把自己扮演做阿契门尼德王朝的再现。萨珊王朝的统治者们认为自己是“伊朗和非伊朗的王中之王，受命于天”，这些意思写在他们铭刻的文字里。但是，这个王朝又有了一点新的东西，那就是有了一个有组织的教会，以及正统的教义与宗教仪式。教会日趋巩固的历史在这里不提，但是，一旦它们把教权树立起来，它们就像历史上很多国统宗教那样，丧失了生命力，并且变成了政府官僚体系的愚蠢的附庸。从萨珊王朝末期的琐罗亚斯德教的表现来看，只能看到一大堆令人厌恶的宗教仪式和礼仪条款。日常生活中每一桩细小行动都必须遵守教规，例如琐罗亚斯德教徒们剪指甲也有一定的剪法，此外还有精心策划的传火仪式，从中央大庙的有着长燃火的神坛上把火送到省区、市镇、村庄，以至个别人家的神坛上，这些仪节把虔诚的人们制得服服帖帖。所以当伊斯兰教传进来时，很多伊朗人像呼吸了一口新鲜空气一样，这就一点也不奇怪了。同时还须承认，萨珊朝的琐罗亚斯德教徒们，不会从诵读残存经典中受到任何感动，得到任何智慧方面的和神学上的满足。不少经典已经丢失了，但我们仍可根据其残存的部分得出来论断。

假如我们看到后来在伊斯兰统治下琐罗亚斯德教徒们那种比栉狭促的精神状态，从而设想萨珊朝的琐罗亚斯德教也和以后的信仰状态是一样的话，那就有些不公正了。事实上在萨珊朝的时候，琐罗亚斯德教是官方宗教,有着皇权的支持,它跟政权的关系很密切,它对统治者表示臣服,它对"王中之王"的措施表示认可,它使用"矫正术"行事,在这一点上它不同于以后的伊斯兰教。我们可以这样认为,萨珊朝的琐罗亚斯德教更多使用"矫正术",更少使用"正统术"。至于它失掉政权支持、变成在伊斯兰大教之下的一个小教的时候,情况恰好相反了。我们可以设想出,在萨珊朝时期在思想方面的某些宽容大度,传到伊斯兰教统治下的正统琐罗亚斯德教的信徒中间时,却丧失了。

这种在对待哲学问题和宗教问题方面宽容大度的态度,通过一些琐罗亚斯德教学者,他们在转变了信仰之后,带进了伊斯兰教中来。波斯人对伊斯兰教和伊斯兰思想的巨大贡献已经举世尽知,且应好好地载入史册。人们都承认,在公元后9世纪阿拉伯统治的阿拔斯哈利发的"黄金时代",波斯学者们占领导地位,假如不说是占主宰地位的话。这一时期中自由思想者们的知识分子运动,通常被叫做"穆塔兹尔"派,也是由伊朗人点燃起来的,这一运动无疑在把伊斯兰教宽宏化上尽了力量,此后伊斯兰教也就可以被知识分子接受了。现在要来判断有多少穆塔兹尔派的观点被吸收进什叶派之中,这虽是一件困难事,但这二者中间有着一种连续则是无疑的。虽然后来的什叶派越来越教条化了,甚至对神秘派表示敌对,不论如何,在正统的"十二人"什叶派中并不缺乏宽容和自由化的因素,而正是这种什叶派,成了近代伊朗的官定信仰。

要给什叶派下个定义,这种事必须在总性质下参考各门派的不同再来定性。一般说来,什叶派代表了伊斯兰中强调救世主人身权威性的这个方面,其实际的例证,就是介于阿拉和世上凡人之间的伊玛姆。我们曾经拿伊斯兰的什叶派跟基督教做比较,又拿正统伊斯兰的逊尼派跟犹太教做比较。由于逊尼派把信仰放在《可兰经》上,只认它才是上帝的圣言,有点像犹太教信仰的"圣法",所以我们以上的比较比我们经常遇见的比较法更接近真实;那种经常遇到的比较法,则是把什叶派、逊尼派比作罗马天主教和基督新教间的差别。什叶派有一点,就是在教阶制度上,很有点像天主教;但它不像逊尼派那样强调经典中的教条。要把基督教的两派进行比较是不容易的。更进一步说,基督教从它的起源看不过是犹太教的一个门派,就好像什叶派也可以说是逊尼派的一个门派一样。

什叶派在阿拉伯那边的政治根源,与我们目前的论述无关;但是传布圣言者的女婿的若干形象,如哈利发阿里、他的儿子胡三,以及他的后裔们,则是什叶派伊斯兰教徒们所尊奉的诸圣使徒,引起了此后一代一代的混乱。到最后,传到圣言者第十二代的伊玛姆时却失踪了,现在伊朗官方宗教所崇奉的,正是这位失踪了的伊玛姆,或者说是一位即将到来的救世主。在救世主尚未到临以前,由宗教领袖穆什塔希们代表他指导人民。等时间到了,第十二代伊玛姆就会回来,给人世带来公正。

什叶派本身也分做若干门派,其中最著名的叫伊斯迈尔会社,由阿噶汗家族领导。在他们看来,根本没有一个什么失踪了的第十二代伊玛姆,他们是缘着另一条线找到第七代伊玛姆,叫伊斯迈尔,其门派即由此得名。他们相信,伊玛姆传统父子相继,传到现在的年轻的阿噶汗家继承人喀利姆,他就是印度、巴基斯坦、东非诸地伊斯迈尔会社的精神上的领袖,而在伊朗国内此派信徒则为数不多。在中世纪,伊斯迈尔会社却是西欧人士尽知的一个可怕的暗杀集团,他们的领袖叫做“山中老人”。

暗杀集团的活动,反映了伊朗宗教生活的一个方面:狂热派,这种派别在伊朗以外到处都有。有时,以狂热派为基础,还建立了黑社会,是一种托钵僧教团,在波斯叫做安朱曼会社。这类会社(在近代有菲达延伊派的伊斯兰),在历史上他们总是不断出现,有时影响很大。这类黑社会和托钵僧教团还不能混为一谈,虽然这二者有时也交叉在一块。

托钵僧教团从伊斯兰进入的较早时期就流行起来,有时人多,有时人少。他们的活动性质也不断变易,我们可以把他们的根源追溯到伊斯兰进入以前,甚至可以追溯到亚利安人的入侵时期。的确有不少的社会学家探讨过这个问题,即像这样的教团不止出现在一种宗教,不止出现在一个时代。在人类历史黎明时期一些青年人组织的社团,可以考虑是不是后来托钵僧教团之最原始的形态。我说这些的目的,只在表述像这类团体在伊朗好多世纪的社会上是一个重要的因素。这样的组织,9 世纪有过,克尔曼省有过,忽罗珊地区有过,库尔德人中也有过。宗教这个东西,即便到今天,仍然严重地渗透在伊朗人的生活中,比世俗的西欧要强烈得多;而托钵僧教团出现在越来越发达的物质世界上,则表明着一种对精神利益之顽固的坚持。

至于伊朗下层社会的群众,他们是和民间宗教关系密切的,如祈祷、魔术和幻术,如此等等。在伊斯兰教中,在这些仪节方面有很多事情好做,就好比基督教徒在圣诞树上有很多事情好做一模一样。举例来说,在新年前的最后一个星期三,一般从 3 月 21 日开始,伊朗人就点起火来,一面口中念诵颂诗,一面从火上跳过。这一定是伊斯兰进入以前风俗的残存。在生活中居重要地位的新年节,自春分节开始,这也是伊斯兰进入以前传进来的。对圣地的参谒,例如到玛式霍德或孔姆去参谒大型的圣祠、圣庙、神社,这是什叶派伊斯兰教徒们特征性的行径,而恰好伊玛姆子子孙孙的坟墓遍及全国。很多这样的圣祠圣庙,原来都是琐罗亚斯德教的祠庙,后来改变为伊斯兰教徒们参谒的圣地,只在名称上做适当的更改就是了。同其他宗教一样,什叶派也藉参谒、朝圣和祈祷的机会,获得神的裁决和灵迹。在这里,已无须描述伊朗民间宗教的五颜六色,但是从今日伊朗国中的各个方面看来,从高级知识分子中的哲学家,到蠢蠢的迷信者,在他们中间宗教不仅是存在,而且在昌盛发展。

伊朗宗教的一个重要部分是“教会”。虽然有人主张伊斯兰教中没有教会组织,但在什叶派中的确有一个组织结构和一套教阶制度。什叶派的原本质地就预先料到需要安排一套机构料理庶民之事,以待失踪了的伊玛姆、即救世主重返人间。伊朗什叶派“教会”的机构和影响是非常有趣的,经常被误解,有时连外国调查家和本国西方化了上层阶级也对此毫无所知。这并不是一个公开的、有档案资料的教阶制度,附有层层的等级和编制。这样的“教会”,到头来不过是指一批学过宗教的、有学问的人的胞属关系而已。至于这种“教会”之形式上的结构，则毋宁说是松弛的；但这不等于说宗教头头们之间的关系是不一致的、软弱的和无目的的。正如一个个人，有时他的自我修养的力量要比来自身外的强制力要强得多一样，对于什叶派“教会”来说，其内在力量要比外来力量也强得多。当前什叶派总部设在德黑兰以南一个叫孔姆的镇上，在那里有一座学院、或者说一座大学，专门训练宗教干部（毛拉），这些人将分配到全国的村镇去履行牧师的职务。一个“毛拉”，精心深入地学习伊斯兰教的某一两个分支学问，如法律学和神学，有朝一日他假如被既有的穆什塔希团所接纳的话，他本人也就成为一个穆什塔希了。逊尼派中不存在穆什塔希，因为逊尼派牧师可以有权对于教义做出自己的解释，有时竟和什叶派的解释一致。对于严守法规的逊尼派却不能这样，因为传统四家的法书是封闭的，并且不准别人补充修正。穆什塔希在伊朗地位很高，不仅在少量的同行之间、也在广大的下层社会上，保有其影响力。

至于个人与个人之间，那么什么是对、什么是错、什么是适当合礼，则见仁见智，各不相同。穆什塔希之间，亦不例外。所以宗教头头中既有自由主义的、也有反动的，什叶派中这样的意见纷歧，使它很像波斯帝国时候的情况。对伊朗宗教头头既不应颂扬亦不应贬斥，他们的思想水平既有崇高的也有可笑的。什叶派的最高领导，现在叫做阿尔·乌兹玛，由穆什塔希们从自己群队中推选出来，这个人即便不是最老的，但也是最受尊敬的、地位最显贵的。最晚的一个头头是阿雅图拉·布鲁杰第，他在1961年死去了。他是头一个对外部世界采取积极和有兴趣态度的人，向华盛顿及其他各国派遣使节，向西方寻求第一手资料。他在孔姆兴建一座新的穆斯林神堂，用传统波斯的瓦和花砖建造。据说这是世界上最大的穆斯林式的复合宫苑。

在那些利欲熏心并且狂热的伊朗西欧化知识分子中间，毛拉的声誉极坏。但是，知识分子与传统保守派之间的冲突，在伊朗是个一触即发的问题，而光明和正义并不总在其中的一方。宗教头头们感觉到，那些有钱的、西欧化了的伊朗人的不应该之处，在于对什叶派缺乏尊敬，从而也可以说对伊朗缺乏尊敬。从德黑兰这个城市身上，我们就可以看出两方的壁垒，在西帕大街以北到西姆兰的郊区，波斯人的社会精英人物荟萃于此，既有商业大楼也有住宅；而大街以南，在古老城区，纯是一片贫民窟。由于毛拉们仇恨上层阶级，还因为他们声称自己是代表大众说话，所以上层社会也害怕并憎恶毛拉。阵营划分如此鲜明，所以我们可以说伊朗国中有国，政权中另有政权。象征"王中之王"的王家政府统治着伊朗，但在伊朗国内另有一个政府，即教权，在孔姆执行统治。在同一个村庄里，我们会遇到宪兵和官吏，他们代表德黑兰；但另有一个毛拉和他的亲友们，则代表着孔姆。在平时他们合作，可是一旦冲突起来，谁也难以判断哪一边会占优势。作为结语，我们不能忘记毛拉们到头来也都是些普通的伊朗人，他们研究宗教，他们从普通人那里来，也反映普通人中的多数。我们经常听到西欧化的伊朗人把一切罪恶都归罪于毛拉，而毛拉们反过来也是如此。但两方面都是伊朗人，他们都代表他们的国家。

26.2 伊朗的文化

据说形成一个文化要有三条根，第一条是理性，或者说是思想之所追求；第二条是宗教，即反映人们和宇宙（自然）的关系；第三条是对于艺术和美的欣赏。社会把这三者绑在一起，在这种情况下便形成了伊朗的文化。那么，若干世纪以来，波斯人对艺术和美的观点究竟是如何形成的呢？

立刻，人们可以指出在各代历史中的伊朗，其审美观念有一个主要特点，那就是说，从总体看来，是装饰艺术压过了表现艺术。在我看来，对于阿契门尼德朝和萨珊朝说来，这一点特别正确；而帕提亚朝和伊斯兰早期的艺术，仅说装饰艺术就不够了，也应该描写作表现主义。众所周知，近东的艺术家大都出自波斯；而全世界的音乐、绘画和建筑艺术，都曾由于波斯人的贡献而越发丰富了。

阿契门尼德朝的艺术，主要靠上古建筑物的残迹而保存下来，它的特点是爽朗，其中少量地掺杂一点象征主义和精神的作用。这时是所谓帝国艺术,显耀着世界大国的荣誉;但就在这一时期,其文化也是合成的,或者说国际性的。在这里,不是谈论希腊艺术所加给波斯艺术的影响、或者反过来探讨波斯所加给希腊影响的场合。只要这样说就够了,即当我们从波斯艺术中发现希腊的、亚述的、甚至埃及的因素时,所可能得到的结论很清楚,波斯艺术到头来是近东上古期的一种综合体而已。从霍尔撒巴德及其他地方发现的亚述人的浮雕,这些东西的绝大部分在大英博物馆里是可以看到的,表述的是亚述诸王的狩猎、对城市的攻占、胜利后的俘虏——等故事画。阿契门尼德浮雕却不如此,它不是故事画,而是人物画,用流俗的手笔描绘"王中之王"之意象化了的朝廷。在波斯波里斯发现的缴租图,并不反映缴租者带有被征服者或者俘虏的意味,只反映在"王中之王"治下、在一个秩序完好的王国中、或者说在这么一种天地间,人们理所应当做的事。虽然阿契门尼德王朝的帝王们向全世界宣称,由波斯人所治理的大国确确实实是一座人间乐园,但落实了并不是什么天上乐园的凡体,而是按"乐园"一词在伊朗词汇中的原始涵义:王家禁苑而已。在阿契门尼德艺术中,比起佛教艺术和伊朗晚近艺术来,精神的作用是不浓重的。当然,有很多艺术遗存, 现在已经看不到了。

亚历山大大帝的征伐,使阿契门尼德期的艺术宣告中止,只在个别省区里又延续了一阵。大希腊化时期的艺术,不仅仅表现为合成的,也如当时"世界思潮"中的哲学、宗教、思潮一样, 是抽象的和表现主义的。在伊朗,平板的阿契门尼德朝艺术过去之后,进入了帕提亚朝之史诗的和骑士风的年代,艺术之内在的涵义加强了,超过了对外在表象的追求。不幸的是在伊朗很少发现相当于帕提亚朝的艺术遗迹,除却在边境一带,如美索布达米亚沙漠城市哈特拉和位于现今阿富汗境内的白格拉姆,我们可以零星找到一点有关个人受难和带有神秘性静谧的艺术形象。在这两处找到的雕像头部比起它以前的时代来,确实有些现实主义;但是它们仍然不表现个性,而是表现受难者之畸形的总体一般。并且,在这些艺术中仍然没有故事,只描绘一些多数是不愉快的人的形象和感受。

阿契门尼德的建筑艺术，似乎从希腊的造型中获得最早的启发，可是那些过高的柱子、那些粗笨以及其他形象，给人的印象则是波斯的。在阿契门尼德后期，伊朗建筑的新造型出现了，其中最著名的是里瓦型和突出的角拱。帕提亚时期雕刻和浮雕的重要特征是人的前额和额饰，所给人的印象是按时代来说似乎是不真实的。

与此同时，中亚游牧人的影响，在小件多彩绘制品和包金品中表现出来。这种样式被撒玛西安人带到欧洲，又被峨特人学去，最终在法国5至8世纪的梅罗文嘉王朝艺术中产生了影响。这件事在伊朗，引发了重视游牧文化影响的潮流。

我们曾经表述过，在游牧人与农业种植人之间，在突厥人与伊朗人之间，还有其他类似的二元因素之间的冲击，这在伊朗历史上的意义是深远的。当伊朗国强盛并且统一的时候，它的影响远远扩展到国境以外，特别是中亚细亚。这在阿契门尼德朝、萨珊朝、萨法维朝，都是很明显的。但到帕提亚朝、塞尔柱人的统治、蒙古人的统治时期，事情整整翻了个过。即便在阿契门尼德朝以前，在著名的路利斯坦青铜器身上所表现的艺术夸张（这种青铜器在全世界各大博物馆都可以看到），标识出西斯安游牧人不仅在风格方面产生影响，就是在物件用途上所产生的影响也是明显的，如马嚼铁以及各种马身上的装饰品等等。这种应用很广的“兽形”装饰，是草原艺术的风格，在地域上它从匈牙利直到中国的长城外，在时间上它从史前期直到蒙古的统治。这种艺术风格影响了伊朗，也被伊朗风格所影响，后者主要指伊朗强盛时期，甚至一度对中亚若干绿洲城市担任宗主国的时候。

到伊朗的旅游者们，经常非常惊讶地发现路尔人、库尔德人以及其他少数民族的人所仿制的三千年前的物品。这就表现了伊朗艺术传统与文化传统的牢固性。

在萨珊王朝统治下，艺术的装饰性又加重了。在帕提亚王朝扩展的地面上，萨珊王朝的艺术把一部分纯装饰性、或者说象征主义精神丧失了。但是代之而兴的新象征主义却一点也不隐瞒它的意义，它简直成了自觉象征式封建社会的代表。若干世纪前带有深远宗教意味的

“生命之树”现在却公式化了,变成封建家族中铠甲上的纹徽。艺术越来越公式化了,更加烦琐累赘了。传递艺术灵感的物品也在发生变化,从石料到黏土到洋灰。艺术家选用更顺手的塑造原料,使表现手法所可以达成的可能性增大了。这就是自从阿拉伯侵占伊朗之后,萨珊艺术越来越过分地公式化甚至表现衰落的过程。

伊斯兰教禁止对人体做无论什么形式的表现,这是尽人皆知的。诡谲的波斯人即便信了伊斯兰教,也不会相信这种禁令会阻止他们去表现真实。波斯人自己相信,他们不会像那些吃蚂蚱的阿拉伯部落人一样,只要对他们布道,他们就傻乎乎地做祷告。因为,在闪族(即塞姆族)地区,只要是阿拉伯人主宰过的地方,确实连肖像画都从艺术界绝迹了;可是在伊朗,在整个伊斯兰统治的历史上一直不断有肖像画。与此类似,饮酒按照伊斯兰纪律来说是禁断的,但在波斯人的饭桌上却从来没有断过酒,尽管禁酒令在伊朗史上不是没有过的。这种情况的出现,不是没有道理可寻的;但必须指明,一个波斯人无论他如何跟别人同样地虔诚,他通常不把画不画人像、喝不喝酒等事,考虑在宗教信仰以内,至少在信仰中不是核心的问题。

后期的伊斯兰艺术纯是波斯式的艺术了。这样说,不是要否认亚述的、埃及的以及其他地方的玻璃器皿制造者、书的装订者、建筑者们的创发作用;但是在主要艺术品、绘画和音乐成就方面,波斯人居伊斯兰世界中的前茅。一般都公认萨珊朝的音乐是西方音乐未到达之前当今近东传统音乐的基础。我们可以从许多不同的源流方面,懂得萨珊朝音乐的影响,它对亚美尼亚人、阿拉伯人以及近东的其他种人的影响是确定无疑的。这里不是适当的场合来探讨乐曲、乐器等专门的细节。村庄里有着一种伊斯兰以前的伊朗传统的地方,在这里一些游方的弹琴唱歌的流浪艺人在那里向群众传播古伊朗的曲调,一般说这些人都是民俗的教师和教化人,到今天还带有重要的意义。从前,每一个茶馆里都有一帮乐人,现在被广播代替了,但广播中也时常播放传统的民歌。

带波斯味的微型肖像画,在铁木儿时代和萨法维朝最为流行。在这一方面，在近东没有另外一段时间、也没有另外一个地方，我们看到过与文艺复兴期艺术大师不说在风格方面、单说在个性方面那么相似的艺术家了。最伟大的波斯微型肖像画家白沙德，他15世纪生活在赫拉特。他在细节方面的精致是无法竞赛得过的，到现在他的作品售价依然极高。在萨法维艺术精到的年代里，大型建筑中的地毯和花砖，如像建筑在从前的马球戏场、现在叫大广场的王的清真寺和洒克路弗拉清真寺那样。人们一提起波斯艺术，没有不想到萨法维王朝的艺术的。

在喀查儿王朝时期，欧洲影响越来越强烈，所谓"维多利亚"期的怪模怪样建筑风尚使喀查儿朝的建筑只讲究了地下室和小阁楼。然而一些喀查儿朝的绘画、镶嵌、木刻，在注意精细和琐节方面，还是体现了某些技巧。人们可以说这一时期的特点，是工艺技巧压过了审美观念。波斯工匠的手艺一直是顶呱呱的、受到高度估价的，不仅外国商人如此，本地收购者也如此。

在谈到黎查·沙的统治时期以及当前艺术复兴的题目之前，我们顶好先来考虑一个问题，即社会上某个方面对艺术事业无形中的鼓励和刺激；这是一个广阔的题目，在这里只能稍稍涉及一下。在欧洲中世纪后期和文艺复兴时候，艺术事业的发展，部分原因在于得到保护和奖励，小封国里的小封君们，封建的名门大族们，艺术家差不多都得到过他们的奖励。对伊朗说，这种情况在某种程度下也是如此。在阿契门尼德朝，我们听到过大流士取得王位的六大助手，这些人及其家族后来都获得了种种特权。后来，那些封建的名门贵族如琐仑家族、卡仑家族及其他家族，他们都有自己的军队和法庭，当然，伊朗的地理情况也格外有利于小独立封国的产生。伊斯兰教进入以后，很多家族还是沿着萨珊封建大家族的身世延续下来，很多喀查儿王朝的贵族特权，有些到今天还有残余。

文章稍稍离题之后，又言归正传，说到当代黎查·沙的艺术复兴这题目上来。在第一次世界大战时期，伊朗的艺术和工艺遭遇一个倒霉的时候，他们无法跟欧洲工人生产的廉价的纺织品、印染品以及金属木材合制器具去竞争。黎查·沙想恢复一些传统艺术，他在德黑兰组织了一个学校,想把工艺美术组织成行业团体。这样做是毫无问题的,有些垂死的工艺部门复活了下来。但是这种国家的保护和奖励,有时却不能生产出古老的原貌,或者生产出一种崭新的精神来。由沙倡导兴建的新式阿契门尼德式建筑和萨珊式建筑,从审美观点上看,几乎统统是蹩脚的。不过这仅仅是想拿古老传统与当代需要结合在一起去探求一条新路的早期企图罢了。不等艺术家们、文学家和语言学家们企图摔开千多年伊斯兰文化的影响,近代伊朗知识界的理智又回归了。新式花砖建筑,如像希拉兹附近的撒第墓以及几家银行建筑,虽然也遭遇了一些批评,但无论如何使伊朗精神获得了某些协调,不像新阿契门尼德型建筑那样只能为未来的方向喝彩叫好。

伊朗艺术还有另一个方面值得提一笔。与伊朗邻近的国家中,经常听到人们谈起,他们的人不大爱收集他们本国的古董。可是在伊朗,对收集古董却有着悠久传统的兴趣,甚至形成专业癖好,古玻璃器皿、古钱、微型肖像画、木作、手稿等等。在今日的德黑兰,有很多专门收集家,其兴趣不减于巴黎、伦敦、纽约的收集家们。这种迹象表明,一个地方的艺术打动着一个地方人民的心。波斯古董及其仿制品,大部分卖给了本国的个体爱好者,少部分才被欧、美商贩买去。这又一次证明,波斯人虽然善于接受外来影响,但同时他依然坚持他本土上的传统文化,这种文化对本土居民说,是具有强大的吸引力的。

最后一点,必须留意波斯人的另一诡谲之处,就是对艺术赝品的制造。自从旧中国变成新中国以后,赝品制造业几乎由伊朗人执了世界的牛耳。在古老的印度殖民地时期,英国军官们经营了一个由拉瓦尔品第出口艺术赝品的相当赚钱的市场,但必须说明,贩卖艺术赝品也不完全是一桩卑鄙的牟利行业。伊朗的艺术赝品仿制业,过去是、现在仍然是别人欣赏、他们自己也欣赏的一种工艺。这不是单纯骗外国外行人的钱的事情。正如有些当代画家仿制文艺复兴的作品是为了显示他的技艺并不比大师们低多少一样,伊朗仿制家自然不放弃去瞒过本国人的眼睛,但更重要的是去瞒过本国的和外国的出口商。有很多人对此深感不解,为什么伊朗赝品的复制者们花那么多苦力去创制一件艺术品，到头来却是得不偿失的道理之所在。

外国人越感到买仿制品是一件大伤脑筋的事，伊朗人就越感到这件事好玩儿。精确说来，这是一场市场心理学的延伸，经常到东方式“巴扎”上去买东西的外国人都熟悉的。可是有时一个美国太太，她对市场心理可能一点都不懂，可是她倒能做妥一桩老练的本地人所做不到的交易，原因是售货人不愿意叫一个不明了市场条条框框的人吃亏，在这中间寓有斗智的因素。波斯人是非常之诡谲的，他在进退损益的斟酌上有一本“经”，叫“塔什利发”，要深刻明了这个字的涵义，或者把它翻译出来，同样是艰难的。

“塔什利发”也许就是波斯人最鲜明、最突出的民族性格吧。……这种两面性的波斯人的性格和脾气，可以从一本用做一代一代儿童教科书的撒笫的著作中表现出来。在这本书的一开头，有一篇叫做《古黎斯坦》或者叫《玫瑰图》的寓言里说，假如说了一句大谎话可以招致来善意的话，那么，它显然比说了一句大实话招致来麻烦要好得多。这是很多国族的人都会相信、并且埋在心底不说出来的话，可是波斯人却公开地把它说出来了。

[附]　伊朗一些主要朝代的年表（中译者编）

阿契门尼德王朝　公元前558—330（相当于春秋后期、战国前期）

（中间插入亚历山大大帝的征伐）

帕提亚安息王朝　前171—后227（相当于秦汉时期）

萨珊王朝　224—651（相当于魏、晋、南北朝、隋时期）

（中间穿插塞尔柱、蒙古和铁木儿的统治）

萨法维王朝　1502—1779（相当于明朝及清初）

喀查儿王朝　1794—1925（相当于清中后期及民国初）

巴列维王朝　1925—1979

恭识《弇兹集》

家大人逝世倏忽已届三载。今蒙兰州大学出版社《欧亚历史文化文库丛书》之邀,整辑遗作二十余篇成册,命余代拟书名,斟酌再三,谨以《弇兹集》定名奉上。

“弇兹”典出《穆天子传》卷3:“遂驱升于弇山,乃记丌迹于弇山之石,而树之槐眉曰:西王母之山。”晋郭璞于“弇山”下注曰:“弇,弇兹山,日所入也。”于此弇兹为周穆王驭八龙会西王母折返处;其后儒、释、道各说也以弇兹为西方归道神山;碑帖文献学者亦视弇兹为勒石碑铭之鼻祖。

家大人祖籍山东,弇作为地名;兹作为族氏、邑名也都见于早期文献记载,且俱在山东。弇有弇山、弇中。关于弇山《明一统志》与康熙《山东通志》皆曰“在莘县北”(案:家大人《自叙》尝曰自己原名甡,读如莘)。弇中则为古齐地向南穿越今泰沂山区的一条著名古道,多见于《春秋》经传,江永《春秋地理考实》卷2曰:“临淄县西南至古莱芜有长峪,界两山间,逾二百里中通淄河(案:今瀛汶河)长峪,本名马陉,亦名弇中。”兹则距家大人桑梓犹近,《左传.昭公五年》:“莒牟夷以牟娄及防兹来奔。”杜注:“姑幕县东北有兹亭。”《春秋地名考》:“今诸城县西四十里有姑幕城,兹亭在其境。”《路史·国名纪二》:“兹亦嬴姓国也。”诸城亦家大人慈母郭氏娘家故里。

关于“弇兹”《山海经》中另有一种说法,《大荒西经》卷16记述:“西海陼中有神,人面,鸟身,珥两青蛇,践两赤蛇,曰:弇兹。”这种以鸟、蛇组装的“神人”,学者一般认为与上古族氏的自然崇拜有关。反向而言山东古为东夷之地,活动于其间的少昊氏、太昊氏族团也分别都有“以鸟命官(氏)”、“以龙(蛇)命官(氏)”的文献记载,鸟、蛇亦为东夷部族典型族徽图腾;而家大人以其降辰(丁巳)恰属蛇。家大人自1957年奉高教部之命,由山东大学调兰州大学任教,其后半生50年心血贯注于大西北文教事业的建设之上,其斋号亦定名为“寄陇居”,然每逢凄风苦雨之际亦常有“东人不复返矣”之叹。在他所涉及的史地研究领域中,西北与桑梓是他所每每所关注的焦点。

另外关于弇字的涵义,宋戴侗《六书故》曰:“两手合覆,弇之义也。引其义则广中而狭口者皆谓之弇。《周礼》曰:‘凡声,弇声郁。’”这与家大人的学术风貌亦颇类,其底蕴恢宏宽博,而其在释放上却因屡遭坎坷而不能尽展其抱负。

最后“弇兹”也寄托了我们子孙后人的哀思。弇、奄古音意互通,故加提手后揜、掩亦互通,为掩埋意;兹下加心为慈,正指生育我们的双亲。家母与家大人相濡以沫近70载,又先家大人两年谢世西行,弇兹山亦正是二老相会重聚之所,当不复为世情困扰烦恼也。

于此,从时间、空间、文化内涵上看:“弇兹”与家大人生平践履及其泽被所及,皆有所契合。故不孝男缊谨具书名恭敬呈上,用以告慰家大人天地自然之灵性。

兰州大学出版社施援平、高燕平二位女士不辞繁琐,为本书编校所付心血尤多,值此书即将付梓之际,谨向她们致以诚挚的感谢。平先荣、杜鑫、苑高磊、张绚光、关楠楠、杨睿等几位同学协助校阅书稿,核对引文,也向他们表示感谢。

著名山东书画家刘君克训(弘宇)与吾家为世谊通交,家大人生前颇为赏识其刻苦毅力与才气,每以后生可畏、前途无量,鞭策鼓励之。接闻书讯后,刘君即挥毫题记书名,以进子侄之礼、以致哀思之情。

恭颂曰:

才情融今古，学问兼中西，
儒侠两囊在，岂能越樊篱。
白雨涛声寂，空斋椿泽已，[1]
掩卷思高堂，恭识《弇兹集》。

家大人泉下有知《弇兹集》即将付梓，定含笑慰然。

不孝男　缊叩首拜识于兰大旧宅，时当庚寅大雪后

〔1〕家大人喜陆放翁“落笔声如白雨来”句，曾镌印一方，文曰“白雨来斋主人”，以行文酣畅淋漓自许自励。

索　引

C

D

E

H

J

K

L

M

N

O

P

Q

R

S

T

W

X

Y

Z

欧亚历史文化文库

已经出版

林悟殊著:《中古夷教华化丛考》 定价:66.00 元
赵俪生著:《弇兹集》 定价:69.00 元
华喆著:《阴山鸣镝——匈奴在北方草原上的兴衰》 定价:48.00 元
杨军编著:《走向陌生的地方——内陆欧亚移民史话》 定价:38.00 元
贺菊莲著:《天山家宴——西域饮食文化纵横谈》 定价:64.00 元
陈鹏著:《路途漫漫丝貂情——明清东北亚丝绸之路研究》
定价:62.00 元
王颋著:《内陆亚洲史地求索》 定价:83.00 元
〔日〕堀敏一著,韩昇、刘建英编译:《隋唐帝国与东亚》 定价:38.00 元
〔印度〕艾哈默得·辛哈著,周翔翼译,徐百永校:《入藏四年》
定价:35.00 元
〔意〕伯戴克著,张云译:《中部西藏与蒙古人
——元代西藏历史》(增订本) 定价:38.00 元
陈高华著:《元朝史事新证》 定价:74.00 元
王永兴著:《唐代经营西北研究》 定价:94.00 元
王炳华著:《西域考古文存》 定价:108.00 元
李健才著:《东北亚史地论集》 定价:73.00 元
孟凡人著:《新疆考古论集》 定价:98.00 元
周伟洲著:《藏史论考》 定价:55.00 元
刘文锁著:《丝绸之路——内陆欧亚考古与历史》 定价:88.00 元
张博泉著:《甫白文存》 定价:62.00 元
孙玉良著:《史林遗痕》 定价:85.00 元
马健著:《匈奴葬仪的考古学探索》 定价:76.00 元
〔俄〕柯兹洛夫著,王希隆、丁淑琴译:
《蒙古、安多和死城哈喇浩特》(完整版) 定价:82.00 元
乌云高娃著:《元朝与高丽关系研究》 定价:67.00 元
杨军著:《夫余史研究》 定价:40.00 元

梁俊艳著:《英国与中国西藏(1774—1904)》 定价:88.00 元

〔乌兹别克斯坦〕艾哈迈多夫著,陈远光译:

《16—18 世纪中亚历史地理文献》(修订版) 定价:85.00 元

成一农著:《空间与形态——三至七世纪中国历史城市地理研究》

定价:76.00 元

杨铭著:《唐代吐蕃与西北民族关系史研究》 定价:86.00 元

殷小平著:《元代也里可温考述》 定价:50.00 元

耿世民著:《西域文史论稿》 定价:100.00 元

殷晴著:《丝绸之路经济史研究》 定价:135.00 元(上、下册)

余大钧译:《北方民族史与蒙古史译文集》 定价:160.00 元(上、下册)

韩儒林著:《蒙元史与内陆亚洲史研究》 定价:58.00 元

〔美〕查尔斯·林霍尔姆著,张士东、杨军译:

《伊斯兰中东——传统与变迁》 定价:88.00 元

〔美〕J. G. 马勒著,王欣译:《唐代塑像中的西域人》 定价:58.00 元

顾世宝著:《蒙元时代的蒙古族文学家》 定价:42.00 元

杨铭编:《国外敦煌学、藏学研究——翻译与评述》 定价:78.00 元

牛汝极等著:《新疆文化的现代化转向》 定价:76.00 元

周伟洲著:《西域史地论集》 定价:82.00 元

周晶著:《纷扰的雪山——20 世纪前半叶西藏社会生活研究》

定价:75.00 元

蓝琪著:《16—19 世纪中亚各国与俄国关系论述》 定价:58.00 元

许序雅著:《唐朝与中亚九姓胡关系史研究》 定价:65.00 元

汪受宽著:《骊靬梦断——古罗马军团东归伪史辨识》 定价:96.00 元

刘雪飞著:《上古欧洲斯基泰文化巡礼》 定价:32.00 元

〔俄〕T. Б. 巴尔采娃著,张良仁、李明华译:

《斯基泰时期的有色金属加工业——第聂伯河左岸森林草原带》

定价:44.00 元

叶德荣著:《汉晋胡汉佛教论稿》 定价:60.00 元

王颋著:《内陆亚洲史地求索(续)》 定价:86.00 元

尚永琪著:

《胡僧东来——汉唐时期的佛经翻译家和传播人》 定价:52.00 元

桂宝丽著:《可萨突厥》 定价:30.00 元

篠原典生著:《西天伽蓝记》 定价:48.00 元
〔德〕施林洛甫著,刘震、孟瑜译:
《叙事和图画——欧洲和印度艺术中的情节展现》 定价:35.00 元
马小鹤著:《光明的使者——摩尼和摩尼教》 定价:120.00 元
李鸣飞著:《蒙元时期的宗教变迁》 定价:54.00 元
〔苏联〕伊·亚·兹拉特金著,马曼丽译:
《准噶尔汗国史》(修订版) 定价:86.00 元
〔苏联〕巴托尔德著,张丽译:《中亚历史——巴托尔德文集
第 2 卷第 1 册第 1 部分》 定价:200.00 元(上、下册)
〔俄〕格·尼·波塔宁著,〔苏联〕B. B. 奥布鲁切夫编,吴吉康、吴立珺译:
《蒙古纪行》 定价:96.00 元
张文德著:《朝贡与入附——明代西域人来华研究》 定价:52.00 元
张小贵著:《祆教史考论与述评》 定价:55.00 元
〔苏联〕K. A. 阿奇舍夫、Γ. A. 库沙耶夫著,孙危译:
《伊犁河流域塞人和乌孙的古代文明》 定价:60.00 元
陈明著:《文本与语言——出土文献与早期佛经词汇研究》
定价:78.00 元
李映洲著:《敦煌壁画艺术论》 定价:148.00 元(上、下册)

敬请期待

许全胜著:《黑鞑事略汇校集注》
贾丛江著:《汉代西域汉人和汉文化》
王永兴著:《敦煌吐鲁番出土唐代军事文书考释》
薛宗正著:《汉唐西域史汇考》
徐文堪编:《梅维恒内陆欧亚研究文选》
徐文堪著:《欧亚大陆语言及其研究说略》
刘迎胜著:《小儿锦文字释读与研究》
李锦绣编:《20 世纪内陆欧亚历史文化研究论文选粹》
李锦绣、余太山编:《古代内陆欧亚史纲》
郑炳林著:《敦煌占卜文献叙录》
李锦绣著:《裴矩〈西域图记〉辑考》
李艳玲著:《公元前 2 世纪至公元 7 世纪前期西域绿洲农业研究》
许全胜、刘震编:《内陆欧亚历史语言论集——徐文堪先生古稀纪念》

张小贵编:《三夷教论集——林悟殊先生古稀纪念》
李鸣飞著:《横跨欧亚——中世纪旅行者眼中的世界》
杨林坤著:《西风万里交河道——明代西域丝路上的使者与商旅》
杜斗城著:《杜撰集》
林悟殊著:《华化摩尼教补说》
王媛媛著:《摩尼教艺术及其华化考述》
李花子著:《长白山踏查记》
芮传明著:《摩尼教敦煌吐鲁番文书校注与译释研究》
马小鹤著:《霞浦文书研究》
段海蓉著:《萨都剌传》
〔德〕梅塔著,刘震译:《从弃绝到解脱》
郭物著:《欧亚游牧社会的重器——鍑》
王邦维著:《玄奘》
芮传明著:《内陆欧亚中古风云录》
李锦绣著:《北阿富汗的巴克特里亚文献》
孙昊著:《辽代女真社会研究》
赵现海著:《长城时代的开启
——长城社会史视野下明中期榆林长城修筑研究》
华喆著:《帝国的背影——公元14世纪以后的蒙古》
杨建新著:《民族边疆论集》
王永兴著:《唐代土地制度研究——以敦煌吐鲁番田制文书为中心》
〔苏联〕伊·亚·兹拉特金等著,马曼丽、胡尚哲译:
《俄蒙关系档案文献集(1607—1654)》
〔俄〕柯兹洛夫著,丁淑琴译:《蒙古与喀木》
马曼丽著:《马曼丽内陆欧亚自选集》
韩中义著:《欧亚与西北研究辑》
刘迎胜著:《蒙元史考论》
尚永琪著:《古代欧亚草原上的马——在汉唐帝国视域内的考察》
石云涛著:《丝绸与汗血马——早期中西交通与外来文明》
青格力等著《内蒙古土默特金氏蒙古家族契约文书整理研究》
尚永琪著:《鸠摩罗什及其时代》
石云涛著:《魏晋南北朝时期的外来文明》